Der Zugelassene Wirtschaftsbeteiligte

Der Zugelassene Wirtschaftsbeteiligte

Bewilligung – Status – Vorteile

von
Dr. Thomas Möller,
Gesa Schumann und
Dr. Walter Summersberger

◉ mit CD-ROM

Bibliografische Information Der Deutschen Bibliothek
Die Deutsche Bibliothek verzeichnet diese Publikation in der Deutschen Nationalbibliografie;
detaillierte bibliografische Daten sind im Internet unter:
http://dnb.ddb.de abrufbar.

Ihre Meinung ist uns wichtig!

Sie wollen zu diesem Produkt Anregungen oder Hinweise geben? Schicken Sie uns einfach
Lob oder Tadel über unser Online-Formular unter >**www.bundesanzeiger-verlag.de/service**
Als Dankeschön verlosen wir unter allen „Kritikern" monatlich einen Sachpreis!

ISBN: 978-3-89817-573-1

© 2008 Bundesanzeiger Verlagsges. mbH, Köln

Alle Rechte vorbehalten. Das Werk einschließlich seiner Teile ist urheberrechtlich geschützt. Jede Verwertung außerhalb der Grenzen des Urheberrechtsgesetzes bedarf der vorherigen Zustimmung des Verlags. Dies gilt auch für die fotomechanische Vervielfältigung (Fotokopie/Mikrokopie) und die Einspeicherung und Verarbeitung in elektronischen Systemen.

Herstellung: Günter Fabritius
Satz: starke+partner, Willich
Druck und buchbinderische Verarbeitung: Appel & Klinger Druck und Medien GmbH, Kronach

Printed in Germany

Vorwort

Bereits im Jahr 2005 ist der Status des Zugelassenen Wirtschaftsbeteiligten in dem geltenden Zollkodex nachträglich eingefügt worden. Er kann seit dem 1.1.2008 bei den Zollbehörden der Mitgliedstaaten durch die Wirtschaftsbeteiligten beantragt werden. Die Bewilligung des Status ist freiwillig fakultativ neben anderen Vereinfachungen im Zollrecht möglich. Die für die Rechtsvorschriften des Zollkodex erforderlichen Durchführungsvorschriften sind im Dezember 2006 im Amtsblatt der EU veröffentlicht worden. Dennoch sind neben diesem Gemeinschaftsrecht für deutsche und österreichische Wirtschaftsbeteiligte die Leitlinien der Europäischen Kommission und die Dienstvorschriften der deutschen sowie österreichischen Zollverwaltung wichtige Erkenntnisquellen für die Praxis des Status als Zugelassener Wirtschaftsbeteiligter.

Die Globalisierung und die veränderte Sicherheitslage erfordern eine sichere Lieferkette vom Hersteller bis zum Endverbraucher. Der Status kommt grundsätzlich für alle Unternehmen in Betracht, die am Export und Import mit Drittländern beteiligt sind (Hersteller, Ausführer, Spediteur, Zollagent oder Frachtführer). Mit dem Status stellen sich den Wirtschaftsbeteiligten neue Fragen für den grenzüberschreitenden Warenverkehr. Die wirtschaftlich interessanteste Frage ist die nach den möglichen Erleichterungen wegen des Status als Zugelassener Wirtschaftsbeteiligter und die rechtlichen Voraussetzungen sowie die wirtschaftlichen Konsequenzen der Bewilligung des Status als Zugelassener Wirtschaftsbeteiligter. Vielleicht wird der Status zum Qualitätszertifikat im internationalen Handel und damit zum Wettbewerbsvorteil.

Mit dem Handbuch möchten die Autoren dem Leser eine bewusst knapp gehaltene praxisgerechte Hilfe bei der Entscheidung für den Antrag des Status als Zugelassener Wirtschaftsbeteiligter und für das Bewilligungsverfahren geben. Dabei berücksichtigen die Autoren die Situation in Deutschland und in Österreich. Anregungen und Verbesserungsvorschläge für das Handbuch nehmen die Autoren sehr gerne unter der E-Mail-Adresse zwb@gmx.at entgegen.

Osnabrück, Berlin, Salzburg, im Januar 2008

Dr. Thomas Möller, Gesa Schumann, Dr. Walter Summersberger

Die Autoren

Dr. Thomas Möller

Geboren 1965; Berufsausbildung als Verwaltungsfachangestellter (1981–1984), berufsbegleitender Erwerb der Fachhochschulreife Wirtschaft (1985–1987), Studium am Fachbereich Finanzen der Fachhochschule des Bundes in Münster (1987–1990), berufsbegleitendes Studium der Rechts- und Wirtschaftswissenschaft an der Fernuniversität Hagen und der Universität Osnabrück (1990–1996), berufsbegleitendes Managementstudium an der Fachhochschule Osnabrück (1997–2000); berufsbegleitendes Promotionsstudium (2000–2004), Diplom-Finanzwirt (1990), Diplom-Kaufmann (FH) (2000), Doktor der Wirtschaftswissenschaft (2004), Aufstiegsprüfung höherer Dienst (2007).

1984–1987 Sachbearbeiter in der Kommunalverwaltung, seit 1990 Tätigkeiten in der Zollabfertigung, Zollamtsleitung, Außenprüfung, Sachbearbeitung bei einem Hauptzollamt und bei einer Oberfinanzdirektion; seit dem 1.11.2004 Sachgebietsleiter beim Hauptzollamt Osnabrück; Gastdozent der Bundesfinanzakademie.

Gesa Schumann

Nach dem Abitur Eintritt in die Laufbahn des gehobenen, nichttechnischen Dienstes der Bundeszollverwaltung mit dreijähriger Fachhochschulausbildung und Abschluss als Diplom-Finanzwirtin; Zollabfertigung in allen Bereichen des grenzüberschreitenden Warenverkehrs an der ehemaligen innerdeutschen Grenze; nach der Grenzöffnung zunächst als hauptamtlich Lehrende und Gutachterin tätig bei der Zolllehranstalt Hannover und seit 1998 bei der Zolltechnischen Prüfungs- und Lehranstalt Berlin für die Aus- und Fortbildung auf dem Gebiet des Zollrechts sowie zuständig für die Erteilung verbindlicher Zolltarif- und Ursprungsauskünfte.

Dr. Walter Summersberger

1989–1997: Referent Zollamt Salzburg

1997–2002: Bereichsleiter an der Finanzlandesdirektion für Salzburg

2003 bis heute: hauptberufliches Mitglied am Unabhängigen Finanzsenat, dem österreichischen Rechtsprechungskörper für Zoll, Steuern und Finanzstrafrecht

2001 bis 2005: V-Ass. an der Universität Salzburg

seit 2006: Lehrbeauftragter an der Universität Salzburg für Finanzverfahrensrecht

Inhaltsübersicht

Vorwort	5
Die Autoren	7
Inhaltsverzeichnis	11
Abkürzungsverzeichnis	15
Abbildungsverzeichnis	17
Weiterführende Quellen und Hinweise	19
1. Einleitung	21
2. Sicherheit in der Lieferkette – die Hintergründe	37
3. Kriterien für den Status als Zugelassener Wirtschaftsbeteiligter	49
4. Vom Antrag bis zur Zertifizierung – das Bewilligungsverfahren	73
5. Antrag auf Erteilung eines AEO-Zertifikats	88
Anhang	**99**
I. Ablaufschema – Bewilligung AEO-Zertifikat	99
II. Europäische Vorschriften	100
III. Deutsche Vorschriften	205
IV. Österreichische Vorschriften	287
V. ABC des Zugelassenen Wirtschaftsbeteiligten	401
Stichwortverzeichnis	**411**

Inhaltsverzeichnis

Vorwort	5
Die Autoren	7
Inhaltsübersicht	9
Abkürzungsverzeichnis	15
Abbildungsverzeichnis	17
Weiterführende Quellen und Hinweise	19

1. Einleitung ... 21
    1.1 Bedeutung des Außenhandels ... 21
    1.2 Zoll und Sicherheit ... 24
    1.3 Zugelassener Wirtschaftsbeteiligter und Zollrecht ... 26
    1.4 Informationen zum Zugelassenen Wirtschaftsbeteiligten ... 28
    1.5 Praxis des Zugelassenen Wirtschaftsbeteiligten ... 30
    1.6 Zugelassener Wirtschaftsbeteiligter und E-Learning ... 35

2. Sicherheit in der Lieferkette – die Hintergründe ... 37
    2.1 Die Rechtsfigur ... 39
        2.1.1 Grundsatz der „4 Schritte" ... 39
        2.1.2 Zertifikatsarten ... 41
        2.1.3 Rechtsgrundlagen ... 42
    2.2 Bedeutung des Status ... 44
        2.2.1 Grundsätzliches ... 44
        2.2.2 Rechtliche Vorteile ... 44
        2.2.3 Sonstige Vorteile ... 47

3. Kriterien für den Status als Zugelassener Wirtschaftsbeteiligter ... 49
    3.1 Tätigkeit als ansässiger Wirtschaftsbeteiligter ... 50
        3.1.1 Begriff: „Wirtschaftsbeteiligter" ... 50
        3.1.2 Ansässigkeit in der Gemeinschaft ... 54
    3.2 Strafrechtliche Unbescholtenheit ... 56
        3.2.1 Straftat des Antragstellers ... 56
        3.2.2 Straftat des Stellvertreters ... 58
    3.3 Fehlen eines anhängigen Insolvenzverfahrens ... 59
    3.4 Angemessene Einhaltung der Zollvorschriften ... 59
        3.4.1 Grundsätzliches ... 59
        3.4.2 Kreis der Verpflichteten ... 60
        3.4.3 Angemessene Einhaltung der Vorschriften ... 61
        3.4.4 Fehlervermeidung und Risikomanagement ... 62
        3.4.5 Bewertung durch die Zollbehörde in Deutschland ... 63
        3.4.6 Bewertung durch die Zollbehörde in Österreich ... 64
        3.4.7 Zeitraum und Bestehen bereits erteilter Bewilligungen ... 64
    3.5 Führung der Geschäftsbücher und ggf. der Beförderungsunterlagen ... 65
        3.5.1 Grundsätzliches ... 65
        3.5.2 Pflichtenkatalog nach der ZK-DVO ... 65
    3.6 Nachweisliche Zahlungsfähigkeit ... 67
    3.7 Sicherheitsstandards ... 68
        3.7.1 Grundsätzliches ... 68
        3.7.2 Anforderungen nach der ZK-DVO ... 69

Inhaltsverzeichnis

		3.7.3 End-to-end supply chain	70
		3.7.4 Prüfung durch die Zollbehörde	71
4.	**Vom Antrag bis zur Zertifizierung – das Bewilligungsverfahren**		**73**
	4.1	Grundsätzliches	73
	4.2	Form des Antrags	73
		4.2.1 Deutschland	73
		4.2.2 Österreich	73
	4.3	Inhalt des Antrags	73
	4.4	Veröffentlichung im Internet?	75
	4.5	Zuständige Zollbehörde	76
		4.5.1 Grundsätzliches	76
		4.5.2 Deutschland	76
		4.5.3 Österreich	77
	4.6	Das Bewilligungsverfahren	77
		4.6.1 Einleitung des Zertifizierungsverfahrens	77
		4.6.2 Mitwirkung anderer Mitgliedstaaten	78
		4.6.2.1 Informationsverfahren	78
		4.6.2.2 Konsultationsverfahren	79
	4.7	Prüfung der Zertifizierungsvoraussetzungen	80
		4.7.1 Grundsätzliches	80
		4.7.2 Prüfungsorgane in Deutschland	81
		4.7.3 Prüfungsorgane in Österreich	81
		4.7.4 Erfüllung von Sicherheitsstandards	81
	4.8	Erteilung/Nichterteilung des Zertifikats	81
	4.9	Rechtswirkungen des Zertifikats	83
		4.9.1 Kontrolle der Voraussetzungen	83
	4.10	Aussetzung des Status	84
	4.11	Widerruf des Status	86
5.	**Antrag auf Erteilung eines AEO-Zertifikats**		**88**
	5.1	Für die Antragstellung in Deutschland	88
		5.1.1 Internetantrag	88
		5.1.2 Antragstellung in Papierform mit Vordruck 0390	91
		5.1.3 Ausgefülltes Muster eines Antrags mit Vordruck 0390	94
	5.2	Für die Antragstellung in Österreich	96

Anhang			**99**
I.	**Ablaufschema – Bewilligung AEO-Zertifikat**		**99**
II.	**Europäische Vorschriften**		**100**
	1.	Auszug aus dem Zollkodex: Artikel 5a	100
	2.	Auszug aus der Zollkodex-Durchführungsverordnung: Artikel 14a bis 14x	101
	3.	Zugelassene Wirtschaftsbeteiligte (AEO) Leitlinien	114
III.	**Deutsche Vorschriften**		**205**
	1.	Einführungserlass vom 14.12.2007	205
	2.	Dienstvorschrift „Zugelassener Wirtschaftsbeteiligter – AEO –"	212
		2.1 Anlage 1 der Dienstvorschrift Antrag auf Erteilung eines AEO-Zertifikats mit Erläuterungen	229
		2.2 Anlage 2 der Dienstvorschrift Fragenkatalog zur Selbstbewertung	234

	2.3	Anlage 3 der Dienstvorschrift Standardschreiben in der ATLAS-Anwendung AEO – AEO Standardschreiben	263
	2.4	Anlage 4 der Dienstvorschrift Sicherheitszeugnisse und Zertifikate gemäß Artikel 14k ZK-DVO	282
	2.5	Anlage 5 der Dienstvorschrift Schlussfolgerungen von Sachverständigen und sonstige Zertifikate gemäß Artikel 14n Abs. 2 ZK-DVO	284
IV.	**Österreichische Vorschriften**		**287**
	1.	Einführungsschreiben BMF	287
	2.	Arbeitsrichtlinie Zugelassener Wirtschaftsbeteiligter (AEO)	288
	3.	AEO-Selbstbewertung Österreich	326
	4.	Der zugelassene Wirtschaftsbeteiligte AEO – Häufig gestellte Fragen (FAQ)	353
	5.	Ausfüllhilfe und Checkliste für AEO-Anträge	378
	6.	e-zoll AEO-Zertifizierung	381
V.	**ABC des Zugelassenen Wirtschaftsbeteiligten**		**401**
Stichwortverzeichnis			**411**

Abkürzungsverzeichnis

ABl. EG	Amtsblatt der EG
ABl. EU	Amtsblatt der EU
Abs.	Absatz
AEO	Authorised Economic Operator
a.F.	alte Fassung
Anh.	Anhang
Anm.	Anmerkung
Art.	Artikel
Aufl.	Auflage
AW-Prax	Außenwirtschaftliche Praxis (Zeitschrift)
BFD	Bundesfinanzdirektion
Bsp.	Beispiel
Buchst.	Buchstabe
bzw.	beziehungsweise
ca.	circa, ungefähr
DEBBI	Dezentrale Beteiligtenbewertung
d.h.	das heißt
Dok.	Dokument
dto.	dito, ebenso
DV	Dienstvorschrift
DVO	Durchführungsverordnung
EG	Europäische Gemeinschaften, Europäische Gemeinschaft
EGV	Vertrag über die Europäische Gemeinschaft
EU	Europäische Union
ff.	fortfolgende
gem.	gemäß
ggf.	gegebenenfalls
grds.	grundsätzlich
h. M.	herrschende Meinung
HZA	Hauptzollamt
i.d.R.	in der Regel
IHK	Industrie- und Handelskammer
inkl.	inklusive
insb.	insbesondere
i.S.d.	im Sinne des/der
i.V.m.	in Verbindung mit
Mio.	Million
n.F.	neue Fassung
Nr./Nrn.	Nummer, Nummern
OFD	Oberfinanzdirektion
Rn.	Randnummer
RL	Richtlinie
s.	siehe
s.o.	siehe oben
sog.	so genannt

Abkürzungsverzeichnis

Tab.	Tabelle
u.a.	unter anderem
UA	Unterabsatz
u.E.	unseres Erachtens
Urt.	Urteil
usw.	und so weiter
u.U.	unter Umständen
vgl.	vergleiche
VO	Verordnung
VSF	Vorschriftensammlung der Bundesfinanzverwaltung
VSF-N	VSF-Nachrichten
z.B.	zum Beispiel
Ziff.	Ziffer
ZK	Zollkodex
ZK-DVO	Zollkodex-Durchführungsverordnung
ZollVG	Zollverwaltungsgesetz
zzt.	zurzeit

Abbildungsverzeichnis

Abbildung	1:	Außenhandel der Bundesrepublik Deutschland	21
Abbildung	2:	Wichtigste Handelspartner der Bundesrepublik Deutschland	22
Abbildung	3:	Der Außenhandel Österreichs	23
Abbildung	4:	Internetseite „Zoll und Sicherheit" der Europäischen Kommission	28
Abbildung	5:	Internetseite der Deutschen Zollverwaltung	29
Abbildung	6:	Internetseite der Österreichischen Zollverwaltung	29
Abbildung	7:	Sichere Lieferkette	30
Abbildung	8:	Homepage AEO-Kurs (englischsprachige Fassung)	36
Abbildung	9:	Zollsicherheitsprogramm CSP	37
Abbildung	10:	Risikoeinstufung	68
Abbildung	11:	Website der deutschen Zollverwaltung > Home	88
Abbildung	12:	BundOnline 2005	89
Abbildung	13:	Internetantrag	89
Abbildung	14:	Speichern der Antragsdaten als XML-Datei	90
Abbildung	15:	Internetantrag abgeben	91
Abbildung	16:	Formular – Management-System der Bundesfinanzverwaltung	92
Abbildung	17:	Formularkatalog Unternehmen	92
Abbildung	18:	Antrag auf Vordruck 0390	93
Abbildung	19:	Website Zollverwaltung Österreich > Home	96
Abbildung	20:	Registrierung AEO-Antrag, Österreich	97
Abbildung	21:	Benutzeranleitung elektronische Antragstellung, Österreich	98

Weiterführende Quellen und Hinweise

Fachzeitschriften

Außenwirtschaftliche Praxis (AW-Prax), Bundesanzeiger Verlagsges.mbH, Köln.

Zeitschrift für Zölle und Verbrauchsteuern (ZfZ), Stollfuß Verlag, Bonn/Berlin.

Bücher

Praxishandbuch Export- und Zollmanagement, Peter Witte (Hrsg.), Köln 2007.

Praxishandbuch Internationale Geschäfte, Graf von Bernstorff (Hrsg.), Köln 2006.

Natzel, Julia Maren, Der zugelassene Wirtschaftsbeteiligte, Mendel Verlag, Witten 2007 (zugleich Dissertation Westfälische Wilhelms-Universität Münster).

Kommentare

Witte, Peter (Hrsg.), Zollkodex, Kommentar, 4. Aufl., Verlag C.H. Beck, München 2006.

Zeitschriftenbeiträge

Aigner, Susanne, Abkommen EG-USA betreffend die Containersicherheit, AW-Prax 2004, S. 467 ff.

dies., Der Status des zugelassenen Wirtschaftsbeteiligten, AW-Prax 2005, 281 ff.

dies., Aktuelles zum Status des zugelassenen Wirtschaftsbeteiligten, AW-Prax 2006, S. 195 ff.

dies., Gegenseitige Anerkennung von Sicherheitsstandards, AW-Prax 2007, S. 363 ff.

Graf von Bernstorff, Christoph, Zugelassener Witschaftsbeteiligter, Nachweis der Zahlungsfähigkeit zur Erlangung des ZWB-Status, AW-Prax 2006, S. 510 ff.

Herrmann, Frank, DEBBI und der zugelassene Wirtschftsbeteiligte, in: Henke, Reginhard (Hrsg.), Partnerschaft oder Subordination?, Tagungsband des 17. Europäischen Zollrechtstags des EFA, S. 113 ff., Witten 2005.

Kleine Holthaus, Jan-Dirk, Das WCO Framework of Standards, Teil 1: AW-Prax 2007, S. 57 ff., Teil 2: AW-Prax 2007, S. 111 ff.

Lux, Michael, Zugelassene Wirtschaftsbeteiligte und zentrale Zollabwicklung, in: Henke, Reginhard (Hrsg.), Partnerschaft oder Subordination?, Tagungsband des 17. Europäischen Zollrechtstages des EFA, S. 39 ff., Witten 2005.

ders., Zugelassene Wirtschaftsbeteiligte und zentrale Zollabwicklung, AW-Prax 2005, S. 378 ff., S. 422 ff.

ders., AEO und Vorabanmeldung, AW-Prax 2006, S. 442.

ders., Zentrale Zollabwicklung in der Gemeinschaft, AW-Prax 2006, S. 367 ff.

Meinl, Ernst, Der zugelassene Wirtschaftsbeteiligte, FJ 2008, S.15 ff.

Möller, Thomas, „Modernisierter Zollkodex" und „zugelassener Wirtschaftsbeteiligter" in der EU, IWB 20/2007, S. 1103 ff.

Rice, James B., Spayd, Philip W., Investing in Supply Chain Security: Collateral Benefits, Mai 2005, (Massachusetts Institute of Technology).

Summersberger, Walter, „Die rechtliche Stellung des zugelassenen Wirtschaftsbeteiligten, in: Henke, Reginhard (Hrsg.), Partnerschaft oder Subordination?, Tagungsband des 17. Europäischen Zollrechtstages des EFA, S. 81 ff., Witten 2005.

Witte, Peter, AEO und Vorabanzeigen – sind Sie bereit?, AW-Prax 2006, S. 311.

ders., Vorteile des zugelassenen Wirtschaftsbeteiligten, AW-Prax 2007, S. 147 ff.

ders., Der zugelassene Wirtschaftsbeteiligte – ZWB/AEO, AW-Prax 2008, S. 34 ff. (Teil 1), AW-Prax 2008, S. 83 ff. (Teil 2)

Wolffgang, Hans-Michael, Der ZWB im internationalen Kontext, AW-Prax 2006, S. 177.

ders., WCO setzt Standards, AW-Prax 2005, S. 357.

Internetseiten

www.zoll.de → Zoll und Steuern

www.bmf.gv.at → Zoll

www.ec.europa.eu → Steuern und Zollunion → Zoll → Zollpolitik → Zoll und Sicherheit

www.ec.europa.eu → Außenhandel

www.bfai.de

www.bafa.de

www.wto.org

www.wcoomd.org

1. Einleitung

1.1 Bedeutung des Außenhandels

Die Europäische Union ist mit einem Anteil von rund 20 % an den weltweiten Exporten und Importen von Gütern und Dienstleistungen einer der Hauptakteure des internationalen Handels. Die deutsche Wirtschaft ist in hohem Maße exportorientiert und damit auch exportabhängig. Gleichzeitig ist Deutschland als rohstoffarmes Land aber auch auf Importe – insbesondere im Energiebereich (Erdöl, Erdgas) – angewiesen. Importiert wurden im Jahr 2006 Waren im Wert von 731,5 Mrd. Euro, das sind 16,5 % mehr als im Vorjahreszeitraum. Die Außenhandelsbilanz schloss damit im Jahr 2006 mit einem Überschuss von 164,5 Mrd. Euro. Das ist der höchste positive Saldo, der jemals in der deutschen Handelsbilanz erreicht wurde. Exportüberschüsse wurden vor allem im Handel mit den EU-Ländern (137,1 Mrd. Euro), den USA/Kanada (32,0 Mrd. Euro) und den anderen europäischen Ländern (5,4 Mrd. Euro) erzielt.

Außenhandel der Bundesrepublik Deutschland

Jahr	Einfuhr Mrd Euro	Ausfuhr Mrd Euro	Ausfuhr - überschuss Mrd Euro	Veränd. zum Vorjahr in % Einfuhr	Ausfuhr
1990	293,2	348,1	54,9		
1991	329,2	340,4	11,2	12,3	-2,2
1992	325,9	343,2	17,3	-1,0	0,8
1993	289,6	321,3	31,7	-11,1	-6,4
1994	315,5	353,1	37,6	8,9	9,9
1995	339,6	383,2	43,6	7,6	8,5
1996	353,0	403,4	50,4	3,9	5,3
1997	394,8	454,3	59,5	11,8	12,6
1998	423,5	488,4	64,9	7,3	7,5
1999	444,8	510,0	65,2	5,0	4,4
2000	538,3	597,5	59,2	21,0	17,2
2001	542,8	638,3	95,5	0,8	6,8
2002	518,5	651,3	132,8	-4,5	2,0
2003	534,5	664,5	130,0	3,1	2,0
2004	575,4	731,5	156,1	7,7	10,1
2005	628,1	786,3	158,2	9,2	7,5
2006 1)	731,5	896,0	164,5	16,5	14,0

1) vorläufige Ergebnisse
Quelle: Statistisches Bundesamt

Abbildung 1: Außenhandel der Bundesrepublik Deutschland
Quelle: Statistisches Bundesamt

1. Einleitung

Im Vergleich zu 1996 hat sich das deutsche Handelsvolumen im Jahr 2006 mehr als verdoppelt, Importe haben um 107 % zugenommen und die Ausfuhren um 122 %. Es gelang Deutschland im Jahr 2006 erneut, die Spitzenposition des weltweiten Warenexports einzunehmen, noch vor den USA, die einen Warenexport von 826 Mrd. Euro erreichten. China liegt auf Platz 3 mit einem Export von 793 Mrd. Euro. Deutschland war 2006 zum vierten Mal in Folge „Exportweltmeister". Dieser „Weltmeistertitel" ist im Wesentlichen der Euro-Stärke gegenüber dem US-Dollar zu verdanken. Aber es zeigt sich auch, dass die deutschen Exporterfolge auf einem soliden Fundament stehen. Sie gründen sich auf ein breites Angebot und technologische Spitzenleistungen.

Deutschland hatte 2006 einen Anteil von 9,4 % am gesamten Weltausfuhrvolumen, der Anteil der USA betrug 8,6 % und der Anteil von China 8,1 %. Anders sieht es bei den Importen aus. Hier liegen die USA mit einem Anteil von 15,7 % an erster Stelle, gefolgt von Deutschland mit einem Anteil von 7,5 % und China mit 6,5 %. Nach wie vor liegen Deutschlands Absatz- und Beschaffungsmärkte überwiegend in Europa. Der Anteil Europas am gesamten deutschen Außenhandel lag 2006 bei 73 %. Auf die Mitgliedsländer der EG entfielen 60 % und auf die Länder der Eurozone 41 %. Nach Europa war Asien die zweitwichtigste Handelsregion mit einem Anteil am gesamten deutschen Außenhandelsumsatz von 13,8 %. Amerikas Anteil am deutschen Außenhandel betrug 10,8 %.

Wichtigste Handelspartner der Bundesrepublik Deutschland 2006

Einfuhr	Mrd Euro	Anteil in %	Ausfuhr	Mrd Euro	Anteil in %
Gesamt	731,5	100,0	Gesamt	896,0	100,0
davon			davon		
1. Frankreich	63,5	8,7	1. Frankreich	86,1	9,6
2. Niederlande	60,5	8,3	2. USA	78,0	8,7
3. China	48,8	6,7	3. Großbritannien	65,3	7,3
4. USA	48,5	6,6	4. Italien	60,0	6,7
5. Großbritannien	42,8	5,9	5. Niederlande	55,9	6,2
6. Italien	40,3	5,5	6. Belgien	49,2	5,5
7. Belgien	35,5	4,9	7. Österreich	48,9	5,5
8. Russland	30,2	4,1	8. Spanien	42,2	4,7
9. Österreich	29,9	4,1	9. Schweiz	34,7	3,9
10. Schweiz	25,2	3,4	10. Polen	28,8	3,2
11. Japan	23,7	3,2	11. China	27,5	3,1
12. Tschech.Rep.	22,1	3,0	12. Russland	23,4	2,6
13. Polen	20,6	2,8	13. Tschech.Rep.	22,3	2,5
15. Norwegen	19,6	2,7	14. Schweden	18,9	2,1
15. Spanien	19,5	2,7	15. Ungarn	15,9	1,8

Quelle: Statistisches Bundesamt; vorläufige Ergebnisse

Abbildung 2: Wichtigste Handelspartner der Bundesrepublik Deutschland
Quelle: Statistisches Bundesamt

1.1 Bedeutung des Außenhandels

Der Gesamtwert der Einfuhren betrug in Österreich 2006 106,92 Mrd. Euro und überstieg den Vorjahreswert um 10,8 %. Die Ausfuhren verzeichneten ein Wachstum von 12,7 % auf 106,76 Mrd. Euro. Der Außenhandel mit Drittstaaten fiel im Vergleich zu 2005 bei den Importen mit 27,62 Mrd. Euro um 14,6 % und bei den Exporten mit 31,47 Mrd. Euro um 15,3 % höher aus. Das Aktivum der Handelsbilanz mit Drittländern betrug 3,85 Mrd. Euro.

Der Außenhandel Österreichs 2006

Jahr	Einfuhr	Ausfuhr	Einfuhr- (-) bzw. Ausfuhrüberschuss (+)	Zu- (+) Abnahme (-) gegenüber Vorjahr		Anteil	
				Einfuhr	Ausfuhr	Einfuhr	Ausfuhr
	1.000 €			Prozent			
	Jänner – Dezember						
	Insgesamt						
2006*	106.915.357	106.760.081	-155.275	10,8	12,7	100	100
2005	96.498.906	94.705.447	-1.793.459			100	100
	EU25						
2006*	79.293.121	75.292.316	-4.000.806	9,5	11,7	74,2	70,5
2005	72.397.412	67.413.572	-4.983.840			75,0	71,2
	Drittstaaten						
2006*	27.622.236	31.467.766	3.845.530	14,6	15,3	25,8	29,5
2005	24.101.494	27.291.875	3.190.381			25,0	28,8
	Dezember						
	Insgesamt						
2006*	8.571.191	8.687.028	115.837	0,9	10,1	100	100
2005	8.495.930	7.891.872	-604.058			100	100
	EU25						
2006*	6.317.907	5.955.217	-362.691	0,6	10,8	73,7	68,6
2005	6.277.203	5.375.335	-901.868			73,9	68,1
	Drittstaaten						
2006*	2.253.284	2.731.812	478.528	1,6	8,6	26,3	31,4
2005	2.218.727	2.516.537	297.810			26,1	31,9

Q: Statistik Austria; * vorläufige Ergebnisse

Abbildung 3: Der Außenhandel Österreichs
Quelle: Statistik Austria

Für kleine und mittlere Unternehmen nimmt die Bedeutung des Außenhandels rapide zu. Es wird erwartet, dass sich in den nächsten Jahren der Anteil des Auslandsgeschäfts am

1. Einleitung

Gesamtumsatz allein bei mittelständischen Firmen fast verdoppeln wird. Die Außenwirtschaftsförderung der deutschen Bundesregierung fügt sich in den Rahmen ein, der durch die marktwirtschaftliche Ordnung und das System der Weltwirtschaft vorgegeben wird. Die deutsche Bundesregierung unterstützt die Aktivitäten deutscher Unternehmen zur Erschließung und Sicherung ausländischer Märkte, indem sie die Rahmenbedingungen für deutsche Unternehmen verbessert und auf die Beachtung multilateraler Regeln sowie den weiteren Abbau bestehender Marktzugangsschranken hinwirkt. Der Außenhandel hat für die deutsche Wirtschaft eine große wirtschaftliche Bedeutung. 2005 arbeiteten 8,3 Millionen Erwerbstätige mit Arbeitsort in Deutschland für den Export. Knapp die Hälfte dieser Personen war direkt bei der Produktion von Waren und Dienstleistungen für den Export beschäftigt. Etwas mehr als die Hälfte war durch die Produktion von Vorleistungen auf vorgelagerten Stufen indirekt von der Auslandsnachfrage abhängig. 2005 arbeiteten 21,4 % aller Erwerbstätigen direkt oder indirekt für den Export, 1995 waren es nur 15,6 %.

1.2 Zoll und Sicherheit

Trotz seiner langen Entwicklungsgeschichte gibt es für den Begriff „Zoll" bis heute weder im Gemeinschaftsrecht noch im nationalen Recht eine allgemein gültige Definition. Man verwendet ihn im Allgemeinen nur noch für die Abgaben, die auf der Grundlage des Gemeinsamen Zolltarifs auf eingeführte Waren erhoben werden. Der Philosophie des Schutzzollgedankens folgend knüpft der Zollanspruch der EG an den unmittelbaren Eingang einer Ware in den Wirtschaftskreislauf an (Wirtschaftszoll). Im Art. 79 Zollkodex wird bestimmt, dass die Überführung in den zollrechtlich freien Verkehr die Erhebung der gesetzlich geschuldeten Abgaben umfasst. Gemäß Art. 20 Absatz 1 Zollkodex stützen sich die Abgaben auf den Zolltarif der EG. Steuergesetze enthalten in der Regel auch den Steuertarif. Die Festlegung des Zolls ergibt sich dagegen aus einer Vielzahl gemeinschaftlicher Vorschriften und nicht aus dem Zollkodex selbst. Der Zolltarif der EG umfasst z.B. auch die Zölle, ohne diese an einer Stelle des Zollkodex zu definieren (Art. 20 Absatz 3 c) Zollkodex). Im Rahmen der Regelungen zum freien Warenverkehr ist im EGV von Zöllen bzw. Einfuhrzöllen die Rede. Der Zollkodex spricht dagegen von Einfuhrabgaben, die nach der Begriffsbestimmung seines Art. 4 Nr. 10 die Zölle und Abgaben mit gleicher Wirkung bei der Einfuhr von Waren umfassen. Zur Definition nach dem Zollkodex müssen die Zölle von den Abgaben mit gleicher Wirkung bei der Einfuhr abgegrenzt werden. Abgaben sind der Sammelbegriff für alle kraft öffentlicher Finanzhoheit zur Erzielung von Einnahmen erhobenen Zahlungen.

Die Zollerhebung ist im Laufe der Zeit jeweils bezogen auf den verfolgten Zweck unterschiedlich begründet worden. Unter ökonomischen Aspekten werden Zölle als Einnahmequelle des Staates (Finanzzölle) oder zum Schutz der heimischen Industrie erhoben (Schutzzölle). Unter den Begriff des Schutzzolls lassen sich auch ein Erziehungszoll, der bis zur Wettbewerbsfähigkeit eines einheimischen Wirtschaftszweiges vorübergehend erhoben wird oder der Antidumpingzoll, bei dem ein ausländisches Preisangebot zu Unterherstellungskosten (Dumping) aufgefangen werden soll, einordnen. Der Retorsionszoll, als Reaktion auf abschottende Zollerhebungen, hat bis heute weder an Bedeutung noch an Gefahr für den freien Welthandel verloren. Die weltweite Liberalisierung der Handelsbedingungen verläuft seit der Zeit nach dem Zweiten Weltkrieg kontinuierlich, auch wenn diese Entwicklung von regionalen und sektoralen Einschränkungen geprägt ist. Parallel zu dem generellen Abbau der Zollsätze ist die Liberalisierung des Welthandels auch durch die steigende Zahl regionaler Zusammenschlüsse, durch Assoziierungsabkommen und zahlreicher Präferenzzölle gekennzeichnet. Dennoch erweisen sich Zölle als zählebig.

Für das Unternehmen sind Zölle nicht unbedeutend, da ihre Zahlung den Einsatz von Produktionsfaktoren besteuert. Als Bezugskosten müssen sie als eine Variable bei unternehmerischen Entscheidungen in den verschiedenen Funktionsbereichen, insbesondere wenn diese in ein Drittland verlagert werden, berücksichtigt werden. Neben dem klassischen Außenhandel (Export, Import, Transithandel) hat für die betriebliche Außenwirtschaft der Veredelungsverkehr eine herausragende Rolle. Diese Art der Funktionsverlagerung ist im Zuge der Globalisierung neben der Direktinvestition von großer Bedeutung. Aufgrund der Konzernstrukturen und globalen Allianzen nehmen derartige Warenverkehre in vielen Branchen zu. Der betriebswirtschaftliche Vorgang des grenzüberschreitenden Warenverkehrs zwecks Bearbeitung, Verarbeitung oder Ausbesserung findet sich auch in Vorschriften des Zollrechts wieder. Zölle haben unmittelbar Auswirkungen auf die Struktur der Kosten.

Im Zuge der Globalisierung gehört daher die „Zollplanung" in den Korridor unternehmerischer Entscheidungen. Neben dem Einfluss des Zolls als Abgabe mit Kostencharakter kommt den Zollvorschriften für die administrative Abwicklung, d.h. dem Zollverwaltungsverfahren (Zollabfertigung) eine wachsende Bedeutung zu. Unternehmerische Planungen auf der Grundlage pauschaler Annahmen sind wegen des damit verbundenen wirtschaftlichen Risikos zunehmend ausgeschlossen.

Die Terroranschläge am 11. September 2001 waren eine Reihe von Selbstmordanschlägen auf zivile und militärische Gebäude in den USA. Die Ereignisse dieses Tages werden wegen ihrer weitreichenden Folgen als historische Zäsur betrachtet. International wurde danach eine Debatte um die internationale Sicherheit begonnen. Die Sicherheit erstreckt sich auch auf den Warenverkehr und umfasst beispielhaft die Schlagworte und Arbeitsfelder internationaler Handel, supply chain mangement, internationales Handels-(Zoll-)recht sowie die Zollverfahren. Als wichtige internationale Organisation bemüht sich die Weltzollorganisation um eine Harmonisierung bei den Sicherheitsstandards im Zollbereich. Bereits im Juni 2005 hat sie das SAFE Framework of Standards to Secure and Facilitate Global Trade für seine Mitgliedstaaten als Rahmen zur Verfügung gestellt. Dieser Rahmen führte auch das Konzept eines Zugelassenen Wirtschaftsbeteiligten (Abkürzung im englischen: AEO) ein. 149 ihrer 171 Mitgliedstaaten haben ihren Willen zur Implementierung dieser Standards im Zollbereich bekundet. Im Rahmen ihrer Zollpolitik für Zoll und Sicherheit hat auch die Europäische Kommission Initiativen ergriffen. Zu ihren Sicherheitsinitiativen gehört ebenfalls das Konzept eines Zugelassenen Wirtschaftsbeteiligten.

INTERNETHINWEIS:

Zu Zoll und Sicherheit hat die Europäische Kommission eine sehr informative Internetseite unter der Adresse http://ec.europa.eu/taxation_customs/customs/policy_issues/ customs_security/index_de.htm

Ein wichtiger internationaler Durchbruch wäre eine gegenseitige Anerkennung des Status durch beteiligte Staaten. Die Europäische Kommission führt hierzu aktuell Verhandlungen mit den USA und der Schweiz. Bei fehlender gegenseitiger Anerkennung wird das Konzept nach Meinung vieler Wirtschaftsbeteiligter dennoch in der Wirtschaft ein Qualitätskriterium in den Beziehungen zwischen Wirtschaftsbeteiligten werden können.

1. Einleitung

1.3 Zugelassener Wirtschaftsbeteiligter und Zollrecht

Mit der VO (EG) Nr. 648/2005 vom 13.4.2005 (VO Sicherheitsänderungen) ist der Zollkodex geändert und mit Art. 5a in das Zollrecht der Status des Zugelassenen Wirtschaftsbeteiligten eingefügt worden. Der Status ist keine Pflicht für die Teilnahme am Warenverkehr der EG mit Drittländern, sondern kann freiwillig, auch neben anderen Vereinfachungen im Zollrecht, beantragt werden. Nach dem 3. Erwägungsgrund der VO Sicherheitsänderungen sollten die Mitgliedstaaten jedem Wirtschaftsbeteiligten, der gemeinsame Kriterien für seine Kontrollsysteme, seine Zahlungsfähigkeit und die Beachtung der Auflagen erfüllt, den Status „Zugelassener Wirtschaftsbeteiligter" verleihen. Der von einem Mitgliedstaat verliehene Status „Zugelassener Wirtschaftsbeteiligter" sollte von den anderen Mitgliedstaaten anerkannt werden, berechtigt jedoch nicht automatisch dazu, in den anderen Mitgliedstaaten in den Zollvorschriften vorgesehene Vereinfachungen in Anspruch zu nehmen. Die anderen Mitgliedstaaten sollten jedoch die Inanspruchnahme von Vereinfachungen durch die Zugelassenen Wirtschaftsbeteiligten unter der Voraussetzung genehmigen, dass diese alle spezifischen Anforderungen für die Inanspruchnahme der jeweiligen Vereinfachungen erfüllen. Bei der Bearbeitung eines Antrags auf Inanspruchnahme von Vereinfachungen brauchen die anderen Mitgliedstaaten die Kontrollsysteme des Wirtschaftsbeteiligten, seine Zahlungsfähigkeit und die Beachtung der Auflagen nicht erneut zu bewerten, da dies bereits der Mitgliedstaat getan hat, der dem Wirtschaftsbeteiligten den Status des „Zugelassenen Wirtschaftsbeteiligten" verliehen hat; sie sollten jedoch sicherstellen, dass alle sonstigen spezifischen Voraussetzungen für die Inanspruchnahme der jeweiligen Vereinfachung erfüllt sind. Die Inanspruchnahme von Vereinfachungen in anderen Mitgliedstaaten kann auch im Wege einer Vereinbarung zwischen den betreffenden Zollbehörden koordiniert werden. Die Vereinfachungen nach den Zollvorschriften sollten nach dem 4. Erwägungsgrund die im Zollkodex der Gemeinschaften vorgesehenen Zollkontrollen, insbesondere solche mit Bezug zur Sicherheit, weiterhin unberührt lassen. Diese Kontrollen fallen in die Zuständigkeit der Zollbehörden, und das Kontrollrecht sollte weiter gelten, während der Status eines Zugelassenen Wirtschaftsbeteiligten von diesen Behörden als einer der Faktoren bei der Risikoanalyse und bei der Bewilligung einer Erleichterung für den Wirtschaftbeteiligten im Hinblick auf sicherheitsrelevante Kontrollen anerkannt werden sollte.

Diese Änderungen des Zollkodex werden auch als „kleine Reform des Zollkodex", „Kleine Zollkodexänderung" bzw. „Zollkodex 2005" bezeichnet. Die wesentlichen drei Änderungen durch diese Verordnung verpflichten die Wirtschaftsbeteiligten, die Zollbehörden im Voraus über die beabsichtigten Einfuhren in und Ausfuhren aus der EU zu unterrichten, ermöglichten es zuverlässigen Beteiligten, Verfahrenserleichterungen in Anspruch zu nehmen, d.h. Status als Zugelassener Wirtschaftsbeteiligter (AEO), und haben einen Mechanismus für ein gemeinschaftseinheitliches Risikomanagement im Bereich der Zollkontrollen geschaffen.

Die Durchführungsvorschriften zu Art. 5a Zollkodex wurden von Juli 2005 bis Oktober 2006 im Ausschuss für den Zollkodex (Fachbereich Allgemeine Zollregelungen) der Europäischen Kommission in Brüssel beraten. Die Europäische Kommission hatte einen vorläufigen Vorschlag für eine Änderung der Zollkodex-DVO veröffentlicht und zur Diskussion gestellt (sog. Internetkonsultation). 2004 war erwartet worden, dass der Ausschuss seine Arbeiten zur Zollkodex-DVO bis Anfang 2005 abschließen würde, damit die Maßnahmen bis Mitte 2006 hätten in Kraft treten können. Nach der Annahme am 23.10.2006 ist die

1.3 Zugelassener Wirtschaftsbeteiligter und Zollrecht

Änderungsverordnung allerdings erst am 19.12.2006 im Amtsblatt der Europäischen Union veröffentlicht worden (Verordnung (EG) Nr. 1875/2006 der Europäischen Kommission vom 18.12.2006).

Durch die Einfügung der Ziffer 12 in Art. 1 Zollkodex-DVO gibt es eine Legaldefinition des Wirtschaftsbeteiligten im Zollrecht. Es ist eine Person, die im Rahmen ihrer Geschäftstätigkeit mit unter das Zollrecht fallenden Tätigkeiten befasst ist. Seit dem Zeitpunkt der Änderung der Zollkodex-DVO hat die „kleine Reform des Zollkodex" auch Auswirkungen für die Praxis grenzüberschreitender Lieferungen mit Drittländern für die Zollbeteiligten und Zollverwaltungen, da damit die wesentlichen Änderungen zur Reform des gemeinschaftlichen Zollrechts in folgenden drei Schritten in Kraft traten bzw. treten werden:

1. Seit dem 1.1.2007 gilt ein gemeinschaftsweites gemeinsames Risikomanagementsystem, um die Zollkontrollen zu unterstützen. Das Risikomanagementsystem wird bis 2009 gemeinschaftsweit IT-unterstützt sein. Bereits zum 1.11.2004 wurde in Deutschland das IT-Verfahren zur dezentralen Beteiligtenbewertung (DEBBI) eingeführt. Dies führte zu einer Bewertung der an Zollverfahren Beteiligten nach einem bundeseinheitlichen Bewertungskatalog durch die jeweils örtlich zuständigen Hauptzollämter und Oberfinanzdirektionen.
2. Am 1.1.2008 sind die Maßnahmen für das Konzept Zugelassener Wirtschaftsbeteiligter in Kraft getreten.
3. Am 1.7.2009 wird es für die Wirtschaftsbeteiligten rechtsverbindlich, die Zollbehörden im Vorhinein mit Informationen über Waren, die in das bzw. aus dem Zollgebiet der Europäischen Gemeinschaft importiert bzw. exportiert werden, zu beliefern (Vorabangaben).

Mit den Änderungen des Zollrechts geht es insgesamt um die Einführung wirksamer Sicherheitskontrollen zum Schutz des Binnenmarktes sowie der internationalen Versorgungskette und Verfahrenserleichterungen zugunsten derjenigen Beteiligten, die sich verpflichten, in ihrem Einflussbereich zur Sicherung der internationalen Versorgungskette beizutragen. Sie haben unmittelbare Auswirkungen auf die Praxis grenzüberschreitender Lieferungen mit Drittländern für die Wirtschaftsbeteiligten und die nationalen Zollverwaltungen. Die unterschiedlichen Zeitpunkte des Inkrafttretens sollen den Beteiligten die notwendige Zeit für die Umsetzung einräumen.

Ein zentrales Element der „Sicherheitsänderungen" des Zollkodex 2005 ist die Einführung des „Zugelassenen Wirtschaftsbeteiligten" (AEO). Ziel des Konzepts des AEO ist es, Wirtschaftsbeteiligten, die von der Zollverwaltung als zuverlässig eingestuft worden sind, gewisse Sicherheits- und Handelserleichterungen zu gewähren. Das können z.B. eine niedrigere Risikoeinschätzung, reduzierte Zollkontrollen oder reduzierte Daten für die Vorabangaben sein. Der Status kommt grundsätzlich für alle Wirtschaftsbeteiligten in Betracht (z.B. Ausführer, Einführer, Dienstleister, Speditionen). Es muss allein in Deutschland und Österreich mit einer Vielzahl von Anträgen auf Bewilligung des Status gerechnet werden. Der in einem Mitgliedstaat zuerkannte Status wird von den anderen Mitgliedstaaten anerkannt, ohne dort allerdings automatisch einen Anspruch auf alle im Zollrecht vorgesehenen Vereinfachungen zu begründen. Bei der Prüfung des entsprechenden Antrags braucht ein Mitgliedstaat die von dem anderen Mitgliedstaat, der dem Beteiligten den Status zuerkannt hat, bereits durchgeführte Prüfung seiner Kontrollsysteme und Zahlungsfähigkeit sowie die Prüfung hinsichtlich der Beachtung der Auflagen nicht zu wiederholen, sondern muss nur dafür sorgen, dass etwaige zusätzliche Voraussetzungen

1. Einleitung

für die jeweilige Vereinfachung erfüllt sind. Die Anwendung der Vereinfachungen in anderen Mitgliedstaaten kann auch durch Vereinbarungen zwischen den beteiligten Zollverwaltungen koordiniert werden.

1.4 Informationen zum Zugelassenen Wirtschaftsbeteiligten

Eine praxisgerechte und aktuelle Fundstelle für Informationen zum Zugelassenen Wirtschaftsbeteiligten ist das Internet. Hier gibt es zum Zugelassenen Wirtschaftsbeteiligten Informationsportale der Europäischen Kommission und der Mitgliedstaaten.

Die Europäische Kommission gibt hier umfassende Informationen zu dem Konzept des Zugelassenen Wirtschaftsbeteiligten und den gemeinschaftlichen Rechtsgrundlagen sowie Richtlinien.

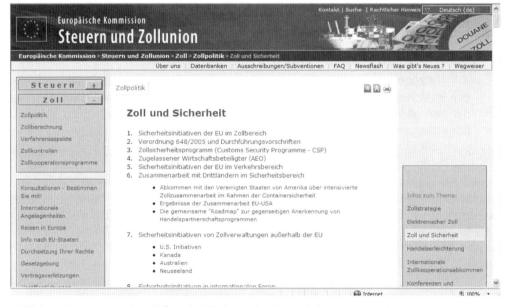

Abbildung 4: Internetseite „Zoll und Sicherheit" der Europäischen Kommission
Fundstelle: http://ec.europa.eu/taxation_customs/customs/policy_issues/customs_security/index_de.htm

Die Deutsche Zollverwaltung gibt in ihrem Wissens- und Informationsportal ausführlich Auskunft zum Zugelassenen Wirtschaftsbeteiligten. Sie hält hier auch einen Antrag (Vordruck 0390) sowie den Fragenkatalog zur Selbstbewertung bereit. Der Antrag sollte möglichst elektronisch mit der Interneteingabe gestellt werden. Dies beschleunigt das Antragsverfahren.

1.4 Informationen zum Zugelassenen Wirtschaftsbeteiligten

Abbildung 5: Internetseite der Deutschen Zollverwaltung
Fundstelle: http://www.zoll.de/ Zoll online > Zoll und Steuern > Zölle > Grundlagen des Zollrechts > Zugelassener Wirtschaftsbeteiligter >

Abbildung 6: Internetseite der Österreichischen Zollverwaltung
Fundstelle: http://www.bmf.gv.at/zoll/_start.htm

1. Einleitung

1.5 Praxis des Zugelassenen Wirtschaftsbeteiligten

Eine Projektgruppe mit Sachverständigen der Mitgliedstaaten und der Europäischen Kommission hat die Details des Konzepts des AEO erarbeitet. Als Ergebnis gibt es die AEO-Leitlinien (abgedruckt im Anhang, S. 114) und das Compact-Modell.

> **INTERNETHINWEIS:**
>
> *Europäische Kommission, Zugelassener Wirtschaftsbeteiligter, Leitlinien, TAXUD/2006/1450 vom 29.6.2007.*
>
> *Europäische Kommission, Zugelassener Wirtschaftsbeteiligter, Das Compact-Modell, TAXUD/2006/1452, Arbeitsunterlage vom 13.6.2006 unter http://ec.europa.eu/taxation_customs/resources/documents/customs/policy_issues/customs_security/AEO_compact_model_de.pdf).*

Mit elf Zollbehörden von Mitgliedstaaten und elf Unternehmen wurde zwischen Januar und Juli 2006 eine Pilotaktion des Programms Zoll 2007 zum AEO durchgeführt, um das Konzept bestmöglich umzusetzen und die Verfahren betreffend Audit und Erteilung der Bewilligung zu testen.

> **INTERNETHINWEIS:**
>
> *Europäische Kommission, ZWB Pilotbericht vom 24.8.2006 unter http://ec.europa.eu/taxation_customs/resources/documents/customs/policy_issues/customs_security/AEO_pilot_report_de.pdf).*

Ziel des Konzepts des Zugelassenen Wirtschaftsbeteiligten ist die Absicherung der durchgängigen internationalen Lieferkette („supply chain") vom Hersteller einer Ware bis zum Endverbraucher. Derzeit laufen Verhandlungen mit Drittländern (insbesondere USA, China, Schweiz), die zu einer weltweiten Anerkennung des Status führen sollen.

Abbildung 7: Sichere Lieferkette

Der Status eines Zugelassenen Wirtschaftsbeteiligten ist in allen Mitgliedstaaten gültig und zeitlich nicht befristet. Dieser Status kann in folgenden Varianten erteilt werden:

- AEO-Zertifikat „Zollrechtliche Vereinfachungen" (AEO C)
- AEO-Zertifikat „Sicherheit" (AEO S)
- AEO-Zertifikat „Zollrechtliche Vereinfachungen/Sicherheit" (AEO F).

Die Europäische Kommission hatte zu dem Komplex der Sicherheitsinitiative der EU und den Sicherheitsänderungen im Zollrecht die folgende Fragen-/Antwortliste in das Internet gestellt, die das Thema des AEO grundlegend behandelt:

1.5 Praxis des Zugelassenen Wirtschaftsbeteiligten

1. Gelten die neuen Maßnahmen im gesamten Zollgebiet der Gemeinschaft?

Ja, für das AEO-Zertifikat (AEO: „Authorised Economic Operator" oder „Zugelassener Wirtschaftsbeteiligter") wurden detaillierte Leitlinien ausgearbeitet, um zu gewährleisten, dass sie von allen Zollbehörden gleich ausgelegt werden. Das AEO-Zertifikat wird in allen Mitgliedstaaten nach den gleichen Kriterien erteilt, und der AEO-Status gilt in allen Mitgliedstaaten.

Außerdem sollen Leitlinien für das Risikomanagement erarbeitet werden, die sich ausschließlich an die Zollbehörden richten. Mit diesen Leitlinien wird ein EU-weit einheitlicher Ansatz für die Risikoanalyse verwirklicht und sichergestellt, dass auf ein bestimmtes Risiko in allen Mitgliedstaaten mit den gleichen Maßnahmen reagiert wird.

2. Welche Vorteile bietet das AEO-Zertifikat?

Für zuverlässige Händler, die sich zertifizieren lassen, gelten Vereinfachungen bei den Zollverfahren und/oder Erleichterungen bei den sicherheitsrelevanten Zollkontrollen. Den Zugelassenen Wirtschaftsbeteiligten gibt es also in zwei Ausprägungen: „Zollrechtliche Vereinfachung" und „Sicherheit".

Den AEO in der Version „Sicherheit" werden Erleichterungen bei den sicherheitsrelevanten Zollkontrollen eingeräumt. Unter anderem können die Zollbehörden ihnen mitteilen, dass Sendungen für eine Kontrolle ausgewählt wurden, und sie werden, wenn die Zollbehörden eine Untersuchung angeordnet haben, frühzeitig informiert und vorrangig kontrolliert.

Die AEO müssen außerdem in den Vorab-Anmeldungen vor den Ein- und Ausfuhren weniger Daten melden, weil der Zoll sie als sichere Partner betrachtet und weil ihre Zuverlässigkeit vor der Erteilung des AEO-Zertifikats gründlich überprüft worden ist.

Der AEO in der Version „Zollrechtliche Vereinfachung" kann Erleichterungen im Zollbereich in Anspruch nehmen. Lässt sich ein AEO in einem Mitgliedstaat für diese Version registrieren, werden Anträge, diese Vereinfachungen auch in anderen Mitgliedstaaten in Anspruch nehmen zu können, erleichtert: Die Zollbehörde des zweiten Mitgliedstaats überprüft dann nur noch die Kriterien, die bei der Erteilung des AEO-Zertifikats im ersten Mitgliedstaat nicht überprüft worden sind. Die Zollbehörden vermeiden damit Doppelkontrollen, und die AEO erhalten die Erleichterungen rascher, als es derzeit der Fall ist.

Das AEO-Konzept soll die gesamte Lieferkette sicherer machen. Der AEO-Status hat viele Vorteile für die betreffenden Wirtschaftsbeteiligten, weil er dokumentiert, dass sie anspruchsvolle Sicherheitskriterien erfüllen und entsprechende Kontrollen durchführen. Damit haben AEO einen Wettbewerbsvorteil gegenüber anderen Unternehmen.

3. Soll es eine gegenseitige Anerkennung der AEO-Standards (Version „Sicherheit") geben?

Die EU führt mit einigen ihrer wichtigsten Handelspartner Gespräche über dieses Thema.

Die Gemeinschaft hat ein Abkommen mit den Vereinigten Staaten über die intensivierte Zollzusammenarbeit im Bereich Sicherheit geschlossen. Zurzeit laufen Gespräche mit den Vereinigten Staaten über eine gegenseitige Anerkennung der Standards.

Die EG und China versuchen zurzeit im Rahmen eines Pilotprojekts, intelligente und sichere Handelswege zu schaffen. Ziel dieser Zusammenarbeit ist die Anerkennung der EU-Sicherheitsstandards und des AEO-Zertifikats durch China (IP/06/1206).

1. Einleitung

Außerdem steht die Gemeinschaft kurz vor Verhandlungen mit der Schweiz und Norwegen, damit sich das Inkrafttreten der Bestimmungen über die Fristen für die Vorlage der Einfuhr- und Ausfuhr-Vorab-Anmeldungen nicht negativ auf die zügige Zollabfertigung an den Grenzen zu diesen Ländern auswirkt.

4. Gelten für alle Wirtschaftsbeteiligten die gleichen Kriterien? Können auch KMU ein AEO-Zertifikat erhalten?

Für alle Wirtschaftsbeteiligten, die sich als AEO zertifizieren lassen wollen, gelten dieselben Kriterien. Diese Kriterien sind allerdings flexibel und werden unterschiedlich umgesetzt. Das bedeutet, dass sich ein kleines Unternehmen zwar an die gleichen Kriterien halten muss wie ein großes Unternehmen, dass es für die Umsetzung aber andere Maßnahmen treffen muss. Für ein kleines Unternehmen mit 50 Beschäftigten in einem einzigen Gebäude, wo jeder sehen kann, wer das Gebäude betritt oder verlässt, sind weder eine Videokamera noch ein Sicherheitsbediensteter am Eingang erforderlich. Ein größeres Unternehmen mit 150 Beschäftigten in drei verschiedenen Gebäuden und einem regen LKW-Verkehr auf dem Werksgelände braucht hingegen an der Pforte einen Sicherheitsbediensteten, der den Zugang kontrolliert.

5. Wer kann den AEO-Status beantragen?

Jeder Wirtschaftsbeteiligte, der Teil einer Lieferkette ist und die entsprechenden Voraussetzungen erfüllt, kann den AEO-Status erhalten.

Das System ist so flexibel, dass Hersteller, Lagerinhaber, Zollagenten, Ausführer, Speditionsfirmen, Beförderer und Einführer, die die Kriterien erfüllen, den AEO-Status beantragen können. Es gibt zwar keine rechtliche Verpflichtung, sich zertifizieren zu lassen, die Kommission geht aber davon aus, dass viele Wirtschaftsbeteiligte einen gewissen Druck auf ihre Lieferanten und Handelspartner ausüben werden, so dass AEO langfristig ein Interesse daran haben, nur noch mit anderen AEO zusammenzuarbeiten. Je mehr AEO es in der Lieferkette gibt, umso sicherer wird diese. Damit wird der AEO-Status für die Wirtschaftsbeteiligten immer attraktiver.

6. Bedeutet die Einführung des AEO-Zertifikats, dass ein Unternehmen, das sich nicht zertifizieren lässt, schlechter gestellt sein wird als heute?

Nein. Das AEO-Zertifikat bietet zwar den AEO Vorteile, es entzieht aber den Wirtschaftsbeteiligten ohne AEO-Status keine Vorteile, die sie zurzeit haben.

7. Ist die Umsetzung dieser Maßnahmen für die Unternehmen mit zusätzlichen Kosten verbunden?

Die Verordnung versucht, ein Gleichgewicht zwischen Sicherheitserwägungen und Handelserleichterungen zu finden. Die Wirtschaftsbeteiligten müssen den Zollbehörden vor den Ein- und Ausfuhren auf elektronischem Weg Informationen über die betreffenden Waren übermitteln, gleichzeitig werden den zuverlässigen Unternehmen Vereinfachungen und Erleichterungen eingeräumt (AEO-Konzept). Dank der Informationen, die er dem Zoll vor dem Abgang der Waren übermitteln muss, weiß der AEO im Vorhinein, ob die Waren beim Ein- oder Ausgang kontrolliert werden, was Zeit und Geld spart.

Unternehmen, die sich zertifizieren lassen wollen, müssen nicht unbedingt viel mehr tun als bisher, weil die meisten Unternehmen bereits heute Sicherheitsmaßnahmen umgesetzt haben, etwa, um das Werksgelände gegen den Zugang Unbefugter zu schützen oder um ihren Versicherungsschutz nicht zu gefährden. Außerdem richten sich die Sicherheitsmaßnahmen nach der Struktur des Unternehmens.

8. Welche Vorteile wird das neue Ausfuhrkontrollsystem für die Unternehmen haben?

Mit Einführung des Ausfuhrkontrollsystems wird an die Stelle der derzeitigen papiergestützten Meldungen zwischen Ausfuhr- und Ausgangszollstellen ein elektronischer Datenaustausch treten. Dadurch können die Ausfuhrbescheinigungen rascher erteilt werden, was wiederum die Rechtssicherheit in Bezug auf die Befreiung von der MwSt, die für Ausfuhren nach Drittländern gilt, erhöht.

Anstelle des Exemplars 3 des Einheitspapiers, auf dem derzeit der Ausgang der Waren aus dem Zollgebiet der Gemeinschaft bestätigt wird, wird dann eine elektronische Nachricht versendet, so dass die Gefahr, dass Dokumente verloren gehen (und damit auch die Gefahr, dass die MwSt-Befreiung nicht gewährt wird), deutlich sinkt.

9. Wie lange vor der Ein- oder Ausfuhr müssen die Unternehmen diese Informationen übermitteln?

Die EU hat versucht, die gleichen Fristen zu wählen, die auch im SAFE-Rahmen (Standards zur Sicherung und Erleichterung des Welthandels) der Weltzollorganisation (WZO) vorgesehen sind. In einigen Fällen gelten aber auch andere Fristen, etwa, um die Geografie Europas zu berücksichtigen (z.B. Kurzstreckenseeverkehr zwischen Marokko und Spanien).

Für die einzelnen Transportmittel gelten unterschiedliche Fristen: Sie reichen von 24 Stunden vor dem Verladen der Container im Ausgangshafen (Einfuhren im Seeverkehr) bis zu 30 Minuten vor Abflug (Luftverkehr).

Kürzere Fristen gelten bei Ein- und Ausfuhren zwischen benachbarten Ländern, wenn die gegenseitige Anerkennung der Kontrollergebnisse und der Sicherheitsmaßnahmen vereinbart wurde. In den entsprechenden Abkommen könnte vorgesehen werden, dass die Risikobewertung im Ausfuhrland erfolgt. In diesem Fall könnte die Frist für die Übermittlung der Daten auf null reduziert werden (beispielsweise gegenüber Norwegen, der Schweiz und Andorra).

Die Fristen sind so kurz wie möglich gehalten, damit die Zollbehörden eine wirksame Risikoanalyse vornehmen können. Außerdem ist es dadurch möglich, die verschiedenen Handels- und Beförderungsarten und die Bestimmungen der internationalen Abkommen zu berücksichtigen.

10. Ergeben sich durch die Vorab-Anmeldungen nicht zusätzliche Belastungen für die Unternehmen in der EU, speziell für die Ausführer, mit möglicherweise negativen Folgen für ihre Wettbewerbsfähigkeit?

Nein. Die Auswirkungen auf die Unternehmen dürften minimal sein. In den allermeisten Fällen wird die Vorab-Anmeldung in Form der Ausfuhranmeldung erfolgen, so dass sich zum Zeitpunkt der Ausfuhr für die EU-Ausführer keine Mehrbelastung ergibt. Außer in den Fällen, in denen Ausfuhr- und Ausgangszollstelle identisch sind, müssen die Ausführer schon heute ihre Ausfuhranmeldung in der Ausfuhrzollstelle (im Binnenland) lange vor der Ankunft der Waren in der Ausgangszollstelle (an der Außengrenze) abgeben. Selbst in den Fällen, wo heute für Ausfuhren Sammelanmeldungen vorzulegen sind, werden die

1. Einleitung

Anmeldungen nicht mit mehr Aufwand verbunden sein, als schon jetzt von vielen Drittländern verlangt – man denke beispielsweise an die Erklärung, die die Vereinigten Staaten 24 Stunden vor der Verschiffung von Waren verlangen. Wenn die Gemeinschaft die Sicherheit ihrer eigenen Ausfuhren gewährleisten kann, müssen ihre Handelspartner bei der Einfuhr keine zusätzlichen Kontrollen vornehmen, was den EU-Ausführern sogar einen Wettbewerbsvorteil verschaffen dürfte.

11. Warum ist in der Verordnung vorgesehen, dass für alle Ausfuhren Vorab-Anmeldungen vorzulegen sind?

Die Gemeinschaft braucht ein globales Sicherheitskonzept für alle Ausfuhren in alle Drittländer. Sie schützt damit nicht nur die Handelsunternehmen und Bürger in der Gemeinschaft, sondern auch in den Ländern, in die die Ausfuhren gehen. Die Gemeinschaft beschränkt sich bei ihren Maßnahmen deshalb nicht auf die gegenseitige Anerkennung und auf Einfuhrkontrollen, sondern sie will darüber hinaus internationale Standards umsetzen, die auf risikobasierten Ausfuhrkontrollen aufbauen. Dieses Gesamtkonzept wird von den Mitgliedstaaten und den Wirtschaftsverbänden weitgehend unterstützt. Ziel ist es, ein ausgewogenes Gleichgewicht zwischen der Notwendigkeit von Zollkontrollen und dem Wunsch nach Erleichterung des legalen Handels zu finden.

12. Welche Daten müssen die Vorab-Anmeldungen enthalten?

Dieser Aspekt ist in den Durchführungsvorschriften zu der Verordnung geregelt. Verlangt werden nur die Daten, die für eine wirksame Risikoanalyse nötig sind. Die Datenmenge unterscheidet sich nicht wesentlich von der, die derzeit in den Ausfuhranmeldungen verlangt wird. Sehr viel mehr Daten als bisher sind also nicht zu melden, auch wenn ein größerer Datenumfang in gewisser Weise eine unausweichliche Folge der Sicherheitsanliegen und Probleme ist, die der Grund für diese Maßnahmen sind.

13. Wie wird die Verordnung den Unternehmen nützen?

Durch die Vorab-Anmeldungen lässt sich die Risikoanalyse verbessern, vor allem, wenn es außerdem gemeinschaftsweit einheitliche Risikokriterien für die Auswahl der Sendungen gibt, die sich auf den elektronischen Datenaustausch zwischen den Zollbehörden und den anderen zuständigen Behörden wie der Polizei und den Veterinärdiensten stützen. Damit wird der Weg für eine vollständige Vorauswahl der Sendungen frei, was es den Zollbehörden ermöglicht, ihre Ressourcen sinnvoller einzusetzen. Dies wiederum wird nicht nur die Sicherheit verbessern, sondern auch dazu führen, dass alle legalen Waren sofort nach der Ankunft in der Eingangs- bzw. Ausgangszollstelle freigegeben werden können. Diese Beschleunigung der Grenzabfertigung nützt den Unternehmen in der Gemeinschaft und wird etwaige Kosten und Nachteile, die entstehen, weil die Angaben früher vorliegen und elektronisch anstatt in Papierform übermittelt werden müssen, zumindest teilweise wenn nicht vollständig ausgleichen.

14. Wurde die Wirtschaft zu der Verordnung konsultiert?

Ja. Die Konsultation der Wirtschaftsverbände und anderer Akteure war ein wichtiger Teil der Beratungen, und ihre Ansichten und Belange wurden in vollem Umfang berücksichtigt. Dies zeigt sich daran, dass der ursprüngliche Verordnungsvorschlag im Interesse der Klarheit wiederholt geändert wurde, beispielsweise bei der Definition der Rolle der Zollstellen und bei vielen Vorschriften, die flexibler und einfacher formuliert wurden. So gilt beispielsweise beim Ausgang aus der Gemeinschaft die Ausfuhranmeldung als Vorab-Anmeldung. Auch die allgemeinen Vorschriften für die Erteilung des AEO-Status wurden aufgrund dieser Konsultationen eingeführt.

Die Kommission hat sich außerdem verpflichtet, die Wirtschaft an der Ausarbeitung der Durchführungsvorschriften zu bestimmten Aspekten der Verordnung zu beteiligen.

15. Ist die Sicherheit des Warenverkehrs vor allem eine Angelegenheit der Zollbehörden?

Innerhalb der EU bezeichnen die Mitgliedstaaten die Behörden, die für die Sicherheit des Warenverkehrs zuständig sind, und dazu kann auch die Polizei gehören. Aber weil der Zoll an den Außengrenzen der EU tätig ist, spielt er in diesem Bereich eine wichtige Rolle. Der Ministerrat der EU hat in seinen Schlussfolgerungen vom November 2003 zu der Mitteilung der Kommission über die Rolle des Zolls bei der integrierten Verwaltung der Außengrenzen auf diesen Aspekt hingewiesen.

16. Wie hängen diese Änderungen des Zollkodex und die bevorstehende vollständige Modernisierung des Zollkodex zusammen?

Die Änderungen des Zollkodex sind getrennt erfolgt, stimmen aber mit dem Vorschlag für einen modernisierten und vereinfachten Zollkodex der Gemeinschaft überein, den die Kommission 2003 dem Rat und dem Parlament vorgelegt hat (IP/03/1100). Die elektronischen Anmeldungen, der elektronische Datenaustausch und das AEO-Konzept sind Elemente, die auch in den Vorschlag für den modernisierten Zollkodex einfließen werden.

1.6 Zugelassener Wirtschaftsbeteiligter und E-Learning

Die Europäische Kommission unterstützt die nationalen Zollverwaltungen mit E-Learningkursen bei der Fortbildung. Mit ihrem AEO-E-Learningkurs begleitet sie zum ersten Mal eine neue Gesetzgebung mit einem elektronischen Training. Dieses wendet sich zugleich auch an die relevanten Wirtschaftsbeteiligten. Der E-Learningkurs ist über eine eigene Homepage zugänglich. Dort ist der E-Learningkurs zum Download bereitgestellt.

1. Einleitung

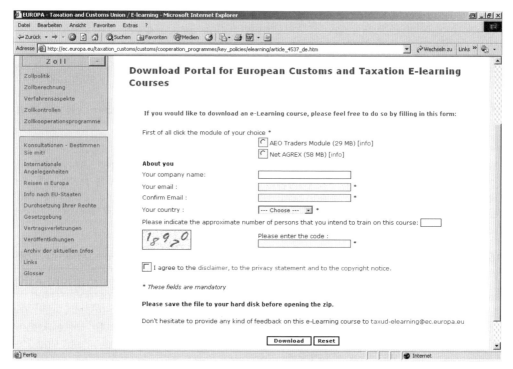

Abbildung 8:   Homepage AEO-Kurs (englischsprachige Fassung)

INTERNETHINWEIS:

Die Homepage ist unter der Internetadresse http://ec.europa.eu/taxation_customs/customs/cooperation_programmes/key_policies/elearning/article_4540_de.htm zugänglich.

2. Sicherheit in der Lieferkette – die Hintergründe

Oktober 2007, ein Flughafen in Deutschland: Mit Hilfe einer kopierten Magnetkarte gelingt einem Reporter des öffentlich-rechtlichen Fernsehens die mühelose Überwindung des Sicherheitskontrollbereiches am Flughafen. Mit Hilfe von doppelten Magnetkarten sei es möglich, Fracht zu entwenden, behauptet ein ehemaliger Mitarbeiter des Flughafens. An manchen Tagen stehe das Betriebsgelände offen und der Zugang zum Sicherheitskontrollbereich sei auch ohne Magnetkarte möglich, meinen Zeugen, die unerkannt bleiben wollen. Unabhängig davon, ob dieser im Fernsehen gezeigte Report der Wahrheit entspricht oder nicht: Der Schutz vor Terroranschlägen steht im Blickpunkt der weltweiten Öffentlichkeit und hat mittlerweile auch vor dem Zollrecht nicht Halt gemacht.

Seit den Terroranschlägen in New York und Madrid hat sich nicht nur in den USA, sondern auch in Europa viel verändert: Lag der Schwerpunkt des Zollrechts bis in jüngster Zeit vornehmlich bei der Abgabeneinhebung, hat sich der Fokus nunmehr in Richtung „Sicherung des Handels" verschoben. Die neue zentrale Strategie in der Gemeinschaft heißt: „Sicherheit in der Lieferkette" („Supply Chain Security").

Die Kommission verlangte schon vor einigen Jahren eine verstärkte Integration der Sicherheitsbelange in das Zollrecht, eine Vereinfachung der Verfahren, eine verstärkte Vernetzung der Zollbehörden und eine einfache, elektronische Abwicklung (KOM [2001] 51 v. 8.2.2001; KOM[2003] 452 v. 24.7.2003). Als Garant für „sichere Verfahren" gilt die Rechtsfigur des „Zugelassenen Wirtschaftsbeteiligten" („Authorised Economic Operator" [AEO]). Ein Schwerpunkt in der Gemeinschaft ist das Zollsicherheitsprogramm CSP, das die Rolle des europäischen Zolls bei der Terrorbekämpfung beschreibt (s. http://ec.europa.eu/taxation_customs/resources/documents/common/publications/info_docs/customs/customs_security_de.pdf).

Abbildung 9: Zollsicherheitsprogramm CSP
Quelle: Europäische Kommission

2. Sicherheit in der Lieferkette – die Hintergründe

Die sog. „Sicherheitsänderungen" zum Zollkodex der Gemeinschaften führen zu weitreichenden Veränderungen:

- Die Wirtschaftsbeteiligten werden verpflichtet, die Zollbehörden im Voraus über die beabsichtigten Einfuhren in und Ausfuhren aus der Europäischen Union zu unterrichten (Anmeldungen vor Eintreffen bzw. vor Abgang der Waren).
- Zuverlässige Beteiligte können im Rahmen des Programms von Handels- und Verfahrenserleichterungen profitieren.
- Einführung eines EDV-gestützten Mechanismus zur Festlegung gemeinschaftsweit einheitlicher Risikoauswahlkriterien für Kontrollen.

Den neuen Zielsetzungen der Gemeinschaft entsprechend, wurde mit der VO Nr. 648/2005 vom 13.4.2005 in Art. 5a ZK der AEO eingeführt. Diese Rechtsfigur soll Garantien bieten und als Partner der Zollbehörde mitwirken, den Handel sicherer zu machen. Er soll nach dem 1. Erwägungsgrund zur EG VO 1875/2006 vom 18.12.2006 als „zuverlässiger Partner" in der Lieferkette angesehen werden. Im Gegenzug werden dem AEO umfangreiche Erleichterungen angeboten, die sich vor allem in einer deutlichen Reduktion von Kontrollen zeigen. Vereinfachungen hinsichtlich sonstiger zollrechtlicher Bewilligungen sind ebenfalls Teil der Erleichterungen („trade facilitation").

Zentral ist zuvor die Beantwortung der Frage, ob im Warenverkehr so genannte sicherheitsrechtlich sensible Güter betroffen sind oder der Schwerpunkt der Tätigkeit eines Wirtschaftsbeteiligten abgabenrechtlich zu definieren ist. Mit der Einführung des AEO wird den Zollbehörden im Zeitalter der sinkenden Zollsätze eine neue Aufgabe, eine neue Ordnungsfunktion, zugewiesen, die nicht mehr von Fiskalinteressen begleitet wird, sondern Sicherheit vor Terroranschlägen bieten soll.

Die Zielsetzung „Sicherheit" im Zollrecht ist indessen nicht völlig neu: Die Rechtsgüter „öffentliche Sittlichkeit, Ordnung oder Sicherheit zum Schutze des Gesundheit oder des Lebens von Menschen" sind schon bisher durch Art. 58 Abs. 2 ZK als schützenswert erachtet worden, so z.B. durch die „Verbote und Beschränkungen". Auch das Exportkontrollrecht ist speziell in den letzten Jahren im Blickfeld (auch) der zollrechtlichen Betrachtung gewesen. Neu ist hingegen, dass die Gemeinschaft bestrebt ist, nicht nur den Zollbehörden eine neue Wirtschaftslenkungsfunktion zuzuerkennen, sondern sie bezieht die Wirtschaft als Verpflichtete mit ein, um auf die neuen Bedrohungen durch den Terrorismus zu reagieren. Nicht nur Verstöße gegen die „Verbote und Beschränkungen" oder gegen das Exportkontrollrecht, sondern auch Straftaten im Zusammenhang mit der gesamten wirtschaftlichen Tätigkeit des AEO (Steuer-, Arbeitsrecht etc.) haben massive Auswirkungen auf die Abwicklung von Zollverfahren. Die Gemeinschaft verlangt eine „Garantenstellung" des Unternehmens. Der AEO ist in der Tat nicht (nur) auf die Gemeinschaft oder gar Nationalstaaten wie Deutschland oder Österreich beschränkt. Vielmehr soll der Rechtsstatus AEO fast weltweit eingeführt werden: Die Weltzollorganisation WCO hat 2005 die Schaffung eines AEO-Status beschlossen („Rahmen von Sicherheit und Erleichterung des Welthandels"; [SAFE-Framework], abrufbar unter www.wcoomd.org). Auch wenn das SAFE-Framework rechtlich unverbindlich ist, haben sich fast alle Mitgliedstaaten der WCO verpflichtet, das Programm umzusetzen. Schwerpunkt ist die Umsetzung von Kooperationsprogrammen zwischen den Zollverwaltungen und Unternehmenspartnerschaften durch Einführung eines AEO.

Auch das international verbindliche Abkommen von Kyoto („International Convention on the Simplification and Harmonization of Customs") verpflichtet die Staaten, die Einführung von „zugelassenen Personen" und Verfahrenvereinfachungen voranzutreiben.

Eine Reihe von Staaten sind schon seit Jahren bemüht, das Erfordernis der „Sicherheit der Lieferkette" in das Zollrecht zu integrieren (z.B. Australien, Neuseeland, Schweden, die USA und Kanada). Die Sicherheit in der Lieferkette greift sehr weit und betrifft den Hersteller von Waren ebenso wie den Ausführer, Spediteur, Zollagent oder Frachtführer.

Begleitet wird die Rechtsfigur des AEO in der Gemeinschaft durch ein Bündel von Initiativen, die die Sicherheit im Luft-, See- und Landverkehr zum Gegenstand haben (Personenverkehr, Sicherheit beim Transport gefährlicher Güter, Energieversorgung etc. http://ec.europa.eu/taxation_customs/customs/policy_issues/customs_security/index_de.htm#auth _eco).

2.1 Die Rechtsfigur

2.1.1 Grundsatz der „4 Schritte"

Grobprüfung durch Selbstbeurteilung – der erste Schritt

Am Beginn steht die **„Selbstbeurteilung"** des Unternehmens. Zentral ist die Beantwortung der Frage, ob es sinnvoll ist, den Rechtsstatus AEO zu beantragen und damit ein so genanntes „Zertifizierungsverfahren" anzustrengen.

Parameter, die dabei zu berücksichtigen sind:

- Gibt es zollrechtlich bedeutsame Umstände im Unternehmen oder wird nur innergemeinschaftlich Handel betrieben?
- Sind die Handels- und Geschäftspartner zertifiziert oder streben diese eine Zertifizierung an?
- In welche Länder werden welche Waren exportiert? Verlangen diese Länder schon jetzt faktisch eine Zertifizierung (z.B. USA) oder/und unterliegen diese Waren exportkontrollrechtlichen Vorschriften (z.B. bei technischen Geräten)?
- Ist eine internationale Anerkennung des Status durch die Zielländer geplant (USA, China etc.)?
- Welche betriebswirtschaftlichen Kosten werden durch die Zertifizierung verursacht, z.B. durch erhöhte EDV-Sicherheitsanforderungen und bauliche Veränderungen im Betrieb?
- Welcher betriebswirtschaftliche Nutzen kann durch die Zertifizierung erwartet werden, z.B. durch Erhalt der zertifizierten Geschäftspartner, Garantie für Exporte in die USA, erhöhte Qualitätsstandards im Betrieb usw.?
- Welcher behördliche Nutzen kann für den Import erwartet werden, z.B. durch den weitgehenden Verzicht auf Zollkontrollen?
- Welcher behördliche Nutzen kann für den Export und daraus folgend für den Import in Drittstaaten erwartet werden?

Diese Selbstbeurteilung soll nur sehr grob eine Ersteinschätzung des Unternehmens ermöglichen. Diese Grobprüfung sollte fachübergreifend vorgenommen werden. Unter

2. Sicherheit in der Lieferkette – die Hintergründe

der Leitung der Rechtsabteilung soll diese Erstorientierung fachübergreifend mit Buchhaltung, Marketing, Controlling und Werbung vorgenommen werden. Die strategischen und operativen Ziele der Geschäftsführung sollen dabei impliziert werden. Im Zuge dieses Prozesses empfiehlt es sich, Rücksprache mit dem Steuer- und Zollberater zu halten.

Feinprüfung durch Selbstbewertung – der zweite Schritt

Als nächster Schritt erfolgt die „Feinabstimmung" durch die **„Selbstbewertung"**. Durch einen von der Kommission bzw. von der nationalen Zollbehörde zur Verfügung gestellten Fragenkatalog ist es möglich, sich einen detaillierten Einblick in die Abläufe und potentiellen Risikoindikatoren zu verschaffen.

Zertifizierungsverfahren – der dritte Schritt

Nachdem Grob- und Feinprüfung zu einer umfassenden Unternehmensbewertung geführt haben, ist ein Antrag bei der zuständigen Zollbehörde zu stellen. Der abgegebene Antrag wird von der Zollbehörde geprüft und – sofern alle Voraussetzungen erfüllt sind – eine Zertifizierung (Bewilligungserteilung) vorgenommen. Als Grundlage für die Bewertung des Wirtschaftsbeteiligten wird die Selbstbeurteilung herangezogen. Diese ist zwar nicht verpflichtend, sollte aber sicherstellen, dass der Antrag zügig und rasch durch die Zollbehörde bearbeitet wird. Erst durch die Zertifizierung kommt der Wirtschaftsbeteiligte in den Genuss aller Vorteile. Bei der Prüfung berücksichtigt die Zollbehörde aller verfügbaren Informationen und prüft die Voraussetzungen auch vor Ort, um sich ein umfassendes Bild zu machen.

> **PRAXISTIPP:**
>
> *Der AEO betrifft nicht nur Zollrecht, vielmehr sind auch andere Rechtsmaterien wie Steuer-, Gesellschafts-, Arbeits-, Sozialrecht und völkerrechtliche Normen erfasst. Auch die Logistik spielt eine bedeutende Rolle, ebenso Marketing und Werbung. Machen Sie sich zuerst über grundsätzliche Fragen des AEO ein Bild und stimmen Sie sich mit der betreffenden Abteilung und/oder anderer Unternehmensteile über allgemeine Fragen betreffend den AEO ab. Vor Antragstellung sollte ein Gesprächstermin mit dem zuständigen Sachbearbeiter bei der Zollbehörde vereinbart werden, um Details zu besprechen.*

Nützen des AEO – der vierte Schritt

Ein erteiltes Zertifikat hat – neben den Vorteilen, die noch zu behandeln sind – eine Besonderheit: Wenn ein Zertifikat in einem Mitgliedstaat erteilt wird, darf sich der AEO darauf verlassen, dass er dieses Zertifikat in der gesamten Gemeinschaft nützen darf, da der Rechtsstatus AEO gegenüber allen Mitgliedstaaten Bindungswirkung entfaltet. Bei Vorliegen entsprechender Abkommen ist zu erwarten, dass das Zertifikat auch darüber hinaus genutzt werden kann, z.B. in den USA oder in China.

- *Ein AEO-Zertifikat wird in Deutschland erteilt. Im Zuge einer Abfertigung in Österreich darf die österreichische Zollbehörde dieses Zertifikat nicht ablehnen. Sie muss es auf jeden Fall anerkennen. Das gilt natürlich auch umgekehrt.*

> **PRAXISTIPP:**
>
> *Auch wenn anzunehmen ist, dass in der Gemeinschaft die Voraussetzungen überall gleich sind, ist doch davon auszugehen, dass manche Zollverwaltungen die Vorschriften restriktiver auslegen als andere. Es ist empfehlenswert, sich auch in anderen Mitgliedstaaten der EU über die Verwaltungspraxis durch Einsichtnahme in die nationalen Dienstanweisungen näher zu informieren. Ein „Bescheinigungs-Shopping" zwischen den Mitgliedstaaten, um eine für das Unternehmen möglichst günstige Verwaltungspraxis sicherzustellen, ist aber nicht möglich.*

Kontaktstelle: Bei Fragen empfiehlt es sich, mit dem zuständigen Sachbearbeiter der Zollstelle Rücksprache zu halten. Bei Fragen, die mehrere Mitgliedstaaten betreffen, kann die Rücksprache mit der „Kontaktstelle AEO" zweckmäßig sein.

Bundesfinanzdirektion Südost
Kontaktstelle AEO
90332 Nürnberg
E-Mail-Adresse: aeo@ofdn.bfinv.de
Telefax: 0911/376-2270
Telefon: 0911/376-3671, -3672, -3673, -3674, -3670

Österreich: Ansprechpartner ist der zuständige Kundenbetreuer am Zollamt, in weiterer Folge das Kompetenzzentrum.

Competence Center
Zoll- und Verbrauchsteuerverfahren
Nationale Kontaktstelle AEO
A-4975 Suben 25
E-Mail-Adresse: AEO-Austria@bmf.gv.at
Telefax: +43 (0) 7711 2650
Telefon: +43 (0) 7711 2662
Erreichbarkeit:
Mo–Fr 07:00–18:00 Uhr

2.1.2 Zertifikatsarten

Je nach den Bedürfnissen des Unternehmens gibt es nach Art. 14a Abs. 1 ZK-DVO drei verschiedene Arten:

- AEO-Zertifikat „Zollrechtliche Vereinfachungen" (AEO C)
- AEO-Zertifikat „Sicherheit" (AEO S) und
- AEO-Zertifikat „Zollrechtliche Vereinfachungen/Sicherheit" (AEO F).

2. Sicherheit in der Lieferkette – die Hintergründe

AEO-Zollrechtliche Vereinfachungen (AEO C)

Diese erste Art betrifft nach Art. 14a Abs. 1 Buchst. a ZK-DVO das originäre Zollrecht: „AEO-Zollrechtliche Vereinfachungen" (AEO C).

Der AEO C ist zweckmäßig, wenn lediglich zollrechtliche Vereinfachungen genützt werden sollen, wie z.B. die „Vereinfachten Verfahren". Darunter fallen auch Erleichterungen im Versandverfahren, wie etwa der „zugelassene Versender" oder der „zugelassene Empfänger". Der Status AEO C erleichtert den Zugang, ist aber nicht verpflichtend. Vereinfachungen können auch ohne Zertifikat genützt werden, es besteht aber die Gefahr erhöhter zollbehördlicher Kontrolltätigkeit. Um dies zu verhindern, ist die Beantragung eines Zertifikats sinnvoll. Für die Sicherheit in der internationalen Lieferkette und der damit verbundenen, zu erwartenden internationalen Anerkennung spielt diese Art keine bedeutende Rolle.

AEO-Sicherheit (AEO S)

Die zweite Art nach Art. 14a Abs. 1 Buchst. b ZK-DVO, der „AEO-Sicherheit" (AEO S), betrifft die „sichere Lieferkette": Der Wirtschaftsbeteiligte muss alle Sicherheitsvorschriften beachten. Der Vorteil liegt – neben anderen Vergünstigungen – darin, dass die Zollbehörde den AEO S nicht mehr im üblichen Ausmaß überwacht. Das Befolgen des Risikomanagements im Betrieb ist hier von zentraler Bedeutung (Art. 13 Abs. 2 ZK). Diese Art steht im Fokus der Diskussion um die internationale Anerkennung und ist aus diesem Grund – zumindest zukünftig – von großer Bedeutung. Die Schutzmaßnahmen sind in Art. 14k ZK-DVO normiert.

AEO-Zollrechtliche Vereinfachungen/Sicherheit (AEO F)

Die dritte Art nach Art. 14a Abs. 1 Buchst. c ZK-DVO ist lediglich die Kombination von beiden vorgenannten Arten (AEO F). Wer zollrechtliche Vereinfachungen nützen und von sicherheitsbezogenen Kontrollen verschont bleiben will, wird den AEO F beantragen.

2.1.3 Rechtsgrundlagen

Die einschlägigen Rechtsgrundlagen folgen einem logischen Stufenbau, der dem Praktiker im Zollrecht bekannt ist. Als Grundnorm dient der ZK, die Ausführungsbestimmungen sind in der ZK-DVO geregelt. Es existieren Erläuterungen der Kommission und eine nationale Dienstanweisung.

Zollkodex (Art. 5a ZK)

Im ZK ist nur grundsätzlich geregelt, welche Voraussetzungen erfüllt sein müssen, damit ein Zertifikat erteilt wird. Es ist nur sehr grob formuliert, dass der AEO Erleichterungen zu erwarten hat, z.B. bei Kontrollen. Diese Kontrollen und die Voraussetzungen sollen europaweit gleich sein.

Zollkodex-Durchführungsverordnung (Art. 14a bis 14x, Anhang 1C und D ZK-DVO)

Von größerer Bedeutung ist die ZK-DVO. Hier sind wichtige Bestimmungen normiert, die detailliert formuliert sind. Der Ablauf des Zertifizierungsverfahrens, die grundsätzlichen Kriterien und unter welchen Umständen das Zertifikat wieder entzogen werden darf, sind für die Praxis bedeutsame Bestimmungen.

Leitlinien und das COMPACT-Modell

Von größter Wichtigkeit für die Praxis sind die Leitlinien (TAXUD 2006/1450 v. 29.6.2007) und die darauf aufbauende Selbstbewertung sowie das COMPACT-Modell (TAXUD 2006/1452 v. 13.6.2006). Da die Meinungen der internationalen Zollverwaltungen und die daraus resultierenden Verwaltungspraktiken oftmals verschieden sind, erfüllen die Leitlinien die Funktion, eine einheitliche Verwaltungspraxis in den Mitgliedstaaten sicherzustellen. Die Leitlinien beschreiben detailliert, welche Voraussetzungen erfüllt sein müssen, welche Risikokriterien es gibt, wer diese Leitlinien zu beachten hat usw. Auch wenn diese Bestimmungen rechtlich unverbindlich sind, orientieren sich die Zollbehörden daran und die Wirtschaft akzeptiert diese Regeln. Dadurch, dass es gerade im Sicherheitsbereich immer wieder Änderungen geben wird, werden die Leitlinien ständig angepasst werden.

Die Leitlinien sind in Teile und Abschnitte gegliedert. Teil 1 bietet einen Überblick über die Leitlinien und behandelt die Durchführung von Prüfungen, die Vorteile des AEO, die internationale Lieferkette mit dem Sicherheitskonzept, grundsätzliche Zuständigkeitsbestimmungen und Überwachungsmaßnahmen.

Der Teil II gibt einen genauen Einblick in die zu erfüllenden Kriterien und bietet einen Überblick über Details in Tabellenform.

Teil III gibt Aufschluss darüber, welche Kategorien von Kriterien auf die verschiedenen Glieder der Lieferkette Anwendung finden.

PRAXISTIPP:

Die Leitlinien sollten immer parallel zu den entsprechenden Bestimmungen in der ZK-DVO gelesen werden, um sich einen entsprechenden Überblick zu verschaffen.

Auch das COMPACT-Modell ist von Bedeutung: Im Jahr 2002 wurde durch eine Projektgruppe ein Katalog von Risikoindikatoren erstellt, um ein einheitliches Bewertungsschema für die Wirtschaftsbeteiligten zu schaffen („compliance partnership customs and trade"). Leitlinien und COMPACT überschneiden sich zum Teil inhaltlich. In dieser Datenbank sind sowohl Informationen enthalten, die allgemein zugänglich sind als auch solche, die nur durch die Zollbehörde eingesehen werden können. Gegenstand von COMPACT sind europaweite Risikokriterien und Verfahrensabläufe.

Dienstvorschriften

Zuletzt gibt es auch noch nationale Dienstvorschriften der Zollverwaltungen, die nationalstaatliche Besonderheiten regeln. In Deutschland ist das die Dienstvorschrift „Zugelassener Wirtschaftsbeteiligter – AEO" VSF Z 0520. In den Anlagen zur Dienstvorschrift sind der Antrag auf Erteilung eines Zertifikats, der Fragenkatalog zur Selbstbewertung, sowie nähere Angaben über akzeptierte Sicherheitszeugnisse enthalten.

Die in Österreich zu berücksichtigende Dienstvorschrift ist die Arbeitsrichtlinie ZK-0051 (Zugelassener Wirtschaftsbeteiligter, AEO; Richtlinie des BMF vom 15.12.2007, GZ: BMF-010313/0596-IV/6/2007). Darüber hinaus existiert auch ein rechtlich unverbindliches Manuskript zu „öFAQ", unter www.bmf.gv.at abrufbar. Aufgrund der in der Gemeinschaft einheitlichen Rechtslage ist der „Spielraum" der nationalen Zollbehörden aber ohnehin sehr gering.

2. Sicherheit in der Lieferkette – die Hintergründe

2.2 Bedeutung des Status

2.2.1 Grundsätzliches

Die Bedeutung des AEO ist dadurch gekennzeichnet, dass der zertifizierte Wirtschaftsbeteiligte umfangreiche Vorteile in Anspruch nehmen kann.

Um die Vorteile als AEO zu nützen ist es notwendig, der Zollbehörde die Nummern der AEO-Zertifikate mitzuteilen. Bei mehreren Beteiligten ist auch der Stand in der Lieferkette sowie die bezughabenden Zertifikatsnummern der Beteiligten anzugeben (Art. 14b Abs. 5 ZK-DVO; D: Code Y022, Anhang 11 zu Feld 44 des Merkblatts zum Einheitspapier). Es gibt eine Reihe wesentlicher rechtlicher Vorteile als auch Vorzüge, die den außerrechtlichen Bereich zum Gegenstand haben.

2.2.2 Rechtliche Vorteile

Der Rechtsstatus AEO hat rechtliche Vorteile zur Folge wie:

- Meldung von weniger Daten an die Zollbehörde
- Erleichterungen hinsichtlich sonstiger zollrechtlicher Bewilligungen
- weniger Kontrollen
- schnellere Kontrollen
- Kontrollen am gewünschten Ort sowie
- vorherige Mitteilung über beabsichtigte Kontrollen sowohl in der Ein- als auch in der Ausfuhr.

PRAXISTIPP:

Nicht jeder Vorteil wird jeder AEO-Art uneingeschränkt gewährt. Wenn Sie sich für eine Art entschieden haben, sollten Sie sich zuvor vergewissert haben, ob der gewünschte Vorteil damit verbunden ist.

Überblick über die Vorteile

Vorteil	AEO C	AEO S	AEO F	ZK-DVO	Leitlinien
Weniger Daten		X	X	Art. 14b Abs. 3	Teil 1 Pkt. III.5
Sonst. Bewilligungen	X		X	Art. 14b Abs. 1	Teil 1 Pkt. III.4
Weniger Kontrollen	X	X	X	Art. 14b Abs. 4	Teil 1 Pkt. III.1
Schnellere Kontrollen	X	X	X	Art. 14b Abs. 4	Teil 1 Pkt. III.2
Kontrollen am gewünschten Ort	X	X	X	Art. 14b Abs. 4	Teil 1 Pkt. III. 3
Vorherige Mitteilung über eine Kontrolle		X	X	Art. 14b Abs. 2	Teil 1 Pkt. III.6

2.2 Bedeutung des Status

Weniger Daten

Inhaber des Zertifikats sind nach Art. 14b Abs. 3 ZK-DVO berechtigt, die summarischen Eingangs- und Ausgangsanmeldungen mit deutlich reduzierten Datensätzen abzugeben (Anhang 30A Abschnitt 2.5 ZK-DVO). Ab 1.7.2009 gilt dieser Vorteil für die Arten AEO S und AEO F, nicht aber für den AEO C. Das führt zu einem geringeren bürokratischen Aufwand und einer erheblichen Kostensenkung.

Beantragung sonstiger Bewilligungen

Neben dem AEO wird es die bereits bekannten Vereinfachungen für Zollanmeldungen oder Begünstigungen im Versandverfahren weiterhin geben, so z.B. das „vereinfachte Anmeldeverfahren" (Art. 260 ff. ZK-DVO) und die Rechtsfiguren des „zugelassenen Versenders oder Empfängers" (Art. 372 Abs. 1 Buchst. e, f ZK-DVO). Voraussetzungen wie „Einhaltung der Zollvorschriften", „ordnungsgemäße Buchführung" oder die „Zahlungsfähigkeit" werden kein zweites Mal mehr geprüft (Art. 14b Abs. 1 ZK-DVO). Der Status AEO bestätigt auch gegenüber der Zollstelle die Zuverlässigkeit des Unternehmens und bietet Erleichterungen hinsichtlich der Nutzung anderer zollrechtlicher Bewilligungen. Das gilt auch für alle Zollverfahren mit wirtschaftlicher Bedeutung (vgl. Art. 86 ZK). Dieser Vorteil wird nur dem AEO C und AEO F gewährt. Der Grund liegt darin, dass die Sicherheitsvorschriften des AEO S die eigentlichen Zollverfahren nicht berühren. Ein Rechtsanspruch auf Erteilung eines AEO-Zertifikats aufgrund des Vorliegens bestehender Bewilligungen besteht nicht.

Vorsicht ist beim „ermächtigten Ausführer" nach Art. 90 ZK-DVO geboten: Diese Rechtsfigur weist hinsichtlich der zu erfüllenden Voraussetzungen nur sehr geringe Übereinstimmungen mit dem AEO auf. Aus diesem Grund sind die Voraussetzungen durch die Zollbehörde zu prüfen.

Die von einem Zugelassenen Wirtschaftsbeteiligten zu erfüllenden Kriterien sind in den jeweiligen Artikeln aufgeführt, die die einzelnen Vereinfachungen betreffen (Leitlinien, S. 16):

Örtliches Abfertigungsverfahren	Artikel 264 Absatz 3
Vereinfachte Zollanmeldung	Artikel 261 Absatz 4; Artikel 270 Absatz 5
Linienverkehr auf dem Seeweg	313b Absatz 3 Buchstabe a
Nachweis des Gemeinschaftscharakters/ zugel. Versender	Artikel 373 Absatz 3
Nachweis des Gemeinschaftscharakters nach Art. 324e	Artikel 373 Absatz 3
Vereinfachtes Versandverfahren	Artikel 373 Absatz 3 und 454a Absatz 5
Kontrollexemplar T5/Art. 912g	Nicht ausdrücklich angegeben, aber in Artikel 912g Absatz 4 implizit vorgesehen

Weniger Kontrollen

Es wird die Anzahl und die Intensität von Zollkontrollen verringert (Art. 14b Abs. 4 UAbs. 1 ZK-DVO). Diese Erleichterung betrifft alle AEO-Arten und ist ab dem 1.1.2008 anzuwenden (Abs. 401 VSF Z 0520). Die Anzahl der Prüfung von Waren und der dazugehöri-

2. Sicherheit in der Lieferkette – die Hintergründe

gen Unterlagen als auch die Intensität der Prüfung selbst wird deutlich verringert. Das gilt auch für Außenprüfungen. Es zwar nicht vorgeschrieben, dass alle Beteiligten in einer Lieferkette über ein AEO-Zertifikat verfügen müssen, allerdings gibt es umso weniger Zollkontrollen, je sicherer eine Lieferkette durch eine geschlossene Anzahl an AEOs ist. Gibt es konkrete Anhaltspunkte für eine Gefährdung der Einfuhrabgaben oder sonstige nichtfiskalische Risiken, ist die Zollstelle weiterhin berechtigt, Kontrollen und Prüfungen vorzunehmen, auch durch mobile Überwachungsgruppen (Art. 14b Abs. 4 UAbs. 1 ZK-DVO).

PRAXISTIPP:

Je mehr Beteiligte in der Lieferkette zertifiziert sind, umso sicherer wird auch der AEO eingestuft. Die Zollbehörde beurteilt das Risiko anhand der Beteiligten in der Lieferkette. Es empfiehlt sich, die Geschäftspartner danach auszuwählen, ob diese über eine Zertifizierung verfügen.

Schnellere Kontrollen

Die Zollstellen sind verpflichtet, alle Maßnahmen zu treffen, um einem AEO Vorrang bei der Durchführung einer Kontrolle einzuräumen. Die Abwicklung der Kontrolle wird gegenüber anderen Wirtschaftsbeteiligten zeitlich vorgezogen (Art. 14b Abs. 4 UAbs. 2 ZK-DVO). Von der Zollstelle sind dazu alle organisatorischen Maßnahmen zu treffen, um diese Begünstigung für den AEO uneingeschränkt garantieren zu können. Dieser Vorteil gilt ab 1.1.2008 für alle AEO-Arten.

PRAXISTIPP:

Dieser Vorteil wird von der Zollverwaltung im Zuge einer elektronischen Abfertigung nicht gewährt. Entschließt sich die Zollstelle jedoch zu weiteren Kontrollen, greift das „first in-first out" Prinzip nicht. Das hat zur Folge, dass der AEO in diesem Falle berechtigt ist, schnellere Kontrollen zu fordern und die Zollstelle verpflichtet ist, diesem Wunsch nachzukommen. Das führt zu geringeren „Stehzeiten".

Kontrollen am gewünschten Ort

Dem Antrag auf Kontrolle an einem anderen Ort ist seit 1.1.2008 von der Zollstelle zu entsprechen, es sei denn, ein Kontrollzweck wäre gefährdet. Dieser Vorteil gilt für alle AEO-Arten. Zu beachten ist aber, dass die Gestellungspflicht am Amtsplatz weiterhin aufrecht ist. Nur die anschließende Kontrolle kann auf Antrag an einem anderen Ort vorgenommen werden.

PRAXISTIPP:

Es kommt auf den Einzelfall an, ob ein Ortswechsel sinnvoll ist. Nicht jeder Ortswechsel ist ein Vorteil für den Wirtschaftsbeteiligten und kann auch zu einem zeitlichen und/ oder betriebswirtschaftlich erhöhten Aufwand führen. Die Zollstelle wird einen anderen Kontrollort nur dann akzeptieren, wenn alle räumlichen und logistischen Voraussetzungen erfüllt sind, um eine Kontrolle auch ordnungsgemäß durchführen zu können. Sofern regelmäßig ein besonderer Kontrollort zur Anwendung kommen sollte, wird es hilfreich sein, rechtzeitig mit der Zollstelle Kontakt aufzunehmen.

2.2 Bedeutung des Status

> **PRAXISTIPP/ÖSTERREICH:**
>
> *In Österreich ist diese Begünstigung ohne Bedeutung, da die Verwaltung unabhängig vom AEO-Status jedem Wirtschaftsbeteiligten im Informatikverfahren auf Antrag bewilligt, die Abfertigung an so genannten „zugelassenen Warenorten" vorzunehmen (§§ 4 Abs. 2 Z 18 in Verbindung mit 11 Abs. 7 Zollrechtsdurchführungsgesetz [ZollR-DG]). Darüber hinaus sind folglich weitere Erleichterungen nicht erforderlich.*

Vorherige Mitteilung über eine beabsichtigte Kontrolle

Eine beabsichtigte Kontrolle wird von der Zollbehörde in der Regel zuvor angekündigt (Art. 14b Abs. 2 UAbs. 1, 2 ZK-DVO ab 1.7.2009). Diese Erleichterung gilt nicht für den AEO C.

Eine Abfertigung wird in der Regel reibungsloser und schneller abgewickelt werden. Der AEO S oder der AEO F kann damit rascher über die Waren verfügen. Der AEO hat die Möglichkeit, rechtzeitig alle logistischen Maßnahmen zu treffen, um von einer Kontrolle nicht „überrascht" zu werden. Nicht normiert ist, welcher Mindestzeitraum zwischen Ankündigung und Durchführung der Kontrolle liegen muss. Diesbezüglich kommt es auf die Verwaltungspraxis und das jeweilige elektronische System an (ATLAS bzw. e-Zoll).

Der Wirtschaftsbeteiligte hat keinen Rechtsanspruch auf vorherige Unterrichtung. Hat die Zollbehörde einen hinreichenden Grund zur Annahme, dass sensible Waren – wenn auch ohne Wissen und Willen des Wirtschaftsbeteiligten – in einer Sendung versteckt sind, wird sie auf eine vorhergehende Mitteilung verzichten.

> **PRAXISTIPP:**
>
> *Eine Ankündigung wird nur dann vorgenommen werden, wenn nicht der AEO C betroffen ist. Die Grenze zwischen „sicherheitsbezogenen" Kontrollen und solchen, die „zollspezifisch" sind, ist oftmals schwer zu ziehen, was aber beim AEO F zu „Abgrenzungsfragen" führen wird. Die vorherige Mitteilung über Kontrollen beim AEO F bezieht sich aber nur auf sicherheitsbezogene Kontrollen. Beabsichtigt die Zollstelle beim AEO F zollspezifische Kontrollen durchzuführen, braucht sie diese nicht anzukündigen.*
>
> *Bei Sendungen mit verschiedenen Sicherheitsstatus, d.h. ein Teil der Sendung ist vom AEO-Status erfasst, ein Teil nicht, ist festzuhalten, dass ein Zusammenladeverbot verschiedener Sendungen nach dem derzeitigen Stand nicht normiert ist. Werden jedoch „sichere Güter" gemeinsam mit „unsicheren Gütern" in einer Ladeeinheit transportiert, empfiehlt es sich, die „sicheren Güter" z.B. durch Anlegen von Packstück- oder Kreuzverschlüssen von den „unsicheren Gütern" deutlich unterscheidbar zu machen, um die Vorzüge, die mit dem AEO verbunden sind, nicht zu gefährden. Diese Frage ist aber zurzeit noch nicht restlos geklärt. Es wird sich zeigen, wie die Verwaltung auf die Praxis reagieren wird.*

2.2.3 Sonstige Vorteile

Es ist mit Sicherheit anzunehmen, dass die Kosten einer Zertifizierung niedriger sein werden als der mit der Zertifizierung verbundene betriebswirtschaftliche Nutzen. Einer Studie des „Massachusetts Institute of Technology, Center for Transportation and Logistics"

2. Sicherheit in der Lieferkette – die Hintergründe

zufolge ist der Nutzen nach Abschluss der Umsetzungsmaßnahmen konkret messbar und in empirischen Untersuchungen nachweisbar (http://ctl.mit.edu/).

Neben den bereits erwähnten konkreten rechtlichen Vorteilen gibt es eine Reihe weiterer nichtrechtlicher Vorteile, die sich aber im betriebswirtschaftlichen Sinne positiv auswirken.

Darunter fallen:

- so genannte indirekte Vorteile,
- ein besserer Zugang zu den Zollbehörden,
- eine Anerkennung als sicherer Handelspartner,
- eine zu erwartende internationale Anerkennung,
- gegebenenfalls versicherungskalkulatorische Vorzüge.

Die indirekten Vorteile sind betriebswirtschaftlich konkretisiert:

- weniger Verluste oder Zeitverzögerungen,
- bessere Vorhersehbarkeit und Planung im Betrieb,
- bessere Kundenbindung,
- verstärkte Loyalität der Mitarbeiter,
- weniger Kriminalität.

Durch die zertifizierte Zuverlässigkeit ergibt sich auch eine bessere Kommunikation mit der Zollbehörde, da der AEO über einen „Vertrauensvorschuss" verfügt.

Die Stellung als „sicherer Handelspartner" führt dazu, dass ein AEO seine Handelspartner danach auswählen wird, ob diese zertifiziert sind oder nicht. Das hat den positiven Effekt zur Folge, dass der AEO selbst von anderen Handelspartnern bevorzugt ausgewählt werden wird. Ein bedeutender Wettbewerbsvorteil, der letztendlich auch von höheren Gewinnen begleitet wird.

Überdies ist das „Gütesiegel" AEO geeignet, in Werbung und Marketing verwertet zu werden, da Konsumenten mehr auf „sichere Unternehmen" vertrauen werden. Dieser Wettbewerbsvorteil wird, wenn die entsprechenden Bemühungen der Gemeinschaft erfolgreich sein werden, weltweit durch die internationale Anerkennung ausgebaut: Der AEO kann damit rechnen, dass die Auswahl von zertifizierten Handelspartnern fast weltweit möglich sein wird.

Denkbar wäre auch eine Auswirkung auf bestehende Versicherungsverträge, die in einer Senkung von Versicherungsprämien münden könnten. Es bleibt abzuwarten, wie die Versicherungsbranche auf den Status AEO reagieren wird.

PRAXISTIPP:

Nutzen Sie das Gütesiegel „AEO" auch für Ihren öffentlichen Auftritt in Werbung, Marketing, PR etc. Halten Sie Rücksprache mit der betreffenden Abteilung im Betrieb oder mit einem PR- oder Werbeunternehmen und verwerten Sie den Sicherheitsstatus in Kontakt mit Kunden, Lieferanten und auch im Auftritt gegenüber Konsumenten.

3. Kriterien für den Status als Zugelassener Wirtschaftsbeteiligter

Um ein Verfahren zur Zertifizierung einzuleiten, muss zuvor sichergestellt sein, dass alle notwendigen Kriterien erfüllt sind. In der „Selbstbewertung" kann das unternehmensbezogene Risikopotenzial erkannt werden. Erst wenn sichergestellt ist, dass alle Voraussetzungen erfüllt sind, ist es sinnvoll, einen Antrag auf Zertifizierung abzugeben.

Um ein Zertifikat zu erhalten und damit alle bereits beschriebenen Vorteile zu nützen, sind mehrere Voraussetzungen zu erfüllen (Art. 5a Abs. 2 ZK, Art. 1 Nr. 12; 14a, d, f bis k ZK-DVO). Die Zollbehörde ist verpflichtet, die Kriterien vor Ausstellung eines Zertifikats zu prüfen (Art. 14n ZK-DVO).

Der Antragsteller

- muss als Wirtschaftsbeteiligter tätig und in der Gemeinschaft ansässig sein
- muss strafrechtlich unbescholten sein
- muss zahlungsfähig sein, d.h. es darf kein Insolvenzverfahren anhängig sein
- muss die Zollvorschriften angemessen einhalten
- muss über ein zufrieden stellendes System der Führung der Geschäftsbücher verfügen und gegebenenfalls der Beförderungsunterlagen, das angemessene Zollkontrollen ermöglicht
- muss gegebenenfalls nachweislich zahlungsfähig sein.

Möchte er als AEO S oder AEO F tätig sein, muss er überdies

- gegebenenfalls angemessene Sicherheitsstandards einhalten.

Um das Verhältnis zwischen den Rechtsvorschriften zu verdeutlichen, nachfolgend ein kurzer Überblick über die Bestimmungen:

Art der Voraussetzung	ZK	ZK-DVO
Tätigkeit als Wirtschaftsbeteiligter	Art. 4 Nr. 1 Art. 5a Abs. 1	Art. 1 Nr. 12 Art. 14a
Ansässigkeit in der Gemeinschaft	Art. 4 Nr. 2 Art. 5a Abs. 1 UAbs. 1	Art. 14d Art. 14g
Strafrechtlich unbescholten		Art. 14f Buchst. b 1.Alt., c
Kein Insolvenzverfahren anhängig		Art. 14f Buchst. b 2. Alt.
Angemessene Einhaltung der Zollvorschriften	Art. 5a Abs. 2 1.Anstr.	Art. 14h

3. Kriterien für den Status als Zugelassener Wirtschaftsbeteiligter

Art der Voraussetzung	ZK	ZK-DVO
Zufrieden stellendes System der Führung der Geschäftsbücher	Art. 5a Abs. 2 2. Anstr.	Art. 14i
Nachweisliche Zahlungsfähigkeit	Art. 5a Abs. 2 3. Anstr.	Art. 14j
Sicherheitsstandards	Art. 5a Abs. 2 4.Anstr.	Art. 14k

Darüber hinaus sind den Leitlinien im Teil 2 Abschnitte II bis V Details zu den Kriterien zu entnehmen.

3.1 Tätigkeit als ansässiger Wirtschaftsbeteiligter

3.1.1 Begriff: „Wirtschaftsbeteiligter"

Art der Voraussetzung	ZK	ZK-DVO
Tätigkeit als Wirtschaftsbeteiligter	Art. 4 Nr. 1	Art. 1 Nr. 12
	Art. 5a Abs. 1	Art. 14a

Es kann grundsätzlich jeder ein Zertifikat beantragen, der als Wirtschaftsbeteiligter tätig und in der Gemeinschaft ansässig ist.

Unter dem Begriff „Wirtschaftsbeteiligter" ist nach Art. 1 Nr. 12 ZK-DVO eine Person zu verstehen, „die im Rahmen ihrer Geschäftstätigkeit mit unter das Zollrecht fallenden Tätigkeiten befasst ist".

Darunter fallen natürliche, juristische Personen oder Personenvereinigungen ohne Rechtspersönlichkeit. Von zentraler Bedeutung ist, dass immer einem Unternehmen ein Zertifikat erteilt wird, nicht z.B. dem Geschäftsführer, einem Zoll- oder einem Ausfuhrverantwortlichen. **Der Verantwortliche ist das Unternehmen selbst.** Einer Zollzweckgemeinschaft kann der Status unabhängig davon gewährt werden, ob die Beteiligten der Zollzweckgemeinschaft selbst zertifiziert sind (Abs. 101 VSF Z 0520).

BEISPIEL

Berechtigt ist ein Einzelunternehmer, eine GmbH, AG etc.

PRAXISTIPP/ÖSTERREICH:

Einer Zollzweckgemeinschaft in Österreich wird der Status AEO nicht gewährt: (öZK-0051, Abschnitt 2.4.3.1.). Treffen Sie somit rechtzeitig unternehmensrechtliche Maßnahmen (z.B. Umwandlung in eine andere Gesellschaftsform), um in Österreich legitimiert zu sein, einen Status als AEO zu beantragen.

3.1 Tätigkeit als ansässiger Wirtschaftsbeteiligter

> **PRAXISTIPP:**
>
> Die Zulassung als AEO ist abhängig davon, dass Sie als Antragsteller in einer Lieferkette eine geschäftliche Funktion erfüllen, z.B. als Hersteller, Ausführer, Lagerhalter, Zollagent, Beförderungsunternehmen oder Zollvertreter. Schaffen Sie sich einen Überblick über Ihre eigene Funktion in der Lieferkette und die Ihrer Kunden und Lieferanten und schätzen Sie danach ihr „persönliches Risikopotenzial" ein. Halten Sie Unterlagen bereit, um dem Zollamt nachzuweisen, dass ihr „Dienstleister" vertrauenswürdig ist.

BEISPIELE

- Die private Person F, die mit dem Zoll beruflich nichts zu tun hat, kann nicht als AEO zugelassen werden.
- Der Händler C, der Waren nur innerhalb der Gemeinschaft kauft und verkauft, kann nicht als AEO anerkannt werden.
- Der Händler D, der mit Drittländern Handel treibt, ist berechtigt, einen Antrag auf Bewilligung zu stellen.
- Für den Spediteur ImEx GmbH, der auch als Zollvertreter tätig ist, ist es möglich, AEO zu werden.
- Der Hersteller E von zur Ausfuhr bestimmter Waren ist berechtigt, den AEO-Status zu beantragen.

Nur unregelmäßige zollrechtliche Tätigkeit

Eine regelmäßig wiederkehrende „unter das Zollrecht fallende Tätigkeit" ist nicht erforderlich. Es ist ausreichend, wenn derartige Tätigkeiten nur im Einzelfall ausgeübt werden.

BEISPIEL

- Der Händler G aus Deutschland liefert regelmäßig Gegenstände nach Frankreich. Aufgrund eines einmaligen Auftrages exportiert G eine Sendung nach Kroatien.
- ***Er ist berechtigt, einen Antrag auf Zertifizierung zu stellen.***

Vorlieferanten

Fraglich ist, ob Vorlieferanten, die ausschließlich Rohstoffe oder Halbfertigerzeugnisse mit Gemeinschaftsstatus zuliefern und aus ursprungsrechtlichen Gründen Lieferantenerklärungen nach der VO (EG) Nr. 1207/2001 ausstellen, einen Antrag als AEO stellen können. Die österreichische Verwaltung vertritt die Auffassung, dass diese Personen nicht dazu berechtigt sind, es sei denn, sie treten selbst in einem Zollverfahren als Beteiligter auf (öFAQ, S. 6). Die Leitlinien geben darüber keine Auskunft, ebenso wenig die deutsche Dienstvorschrift. Die Lieferantenerklärung ist aber ein wichtiges Instrument, um den Nachweis über den Ursprung einer Ware zu führen und dient in der Regel als Unterlage für die Ausstellung von Präferenznachweisen. Es wird den Umständen des Einzelfalls und der Verwaltungspraxis zu entnehmen sein, wie die Stellung des Vorlieferanten in der Lie-

3. Kriterien für den Status als Zugelassener Wirtschaftsbeteiligter

ferkette definiert werden soll. Rechtspolitisch betrachtet würde eine Zuerkennung des Status AEO durch die Zollbehörde wünschenswert sein, da auch der Exporteur auf die Richtigkeit der Angaben des Vorlieferanten verstärkt vertrauen dürfte.

> **PRAXISTIPP:**
> *Wenn Sie nur in besonderen Ausnahmefällen zollrechtlich relevante Tätigkeiten ausüben, kann es trotzdem sein, dass ein AEO-Status sinnvoll ist, da er als internationales „Gütesiegel" auch zu Werbe- und PR-Zwecken verwendet werden kann und Vertrauen zu Lieferanten und Kunden aufbaut.*

Größe des Unternehmens

Eine Mindestgröße eines Unternehmens ist nicht vorgeschrieben. AEO-Zertifikate stehen sowohl klein- als auch mittelständischen Unternehmen offen. Der Begriff „KMU" wird nach der Empfehlung der Kommission vom 6. Mai 2003 betreffend die Definition der Kleinstunternehmen sowie der kleinen und mittleren Unternehmen eigens abgegrenzt (ABl. EG Nr. L 124/2003). Die Zollbehörden sind verpflichtet, die besonderen Merkmale des Wirtschaftsbeteiligten zu berücksichtigen (Art. 14a Abs. 2 ZK-DVO). An größere Unternehmen sind höhere Anforderungen zu stellen. Näheres ist den Leitlinien zu entnehmen. Aufgrund der übersichtlichen betrieblichen Vorgänge und der damit verbundenen einfacheren Prüfung durch die Zollbehörde kann besonders für kleine und mittlere Unternehmen die Beantragung eines AEO sinnvoll sein. Es muss sich aber um rechtlich selbstständige Unternehmen handeln: Bewilligungen, die auf bestimmte Standorte eingeschränkt sind, werden nicht erteilt, da der Antragsteller immer das Unternehmen in seiner Gesamtheit ist.

BEISPIEL

Der Hörgeräte-Hersteller P in der Schweiz hat eine Tochter H in Deutschland. Die Hörgeräte werden in der Schweiz produziert, in die Gemeinschaft eingeführt und weiter verkauft. H in Deutschland verfügt über hunderte Filialen und Fachgeschäfte. Das größte Fachgeschäft M in München stellt einen Antrag auf Erteilung eines Zertifikats.
M ist nur eine rechtlich unselbstständige Niederlassung von H, deswegen kann M ein Zertifikat nicht erteilt werden. H hingegen ist ein rechtlich selbstständiges Unternehmen, H wäre berechtigt.

Konzerne

Im Zusammenhang mit Konzernen kommt es darauf, ob der zu beurteilende Wirtschaftsbeteiligte tatsächlich rechtlich selbstständig ist. Multinationale Konzerne setzen sich in der Regel neben der Muttergesellschaft aus verschiedenen rechtlich selbstständigen Tochtergesellschaften zusammen. Jede Tochtergesellschaft, die den AEO-Status beantragen möchte, hat grundsätzlich einen eigenen Antrag auszufüllen. Es ist zwar nicht ausgeschlossen, dass ein Konzern einen Sammelantrag stellen kann, allerdings wird dies bei der Zertifizierung und dem daraus folgenden Konsultationsverfahren mit mehreren Mitgliedstaaten nicht zweckmäßig sein. Zudem würde ein Entzug einer Bewilligung für die gesamte Unternehmensgruppe „durchschlagen", was ein weiterer Nachteil wäre.

BEISPIEL

Ein Konzern besteht aus der Muttergesellschaft S in Spanien und den Tochtergesellschaften Ö in Österreich und D in Deutschland. S hat ihren Sitz in Spanien, ist nur innergemeinschaftlich im Handel tätig und hat keine zollrechtlichen Berührungspunkte. Ö in Österreich betreibt ein umfangreiches Zolllagergeschäft, die Tochter D in Deutschland ein Speditionsgewerbe, ist aber trotzdem nur sehr selten mit dem Zoll konfrontiert.

S ist, da sie nicht mit zollrechtlich relevanten Tätigkeiten befasst ist, nicht berechtigt, ein Zertifikat zu beantragen.

Ö ist berechtigt, ebenso D, obwohl D nur selten mit „zollrechtlich relevanten Tätigkeiten" konfrontiert ist. Das ist aber ausreichend.

PRAXISTIPP:

Legen Sie Augenmerk auf die Frage, ob ein Unternehmensteil rechtlich selbstständig oder unselbstständig ist. Prüfen Sie vor Antragstellung die rechtliche Situation, um nicht unnötig Zeit zu verschwenden. Die 7-stellige Zollnummer, die von der deutschen Bundeszollverwaltung ausgegeben wird, wenn z.B. ein Wirtschaftsbeteiligter am IT-Verfahren ATLAS teilnimmt, wurde in der Vergangenheit auch an rechtlich unselbstständige Niederlassungen vergeben. Daraus folgt aber nicht, dass diese auch als AEO berechtigt wären. In Österreich können Konzerne ausnahmslos nicht als AEO zugelassen werden (öZK-0051, Abschnitt 2.4.3.1.).

Outsourcing

Sofern zentrale betriebliche Vorgänge ausgelagert sind, ist wichtig, dass der Antragsteller die Erfüllung aller Voraussetzungen durch den Dienstleister nachweisen kann. Entweder dadurch, dass der Dienstleister selbst über ein AEO-Zertifikat verfügt. Oder dadurch, dass er alle relevanten Voraussetzungen erfüllt und der Antragsteller dies der Zollstelle auch nachweisen kann, z.B. durch einen Vertrag (Sicherheitserklärung). Eine Nichterfüllung der Voraussetzungen hat sich die antragstellende Person zurechnen zu lassen (Abs. 106 VSF Z 0520, öZK-0051, Abschnitt 5.1.6.). Unter den Dienstleisterbegriff fallen Zollvertreter, Frachtführer, Lagerhalter, Sicherheitsunternehmen, Personalvermittlungsagenturen und auch zentrale betriebliche Bereiche wie die Buchhaltung.

BEISPIEL

Der Händler D, der mit Drittländern Handel treibt und die Buchhaltung an eine Steuerkanzlei ausgelagert hat, ist berechtigt, zertifiziert zu werden. Wird die Buchhaltung an einen „Verwandten" ausgelagert, der die Buchhaltung nebenberuflich ausübt, ist die Sicherheit nicht in dem Ausmaß wie bei einer Steuerkanzlei garantiert.

PRAXISTIPP:

Die Einhaltung der Kriterien durch den Dienstleister wird in Deutschland streng geprüft. Halten Sie Unterlagen bereit, um dem Zollamt nachzuweisen, dass Ihr „Dienstleister" vertrauenswürdig ist. Es empfiehlt sich, nur zertifizierte Dienstleister heranzuziehen.

3. Kriterien für den Status als Zugelassener Wirtschaftsbeteiligter

> **PRAXISTIPP/ÖSTERREICH:**
> *In Österreich wird die Einhaltung der Kriterien durch den Dienstleister (Vertretungstätigkeit in Zollverfahren, Buchhaltung oder Bewachung) in der Regel nicht geprüft, sofern vertragliche oder sonstige Sicherungsmaßnahmen gesetzt wurden (öZK-0051, Abschnitt 5.1.6.).*

Haftung des Dienstleisters?

Im Vorfeld der Einführung des AEO wurde in Fachkreisen eine mögliche erhöhte Haftung des Spediteurs diskutiert (Csoklich, Zur Frage der zivilrechtlichen Haftung eines Zugelassenen Wirtschaftsbeteiligten, s. www.portal.wko.at). Die österreichische Verwaltung ist der Ansicht, dass jene Wirtschaftsbeteiligten, die sich freiwillig den höheren Standards als AEO unterwerfen, keinem höheren zivilrechtlichen Haftungsrisiko ausgesetzt sind (öFAQ, S. 11). Diese Frage ist zurzeit aber noch ungeklärt, da die Entscheidung darüber den Zivilgerichten obliegt und nicht Gegenstand eines Zollverfahrens ist. In Österreich besteht nach einem Urteil des Obersten Gerichtshofs ein erhöhtes Haftungsrisiko für Banken im Zusammenhang mit Geldwäsche und Terrorismusfinanzierung (Oberster Gerichtshof [OGH] 19.12.2006, 4 Ob 230/06m, ÖBA 2007/1425). Ob dieses Urteil auch auf den AEO anwendbar ist, bleibt aber fraglich, da sich der AEO freiwillig höheren Qualitätsstandards unterwirft, was nach dem zitierten Urteil des OGH bei Banken gerade nicht der Fall ist.

3.1.2 Ansässigkeit in der Gemeinschaft

Art der Voraussetzung	ZK	ZK-DVO
Ansässigkeit in der Gemeinschaft	Art. 4 Nr. 2	Art. 14d
	Art. 5a Abs. 1 UAbs. 1	Art. 14g

Der Wirtschaftsbeteiligte muss im Zollgebiet der Gemeinschaft ansässig sein. Es kommt darauf an, wo die Person ihren Sitz, ihre Hauptverwaltung oder ihre dauernde Niederlassung hat. Wo der Schwerpunkt der Tätigkeit ausgeübt wird, ist unbeachtlich. Wichtig ist aber, dass sich die Hauptbuchhaltung – bezogen auf die zollrechtliche Tätigkeit – in dem Mitgliedstaat befindet, in dem die Bewilligung erteilt wird. In Ausnahmefällen kommt es darauf an, wo die logistische Verwaltung nach Art. 14d Abs. 1 UAbs. 1 Buchst. b, Abs. 2 ZK-DVO abgewickelt wird, wenn die Buchhaltung in einem Drittland geführt wird (z.B. über einen „Server"). Im Regelfall ist der Ort der logistischen Verwaltung der Ort, an dem der Versand, der Warenein- oder -ausgang stattfindet (Abs. 202 Z VSF 0520; öFAQ, S. 20). Unter dem Begriff „Hauptbuchhaltung" ist nicht zwingend die „Steuerbuchhaltung" zu verstehen, es kommt vielmehr darauf an, wo die Gesamtheit der Aufzeichnungen geführt werden, die dazu geeignet sind, der Zollbehörde eine Prüfung zu ermöglichen (auch Handbücher, Arbeitspapiere etc.).

3.1 Tätigkeit als ansässiger Wirtschaftsbeteiligter

BEISPIEL

Die Möbel GmbH mit Sitz in Kroatien (trgovačko društvo [d.d., d.o.o., j.t.d i sl]) möchte sich in der Gemeinschaft zertifizieren lassen.

Das ist nicht möglich, da die Gesellschaft ihren Sitz in Kroatien hat. Allerdings hat sie die Möglichkeit, ein Unternehmen in der Gemeinschaft zu gründen, um zertifiziert zu werden. Sofern ein Abkommen besteht, das in der Gemeinschaft anerkannt ist, wäre dieser Umweg nicht erforderlich. Zurzeit gibt es derartige Abkommen noch nicht.

BEISPIEL

Das Unternehmen „U" hat seinen Hauptsitz in Deutschland. In Österreich betreibt das Unternehmen ein Zolllager und liefert nach der Überführung in den zollrechtlich freien Verkehr in Österreich innergemeinschaftlich nach Deutschland.

Eine Zertifizierung ist problemlos. Das Unternehmen hat seinen Hauptsitz und die Hauptbuchhaltung in der Gemeinschaft.

Ausnahmen vom Ansässigkeitsprinzip

Nach den näheren Bestimmungen in der ZK-DVO ist es möglich, auch drittländische Unternehmen zu zertifizieren (Art. 14g UAbs. 1 Buchst. a ZK-DVO).

Wenn ein internationales Abkommen die gegenseitige Anerkennung von AEO-Zertifikaten vorsieht und der Drittstaat eine Bewilligung erteilt hat, ist dies ausreichend. Dazu bedarf es noch eigener Verwaltungsabsprachen, um sicherzustellen, dass z.B. Kontrollen der im Drittland erteilten und in der EU akzeptierten Zertifizierung nachgeprüft werden können.

PRAXISTIPP:

*Solche Abkommen bestehen derzeit nicht. Deswegen ist diese Bestimmung **noch** nicht praxisrelevant. Es gibt aber intensive Bemühungen der Weltzollorganisation (WCO) und der Gemeinschaft, eine weltweite Anerkennung zu erreichen. Damit wird diese Bestimmung eine zentrale Bedeutung erlangen. Beziehen Sie diese künftigen Entwicklungen in Ihre Planungen mit ein. Wer z.B. Waren nach China exportiert, kann dann damit rechnen, dass der Status AEO bei der Einfuhr von der chinesischen Zollbehörde anerkannt wird.*

Die zweite Ausnahme betrifft Luft- oder Schifffahrtsgesellschaften (Art. 14g UAbs. 1 Buchst. b ZK-DVO), sofern sie im Zollgebiet der Gemeinschaft ein Regionalbüro unterhalten und sie bereits zollrechtliche Vereinfachungen in Anspruch nehmen (Art. 324e, 445 oder 448 ZK-DVO). Damit wird der Gemeinschaft ausreichend Sicherheit geboten (Ausnahme: Art. 14k ZK-DVO).

3. Kriterien für den Status als Zugelassener Wirtschaftsbeteiligter

Art der Vereinfachung	Bestimmung in der ZK-DVO
Bewilligung für Schifffahrtsgesellschaften, das Manifest zum Nachweis des Gemeinschaftscharakters ausstellen zu dürfen	Art. 324e
Vereinfachtes Versandverfahren (Stufe 2) für Luftverkehrsgesellschaften	Art. 445
Vereinfachtes Versandverfahren (Stufe 2) für Schifffahrtsgesellschaften	Art. 448

Ausnahmen vom Ansässigkeitsprinzip:
- Internationales Abkommen mit einem Drittstaat
- Regionalbüro von Luft- und Schifffahrtsgesellschaften mit bereits bewilligten Vereinfachungen

3.2 Strafrechtliche Unbescholtenheit

Art der Voraussetzung	ZK	ZK-DVO
Strafrechtlich unbescholten		Art. 14f Buchst. b 1.Alt., c

Die Zuverlässigkeit des Wirtschaftsbeteiligten wird von der Zollbehörde schon vor Einleitung eines Zertifizierungsverfahrens geprüft. Zu beachten ist, dass in gewissen Fällen die Erteilung eines AEO-Zertifikats von vornherein unmöglich ist und zwar im Zusammenhang mit „schweren Straftaten" entweder des Antragstellers selbst oder seines Stellvertreters. In diesen Fällen wird der Antrag von der Zollbehörde nicht angenommen, ein Zertifizierungsverfahren wird nicht eingeleitet.

3.2.1 Straftat des Antragstellers

Zum Ausschluss als AEO führen **jegliche schwere Straftaten,** sofern sie sich auf die **wirtschaftliche Tätigkeit** des Antragstellers beziehen.

Darunter sind nicht nur Zuwiderhandlungen gegen Zollvorschriften zu verstehen, sondern nach dem Wortlaut der Bestimmung auch Verstöße gegen andere Rechtsgebiete, sofern sie in Ausübung der wirtschaftlichen Tätigkeit des Antragstellers begangen wurden. Straftaten im Zusammenhang mit Arbeits-, Sozial-, Steuer- oder Gesellschaftsrecht verhindern die Anerkennung als AEO.

> **PRAXISTIPP:**
> *Darunter fallen Delikte wie z.B. alle Betrugsformen der §§ 263 bis 266 StGB, Urkundenfälschung §§ 267 bis 282 StGB sowie Straftaten, die mit der Herbeiführung einer Gemeingefahr verbunden sind (§§ 306 ff. StGB). Beachten Sie, dass Rechtstreue ein besonderes Merkmal des AEO ist. Eine offizielle Liste der schädlichen Delikte existiert nicht, es kommt auf die Betrachtung des Einzelfalls an.*

3.2 Strafrechtliche Unbescholtenheit

PRAXISTIPP/ÖSTERREICH:

Darunter fallen in Österreich nach der öZK-0051, Abschnitt 2.3.3. Delikte wie Betrug (§ 146 öStGB), schwerer Betrug (§ 147 öStGB), betrügerische Krida (§ 156 öStGB) sowie verschiedene Formen der Schädigung von Gläubigerinteressen (betrügerische Krida etc., s. §§ 156–160 öStGB). Auch Delikte, die die Sicherheit betreffen, werden berücksichtigt, wie z.B. die Herstellung und Verbreitung von Massenvernichtungswaffen (§ 177a öStGB), der (fahrlässige) unerlaubte Umgang mit Kernmaterial, radioaktiven Stoffen oder Strahleneinrichtungen (§ 177b, c öStGB).

Ob eine Straftat „schwer" ist oder nicht, kann den Rechtsvorschriften zum AEO nicht entnommen werden. Auch die deutsche Dienstvorschrift gibt darüber keine Auskunft. Mit der Auffassung der österreichischen Verwaltung kann aber als Indiz für die „Schwere" einer Straftat gewertet werden, wenn sie mit einer Freiheitsstrafe von mehr als einem Jahr oder bei Mindeststrafen mit einer Freiheitsstrafe von mind. 6 Monaten bedroht ist (öZK-0051, Abschnitt 2.3.3. mit Hinweis auf Art. I Abs. 1 der Gemeinsamen Maßnahme vom 31.12.1998, ABl. EG 1998, L 333/1 v. 9.12.1998).

Es kommt darauf an, dass **das Unternehmen,** also im Regelfall eine Gesellschaft, **verurteilt wurde.** Nicht jede Verurteilung führt zum Ausschluss, es muss sich tatsächlich um eine „schwere" Straftat handeln. Ob eine Straftat schwer ist oder nicht, muss nach den oben ausgeführten Kriterien im Einzelfall beurteilt werden. Wird z.B. gegen einen Einzelunternehmer eine Haftstrafe verhängt, wird es sich in der Regel um eine „schwere Straftat" handeln.

BEISPIEL

Ein Einzelunternehmer wird wegen gewerbsmäßigen Schmuggels zu einer Freiheitsstrafe von 2 Jahren verurteilt (§ 373 Abgabenordnung).

PRAXISTIPP:

Unternehmen selbst können in Deutschland nur verurteilt werden, wenn es sich um Einzelkaufleute handelt. Wenn in einem Unternehmen ein Geschäftsführer oder ein Abteilungsleiter in einer Zollabteilung eine Straftat begeht, muss nicht befürchtet werden, dass die Zollbehörde den Antrag des Unternehmens auf Erteilung eines AEO-Zertifikats nicht annimmt: Ein Ausschluss ist nur möglich, wenn das Unternehmen, nicht sein Geschäftsführer, verurteilt wurde.

BEISPIEL

Der Geschäftsführer einer Import-Export-Firma wird wegen Untreue (nicht im Zusammenhang mit einem Zolldelikt) verurteilt. Das Unternehmen wechselt den Geschäftsführer aus und stellt einen Antrag auf Erteilung eines AEO-Zertifikats. Die Zollbehörde nimmt den Antrag nicht an.

3. Kriterien für den Status als Zugelassener Wirtschaftsbeteiligter

> *Dazu ist die Zollbehörde nicht berechtigt. Sie müsste den Antrag annehmen, da nur der Geschäftsführer verurteilt wurde, nicht aber die Gesellschaft (mangels Rechtsgrundlage). Da der Geschäftsführer ohne Zusammenhang mit einem Zolldelikt strafrechtlich verurteilt wurde, ist dieser Umstand für die Zollbehörde unerheblich.*

PRAXISTIPP/ÖSTERREICH:

Im Gegensatz zu Deutschland gibt es in Österreich eine Strafbarkeit von Unternehmen nach dem Verbandsverantwortlichkeitsgesetz (vgl. § 2 öVbVG) auch im Zusammenhang mit Finanzstrafverfahren (§ 28a Finanzstrafgesetz [FinStrG]). In Österreich kann auch eine Gesellschaft verurteilt werden. Tritt ein solcher Fall ein, ist die Annahme eines Antrags nicht möglich. Möglicherweise wäre es wirtschaftlich vertretbar, ein Unternehmen in Deutschland zu gründen und dort den Antrag auf Erteilung eines Zertifikats einzureichen. Das ist aber nur eingeschränkt möglich, da die Zuständigkeit der nationalen Zollbehörde an unternehmensbezogene Merkmale geknüpft ist (vg. Art. 14d ZK-DVO). Die zweite Möglichkeit wäre – abzuwarten: Strafrechtliche Verurteilungen dürfen dem Antragsteller in Österreich nicht auf Dauer vorgehalten werden. Die Fristen sind im Tilgungsgesetz 1972 geregelt und weichen zum Teil erheblich von den in Deutschland gültigen Fristen nach dem Bundeszentralregistergesetz (BZRG) ab. Strafen werden entweder vom Gericht oder vom Finanzamt/Zollamt als Finanzstrafbehörde verhängt. Im Zuge dieser Prüfung wird von der Zollbehörde auch darauf abgestellt, ob ein Entscheidungsträger im Sinne des § 2 öVbVG verurteilt wurde (öZK-0051, Abschnitt 4.1.4.)

BEISPIEL

> *Die Import-Export GmbH wird in Österreich wegen eines Zolldelikts verurteilt. Das Unternehmen wechselt den Geschäftsführer aus und stellt einen Antrag auf Erteilung eines AEO-Zertifikats. Die Zollbehörde nimmt den Antrag nicht an.*
>
> **Die Zollbehörde ist zur Nichtannahme des Antrags berechtigt, da die GmbH verurteilt wurde. Der Wechsel in der Geschäftsführung hat keine Auswirkungen.**

3.2.2 Straftat des Stellvertreters

Zum Ausschluss als AEO führen Verurteilungen wegen einer **schweren Straftat** im Zusammenhang mit einem **Verstoß gegen die Zollvorschriften.**

Die Beurteilung des Stellvertreters orientiert sich – im Gegensatz zum Antragsteller – nicht an der gesamten wirtschaftlichen Tätigkeit: Schädlich sind nur schwere Verstöße gegen das Zollrecht. Sonstige Straftaten, auch wenn sie im Zusammenhang mit dem Geschäftszweig begangen wurden, haben keine Auswirkungen auf den Antragsteller wie z.B. Betrug oder Untreue. Wird der Stellvertreter, z.B. ein Spediteur oder ein Rechtsanwalt, wegen eines schweren Zolldelikts bestraft, wird der Antrag des Vertretenen von der Zollbehörde nicht angenommen.

> **PRAXISTIPP:**
>
> Möchte der Spediteur selbst als Unternehmen ein AEO-Zertifikat erwirken, muss er berücksichtigen, dass er nicht als „Stellvertreter", sondern als Antragsteller von der Zollbehörde behandelt und geprüft wird. Für ihn als Unternehmer ist **jegliche schwere Straftat im Zusammenhang mit seiner gesamten wirtschaftlichen Tätigkeit** nachteilig. Wird der Spediteur somit z.B. wegen Betrugs oder Untreue verurteilt, wird sein Antrag auf Erteilung eines AEO-Zertifkats von der Zollbehörde nicht angenommen.

3.3 Fehlen eines anhängigen Insolvenzverfahrens

Art der Voraussetzung	ZK	ZK-DVO
Kein Insolvenzverfahren anhängig		Art. 14f Buchst. b 2. Alt.

Ist beim Antragsteller ein Insolvenzverfahren anhängig, wird der Antrag auf Erteilung eines Zertifikats nicht angenommen, da die Zollbehörde annimmt, dass der Antragsteller seinen Zahlungspflichten nicht nachkommen kann.

> **PRAXISTIPP:**
>
> Solange ein **Insolvenzverfahren nur droht,** aber rechtlich noch nicht eröffnet ist, **muss die Zollbehörde den Antrag** auf Erteilung eines AEO-Zertifikats auf jeden Fall **annehmen.**
>
> Nach Annahme des Antrags wird die Zahlungsfähigkeit durch die Zollbehörde zwar weiter geprüft, ab diesem Zeitpunkt reicht es aber nicht mehr, dass die Zollbehörde nur auf ein drohendes Insolvenzverfahren verweist (Art. 14j ZK-DVO). Sie muss den Umständen des Einzelfalls entsprechend nähere Prüfungen vornehmen. Die Zollbehörde muss in diesem Fall auch begründen, warum sie der Meinung ist, dass die Zahlungsfähigkeit nicht mehr garantiert werden kann. Das führt zu einem Zeitgewinn für das Unternehmen, der vielleicht dazu führt, dass die AEO-Bewilligung weiter genutzt werden kann, bis sich die Liquiditätslage des Unternehmens bessert. In Österreich ist darunter ein Konkurs- oder Ausgleichsverfahren zu verstehen.

3.4 Angemessene Einhaltung der Zollvorschriften

Art der Voraussetzung	ZK	ZK-DVO
Angemessene Einhaltung der Zollvorschriften	Art. 5a Abs. 2 1. Anstr.	Art. 14h

3.4.1 Grundsätzliches

Diese Voraussetzung ist das „Herzstück" des AEO und wurde intensiv in den Mitgliedstaaten diskutiert. Die Zollvorschriften sind „angemessen einzuhalten".

3. Kriterien für den Status als Zugelassener Wirtschaftsbeteiligter

Es sind alle Vorschriften zu beachten, die mittel- oder unmittelbar mit dem Zollrecht zusammenhängen (Zollrecht im weiten Sinne): die Gruppe der Verbote und Beschränkungen, handelspolitische Maßnahmen, Marktordnungsrecht, Verbrauchsteuern und Einfuhrumsatzsteuerrecht. Auch das Außenwirtschaftsrecht spielt eine bedeutende Rolle bei der Zuverlässigkeitsprüfung (Abs. 104 VSF Z 0520; siehe auch Art. 4 Nr. 1 und 2 des „Neapel II-Abkommens", ABl. EG 1998 Nr. C 24/2 v. 23.1.1998).

> **PRAXISTIPP:**
>
> *Beachten Sie, dass der Verweis auf das „Zollrecht" in diesem Handbuch immer dem „weiten Zollrechtsbegriff" folgt.*
>
> *Bei der Prüfung der „angemessenen Einhaltung der Zollvorschriften" kommt es nicht nur darauf an, ob die betreffende Person Verstöße im Rahmen ihrer beruflichen Tätigkeiten zu vertreten hat. Auch privat begangene Verstöße gegen das Zollrecht, z.B. von einem Geschäftsführer, sind nachteilig für den Antragsteller. Achten Sie bei der Personalauswahl auf die Vertrauenswürdigkeit der verpflichteten Personen.*

3.4.2 Kreis der Verpflichteten

Neben dem Antragsteller sind zur Einhaltung der Vorschriften verpflichtet:

- Personen, die für das antragstellende Unternehmen verantwortlich sind oder die Kontrolle über seine Leitung ausüben (Geschäftsführer, Vorstand, Bei- und Aufsichtsräte)
- gegebenenfalls der Vertreter des Antragstellers in Zollangelegenheiten (Finanzvorstand oder Geschäftsführer)
- die Person, die im antragstellenden Unternehmen für Zollangelegenheiten verantwortlich ist (Abteilungsleiter einer Zollabteilung).

Die Verantwortlichkeit von Personen und ihre Einbeziehung in den Kreis der Verpflichteten richtet sich nach dem Handelsrecht: Bei einer GmbH vertreten ein oder mehrere Geschäftsführer die Gesellschaft gerichtlich und außergerichtlich. Bei einer AG vertritt der vom Aufsichtsrat gewählte Vorstand die Gesellschaft, ebenso bei einer Genossenschaft oder bei einem Verein. Bei einer OHG oder KG richtet sich der Kreis der für das Unternehmen verantwortlichen Personen in Deutschland nach dem Handelsgesetzbuch. Ähnliches gilt in Österreich für die OG oder KG im Unternehmensgesetzbuch.

Personen, die eine Kontrollfunktion im antragstellenden Unternehmen ausüben, haben ebenfalls sorgfaltsgemäß zu handeln. Darunter sind in erster Linie Gesellschafter einer GmbH oder der Aufsichtsrat bei einer AG zu nennen.

Nimmt einer der oben genannten Organe seine Befugnisse entgegen der im Gesellschaftsrecht vorgesehenen gesetzlichen Bestimmungen zum Wohle der Gesellschaft nicht wahr, kann dies negative Folgen für die Zertifizierung haben.

Sind Aufsichtsräte im Drittland ansässig, wird die Zollbehörde anhand der ihr vorliegenden Unterlagen prüfen, ob das betreffende Organ seine Aufgaben zum Wohle der Gesellschaft wahrgenommen hat (Art. 14h Abs. 2 ZK-DVO).

Auch ein Zollvergehen eines Stellvertreters nach Art. 5 ZK kann dem Antragsteller schaden, wenn er gegen Zollvorschriften verstößt.

3.4 Angemessene Einhaltung der Zollvorschriften

PRAXISTIPP:

Es empfiehlt sich, nur zertifizierte Dienstleister auszuwählen. Wenn nicht sorgfaltswidrig bei der Auswahl des Dienstleisters gehandelt wird und dieser eine schwere Zuwiderhandlung oder wiederholte Zuwiderhandlungen gegen das Zollrecht begeht, kann sich der Antragsteller von seiner Verantwortung nicht befreien. Nur wer nachweist, dass er seiner Überwachungspflicht nachgekommen ist, ist bei der Erteilung bzw. Erhaltung des Status erfolgreich.

Da der Gesetzgeber generell auf „Vertreter" abstellt, kann jegliche Art der Vertretungstätigkeit in Zollangelegenheiten auf den Antragsteller durchschlagen. Ein Fehlverhalten jedes einzelnen Arbeitnehmers, der im Betrieb für Zollangelegenheiten zuständig ist, wird ebenfalls der Gesellschaft zugerechnet, sofern dem Abteilungsleiter ein Verstoß zuzurechnen ist.

BEISPIEL

Sprengstoff wird am betrieblichen Sicherheitssystem vorbeigeschleust und zur Detonation gebracht. Dem zuständigen Sicherheitsbeauftragten war bekannt, dass das elektronische System Mängel aufweist; er hat dies dem Abteilungsleiter schon in den Wochen zuvor gemeldet. Der Abteilungsleiter hat einen Reparaturauftrag aber nicht genehmigt.

Auch wenn man dem zuständigen Lagerpersonal den Vorwurf machen könnte, das „Einschleusen" des Sprengstoffs nicht verhindert zu haben, hat schon der Abteilungsleiter im Sinne der Sicherheitsvorschriften rechtswidrig gehandelt.

PRAXISTIPP:

Nicht immer ist für die Zollbehörde hinreichend deutlich erkennbar, wer im Betrieb konkret für welche Belange zuständig ist. Es empfiehlt sich, ein Organigramm der Verantwortlichkeiten im Betrieb vorrätig zu haben, um zu vermeiden, dass Personen, die nur sehr entfernt mit Zollangelegenheiten betraut sind, konkret den Zollverantwortlichen zugerechnet werden. Denkbar wäre zum Beispiel die Tätigkeit eines Lagerarbeiters oder eines Boten, der Dokumente von einer Abteilung zur anderen Abteilung befördert. Wenn diese beiden Personen Fehler begehen und auch der Zollbehörde bekannt ist, dass dies keine „zollverantwortlichen Personen" sind, wird dies zumindest weniger stark zu Ungunsten des Wirtschaftsteilnehmers ausschlagen. Fehler von Zollsachbearbeitern schaden hingegen automatisch dem Ruf des Wirtschaftsbeteiligten stark. Die Bekanntgabe der internen Aufgabenbereiche ist außerdem zwingend im Antrag als Anlage beizufügen (Anhang 1C, D ZK-DVO) und unterliegt der behördlichen Geheimhaltungspflicht nach Art. 15 ZK.

3.4.3 Angemessene Einhaltung der Vorschriften

Die Vorschriften sind „angemessen" zu befolgen. Arbeitsfehler sind erlaubt, nicht jedoch „schwere oder gehäufte leichte Fehler". In diesem Fall wird die Zollbehörde keine Bewilligung erteilen. Verstöße gegen die Zollvorschriften schaden aber nicht auf Dauer: Ab der Antragstellung dürfen nur die letzten drei Jahre beurteilt werden (Art. 14h Abs. 3 ZK-DVO). Zuwiderhandlungen, die älter als drei Jahre sind, bleiben unbeachtet.

3. Kriterien für den Status als Zugelassener Wirtschaftsbeteiligter

Die Zollstelle macht sich ein umfassendes Bild von der „Vertrauenswürdigkeit" des Wirtschaftsbeteiligten. Größere Zollnachforderungen können negative Auswirkungen auf den guten Ruf des Unternehmens haben. Es ist nicht zwingend, dass ein Ordnungswidrigkeiten-, ein Straf- oder wie in Österreich ein Finanzstrafverfahren eingeleitet wird. Leichte Verstöße mit nur geringen Zollnachforderungen haben scheinbar keine besonderen Auswirkungen: Bei regelmäßigen, wenn auch leichten Verstößen, wird die Zollstelle daran zweifeln, dass die Zollvorschriften angemessen eingehalten wurden. Die Leitlinien geben darüber Auskunft, wie Fehler durch die Zollbehörde zu werten sind: „Allerdings kann die bisherige Einhaltung der Vorschriften als angemessen angesehen werden, wenn die Verstöße gemessen an der Anzahl oder am Umfang der zollrelevanten Tätigkeiten von untergeordneter Bedeutung waren und keine Zweifel am guten Willen des Antragstellers bestehen" (Leitlinien, S. 41).

PRAXISTIPP:

Eine „schwere Zuwiderhandlung" schadet zwingend. Regelmäßige leichte Fehler können mittelfristig die Zuverlässigkeit des Unternehmens stark beeinträchtigen. Die Zollstelle hat aber Unterschiede zwischen Wirtschaftsbeteiligten zu berücksichtigen, insbesondere, ob es sich um größere Unternehmen handelt, die spezialisiert sind, oder um kleine Betriebe, die über weniger Infrastruktur in zollrechtlichen Belangen verfügen.

PRAXISTIPP/ÖSTERREICH:

Die österreichische Verwaltung stellt bei der „Schwere" einer Zuwiderhandlung darauf ab, ob die Tat mit einer Freiheitsstrafe von mindestens 12 Monaten oder einer Geldstrafe von mind. 15.000 Euro bedroht ist (Art. 12A Abs. 3 des Übereinkommens über den Einsatz der Informationstechnologie [ABl. EG Nr. C 316 v. 27.11.1995]. Die Verwaltung hat dazu eine demonstrative Liste veröffentlicht, welche Delikte als „schwer" zu werten sind, öZK-0051, Punkt 2.3.6.).

3.4.4 Fehlervermeidung und Risikomanagement

Wenn Zuwiderhandlungen oder Fehler von Mitarbeitern entdeckt werden, die den guten Ruf des Unternehmens schädigen könnten, sind unverzüglich entsprechende Maßnahmen zu setzen.

PRAXISTIPP:

Die Art und Intensität der Schutzmaßnahmen richten sich nach Art und Intensität der Zuwiderhandlungen gegen das Zollrecht. Beispielsweise wären folgende Maßnahmen denkbar:

- *Organisatorische und inhaltliche Richtlinien erlassen (Rundschreiben im Betrieb)*
- *„Ermahnung" des betreffenden Mitarbeiters*
- *Entsendung in Schulungen und Seminare (intern oder extern)*
- *gegebenenfalls: Mitarbeiter auf einen anderen Arbeitsplatz versetzen oder*
- *Kündigung aussprechen und generell*

3.4 Angemessene Einhaltung der Zollvorschriften

– *Krisenmanagement betreiben, gegebenenfalls Selbstanzeige bei der Zollbehörde erstatten und diese Maßnahmen ausreichend schriftlich dokumentieren!*

Bei Zuwiderhandlungen von anderen Personen, die dem Status AEO schaden könnten, (Unternehmensleitung oder Spediteur) könnte die

– Abberufung des Geschäftsführers oder eines Aufsichtsratsmitglieds sowie eine
– Kündigung des Stellvertreters in Zollangelegenheiten notwendig sein, um negative Folgen für den Status zu vermeiden.

Pflichten innerhalb der Lieferkette

Zu beachten ist auch die Funktion innerhalb der Lieferkette, die Anforderungen sind differenziert zu betrachten: Einen Ausführer treffen andere Pflichten, wie einen Spediteur oder einen Lagerhalter. Die Leitlinien geben darüber Auskunft, wer welche Pflichten zu beachten hat (Leitlinien S. 22 ff.).

3.4.5 Bewertung durch die Zollbehörde in Deutschland

Die Zollstelle nützt alle Möglichkeiten der Informationsgewinnung (Abs. 240 VSF Z 0520: Prüfungsberichte, Abfragen von INZOLL, Erkenntnisse der Strafsachen, Risikoprofile etc.).

Die Zollbehörde hat auch ein internes IT-Verfahren, die „dezentrale Beteiligtenbewertung" (DEBBI) entwickelt, das die Aufgabe hat, Risiken zu bewerten. Dort werden Verstöße gegen das Zollrecht dokumentiert, ausgewertet und eine Liste erstellt, ob ein Wirtschaftsbeteiligter als zuverlässig angesehen werden kann. Die Ziffer 1 bedeutet, dass der Wirtschaftsbeteiligte nur als geringer Risikofaktor betrachtet wird. Die Ziffer 2 zeigt ein mittleres Risiko auf, der Wirtschaftsbeteiligte wird aber (noch) nicht damit zu rechnen haben, als echtes Risiko eingestuft zu werden. Durch die Ziffer 3 (hohes Risiko) wird der Wirtschaftsbeteiligte als nicht zuverlässig bewertet, was Auswirkungen im Rahmen des Zertifizierungsprozesses nach sich ziehen könnte, auch wenn die Zollbehörde dies nur zum Anlass nehmen darf, sich nähere Informationen zu verschaffen (Abs. 240 VSF Z 0520). Details zu DEBBI sind einer eigenen Verfahrensanweisung zu entnehmen (Vorläufige Verfahrensanweisung zum IT-Verfahren DEBBI, sowie Bewertungskatalog DEBBI, abrufbar unter www.zoll.de).

PRAXISTIPP:

Ziffer 2 bedeutet: **dringend** *handeln. Ziffer 3 bedeutet:* **dringend und rasch** *handeln. Wer sein Ansehen in der Zollverwaltung erhalten möchte, sollte danach streben, ausschließlich mit der Ziffer 1 beurteilt zu werden. Zurzeit löscht die deutsche Zollverwaltung etwaige Negativbewertungen nach einem Jahr. Da aber in Zusammenhang mit dem Zertifizierungsprozess hinkünftig ein Beurteilungszeitraum von drei Jahren gilt, ist mit hoher Wahrscheinlichkeit anzunehmen, dass die Zollstelle die Daten länger speichern wird, sodass man nach Ablauf eines Jahres nicht mehr wieder „unbelastet" neu beginnen kann.*

3. Kriterien für den Status als Zugelassener Wirtschaftsbeteiligter

PRAXISTIPP:

Eine Ablehnung als AEO nur und ausschließlich unter Hinweis auf eine negative Bewertung in DEBBI ist rechtlich problematisch. Die Zollbehörde wird näher begründen müssen, warum sie eine Ablehnung des Antrags ausspricht, da der Bewertungsmaßstab nach der ZK-DVO nur zum Teil DEBBI entspricht: In DEBBI werden Verstöße unterschiedlich bewertet, der zu beurteilende Zeitraum beträgt statt drei Jahren nur ein Jahr und auch das Verhalten von anderen verpflichteten Personen wie z.B. Geschäftsführern fehlt zur Gänze.

3.4.6 Bewertung durch die Zollbehörde in Österreich

Die Zollbehörde in Österreich kennt ein ähnliches System, den Index für Unternehmenstätigkeit (IDU). In Österreich werden aber Verstöße nur gegen das eigentliche Zollrecht erfasst (nicht Verbote und Beschränkungen etc.). Eine Löschung nach 1 Jahr ist in Österreich nicht vorgesehen. Unter Einbindung des Kundenteams, der Betriebsprüfung Zoll (BPZ), der Zollfahndung (ZOFA) und des Risiko-Informations- und Analysezentrums (RIA) werden alle verfügbaren Informationsquellen genützt, wie z.B. das Elektronische kriminalpolizeiliche Informationssystem EKIS, die Finanzstrafkartei, das Firmenbuch und vorhandene behördeninterne Informationen (öZK-0051, Abschnitte 2.4.5. und 5.3.1.).

PRAXISTIPP:

In Österreich gibt es im Gegensatz zu Deutschland keine eigene Verfahrensanweisung. Wer wissen möchte, ob er von der Zollverwaltung als zuverlässig eingestuft wird oder nicht, hat die Möglichkeit, einen Antrag nach Art. 11 ZK zu stellen. Die Zollbehörde ist verpflichtet, über die Bewertung Auskunft zu geben. Auch in Österreich reicht bei einer Ablehnung eines Antrags der Hinweis auf die negative Bewertung in IDU nicht. Vielmehr muss die Unzuverlässigkeit des Antragstellers im ablehnenden Bescheid näher begründet werden. Es kann auch ein Zertifizierungsverfahren beantragt werden und – bei drohender Ablehnung – der Antrag wieder zurückgenommen werden (öFAQ, S. 14). Von Bedeutung bei der Bewertung ist auch das COMPACT-Modell.

3.4.7 Zeitraum und Bestehen bereits erteilter Bewilligungen

Gerechnet ab dem Tag der Antragstellung beträgt der Zeitraum, in dem die Zuverlässigkeit des Wirtschaftsbeteiligten geprüft wird, drei Jahre (Art. 14h Abs. 3 ZK-DVO). Besteht das Unternehmen noch nicht so lange, wird der vorhandene Zeitraum herangezogen, aber strenger beurteilt (Art. 14q Abs.5 UAbs. 2 ZK-DVO). Bei Änderungen der Rechtsform werden die Informationen der Rechtsvorgänger weiter verwertet.

Wurden dem Antragsteller in der Vergangenheit bereits Bewilligungen (s. Feld 15 des Antrags) erteilt, die als Voraussetzung u.a. einen „guten Ruf" des Unternehmens verlangen, z.B. bei den Zollverfahren mit wirtschaftlicher Bedeutung (Art. 86 ZK), ist in der Regel davon ausgehen, dass die Zollbehörde die Zuverlässigkeit des Antragstellers nicht bezweifelt. Auch dann nicht, wenn zwar Zuwiderhandlungen durch die Zollbehörde festgestellt wurden, diese in der Folge aber durch Maßnahmen des Bewilligungsinhabers abgestellt wurden und dieser Umstand nicht dazu geführt hat, dass die Bewilligung durch die Zollbehörde widerrufen wurde. Wurde eine Bewilligung widerrufen, wird der Antragsteller alle Maßnahmen zu treffen haben, um die Zuverlässigkeit wiederherzustellen. Ein Widerruf bereits erteilter Bewilligungen gefährdet die Zertifizierung aber erheblich (Abs. 241 VSF Z 0520).

3.5 Führung der Geschäftsbücher und gegebenenfalls der Beförderungsunterlagen

Art der Voraussetzung	ZK	ZK-DVO
Zufrieden stellendes System der Führung der Geschäftsbücher	Art. 5a Abs. 2 2. Anstr.	Art. 14i

3.5.1 Grundsätzliches

Die Geschäftsbücher müssen ordnungsgemäß geführt werden: Die Zollbehörde muss die Möglichkeit haben, alle Geschäftsfälle vollständig und lückenlos nachzuprüfen. Darunter sind alle Aufzeichnungen zu verstehen, die die Zollbehörde verlangt, damit der Status AEO aufrechterhalten werden kann. In Sonderfällen ist der Wirtschaftsbeteiligte auch verpflichtet, Beförderungsunterlagen vorzulegen (CMR-Frachtbrief, Ladelisten etc.).

Die Buchhaltung muss nicht fehlerfrei sein, es muss aber deutlich erkennbar sein, welche Geschäftsfälle betroffen sind. Sofern Prüfungen in den letzten drei Jahren stattgefunden haben und durch die Zollstelle keine Beanstandungen festgehalten wurden, ist davon auszugehen, dass dieses Erfordernis erfüllt wird. Anhaltspunkte für die Zollstelle können sich durch Änderungen in der Buchführung ergeben, die aufgrund einer Selbstbewertung augenscheinlich sind (Abs. 242 VSF Z 0520). Die Verwendung einer Standardsoftware, die zu keiner Beanstandung durch die Zollstelle geführt hat, ist jedenfalls ausreichend. In Österreich ist auch die Führung einer „manuellen" Buchführung ausreichend (öZK-0051, Abschnitt 5.7.2.2.). Der zuständige Sachbearbeiter prüft diese Voraussetzung nicht nur anhand der vorgelegten Unterlagen und Erklärungen des Antragstellers, sondern verwertet auch Prüfungsberichte und sonstige zweckmäßige Informationsquellen wie z.B. das IT-Verfahren BISON/PRÜF (Abs. 242 VSF Z 0520).

3.5.2 Pflichtenkatalog nach der ZK-DVO

Details zu den Pflichten sind der ZK-DVO zu entnehmen; zu beachtende Punkte sind jedenfalls:

Buchführungsgrundsätze (Art. 14i UAbs. 1 Buchst. a ZK-DVO):

Es sind die Buchführungsgrundsätze des Handelsrechts (Österreich: Unternehmensrechts) einzuhalten, d.h. es müssen sowohl die Geschäftsfälle als auch die Lage des Unternehmens deutlich daraus hervorgehen.

Zugang zu den Unterlagen (Art. 14i UAbs. 1 Buchst. b ZK-DVO):

Der Wirtschaftsbeteiligte ist verpflichtet, der Zollstelle auf deren Verlangen Einblick in alle Unterlagen zu geben und zwar entweder mittels

3. Kriterien für den Status als Zugelassener Wirtschaftsbeteiligter

- Papierausdruck oder
- Datenträger (z.B. CD-Rom) oder
- direkt über das Datenverarbeitungssystem des Unternehmens.

Unterscheidung zwischen Gemeinschafts- und Nichtgemeinschaftswaren (Art. 14i UAbs. 1 Buchst. c ZK-DVO):

Diese Voraussetzung gilt nur, sofern es sich um den AEO C oder AEO F handelt. Das interne System muss in der Lage sein, zwischen Gemeinschafts- und Nichtgemeinschaftswaren zu unterscheiden. Beim AEO S ist diese Unterscheidung unerheblich, da dem Grunde nach Sicherheitsvorschriften auf alle Waren und zwar unabhängig vom zollrechtlichen Status anzuwenden sind.

Interne Kontrollen und Organisation (Art. 14i UAbs. 1 Buchst. d ZK-DVO):

Der innerbetriebliche Arbeitsablauf muss Kontrollen beinhalten, z.B. durch Einrichtung einer „internen Revision", die das Ziel hat, Manipulationen und betrügerisches Vorgehen zu vermeiden.

Lizenzen und Genehmigungen (Art. 14i UAbs. 1 Buchst. e ZK-DVO):

Auch hier sollen illegale Manipulationen vermieden werden. Es muss ein innerbetriebliches Verfahren vorhanden sein, Betrug zu vermeiden. Das kann durch ein „Vier-Augen-Prinzip" oder durch zweckmäßige Arbeitsteilung geschehen. Auf jeden Fall vermieden werden muss, dass jemand für Beantragungen oder Registrierungen zuständig ist und sich gleichsam selbst überprüft. Die innerbetriebliche Kontrolle muss unabhängig sein.

Datensicherheit (Art. 14i UAbs. 1 Buchst. f und h ZK-DVO):

Wichtig sind hier entsprechende Datensicherheitsprogramme, Einrichtung einer Firewall und ähnliches, um den Schutz von Daten gegen interne und externe „Angriffe" und Manipulationen abzuwehren.

Information der Zollstelle (Art. 14i UAbs. 1 Buchst. g ZK-DVO):

Es muss jeder mit Zollrecht befasste Mitarbeiter aufmerksam gemacht werden, dass bei Verdacht von Zuwiderhandlungen sofort die Behörde zu verständigen ist, etwa bei verdächtigen und gefälschten Frachtunterlagen oder bei ungewöhnlichen Sendungen.

> **PRAXISTIPP:**
>
> *Die Datensicherheit nach Art. 14i UAbs. 1 Buchst. f und h ZK-DVO kann auch durch ein entsprechendes ISO-Zertifikat nachgewiesen werden (z.B. ISO-Norm 27001; s. Art. 14n Abs. 2 ZK-DVO) Ein Sicherheitszertifikat des deutschen Bundesamts für Sicherheit in der Informationstechnik (BSI; www.bsi-bund.de, Postfach 200363, 53133 Bonn, Tel.: 0228/99 9582-0) wird von der Zollbehörde ebenfalls anerkannt (Anlage 5 VSF Z 0520). Weniger empfehlenswert sind Prüfberichte der „US Customs and Border Protection", die im Rahmen des C-TPAT-Programms („Customs-Trade Partnership Against Terrorism") erstellt werden, da sie nur standortbezogen sind und außerdem nur im Verhältnis zu den USA aussagekräftig sind. Die Leitlinien geben über anerkannte Normen Auskunft wie z.B. ISO 9001:2000 (nicht: „2001"; öFAQ, S. 6).*

> **PRAXISTIPP/ÖSTERREICH:**
> *Auch in Österreich werden spezielle Nachweise anerkannt: s. öZK-0051, Abschnitt 5.1.2.*

3.6 Nachweisliche Zahlungsfähigkeit

Art der Voraussetzung	ZK	ZK-DVO
Nachweisliche Zahlungsfähigkeit	Art. 5a Abs. 2 3.Anstr.	Art. 14j

Der Antragsteller muss über eine gesicherte finanzielle Lage verfügen, das heißt er muss fähig sein, seine Abgabenschulden zu entrichten. Diese geforderte Liquidität entspricht den Voraussetzungen, die erfüllt werden müssen, um eine Befreiung von der Sicherheitsleistung beim Hauptverpflichteten zu erreichen (Art. 380 Abs. 3 ZK-DVO). In diesem Fall wird von der Zollstelle die Voraussetzung der Zahlungsfähigkeit in der Regel nicht weiter geprüft. Eine Zahlungsunfähigkeit oder Überschuldung deutet darauf hin, dass die Zahlungsfähigkeit nicht gegeben ist (§§ 17, 19 Insolvenzordnung). Entsprechendes gilt für Österreich.

Der Antragsteller hat nachzuweisen, dass er liquid ist, z.B. durch:

- Vorlage der Bilanz
- Auskunftserteilung von Banken
- Inkassobüros usw.

Wenn in den vergangen Jahren der Antragsteller immer seinen Verpflichtungen nachgekommen ist, ist das ein deutliches Zeichen dafür, dass er seinen Verpflichtungen nachgekommen ist.

Die Zahlungsfähigkeit wird für einen rückwirkenden Zeitraum von drei Jahren geprüft, in Ausnahmefällen kürzer, z.B. wenn das Unternehmen noch nicht so lange existiert.

Die Zollbehörde prüft diese Voraussetzung unter Berücksichtigung des Jahresabschlusses, der Finanzplanung, der Wirtschaftsprüfungsberichte oder Kreditzusagen von Hausbanken (Abs. 246 VSF Z 0520). Die Leitlinien geben weitere Schwerpunkte vor wie z.B.:

- Einholung von Informationen von Insolvenzdatenbanken
- Häufige Erteilung von Zahlungsaufschub oder häufiger Zahlungsverzug
- Informationsbeschaffung über etwaige Gerichtsvollstreckung
- Anmerkungen der Rechnungsprüfer oder Geschäftsführer
- Stand des Nettovermögens und Nettoumlaufvermögens sowie der immateriellen Anlagegüter.

Bei Vorliegen einer Stundung oder bei Maßnahmen der Zwangsvollstreckung ist von der Zollbehörde im Einzelfall zu beurteilen, ob die Zahlungsfähigkeit gegeben ist.

3. Kriterien für den Status als Zugelassener Wirtschaftsbeteiligter

Bei Beurteilung der Finanzlage einer Tochtergesellschaft ist nach Ansicht der Kommission zu berücksichtigen, dass deren Tätigkeit möglicherweise durch eine Garantie der Mutter abgedeckt ist (Leitlinien, S. 61).

PRAXISTIPP:

In Österreich wird die Zahlungsfähigkeit bevorzugt durch Auskünfte des Kreditschutzverbandes 1870 (KSV) geprüft. Ergänzend ermittelt die Abgabensicherung Zoll (ASZ). Die Zollbehörde übernimmt in der Regel die Risikoeinstufung des KSV 1870 und beurteilt danach das Risiko.

KSV-Rating	KSV-NeugründerScore	Risiko	Ausfallsrisiko	
100–199		keines	Risiko liegt unter dem Durchschnitt	Go
200–299	200, 250	sehr gering		
300–399	300, 350	gering		
400–499	400, 450	erhöht	Risiko liegt über dem Durchschnitt	Stop
500–599	500, 550	hoch		
600–699	600	sehr hoch		
700		Insolvenz		

Abbildung 10: Risikoeinstufung
Quelle: Kreditschutzverband 1870, www.ksv.at

Eine weitere Möglichkeit für die Zollverwaltung ist die Einschätzung eines Risikos durch Auskünfte von Dun & Bradstreet (D&B Failure Score, http://dbaustria.dnb.com/German/default.htm), wobei ein Scorewert ab 50 als zufrieden stellend gewertet wird.

Beurteilen Sie schon vor Antragstellung ihre Zuverlässigkeit anhand dieser beiden Institutionen.

3.7 Sicherheitsstandards

Art der Voraussetzung	ZK	ZK-DVO
Sicherheitsstandards	Art. 5a Abs. 2 4. Anstr.	Art. 14k

3.7.1 Grundsätzliches

Diese Voraussetzung ist nur für die Arten AEO S und AEO F zu erfüllen.

Es kommt darauf an, die geforderte Sicherheit in der Lieferkette zu erreichen. Ausgangspunkt für die Prüfung ist die ausgefüllte Selbstbewertung des Antragstellers. Diese

Bewertung bietet schon einen ersten Überblick über die Sicherheitsstandards des betreffenden Unternehmens.

3.7.2 Anforderungen nach der ZK-DVO

Die konkreten Anforderungen nach Art. 14k Abs. 1 Buchst. a bis g ZK-DVO sind sehr kasuistisch. Zum Teil werden die Voraussetzungen ohnehin erfüllt sein, zum Teil nicht. Die Erfordernisse verlangen Schutzmaßnahmen gegen Angriffe von außen und orientieren sich daran, welche Funktion der Antragsteller in der Lieferkette erfüllt.

Sicheres Betriebsgebäude und Zugangskontrollen zu Warenumschlagsplätzen (Art. 14k Abs. 1 Buchst. a, b ZK-DVO):

Jegliches „unrechtmäßiges Betreten oder Eindringen" muss verhindert werden, sofern es sich um betrieblich genutzte Liegenschaften handelt, z.B. durch die Einsetzung von Sicherheitspersonal und/oder Einrichtung von Alarmanlagen, Schließvorrichtungen, automatischen Beleuchtungssystemen oder Installierung von sonstigen Kontrollgeräten (Videosystem). Nicht jeder Antragsteller ist verpflichtet, derartige Maßnahmen zu treffen. Es kommt auf die Größe des Unternehmens und die Art der Waren an („sensible Güter", s. Abs. 249 VSF Z 0520). Versandbereiche, Verladerampen und Fracträume sind besonders zu sichern.

Schutzmaßnahmen gegen Manipulationen von Waren (Art. 14k Abs. 1 Buchst. c, d ZK-DVO):

Es müssen Maßnahmen getroffen werden, um jegliches „unbefugtes Einbringen und den Austausch und Verlust von Materialien" zu vermeiden. „Manipulationen an Ladeeinheiten" sind ebenfalls zu verhindern. Unter dem Begriff „Ladeeinheit" sind geschlossene und geschützte Bereiche zu verstehen, wie z.B. Behälter, Frachtwaggons, Container o.ä.. Es müssen geschulte Personen beschäftigt werden, die imstande sind, Unregelmäßigkeiten zu erkennen und zu verhindern. Bei unverpackten Waren oder bei Waren in Spezialanhängern verlangt die Zollverwaltung „besondere Sorgfalt" und „regelmäßige Inaugenscheinnahme" (Abs. 250 VSF Z 0520).

Der Umgang mit „sensiblen Waren" ist besonders zu beachten. Waren, die nichtfiskalischen Anforderungen unterliegen, sind von anderen Waren deutlich zu unterscheiden (Waren, die einem Embargo unterliegen, genehmigungspflichtige Waren, Güter mit doppelten Verwendungszweck oder sonstige Einschränkungen).

Feststellung der Handelspartner (Art. 14k Abs. 1 Buchst. e ZK-DVO):

Der Antragsteller muss über seine Handelspartner Informationen einholen. Wird festgestellt, dass ein oder mehrere Handelspartner des Wirtschaftsbeteiligten als „unsicher" einzustufen sind, hat dies bedeutende Auswirkungen auf den Wirtschaftsbeteiligten selbst. Zwingend erforderlich ist es, die Handelspartner auf Übereinstimmung mit den Angaben in der Terroristenliste zu überprüfen (Abs. 252 VSF Z 0520), sowie dafür Sorge zu tragen, dass die Lieferkette der Zollbehörde offen gelegt wird.

> **PRAXISTIPP:**
>
> *Schützen Sie sich vor unzuverlässigen Geschäftspartnern, sofern Ihnen Umstände bekannt sind, die ein Risiko darstellen könnten (Schmuggel etc.).*

3. Kriterien für den Status als Zugelassener Wirtschaftsbeteiligter

Sicherheits- und Hintergrundüberprüfungen (Art. 14k Abs. 1 Buchst. f ZK-DVO):

Künftig einzustellende Mitarbeiter sind danach zu überprüfen, ob sie ein Sicherheitsrisiko darstellen. Ziel dieser Überprüfung ist es, eine „Einschleusung von Mitarbeitern, die ein Sicherheitsrisiko darstellen könnten", zu verhindern. Vermieden werden sollte der Einsatz von Zeitarbeitskräften, zumindest ohne Vorliegen entsprechender sicherheitsrelevanter Vereinbarungen mit Personalvermittlern. Im Vordergrund der Sicherheitsüberprüfung steht nicht nur die fachliche, sondern auch die persönliche Eignung künftig einzustellender Mitarbeiter.

Der Mitarbeiter muss strafrechtlich unbescholten sein (Vorlage eines polizeilichen Führungszeugnisses, Ö: Strafregisterbescheinigung). Besonderes Augenmerk muss auf die „zollrechtliche Unbescholtenheit" gelegt werden. Eine Verurteilung z.B. wegen eines Verkehrsdelikts ist in der Regel unbeachtlich. Bei den Einstellungsgesprächen ist das nationale Arbeitsrecht zu beachten, so ist der Arbeitgeber berechtigt, Stellenbewerber über das Vorliegen von Vorstrafen zu befragen, kann aber die Vorlage eines Führungszeugnisses nur bei Führungskräften mit Erfolg einfordern (§ 30 Abs. 4 BZRG; Schliemann, Das Arbeitsrecht im BGB, Kommentar[2], § 611 Rz. 426). Die finanzielle Situation eines Arbeitnehmers kann auch ein Risiko darstellen, ein eigener Anspruch gegen die Bank oder Schufa besteht aufgrund dieser Bestimmung aber nicht. Das gilt sinngemäß auch für Österreich.

Regelmäßig hat der Arbeitgeber bei seinen Bediensteten auch so genannte „background checks" durchzuführen, die sich aber von den Sicherheitsüberprüfungen kaum unterscheiden, aber den gesamten Arbeitnehmerstand betreffen, der in zollrechtlich relevanten Bereichen tätig ist.

Sicherheitsprogramme (Art. 14k Abs. 1 Buchst. g ZK-DVO):

Diese Bestimmung verlangt ein aktives Einbinden von Mitarbeitern in Schulungen, um das „Sicherheitserfordernis" im Unternehmen zu garantieren.

3.7.3 End-to-end supply chain

Ziel der Sicherheitsbestimmungen im gemeinschaftlichen Zollrecht ist es, eine durchgängige Sicherheit in der Lieferkette vom Hersteller bis zum Endverbraucher zu erreichen („end-to-end-supply chain"). Entweder durch Zertifizierung oder Verwendung von Sicherheitserklärungen/Verträgen. Um zu erkennen, ob der Geschäftspartner als „sicher" einzustufen ist, kann über das Internet eine dementsprechende Abfrage gemacht werden (vgl. Art. 14x Abs. 4 ZK-DVO).

Der AEO ist nicht automatisch für die gesamte Lieferkette verantwortlich, es kommt auf die Umstände des Einzelfalls an.

Gesamte Lieferkette liegt im Verantwortungsbereich des AEO

BEISPIEL

- Ein Hersteller von Waren exportiert in Drittstaaten. Er handelt als Ausführer und liefert die Waren als Frachtführer an den Bestimmungsort:
- **Der AEO ist für den gesamten Zeitraum von der Herstellung bis zum Eintreffen der Ware am Bestimmungsort verantwortlich: Diese Tätigkeit wird von den Zollbehörden als sicher eingestuft.**

Gesicherte Lieferkette durch zertifizierte Unternehmen

BEISPIEL

- Ein zertifizierter Einführer erhält Waren von einem Lieferanten aus einem Drittstaat, der ebenfalls zertifiziert oder aufgrund vergleichbarer Bestimmungen anerkannt ist.
- Ein zertifizierter Ausführer liefert Waren nach China.
- **Auch diese Tätigkeiten werden – vorbehaltlich der Schaffung eines entsprechenden Abkommens – als sicher eingestuft werden.**

Gesicherte Lieferkette durch Sicherheitserklärungen oder Vertrag

BEISPIEL

- Ein AEO lagert die Eingangskontrolle und die Sicherheitsüberwachung an ein Unternehmen aus, das auf „security" spezialisiert, aber nicht entsprechend zertifiziert ist.
- **Diese Tätigkeit wird von der Zollbehörde als sicher eingestuft, da der AEO die notwendigen Maßnahmen getroffen hat, um die Sicherheit zu gewährleisten.**

3.7.4 Prüfung durch die Zollbehörde

Nur bei Vorliegen der Voraussetzungen des Art. 14k Abs. 1 ZK-DVO wird dem „Sicherheitserfordernis" entsprochen. Die Zollbehörde prüft diese räumlichen Voraussetzungen nach Art. 14k Abs. 1 Buchst a bis c ZK-DVO anhand der gesamten „räumlichen, organisatorischen und persönlichen Gegebenheiten" (Abs. 248 VSF Z 0520, s. Art. 14n Abs. 1 ZK-DVO). Bei der Prüfung kann gegebenenfalls auch ein „repräsentativer Teil" beurteilt werden: Was darunter zu verstehen ist, wird von der Zollbehörde im Zusammenhang mit einer Gesamtbetrachtung der örtlichen Gegebenheiten festgelegt. Einer Prüfung unterliegen auch Räumlichkeiten, die nicht im Eigentum des Antragstellers stehen, aber z.B. aufgrund eines Mietvertrages zu seiner Verfügung betrieblich genutzt werden können.

Im Ermittlungsverfahren gibt es eine Reihe von Möglichkeiten, den Zollbehörden nachzuweisen, dass das Erfordernis des Art. 14k Abs. 1 ZK-DVO bereits erfüllt ist, so z.B. nach Art. 14k Abs. 4 ZK-DVO durch Sicherheitszeugnisse oder durch Sachverständigengutachten (Art. 14n Abs. 2 ZK-DVO). Bereits bestehende Zertifizierungen können anerkannt werden (s. Anlagen 4, 5 VSF Z 0520, öZK-0051, Abschnitt 5.7.4). Für reglementierte Beauftragte nach der VO Nr. 2320/2002 gelten für die vom Status erfassten Bereiche die Voraussetzungen als erfüllt (Art. 14k Abs. 3 ZK-DVO; siehe Liste unter www.luftfahrtbundesamt.de).

BEISPIEL

- *Ein reglementierter Beauftragter versendet Waren im Seeweg, erfüllt aber nur die Sicherheitsanforderungen für den Luftweg. Wird die Zollbehörde die Anforderungen des Art. 14k Abs. 1 ZK-DVO prüfen?*
- **Ja, da der Seeweg vom Status nicht erfasst ist.**

3. Kriterien für den Status als Zugelassener Wirtschaftsbeteiligter

PRAXISTIPP:

In Deutschland gibt es eine Reihe von Möglichkeiten, anderwärtig einen Nachweis über Art. 14k Abs. 1 ZK-DVO zu führen, so z.B. über die Zertifikate s.a.f.e. plus- oder s.a.f.e-Zertifikate der SAFE – Schutz- und Aktionsgesellschaft für die Entwicklung von Sicherheitskonzepten in der Spedition mbH (SAFE GmbH). Dies gilt aber nur für Spediteure und Logistikanbieter und betrifft nur einzelne Standorte. Bei mehreren Standorten müssten folglich mehrere Zertifikate erwirkt werden, um ein aufwändiges Ermittlungsverfahren nach Art. 14k Abs. 1 ZK-DVO zu vermeiden. Auch Zertifikate der „Technology Asset Protection Association" (TAPA) genügen den Anforderungen, beschränken sich aber ebenfalls immer nur auf einzelne Standorte. Grundsätzlich geeignet, aber weniger empfehlenswert sind Prüfberichte der „US Customs and Border Protection", die im Rahmen des C-TPAT-Programms (Customs-Trade Partnership Against Terrorism) erstellt werden, da sie nur standortbezogen sind und außerdem nur im Verhältnis zu den USA aussagekräftig sind.

Unternehmen, die den Bestimmungen des Gefahrgutrechts unterworfen sind, können in der Regel bereits vorliegende Zertifikate nutzen, so z.B. „Gefahrgutverordnung Straße und Eisenbahn" (GGVSE). Dabei ist aber zu beachten, dass auch hier standort- oder personenbezogene Zertifizierungen im Vordergrund stehen (Anlage 5 VSF Z 0520). Die Kommission hat überdies eine AEO-Sicherheitserklärung entwickelt (s. auch Anlage 4 VSF Z 0520).

PRAXISTIPP/ÖSTERREICH:

Ähnlich wie in Deutschland kann auch in Österreich der Nachweis über Zertifizierungen geführt werden. Der „reglementierte Beauftragte" wird anerkannt (s. Liste unter: http://www.bmvit.gv.at/verkehr/luftfahrt/sicherheit/). Auch ISO- oder CEN-Zertifizierungen werden in der Regel akzeptiert. Es empfiehlt sich, zuvor Rücksprache mit der Zollbehörde zu halten, um vorweg zu klären, ob die vorhandenen Zeugnisse tatsächlich mit den AEO-Kriterien übereinstimmen. Sonstige Unterlagen wie DIN, TAPA, IFS, SQAS werden anerkannt, sofern sie mit den AEO-Kriterien deckungsgleich sind (öFAQ, S. 27; öZK-0051, Abschnitt 5.1.2.). Näheres ist den Leitlinien zu entnehmen. Die Kommission hat überdies eine AEO-Sicherheitserklärung entwickelt, abrufbar unter www.bmf.gv.at.

4. Vom Antrag bis zur Zertifizierung – das Bewilligungsverfahren

4.1 Grundsätzliches

Unabhängig von der Art des Zertifikats ist die Erteilung einer Bewilligung von der Stellung eines Antrags abhängig (Art. 14c Abs. 1 ZK-DVO). Der Antrag hat alle notwendigen formellen und materiellen Voraussetzungen zu erfüllen (Art. 14c, d ZK-DVO). Erst durch Erteilung des Zertifikats ist der Wirtschaftsbeteiligte berechtigt, alle Vorzüge, die mit einer Zertifizierung verbunden sind, zu nützen.

4.2 Form des Antrags

4.2.1 Deutschland

Der Antrag ist gem. Art. 14c Abs. 1 in Verbindung mit Anhang 1C ZK-DVO entweder schriftlich oder elektronisch (www.zoll.de) zu stellen. Nach Abs. 210 VSF Z 0520 kann auch der Vordruck-Nr. 0390 oder ein entsprechendes Muster verwendet werden.

Das gilt ebenfalls für die beizubringenden Unterlagen und Anlagen, die mittels eines Datenträgers (CD-Rom) übermittelt werden sollten. Die Bearbeitung des Antrags erfolgt über ATLAS.

4.2.2 Österreich

Auch in Österreich ist der Antrag entweder schriftlich oder elektronisch (https://zoll.bmf.gv.at/aeocertweb) einzureichen. Der Ausdruck sollte danach schriftlich beim Zollamt eingereicht werden. Die Selbstbewertung kann zur Gänze elektronisch abgegeben werden. Diverse Beilagen wie Wirtschaftsprüfungsberichte können ebenfalls elektronisch übermittelt werden, umfangreiche Dokumente wie Ablaufbeschreibungen sollten zur Einsicht im Betrieb bereitgehalten werden (öZK-0051, Anschnitt 3.2.). Das österreichische BMF hat dazu eine umfangreiche Benutzeranleitung herausgegeben.

4.3 Inhalt des Antrags

Bei der Ausfüllung des Antrags sind die Erläuterungen zu Anhang 1C ZK-DVO zu beachten. Die zentralen Bestandteile sind die Beantragung einer konkreten AEO-Art und die Beibringung aller Unterlagen und Nachweise.

Anzugeben sind: die Rechtsform, das Datum der Gründung sowie die Anschrift des Unternehmens und der Ort der Hauptniederlassung. Von besonderer Bedeutung ist nach Art. 14d Abs. 6 ZK-DVO der Ansprechpartner für die Zollbehörde. Dabei handelt es sich nach dem Wortlaut der ZK-DVO um eine „leicht erreichbare zentrale Stelle oder eine Kontaktperson in seiner Verwaltung". Diese Person sollte im antragstellenden Unternehmen eine besondere Vertrauensstellung haben.

4. Vom Antrag bis zur Zertifizierung – das Bewilligungsverfahren

> **PRAXISTIPP:**
> *Es ist zurzeit noch nicht ausreichend geklärt, ob diese Kontaktperson auch ein Zolldienstleister sein darf, da der Wortlaut der ZK-DVO von einer Person spricht, die „Teil der Verwaltung des Antragstellers" ist. Empfehlenswert ist eine Klärung dieser Frage mit der zuständigen Zollstelle, ob diese auch einen „externen Berater" akzeptiert.*

Weitere notwendige Angaben sind die Umsatzsteueridentifikationsnummer, Identifikationsnummer (Zollnummer, gegebenenfalls ist eine solche zu beantragen, in Ö: TIN-Nummer) des Wirtschaftsbeteiligten und die Nummer der amtlichen Eintragung (Handelsregister bzw. in Ö: Firmenbuch). Um der Zollbehörde die Möglichkeit zu geben, ein etwaiges Risiko einzuschätzen, ist auch der betreffende Wirtschaftszweig, die Mitgliedstaaten, in denen eine zollrechtlich relevante Tätigkeit ausgeübt wird, sowie Angaben der benutzten Zollstellen und bereits bewilligte Vereinfachungen und Erleichterungen, sowie Zertifikate nach Artikel 14k Absatz 4 ZK-DVO anzugeben. Die Angabe des Ortes und der Stelle der Unterlagen/Hauptbuchhaltung ist ebenfalls zwingend notwendig.

Von großer Bedeutung ist überdies nach Art. 14d Abs. 3, 4 ZK-DVO der Hinweis auf Aufzeichnungen und Unterlagen sowie auf Lager und sonstige Räumlichkeiten des Antragstellers, die sich in einem anderen Mitgliedstaat als dem der Antragstellung befinden.

> **PRAXISTIPP:**
> *Beachten Sie den Hinweis nach Art. 14d Abs. 3, 4 ZK-DVO, da für die Prüfung dieser Voraussetzungen nicht die Zollstelle zuständig ist, die über den gestellten Antrag entscheidet. Eine Nichtbeachtung dieser Bestimmung verzögert ein zwingend notwendiges Konsultationsverfahren nach Art. 14d Abs. 5 ZK-DVO mit anderen Mitgliedsstaaten oder ein Amtshilfeverfahren mit Drittstaaten und kostet somit unnötig Zeit. Auch wenn die Zollstellen angehalten sind, durch genaue Prüfung ein rasches Verfahren voranzutreiben, könnte es sein, dass dieser Umstand durch den Sachbearbeiter übersehen wird. Aus diesem Grund sollten Sie vor der Antragstellung genau prüfen, ob sich Ihre Aufzeichnungen und Unterlagen sowie Lager oder sonstige Räumlichkeiten, die zollrechtlich relevant sind, auch in anderen Mitgliedstaaten oder in einem Drittstaat befinden.*

Zusätzlich ist auch die Vorlage von Anlagen erforderlich. Verlangt werden nach den Erläuterungen (Anhang 1C ZK-DVO):

1. Angaben über die Haupteigentümer/-anteilseigner mit Name, Anschrift und Beteiligungsanteil. Angaben über die Vorstandsmitglieder. Sind die Eigentümer bei den Zollbehörden wegen eines früheren Verstoßes gegen die Zollvorschriften bekannt?
2. Person, die in der Verwaltung des Antragstellers für Zollangelegenheiten verantwortlich ist.
3. Beschreibung der wirtschaftlichen Tätigkeit des Antragstellers.
4. Genaue Angaben zur Lage der einzelnen Standorte des Antragstellers und kurze Beschreibung der dort ausgeübten Tätigkeiten. Angabe, ob der Antragsteller und

jeder Standort innerhalb der Lieferkette im eigenen Namen und im eigenen Auftrag oder im eigenen Namen, aber im Auftrag eines anderen oder im Namen und im Auftrag eines anderen handelt.

5. Angabe, ob die Waren von Unternehmen gekauft/an Unternehmen geliefert werden, die mit dem Antragsteller verbunden sind.
6. Beschreibung der internen Organisationsstruktur des Antragstellers. Falls vorhanden, bitte Unterlagen über die Aufgaben/Zuständigkeiten jeder Abteilung und/oder Stelle beifügen.
7. Zahl der Mitarbeiter des Antragstellers und jeder Abteilung.
8. Namen der wichtigsten Führungskräfte (Geschäftsführende Direktoren, Abteilungsleiter, Leiter der Buchhaltung, Leiter der Zollabteilung usw.). Beschreibung der Vertretungsregelung für den Fall, dass der zuständige Mitarbeiter vorübergehend oder längerfristig nicht anwesend ist.
9. Namen und Position der Mitarbeiter innerhalb der Organisation des Antragstellers, die Zollangelegenheiten bearbeiten. Bewertung des Kenntnisstands dieser Personen in Bezug auf Zollfachwissen und Anwendung der Informationstechnologie bei Zoll- und Geschäftsvorgängen und in allgemeinen Geschäftsangelegenheiten.
10. Zustimmung zur oder Ablehnung der Veröffentlichung der Angaben im AEO-Zertifikat im Verzeichnis der Zugelassenen Wirtschaftsbeteiligten nach Artikel 14x Absatz 4.

PRAXISTIPP:
Auf die vollständigen und wahrheitsgemäßen Angaben bei den Anlagen sollte größtmöglicher Wert gelegt werden, um das Zertifizierungsverfahren nicht zu verzögern. Beachten Sie die nationalen Erläuterungen bei der Ausfüllung des Antrags, die von der gemeinschaftsrechtlichen Vorgabe abweichen können. In Deutschland ist insbesondere das Merkblatt zum Antrag zu berücksichtigen.

PRAXISTIPP/ÖSTERREICH:
Auch in Österreich sollten die nationalen Besonderheiten beachtet werden. Insbesondere sind die ergänzenden Erläuterungen zum Antrag zu beachten (öZK-0051, Abschnitt 3.2.1.). So sind z.B. zugelassene Warenorte anderer Unternehmen, auch wenn der Antragsteller auf eigene Rechnung zollrelevante Tätigkeiten ausübt, nicht im Feld 19.4 auszufüllen.

4.4 Veröffentlichung im Internet?

Es wird eine Entscheidung vom Wirtschaftsbeteiligten verlangt, ob er einer Veröffentlichung im Internet als AEO zustimmt (Art. 14x Abs. 4 ZK-DVO).

4. Vom Antrag bis zur Zertifizierung – das Bewilligungsverfahren

PRAXISTIPP:
Es ist ratsam, einer Veröffentlichung zuzustimmen, um nach außen bekannt zu geben, dass das Unternehmen alle Voraussetzungen als „sicheres Unternehmen" erfüllt. Im gegenteiligen Fall würde ein Informationsaustausch zwischen den Mitgliedstaaten behindert, was für die praktische Nutzung des Zertifikats in der Gemeinschaft eine deutliche Einschränkung bedeuten würde. Überdies ist es im geschäftlichen Verkehr zweckmäßig, anderen Teilen der Lieferkette einen Nachweis über einen aufrechten Status bieten zu können, da jeder Wirtschaftsbeteiligte über Internet Einsicht in den aktuellen Stand der Zertifizierungen hat. Mit Stand Anfang des Jahres 2008 gibt es ein solches Verzeichnis noch nicht. Es ist aber anzunehmen, dass dies durch die Kommission eingeführt wird, sobald die ersten Zertifizierungen in der Gemeinschaft durchgeführt wurden.

4.5 Zuständige Zollbehörde

4.5.1 Grundsätzliches

Die Zuständigkeit der nationalen Zollstelle richtet sich nach Art. 14d Abs. 1 ZK-DVO. Die antragstellende Person muss in einem Mitgliedstaat eine zollrechtlich relevante Tätigkeit ausüben (siehe Feld 13 des Antrags). Der Antrag ist nach Art. 14d Abs.1 Buchst. a ZK-DVO bei der Zollstelle zu stellen, die für den Ort der Hauptbuchhaltung zuständig ist.

Der Begriff der „Buchhaltung" ist in diesem Zusammenhang nicht zu eng zu fassen: Darunter sind alle Aufzeichnungen zu verstehen, die erforderlich sind, dass die Zollbehörde in die Lage versetzt wird, die Voraussetzungen und Kriterien eines AEO zu prüfen, wie z.B. Unterlagen betreffend Liquidität, Verwaltung von Bewilligungen, interne Regelungen, Richtlinien etc. Befindet sich der Ort der Hauptbuchhaltung nicht im betreffenden Mitgliedstaat, kommt es nach Art. 14d Abs. 1 Buchst. b ZK-DVO auf den Ort der allgemeinen logistischen Verwaltung an, d.h. auf den Ort, auf den die Zollbehörden elektronisch einen Zugriff auf Unterlagen haben (Abs. 202 VSF Z 0520; § 24 Abs. 8 ZollV). Das wäre z.B. dann der Fall, wenn der Server in einen anderen Mitgliedstaat „verlegt" wird. Befinden sich aber die Hauptbuchhaltung und der Sitz des Unternehmens in einem Drittstaat, kann eine Zertifizierung nicht erreicht werden, da es schon an der Voraussetzung der „Ansässigkeit" nach Art. 5a Abs.1 UAbs. 1 ZK mangelt.

4.5.2 Deutschland

Der Antrag ist bei dem Hauptzollamt nach § 24 Abs. 5 ZollV zu stellen, in dessen Bezirk sich die Hauptbuchhaltung des Antragstellers befindet (örtliche Zuständigkeit). Im Hauptzollamt werden die Anträge vom Sachgebiet B (Zölle und Verbrauchsteuern), ggf. unter Beteiligung des Sachgebiets D (Prüfung) bearbeitet. Die örtliche Zuständigkeit hinsichtlich der „logistischen Verwaltung" im Sinne des Art. 14d Abs. 1 Buchst. b und Abs. 2 Buchst. b ZK-DVO richtet sich nach § 24 Abs. 8 ZollV.

4.5.3 Österreich

In Österreich ist das Zollamt zuständig, in dessen Bereich sich der Wohnsitz oder Sitz des Antragstellers befindet. Hat der Antragsteller keinen Sitz in Österreich, ist das Zollamt Innsbruck zuständig (§ 54 Abs. 1, 2 ZollR-DG).

> **PRAXISTIPP:**
>
> *Es kann nicht ausgeschlossen werden, dass Zweifel über die Zuständigkeit eines Zollamtes oder überhaupt des Mitgliedstaates auftauchen könnten. In diesem Fall ist es ratsam, mit der „Kontaktstelle AEO" für Deutschland bzw. dem „Competence Center" in Österreich Kontakt aufzunehmen.*

Art. 14e ZK-DVO verpflichtet die Mitgliedstaaten, der Kommission die zuständigen Behörden zu melden, um einen Informationsaustausch zu gewährleisten.

4.6 Das Bewilligungsverfahren

4.6.1 Einleitung des Zertifizierungsverfahrens

Mit Einreichung des Antrags wird das Zertifizierungsverfahren eingeleitet, sofern nicht ein Ausschlussgrund des Art. 14f ZK-DVO zur Anwendung kommt.

Enthält ein Antrag nicht alle erforderlichen Angaben (Anhang 1C ZK-DVO), wird dem Antragsteller dies mit der Aufforderung mitgeteilt, dass innerhalb von 30 Kalendertagen die fehlenden Informationen einzureichen sind (Art. 14c Abs. 2 UAbs. 1 ZK-DVO). Dazu wird von der Zollverwaltung ein Standardformular verwendet. Liegen hingegen alle Informationen vor, entscheidet die Zollstelle innerhalb einer Frist von 30 Kalendertagen, ob der Antrag angenommen wird oder nicht.

Der Antrag wird von der Zollbehörde nach Art. 14f ZK-DVO nicht angenommen, wenn

- der Antrag trotz Anforderung weiterer Unterlagen/Angaben unvollständig ist,
- die Zuständigkeit der Zollbehörde, bei der der Antrag gestellt wurde, nicht gegeben ist,
- die antragstellende Person in den drei Jahren vor der Antragstellung wegen einer schweren Straftat im Zusammenhang mit seiner wirtschaftlichen Tätigkeit verurteilt worden ist,
- im Zeitpunkt der Antragstellung ein Insolvenzverfahren über das Vermögen der antragstellenden Person eröffnet ist,
- ein gesetzlicher Vertreter der antragstellenden Person in Zollangelegenheiten im Rahmen seiner Tätigkeit als Vertreter in den drei Jahren vor der Antragstellung wegen einer schweren Straftat im Zusammenhang mit einem Verstoß gegen die Zollvorschriften verurteilt wurde,
- die antragstellende Person ihren Antrag innerhalb von drei Jahren nach Widerruf/ Rücknahme des AEO-Zertifikats gestellt hat oder
- es sich um eine antragstellende Person handelt, die im Rahmen ihrer Geschäftstätigkeit innerhalb der letzten drei Jahre nicht mit unter das Zollrecht fallenden Tätigkeiten befasst war und auch nicht beabsichtigt, derartige Tätigkeiten künftig auszuführen.

4. Vom Antrag bis zur Zertifizierung – das Bewilligungsverfahren

Liegt kein Grund für die Nichtannahme des Antrags vor, unterrichtet die Zollbehörde den Antragsteller mit einem Standardschreiben, dass der Antrag angenommen wird.

PRAXISTIPP:

Beachten Sie, dass auf vollständige und ordnungsgemäße Informationen größtmöglicher Wert gelegt wird. Wer trotz Anforderung von fehlenden Unterlagen oder Angaben untätig bleibt, hat mit dem Nachteil der Nichtannahme des Antrags zu rechnen. Eine nicht vollständige oder nicht ordnungsgemäß ausgefüllte Selbstbewertung hat hingegen auf die Frage, ob ein Zertifizierungsverfahren eingeleitet wird oder nicht, keinen Einfluss, da die Selbstbewertung rechtlich nicht erforderlich ist. Für die Praxis ist hingegen das Gegenteil zu betonen: Die Selbstbewertung entscheidet in der Regel fast alles, da die Zollbehörde schon anhand der Qualität der Selbstbewertung – ohne auf Details zu achten – Schlüsse ziehen kann, ob sich der Wirtschaftsbeteiligte sorgfaltsgemäß auf die Antragstellung vorbereitet hat oder nicht. Der zuständige Sachbearbeiter ist rechtlich nicht verpflichtet, den Antragsteller auf Mängel der Selbstbewertung aufmerksam zu machen. Mangelhafte Selbstbewertungen führen in der Praxis zu einer deutlichen Verzögerung des Zertifizierungsverfahrens. Bei einer schlechten Vorbereitung auf den Status durch den Wirtschaftsbeteiligten droht überdies eine Ablehnung des Antrags.

4.6.2 Mitwirkung anderer Mitgliedstaaten

4.6.2.1 Informationsverfahren

Die Zollbehörde hat den Antrag nach Art. 14l Abs. 1 ZK-DVO innerhalb von 10 Arbeitstagen nach Annahme an die Zollbehörden der anderen Mitgliedstaaten zu übermitteln, um diesen die Möglichkeit zu geben, gegen eine beabsichtigte Zertifizierung Einwände zu erheben.

BEISPIEL

- *Die UID-Nr. im Feld 8 des Antrags wurde nicht angegeben.*
- *Im Feld 14 wird ein Grenzübergang angegeben, der in einem anderen Mitgliedstaat liegt und die dortige Zollverwaltung hat in der Vergangenheit Unregelmäßigkeiten des Antragstellers festgestellt.*
- *Im Feld 14 des Antrags wird ein Mitgliedstaat, in dem eine zollrelevante Tätigkeit ausgeübt wird, nicht angegeben.*

Sofern innerhalb einer Frist von 70 Kalendertagen nach Erhalt der Mitteilung kein anderer Mitgliedstaat nach Art. 14l Abs. 2 ZK-DVO dagegen Einwände erhebt, ist in der Regel davon auszugehen, dass gegen die Annahme des Antrags keine Bedenken bestehen.

4.6 Das Bewilligungsverfahren

> **PRAXISTIPP:**
>
> *Beachten Sie, dass die 10- und 70-Tagesfrist nur für einen Übergangszeitraum gilt. Ab 1.1.2010 gilt eine 5- bzw. 35-Tagesfrist, was die Verfahren deutlich verkürzen wird (Art. 2 VO [EG] Nr. 1875/2006 v. 18.12.2006, ABl. EG Nr. L 360/64 v. 19.12.2006). Berücksichtigen Sie das deutlich längere Zertifizierungsverfahren im Übergangszeitraum und schenken Sie deswegen der genauen Ausfüllung des Antrags besondere Bedeutung. Nach Ansicht der österreichischen Verwaltung gelten diese verlängerten Fristen generell für alle Anträge, die vor dem 1.1.2010 gestellt werden (öFAQ, S. 17). Dies sollte auch die deutsche Verwaltungspraxis so handhaben.*

4.6.2.2 Konsultationsverfahren

Da der AEO gemeinschaftsweit Geltung hat, ist es aus diesem Grund zuweilen notwendig, eine Beteiligung anderer Mitgliedstaaten zu erreichen, um auch anderen Zollbehörden die Möglichkeit zu geben, die Voraussetzungen und Kriterien, sofern ihr Hoheitsgebiet betroffen ist, zu prüfen (Art. 14d Abs. 5 ZK-DVO). Nach Art. 14m ZK-DVO wird ein so genanntes Konsultationsverfahren eingeleitet, wenn Hoheitsrechte eines anderen Mitgliedstaates berührt werden. Ein Konsultationsverfahren – das über die Kontaktstelle abgewickelt wird – kann im Ergebnis dazu führen, dass ein Zertifikat nicht erteilt wird.

BEISPIEL

- *Der Antragsteller führt zollrelevante Tätigkeiten aus, die Hauptbuchhaltung bzgl. dieser Tätigkeiten befindet sich aber in einem anderen Mitgliedstaat, wo er keine diesbezüglichen Tätigkeiten ausführt (Art. 14d Abs. 2 ZK-DVO).*
- *Innerhalb eines Konzerns stellt die Tochter T aus Österreich einen Antrag. Die Mutter hat ihren Sitz in Deutschland. Die Transportverträge und sonstige geschäftliche Unterlagen wurden teilweise mit der Mutter geschlossen und befinden sich in Deutschland (Art. 14d Abs. 3 ZK-DVO).*
- *Der Wirtschaftsbeteiligte stellt seinen Antrag in Deutschland, betreibt aber auch Lager in mehreren anderen Mitgliedstaaten (Art. 14d Abs. 4 ZK-DVO).*

Das Konsultationsverfahren darf – gerechnet ab dem Tag des Erhalts des Antrags im betreffenden Mitgliedstaat – 120 Kalendertage (ab 1.1.2010: 60 Kalendertage) nicht überschreiten (Art. 14m Abs. 1 ZK-DVO), diese Frist ist verlängerbar. Stellt die ersuchte (konsultierte) Zollbehörde eines anderen Mitgliedstaates fest, dass der Antragsteller Kriterien nicht erfüllt, teilt sie dies der zuständigen Zollbehörde mit, die den Antrag in der Folge ablehnt (Art. 14m Abs. 2 ZK-DVO). Die Kommunikation zwischen den beteiligten Zollbehörden erfolgt über Codes, die über die Vertrauenswürdigkeit des Antragstellers Auskunft geben. Für den Informationsaustausch und die Kommunikation zwischen den Zollbehörden der Mitgliedstaaten wird von Seiten der EU-Kommission ein europaweites elektronisches Informations- und Kommunikationssystem (CDCO-Datenbank) verwendet. Die CDCO-Datenbank ist ab dem 3. Januar 2008 funktionsfähig.

4. Vom Antrag bis zur Zertifizierung – das Bewilligungsverfahren

4.7 Prüfung der Zertifizierungsvoraussetzungen

4.7.1 Grundsätzliches

Der eingebrachte Antrag wird in der Folge nach Art. 14n ZK-DVO durch die Zollbehörde geprüft, ob alle Voraussetzungen und Kriterien nach Art. 14g bis k ZK-DVO erfüllt werden. Die Frist ab Annahme des Antrags bis zur Erteilung/Nichterteilung eines Antrags beträgt bis 31.12.2009 300 Kalendertage; ab dem 1.1.2010 nur mehr 90 Kalendertage (Art. 14o Abs. 2 ZK-DVO).

Durch die Kommission wurde zu diesem Zweck das „COMPACT-Modell" entwickelt, das eine Vorprüfung im Wege einer Risikoabbildung darstellt. Es steht den Mitgliedstaaten frei, dieses Modell zu übernehmen.

Das **COMPACT-Modell** gliedert sich in mehrere Schritte:

Schritt 1 – **Einblick gewinnen (in das Unternehmen des Wirtschaftsbeteiligten);**

Schritt 2 – **Ziele (des Zolls) klären;**

Schritt 3 – **Risiken identifizieren (die einen Einfluss auf die Ziele des Zolls haben können);**

Schritt 4 – **Risiken bewerten (welche Risiken sind einschlägig);**

Schritt 5 – **Auf Risiken reagieren (was ist in Bezug auf die [verbleibenden] Risiken zu tun).**

Im ersten Schritt geht es um die wirtschaftliche Tätigkeit des Antragstellers. Es soll ein gesamter Überblick über die geschäftlichen und logistischen Prozesse gewonnen werden.

Im zweiten Schritt sind die konkreten Ziele des Zolls zu definieren, die in Übereinstimmung mit den Bestimmungen zum AEO getroffen werden müssen.

Im dritten Schritt kommt es zur Risikoidentifizierung nach Art. 4 Nr. 25 ZK in der konkreten Gestalt des Antragstellers. Nach Sichtung des Schrittes 1 und 2 und der Identifizierung der Risiken bewertet die Zollverwaltung das Risiko konkret und stellt fest, ob das Risiko gering, mittel oder hoch einzustufen ist. Die Folge der Bewertung ist durch Schritt 5 bestimmt.

Das Risiko kann

- **akzeptiert werden,** d.h. es bewegt sich im Toleranzbereich > Zertifikat wird erteilt;
- **bewältigt werden,** d.h. es bedarf eines Auditplanes > Zertifikat wird unter strenger Überwachung erteilt;
- **weitergegeben werden,** d.h. das Risiko wird auf einen Dritten überwälzt (z.B. Überwachungsunternehmen) > Zertifikat wird erteilt, sofern eine dementsprechende Vereinbarung mit dem Übernehmer getroffen wurde;
- **ausgeschlossen werden,** d.h. das Zertifikat wird nicht erteilt.

Im Regelfall erfolgt die Bewertung der Risiken aber nicht nur durch die Zollbehörde, sondern der Antragsteller wird nach der ersten Bewertung selbst in die Bewertung mit einbezogen.

4.7.2 Prüfungsorgane in Deutschland

Zuständig ist in erster Linie das Fachsachgebiet (Sachgebiet B der Hauptzollämter), das aufgrund der vorgelegten Unterlagen und sonstiger behördlicher Informationen die Einhaltung der Kriterien überprüft. Unterstützend wirkt der Prüfungsdienst des Sachgebiets D mit, der formlos mit der Prüfung beauftragt wird. Einer eigenen Prüfungsanordnung bedarf es nicht (Abs. 231 VSF Z 0520).

4.7.3 Prüfungsorgane in Österreich

Zuständig für die Prüfung in Österreich und für die Abwicklung des Zertifizierungsverfahrens ist das Kundenteam, Verantwortlicher ist der Teamleiter. Ansprechpartner für den Antragsteller ist der Kundenbetreuer. Auch den Auditoren kommt eine bedeutende Rolle zu.

Unterstützt wird das Kundenteam von den Fachbereichen der Ämter, den Betriebsprüfungen, der Zollfahndung, der Abgabensicherung Zoll sowie dem Risiko-Informations- und Analysezentrum („RIA"). Auch in Österreich bedarf es bei Prüfungen vor Ort keines eigenen Auftrages („Nachschau" nach § 24 ZollR-DG), ein so genanntes „Pre Audit" wird aber rechtzeitig bekannt gegeben (öZK-0051, Abschnitt 5.5.)

4.7.4 Erfüllung von Sicherheitsstandards

Darüber hinaus prüft die Zollbehörde auch die Erfüllung von Sicherheitsstandards nach Art. 14k ZK-DVO für alle Räumlichkeiten, die für die „zollrelevante Tätigkeit des Antragstellers relevant sind". Gegebenenfalls ist es aber ausreichend, wenn nur ein „repräsentativer Teil" der Räumlichkeiten geprüft wird (Art. 14n Abs. 1 UAbs. 2 ZK-DVO). Die Entscheidung darüber, welcher Teil der Räumlichkeiten als „repräsentativ" gilt, obliegt der Zollbehörde und ist abhängig davon, ob bei mehreren Standorten gleiche oder verschiedene Standards vorliegen.

Die Zollbehörde ist nach Art. 14n Abs. 2 ZK-DVO berechtigt, die „Schlussfolgerungen eines Sachverständigen" hinsichtlich der Frage des Vorliegens (fast) aller oder einzelner Voraussetzungen heranzuziehen. Der Sachverständige muss in Bezug des zu beurteilenden Kriteriums „unbefangen", d.h. er darf mit dem Antragsteller nicht verbunden sein. Die Zollbehörde ist nicht verpflichtet, den Schlussfolgerungen des Sachverständigen zu folgen, sie hat das Recht von dem Gutachten abzuweichen. Die Gründe sind aber in der Entscheidung darzulegen.

Die Voraussetzung der „angemessenen Einhaltung der Zollvorschriften" hingegen entzieht sich eines Nachweises durch ein Sachverständigengutachten. Dieser Umstand kann nur durch die Zollbehörde gewürdigt werden.

4.8 Erteilung/Nichterteilung des Zertifikats

Ergibt die Prüfung der Zollbehörde, dass der Antragsteller alle Voraussetzungen erfüllt, ist sie verpflichtet, ein Zertifikat zu erteilen. Das gilt auch dann, wenn z.B. der Antragsteller ein Zertifikat AEO F beantragt hat, die Prüfung aber zum Ergebnis hat, dass lediglich die Sicherheitsvorschriften nicht eingehalten werden. In diesem Fall hat der Antragsteller einen Rechtsanspruch auf Erteilung eines AEO C-Zertifikats.

4. Vom Antrag bis zur Zertifizierung – das Bewilligungsverfahren

Die Zollbehörde ist verpflichtet, nach Art. 14o Abs. 2 ZK-DVO innerhalb einer Frist von 300 Kalendertagen zu entscheiden, diese Frist wird ab 1.1.2010 auf 90 Kalendertage gekürzt. Ist die Zollbehörde dazu nicht imstande, hat sie die Gründe für die Verzögerung mitzuteilen und die Frist kann um weitere 30 Kalendertage verlängert werden. Ebenso kann die Frist verlängert werden, wenn der Antragsteller nach Art. 14o Abs. 3 ZK-DVO seinen Antrag verändert. Eine Anzahl an Kalendertagen sieht die ZK-DVO für diesen Fall nicht vor, die verlängerte Frist muss aber angemessen sein.

PRAXISTIPP:

Die Frist kann verlängert werden, wenn der Antragsteller seinen Antrag „verändert". Was genau darunter zu verstehen ist, bleibt auf den ersten Blick unklar. Tatsächlich muss aber davon ausgegangen werden, dass der Zollbehörde eine Verlängerung nur dann von der ZK-DVO gewährt wird, wenn der Antrag im Ergebnis „erweitert" und nicht, wenn er „eingeschränkt" wird. Wer also ein Zertifikat AEO F beantragt und diesen Antrag auf AEO C einschränkt, braucht mit einer Verlängerung der Entscheidungsfrist durch die Zollbehörde nach Art. 14o Abs. 3 ZK-DVO nicht zu rechnen. Anders aber, wenn andere Nachweise bezüglich der Sicherheitsvorschriften beigebracht werden oder wesentliche Änderungen im Zuge der Antragstellung beabsichtigt sind.

Eine Fristverlängerung gilt auch für den Fall, dass eine Ablehnung zu erwarten ist und deswegen Parteiengehör gewährt wird (Art. 14o Abs. 4 ZK-DVO).

Können die Gründe für die beabsichtigte Ablehnung durch den Antragsteller nicht ausgeräumt werden, hat die Zollbehörde die Erteilung eines Zertifikats abzulehnen. Diese Entscheidung ist zu begründen und kann durch den Wirtschaftsbeteiligten angefochten werden (Art. 14o Abs. 6 ZK-DVO). Mit der Ablehnung ist aber nicht automatisch der Widerruf bestehender zollrechtlicher Bewilligung verbunden (Art. 14o Abs. 5 ZK-DVO).

PRAXISTIPP:

Zu beachten ist, dass bei einer Ablehnung eines Antrags die sonstigen bestehenden zollrechtlichen Bewilligungen nach Art. 14o Abs. 5 ZK-DVO nicht automatisch widerrufen werden. Daraus lässt sich nicht der Schluss ziehen, dass die Zollbehörde nicht berechtigt wäre, einen Widerruf bestehender Bewilligungen aufgrund eines neuen Verfahrens auszusprechen, im Gegenteil: Wer die Zollvorschriften nicht „angemessen einhält", wird auch kaum die "erforderliche Gewähr" z.B. bei den Zollverfahren mit wirtschaftlicher Bedeutung nach Art. 86 ZK garantieren können. Die Ablehnung eines Antrags auf Erteilung eines AEO-Zertifikats kann bereits bestehende zollrechtliche Bewilligungen konkret gefährden. Halten Sie rechtzeitig Rücksprache mit ihrem Zollberater und halten Sie Kontakt zu Ihrem zuständigen Zollsachbearbeiter. Beantragen Sie nicht zu früh ein Zertifikat, sondern erst dann, wenn Ihre Selbstbewertung darauf hinweist, dass Sie damit rechnen können, als AEO zertifiziert zu werden.

Sofern alle Voraussetzungen erfüllt sind, hat die Zollbehörde ein AEO-Zertifikat zu erteilen (Muster Anhang 1D ZK-DVO). Diese Entscheidung der Zollbehörde wird den anderen Mitgliedstaaten sowie der nationalen Risikoanalysestelle mitgeteilt (Art. 14p, x ZK-DVO; Zentralstelle Risikoanalyse [ZORA]). In Österreich hat das Risiko-, Informations- und Analysezentrum (RIA) einen direkten Zugriff auf die dazu eingerichtete AEO-Datenbank.

Die Erteilung eines Zertifikats hat folgende Bestandteile zu enthalten:
- Nummer des Zertifikats,
- ausstellende Behörde,
- Inhaber des Zertifikats,
- Art des AEO sowie
- Tag der Wirksamkeit des Zertifikats.

Die Nummer des Zertifikats beginnt stets mit dem ISO-Alpha-2-Code des erteilenden Mitgliedstaats, gefolgt von der Art des AEO-Zertifikats (AEO C, AEO S oder AEO F) und einer nationalen Bewilligungsnummer z.B.: „DE AEO F 01234567890".

Mit der Bewilligungserteilung ist für den AEO die Pflicht verbunden, nach Art. 14w Abs. 1 ZK-DVO, der Zollbehörde alle Umstände, die sich auf die Aufrechterhaltung oder den Inhalt des Zertifikats auswirken können, mitzuteilen. Darunter sind insbesondere alle Umstände zu verstehen, die eine Voraussetzung für die Erteilung des Zertifikats darstellen: Wer erkennt, dass er voraussichtlich in Zahlungsschwierigkeiten gerät, hat dies ohne unnötigen Aufschub der Zollbehörde zu melden. Ändern sich die verantwortlichen Personen (Geschäftsführer etc.) beim Wirtschaftsbeteiligten, sind diese Änderungen ohne unnötigen Aufschub der Behörde zu melden.

Für die Behörden gilt die Geheimhaltungspflicht des Art. 15 ZK. Sie kommunizieren aber über alle wesentlichen Daten über ein Kommunikationsportal mit den Zollverwaltungen der Gemeinschaft (Art. 14x ZK-DVO).

4.9 Rechtswirkungen des Zertifikats

Nach Art. 14q Abs. 1 bis 3 ZK-DVO entfaltet ein erteiltes Zertifikat drei Wirkungen:
- es wird am zehnten Tag nach der Erteilung wirksam,
- es wird in allen Mitgliedstaaten anerkannt und
- es gilt zeitlich unbefristet.

4.9.1 Kontrolle der Voraussetzungen

Unter Berücksichtigung der Informationspflicht des AEO, die Zollbehörde über alle bedeutsamen Umstände zu informieren (Art. 14w Abs. 1 ZK-DVO), überwacht die Zollbehörde, ob die Voraussetzungen und Kriterien weiterhin erfüllt sind.

Gegebenenfalls führt die Zollbehörde eine Neubewertung des AEO durch (Art. 14q Abs. 5 ZK-DVO):
- wenn sich die einschlägigen Gemeinschaftsvorschriften wesentlich geändert haben.

PRAXISTIPP:
Werden die Leitlinien geringfügig geändert, wird eine Neubewertung des AEO nicht erforderlich sein. Allerdings ist zu erwarten, dass sich nicht nur die Leitlinien, sondern auch diverse ISO laufend ändern werden. Gerade im Sicherheitsbereich orientieren sich die Leitlinien durchgängig am derzeitigen Stand der Technik. Achten Sie auf technische Entwicklungen und orientieren Sie sich an den aktuellen Standards und Qualitätskriterien.

4. Vom Antrag bis zur Zertifizierung – das Bewilligungsverfahren

Eine Neubewertung erfolgt auch dann,

- wenn ein begründeter Hinweis darauf vorliegt, dass der AEO die Voraussetzungen nicht mehr erfüllt.

PRAXISTIPP:

Der begründete Hinweis muss nicht zwingend vom AEO selbst gegeben werden (Art. 14w Abs. 1 ZK-DVO). Wer als AEO zertifiziert ist, sollte nicht nur „am Papier" und nur gegenüber der Zollbehörde Sicherheit garantieren, sondern besonders darauf achten, dass er im Geschäftsleben seinen Handelspartnern gegenüber diesem Anspruch auch gerecht wird. Somit werden auch der Zollbehörde keine Hinweise bekannt, z.B. durch etwaige enttäuschte Lieferanten oder Handelspartner, die an der Vertrauenswürdigkeit eines AEO trotz aufrechten Zertifikats Zweifel haben. Das wird aber die Ausnahme bleiben. Im Regelfall werden der Zollverwaltung Umstände durch andere Zollverwaltungen bekannt gegeben (Art. 14w Abs. 2 ZK-DVO).

Das Ergebnis dieser Prüfungen wird den anderen Zollbehörden mitgeteilt (Art. 14q Abs. 5 letzter UAbs. ZK-DVO).

4.10 Aussetzung des Status

Der Status wird nach Art. 14r Abs. 1 ZK-DVO ausgesetzt, wenn

- festgestellt worden ist, dass der AEO Voraussetzungen und Kriterien für das AEO-Zertifikat nicht mehr erfüllt (Buchst. a) oder
- die Zollbehörden hinreichenden Grund zu der Annahme haben, dass ein Zugelassener Wirtschaftsbeteiligter eine Handlung begangen hat, die strafrechtlich verfolgt werden kann und mit einem Verstoß gegen die Zollvorschriften in Zusammenhang steht (Buchst. b).

PRAXISTIPP:

Darunter sind solche Delikte zu verstehen, die im Zusammenhang mit zollrechtlich relevanten Handlungen getätigt wurden; sie korrespondieren mit der Bestimmung des Art. 14h Abs. 1 ZK-DVO. Zu beachten ist, dass eine beabsichtigte Aussetzung jedenfalls verhältnismäßig sein muss. Es kommt auf das Ausmaß des Verstoßes und auf einen etwaigen „guten Glauben" des Wirtschaftsbeteiligten an (Art. 14r Abs.1 UAbs. 2 ZK-DVO). Nicht jeder Verstoß rechtfertigt eine Aussetzung, es kommt darauf an, ob eine Aussetzung ein geeignetes und angemessenes Mittel ist, Verstöße zu vermeiden.

Für den Wirtschaftsbeteiligten ist es wichtig, **Beweisvorsorge** *zu betreiben:*

- *Halten Sie Unterlagen bereit, die beweisen, dass Sie „guten Glaubens" sind.*
- *Beantragen Sie im Aussetzungsverfahren gegebenenfalls die Einvernahme von Zeugen, Sachverständigen oder die Durchführung eines Augenscheines, d.h. einer Besichtigung vor Ort.*

4.10 Aussetzung des Status

- *Verabsäumen Sie gegebenenfalls nicht, vorläufigen Rechtsschutz in Anspruch zu nehmen.*
- *Beachten Sie, dass es nicht unbedingt einer Verurteilung bedarf, es ist schon ausreichend, wenn die Zollbehörde sich ein Bild über die Strafbarkeit einer Tat gemacht hat.*

Entscheidung über die Aussetzung

Vor der Entscheidung über die Aussetzung ist Parteiengehör zu erteilen, um dem AEO die Möglichkeit zu geben, innerhalb einer Frist von 30 Kalendertagen den beanstandeten Umstand zu beseitigen. Bei Gefahr im Verzug, d.h. bei Gefahr für Menschen oder Umwelt, wird der Status sofort ausgesetzt. Bleibt der AEO innerhalb der vorgegebenen Frist von 30 Tagen untätig, folgt eine 30-tägige Aussetzung (Art. 14r Abs. 2 ZK-DVO), die den anderen Mitgliedstaaten mitgeteilt wird. Art. 14r Abs. 4 ZK-DVO erlaubt eine Verlängerung um weitere 30 Tage. Im Falle des begründeten Verdachts einer strafbaren Handlung im Sinne des Art. 14r Abs. 1 Buchst. b ZK-DVO setzt die Zollbehörde den Status für die Dauer des Strafverfahrens aus (Art. 14r Abs. 3 ZK-DVO).

Während der Aussetzung „ruhen" die Vorteile, die mit dem AEO verbunden sind. Die Abwicklung von Zollverfahren, die vor dem Zeitpunkt der Aussetzung begonnen haben und noch nicht beendet sind, werden von der Aussetzung nicht erfasst (Art. 14s Abs. 1 ZK-DVO). Art. 14s Abs. 2 ZK-DVO stellt überdies klar, dass die Aussetzung nicht automatisch Bewilligungen betrifft, die ohne Bezugnahme auf das Zertifikat erteilt wurden, es sei denn dass Gründe vorliegen, die nicht auch für diese Bewilligungen relevant sind. Die Aussetzung betrifft auch nicht automatisch Bewilligungen zur Inanspruchnahme von Zollvereinfachungen, die auf der Grundlage des AEO-Zertifikats erteilt wurden und deren Voraussetzungen weiterhin erfüllt sind (Art. 14s Abs 3 ZK-DVO).

PRAXISTIPP:

Art. 14 Abs. 2, 3 ZK-DVO sind kein Beispiel leicht verständlicher Legistik, es soll damit aber das Verhältnis zwischen Aussetzung der Rechtswirkungen eines Zertifikats und dem Bestehen oder Nichtbestehen anderer zollrechtlicher Vereinfachungen/Bewilligungen klargestellt werden. Die Zollbehörde ist nicht verpflichtet, in der Aussetzungsentscheidung die Folgen auf bestehende Vereinfachungen/Bewilligungen auszuführen. Dies wird gegebenenfalls gesondert in eigenen Verfahren geprüft. Es kann für die Zollbehörde ausreichend sein, nur eine teilweise Aussetzung auszusprechen: Sind z.B. die Sicherheitserfordernisse des Art. 14k nicht mehr erfüllt sind (AEO F), kann dies zu einer Reduzierung auf den Status AEO C führen (vgl. Art. 14s Abs. 4 ZK-DVO).

Der AEO ist auch berechtigt, ein Aussetzungsverfahren selbst zu beantragen, wenn er vorübergehend nicht in der Lage ist, die Kriterien weiterhin zu erfüllen (Art. 14u ZK-DVO).

> **PRAXISTIPP:**
>
> Eine Beantragung durch den AEO selbst kann sinnvoll sein, da es auch ein Zeichen eines „guten Rufes" eines Unternehmens ist, zu reagieren, wenn es Probleme bei der Erfüllung der Kriterien gibt. Der AEO ist ja ohnehin verpflichtet, der Zollbehörde alle maßgeblichen Umstände, die mit der Erfüllung der Kriterien zusammenhängen, zu melden (Art. 14w Abs. 1 ZK-DVO). Bei Verstößen gegen das Zollrecht empfiehlt es sich weiters eine Selbstanzeige zu erstatten, um Strafen zu vermeiden (§ 371 AO, § 29 öFinStrG), die sich negativ auf den Status auswirken können. Beachten Sie, dass die Aussetzung das gelindeste Mittel der Zollbehörde ist, den Wirtschaftsbeteiligten zu veranlassen, notwendige Maßnahmen zu treffen.

Widerruf der Aussetzung

Werden durch den Wirtschaftsbeteiligten alle Mängel fristgerecht beseitigt, widerruft die Zollbehörde die Aussetzung: Der Wirtschaftsbeteiligte verfügt sohin wieder uneingeschränkt über den ursprünglichen Status. Im entgegengesetzten Fall wird der AEO widerrufen (Art. 14t Abs. 2 in Verbindung mit 14v Abs. 1 Buchst. a ZK-DVO). Die Mitgliedstaaten werden darüber informiert (Art. 14t Abs. 2 ZK-DVO).

4.11 Widerruf des Status

Der Widerruf des Status führt zu einem sofortigen Entzug des Status. Die Voraussetzungen sind in Art. 14v Abs. 1 Buchst. a bis d ZK-DVO geregelt. So widerruft die erteilende Zollbehörde den Status, wenn

- der AEO nicht die erforderlichen Maßnahmen nach Art. 14t Abs. 1 ZK-DVO trifft,
- er wegen einer schweren Zollstraftat verurteilt wurde,
- er nicht die erforderlichen Maßnahmen nach Art. 14u ZK-DVO trifft oder
- einen Widerruf selbst beantragt.

Die erforderlichen Maßnahmen nach Art. 14t Abs. 1 und 14u ZK-DVO betreffen Vorkehrungen im Zuge eines Aussetzungsverfahrens, um die Erfüllung der Kriterien weiterhin garantieren zu können.

Eine Antragstellung eines AEO nach Art. 14v Abs. 1 Buchst. d ZK-DVO wird z.B. dann sinnvoll sein, wenn das Motiv für den Status weggefallen ist, wenn das Unternehmen z.B. nur mehr innergemeinschaftlich tätig ist. Der Hauptanwendungsfall für eine Antragstellung durch den AEO liegt im Wegfall der Sperrfrist (Art. 14v Abs. 4 ZK-DVO).

Die rechtskräftige Verurteilung wegen einer schweren Zollstraftat führt ebenfalls zu einem sofortigen Widerruf (Art. 14v Abs. 1 Buchst. b ZK-DVO).

> **PRAXISTIPP:**
>
> Die Verurteilung wegen einer „schweren Zollstraftat" ist in Deutschland für juristische Personen (z.B. Gesellschaft mit beschränkter Haftung) oder Personenvereinigungen ohne Bedeutung, da nach deutschem Strafrecht nur natürliche Personen bestraft werden können. Für Österreich ist diese Bestimmung hingegen zu beachten.

4.11 Widerruf des Status

Art. 14v Abs. 1 UAbs. 2 ZK-DVO verlangt eine Verhältnismäßigkeitsprüfung durch die Zollbehörde: Der Anwendungsbereich wird aber denkbar gering sein, da das Zollamt in der Regel bei Verurteilung wegen einer schweren Straftat nicht von gutem Glauben des Täters ausgehen wird. In Deutschland wäre zwar grundsätzlich die Annahme des Zollamtes über den „guten Glauben" eines Wirtschaftsbeteiligten trotz Verurteilung möglich, in Österreich ist dies hingegen nicht möglich, da eine Bindungswirkung des Zollamtes an Urteile der Strafgerichte besteht. In Deutschland kann das Zollamt davon unabhängig eine eigene, nur für das Zollrecht ableitbare Ansicht hinsichtlich des Vorhandenseins eines guten Glaubens entwickeln. Die zuständige Zollbehörde benachrichtigt die Zollverwaltungen der anderen Mitgliedstaaten (Art. 14v Abs. 3 ZK-DVO). Der Widerruf wird am Tag nach seiner Bekanntgabe wirksam und löst in der Regel eine Sperrfrist von drei Jahren aus. Der Wirtschaftsbeteiligte ist dadurch gehindert, einen neuerlichen Antrag auf Zertifizierung zu stellen (Art. 14v Abs. 4 ZK-DVO).

PRAXISTIPP:
Die Sperrfrist ist ein bedeutsames Hindernis auf dem Weg zu einer neuen Zertifizierung. Innerhalb von drei Jahren ist eine neuerliche Beantragung nicht möglich. Die ZK-DVO sieht aber Ausnahmen vor und zwar dann, wenn der Wirtschaftsbeteiligte von sich aus aktiv geworden ist. Entweder dadurch, dass er ein Aussetzungs-, oder dadurch, dass er ein Widerrufsverfahren selbst angestrengt hat (Art. 14c und u; d ZK-DVO). Diese Bestimmung soll den Wirtschaftsbeteiligten motivieren, nicht auf ein Einschreiten der Zollbehörden abzuwarten, sondern durch betriebsinterne Maßnahmen tatsächlich seiner Vertrauenswürdigkeit gerecht zu werden.

Neben dem Widerruf des Status ist eine Rücknahme des Status unter den in Art. 8 ZK geregelten Voraussetzungen möglich.

PRAXISTIPP:
Gegen jegliche Form der Einschränkung des Status ist Rechtsschutz möglich (Aussetzung [Art. 14r ff. ZK-DVO], Widerruf [Art. 14v ZK-DVO], Rücknahme [Art. 8 ZK]), kann Rechtsschutz in Anspruch genommen werden. Prüfen Sie die Voraussetzungen, unter denen die Zollbehörde Maßnahmen getroffen hat.

5. Antrag auf Erteilung eines AEO-Zertifikats

Nach Art. 14c ZK-DVO ist ein AEO-Zertifikat ist schriftlich oder elektronisch nach dem Muster in Anhang 1C zur ZK-DVO zu beantragen.

5.1 Für die Antragstellung in Deutschland

Für die Antragstellung werden zwei Möglichkeiten angeboten:
1. als empfehlenswerte Form die elektronische Antragstellung mittels Interneteingabe und elektronischer Übermittlung der Daten und
2. Antragstellung in Papierform auf dem Vordruck 0390 unter Berücksichtigung der Erläuterungen zum Ausfüllen der einzelnen Felder des Vordruckes 0391

5.1.1 Internetantrag

Für die Antragsstellung wird lediglich ein Standardbrowser (Internet Explorer, Opera, Mozilla Firefox etc.) benötigt. Nicht zwingend notwendig, aber empfehlenswert ist Java-Script. Eine weitere Software ist nicht zu installieren. Zum Internetantrag gelangt man entweder über die Website der deutschen Zollverwaltung mit dem Pfad www.zoll.de > Zoll und Steuern > Zölle > Grundlagen des Zollrechts > Zugelassener Wirtschaftsbeteiligter > Antrag und Bewilligung und aktiviert aus dem laufenden Text heraus den Link **Interneteingabe**, der unter der Überschrift „Antragsverfahren" zu finden ist (siehe screenshot) oder

Abbildung 11: Website der deutschen Zollverwaltung > Home

5.1 Für die Antragstellung in Deutschland

nach Eingabe der folgenden URL https://iaeo.zoll.de/iaeo/content.do. Es erscheint die folgende Startseite:

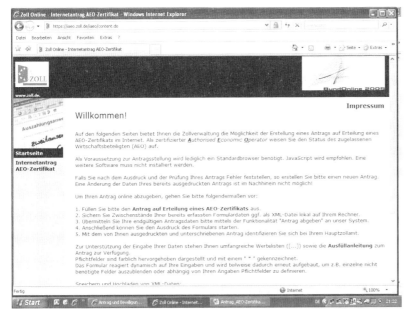

Abbildung 12: BundOnline 2005

Am Ende der Startseite befindet sich der Link zum Beginn der Antragstellung und es öffnet sich das Eingabefenster, das auf den ersten Blick nicht dem vorgeschriebenen Vordruck ähnelt und ggf. gewöhnungsbedürftig ist:

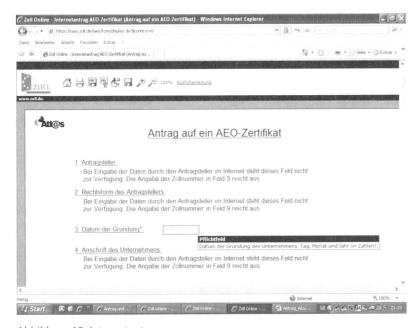

Abbildung 13: Internetantrag

5. Antrag auf Erteilung eines AEO-Zertifikats

Der Antrag kann je nach Bedarf entweder sofort komplett ausgefüllt werden oder nach Zwischenspeicherung der bereits erfassten Daten als XML-Datei auf der lokalen Festplatte mit Unterbrechungen schrittweise erarbeitet werden. Bei Inaktivität wird die Bearbeitungssitzung nach 60 Minuten mit einem entsprechenden Hinweis beendet, deswegen ist eine Zwischenspeicherung in jedem Falle empfehlenswert.

Speichern der Daten als XML-Datei:

Um die bereits erfassten Daten zu speichern betätigen Sie das Diskettenpiktogramm mit XML und es erscheint ein Popup-Fenster:

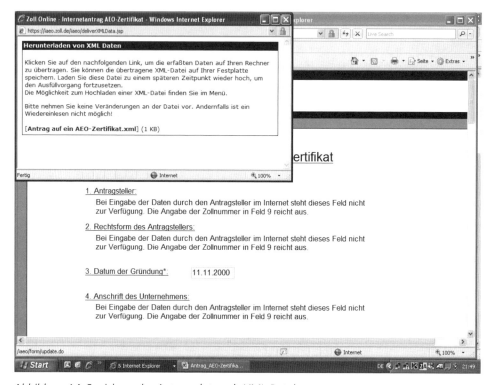

Abbildung 14: Speichern der Antragsdaten als XML-Datei

Hochladen der XML-Daten:

Um die Antragsbearbeitung nach einer Unterbrechung wieder aufzunehmen, navigieren Sie über die Startseite auf die Ausfüllmaske und drücken das Diskettensymbol „mit XML-Daten hochladen". Sie werden durch verschiedene, übersichtliche Masken geführt. Nach dem Betätigen des Buttons „Fertigstellen" auf der letzten Maske sind alle bereits in der vorhergehenden Sitzung in den Antrag eingegebenen und gespeicherten Daten wieder vorrätig.

Die Interneteingabe bietet insbesondere folgende Vorteile: Die Eingabe der Daten wird durch die Ausfüllanleitung, die zu jedem angesteuerten Feld als Info erscheint, unterstützt. Alle unternehmensspezifischen Daten, die bereits mit der Vergabe der Zollnummer registriert worden sind, werden automatisch nach Eingabe der Zollnummer im Vordruck vervollständigt, wie z.B. die Felder 1, 2 und 4. Es stehen ausführliche Wertelisten ([…]) zur

5.1 Für die Antragstellung in Deutschland

Verfügung, um z.B. die Codierung der regelmäßig benutzten Grenzübergänge komfortabel zu suchen.

Am Ende der Eingaben können die Daten nochmals auf der eigenen Festplatte gesichert werden und durch Betätigen der Schaltfläche „Antrag abgeben" an die Zollverwaltung übermittelt werden. Gleichzeitig wird ein pdf-Dokument des Antrags erzeugt.

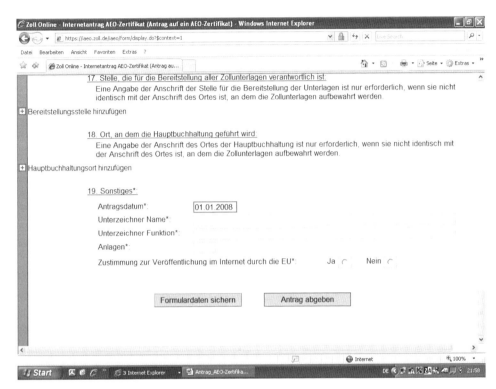

Abbildung 15: Internetantrag abgeben

Eine elektronische Signatur ist zurzeit noch nicht möglich. Für die wirksame Antragsabgabe ist es daher noch erforderlich, den mittels Interneteingabe ausgefüllten Antrag auszudrucken und durch den Vertreter des Antragstellers unterschreiben zu lassen. Der unterschriebene Antrag ist dann zusammen mit dem ausgefüllten Fragenkatalog zur Selbstbewertung und ggf. sonstigen Unterlagen beim zuständigen Hauptzollamt einzureichen. Der Fragenkatalog sollte möglichst in elektronischer Form zur Verfügung gestellt werden (z.B. CD-ROM).

5.1.2 Antragstellung in Papierform mit Vordruck 0390

Der Vordruck 0390 kann ebenfalls mit Hilfe des Internets ausgefüllt werden. Die Erläuterungen zum Ausfüllen der einzelnen Felder beinhaltet der Vordruck 0391.

Ein Absenden der Daten an das zuständige Hauptzollamt ist jedoch nicht möglich. Nach der Eingabe der URL www.formulare-bfinv.de gelangen Sie auf die Startseite des Formularmanagementsystems (FMS) der Bundesfinanzverwaltung, das interaktive Formulare zum Ausfüllen mit Hilfe der EDV zur Verfügung stellt.

5. Antrag auf Erteilung eines AEO-Zertifikats

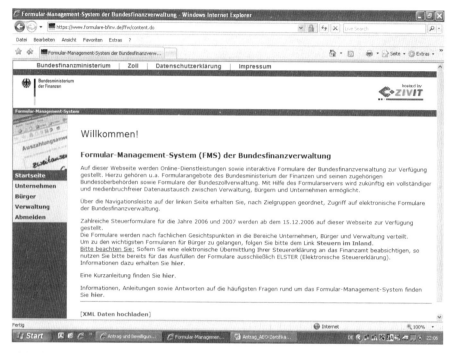

Abbildung 16: Formular-Management-System der Bundesfinanzverwaltung

Über den folgenden Pfad wird der für den AEO benötigte Vordruck erreicht:

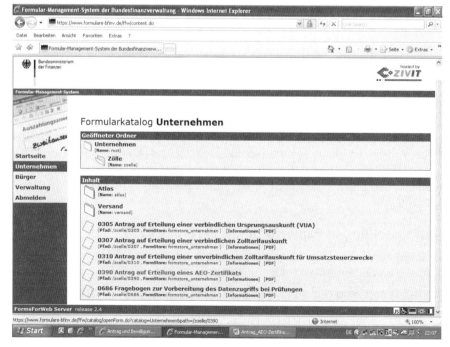

Abbildung 17: Formularkatalog Unternehmen

Es erscheint ein dem echten Papiervordruck ähnliches Bild. Die Erläuterungen des Vordrucks 0391 können über die rote Schaltfläche „Erläuterungen" im Kopf des Antragvordruckes aufgerufen werden:

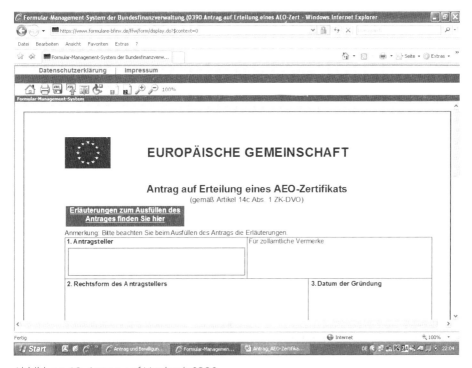

Abbildung 18: Antrag auf Vordruck 0390

Die Zwischenspeicherung als XML-Daten ist hier ebenfalls möglich. Das Eingabeformular wird jedoch nicht durch Wertelisten und das Erscheinen der jeweiligen Erläuterungen zu den einzelnen Feldern unterstützt. Insofern ist diese Form der Antragstellung weniger komfortabel. Am Ende der Eingabe wird ebenfalls ein pdf-Dokument erzeugt, das ausgedruckt werden muss und wiederum mit der Unterschrift des entsprechenden Vertreters sowie dem ausgefüllten Fragenkatalog zur Selbstbewertung beim zuständigen Hauptzollamt einzureichen ist.

Ein ausgefülltes Muster finden Sie auf den beiden folgenden Seiten.

5. Antrag auf Erteilung eines AEO-Zertifikats

5.1.3 Ausgefülltes Muster eines Antrags mit Vordruck 0390

 EUROPÄISCHE GEMEINSCHAFT

Antrag auf Erteilung eines AEO-Zertifikats
(gemäß Artikel 14c Abs. 1 ZK-DVO)

Anmerkung: Bitte beachten Sie beim Ausfüllen des Antrags die Erläuterungen.

1. Antragsteller	Für zollamtliche Vermerke
Pumuckl-Vertriebs GmbH	

2. Rechtsform des Antragstellers	3. Datum der Gründung
GmbH	25.11.1999

4. Anschrift des Unternehmens
Moltkestraße 267 DE 12203 Berlin

5. Ort der Hauptniederlassung
Moltkestraße 267 DE 12203 Berlin

6. Ansprechpartner (Name, Telefon, Fax, E-Mail)	7. Postanschrift
Editha Meier, Tel: 030 12345678, Fax: 030 12125656, editha.meier@pumuckl-vertrieb.com	

8. Umsatzsteueridentifikationsnummer	9. Identifikationsnummer des Wirtschaftsbeteiligten	10. Nr. der amtlichen Eintragung
DE 123456789	Zollnummer 1234567	HRB 111198 B

11. Art des beantragten Zertifikats
☐ AEO-Zertifikat „Zollrechtliche Vereinfachungen"
☐ AEO-Zertifikat „Sicherheit"
☒ AEO-Zertifikat „Zollrechtliche Vereinfachungen/Sicherheit"

12. Wirtschaftszweig	13. Mitgliedstaaten, in denen eine zollrelevante Tätigkeit ausgeübt wird
Im- und Export, Groß- und Einzelhandel mit Getränken, Geschenkartikeln, Waren des täglichen Bedarfs und Merchandisingprodukten	DE
14. Grenzübergänge	15. Bereits bewilligte Vereinfachungen und Erleichterungen, Zertifikate nach Artikel 14k Abs. 4 ZK-DVO
DE002105 Berlin-Flughafen-Tegel DE004851 Hamburg-Waltershof	A DE/0815/ZA/4711

16. Ort, an dem die Zollunterlagen aufbewahrt werden:
Moltkestraße 267 DE 12203 Berlin

0390/₁ Antrag auf Erteilung eines AEO-Zertifikats (2007)

17. Stelle, die für die Bereitstellung aller Zollunterlagen verwantwortlich ist:	
18. Ort, an dem die Hauptbuchhaltung geführt wird:	

19.	
Unterschrift *[signature]* Florian Puhuski, Geschäftsführer Vor- und Zuname, Funktion	02.01.2008 Datum 2 Zahl der Anlagen

0390/2 Antrag auf Erteilung eines AEO-Zertifikats **(2007)**

5. Antrag auf Erteilung eines AEO-Zertifikats

5.2 Für die Antragstellung in Österreich

Seit dem 2. Jänner 2008 besteht für Wirtschaftsbeteiligte mit Sitz in Österreich die Möglichkeit, AEO-Zertifizierungsanträge über ein elektronisches System zu erstellen. Der Antrag muss jedoch dann auch ausgedruckt und unterschrieben werden und mit dem Fragenkatalog zur Selbstbewertung (vorzugsweise papierlos) und den ggf. sonstigen Unterlagen beim zuständigen Zollamt eingebracht werden. Der beste Einstieg bietet sich über die Homesite des Bundesministeriums für Finanzen in Wien unter www.bmf.gv.at >Zoll > Wirtschaft > Sicherheitsnovelle und Zugelassener Wirtschaftsbeteiligter (AEO) > Informationen und Tipps zum AEO-Antragsverfahren.

Abbildung 19: Website Zollverwaltung Österreich > Home

Von hier aus besteht die Möglichkeit, über den Link „Zum IT-unterstützten Antrags- und Selbstbewertungsverfahren" direkt zum elektronischen Antragsverfahren zu gelangen, um den Antrag auf Vordruck Za 250 auszufüllen und den Selbstbewertungskatalog zu erstellen.

Aus Gründen der Datensicherheit ist zu Beginn der Sitzung eine Registrierung erforderlich. Der selbst zu bestimmende Benutzername dient dabei zur eindeutigen Identifikation des Wirtschaftsbeteiligten. Eine spätere Änderung des Benutzernamens ist nicht mehr möglich. Der Benutzername darf maximal 50 Zeichen lang sein.

5.2 Für die Antragstellung in Österreich

Mit der Einrichtung eines neuen Accounts wird dem Anwender ein vom System generiertes Passwort per E-Mail geschickt. Beim ersten Log-in sollte das Passwort durch ein eigenes Passwort ersetzt werden, das zwischen 6 und 20 Zeichen lang sein muss. Durch die Eingabe des Passwortes wird bestätigt, dass der Anwender Inhaber des Benutzeraccounts ist.

Abbildung 20: Registrierung AEO-Antrag, Österreich

Vor der Registrierung kann jedoch als erster Einstieg zur eigenen Information die ausführliche, sehr hilfreiche Benutzeranleitung für die elektronische Antragstellung als pdf-Dokument aufgerufen werden. Man folge dem Pfad www.bmf.gv.at >Zoll > Wirtschaft > Sicherheitsnovelle und Zugelassener Wirtschaftsbeteiligter (AEO) > Informationen und Tipps zum AEO-Antragsverfahren > Benutzeranleitung für die elektronische Antragstellung AEO:

5. Antrag auf Erteilung eines AEO-Zertifikats

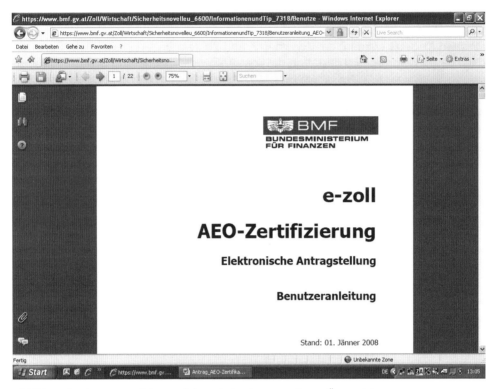

Abbildung 21: Benutzeranleitung elektronische Antragstellung, Österreich

Eine detaillierte Ausfüllhilfe und Checkliste für AEO-Anträge finden Sie auf Seite 378.

Anhang

I. Ablaufschema – Bewilligung AEO-Zertifikat

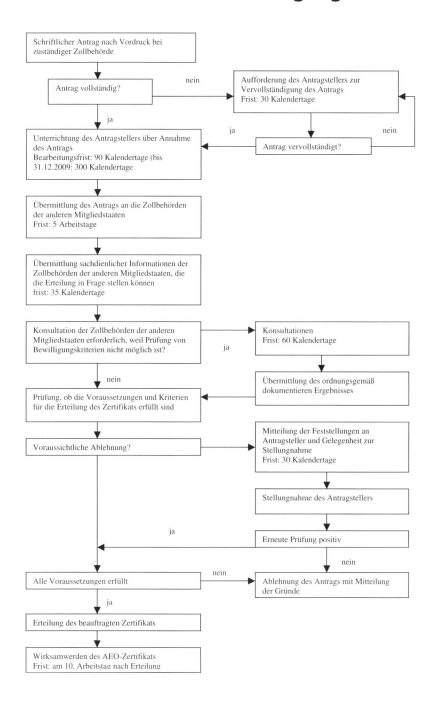

Anhang

II. Europäische Vorschriften

1. Auszug aus dem Zollkodex: Artikel 5a

Abschnitt 1A – Zugelassene Wirtschaftsbeteiligte

Artikel 5a

(1) Die Zollbehörden bewilligen, gegebenenfalls nach Konsultation der anderen zuständigen Behörden, nach den in Absatz 2 genannten Kriterien den Status eines „zugelassenen Wirtschaftsbeteiligten" jedem im Zollgebiet der Gemeinschaft ansässigen Wirtschaftsbeteiligten. Einem „zugelassenen Wirtschaftsbeteiligten|" werden Erleichterungen bei sicherheitsrelevanten Zollkontrollen und/oder Vereinfachungen gemäß den Zollvorschriften gewährt. Der Status des „zugelassenen Wirtschaftsbeteiligten" wird von den Zollbehörden in allen Mitgliedstaaten vorbehaltlich der Regeln und Voraussetzungen nach Absatz 2 und unbeschadet der Zollkontrollen anerkannt. Die Zollbehörden lassen den Wirtschaftsbeteiligten aufgrund der Anerkennung des Status des „zugelassenen Wirtschaftsbeteiligten" und unter der Voraussetzung, dass die im gemeinschaftlichen Zollrecht vorgesehenen Anforderungen an eine bestimmte Art von Vereinfachung erfüllt sind, in den Genuss dieser Vereinfachung kommen.

(2) Die Kriterien für die Bewilligung des Status des „zugelassenen Wirtschaftsbeteiligten" umfassen:

- die bisher angemessene Einhaltung der Zollvorschriften,
- ein zufrieden stellendes System der Führung der Geschäftsbücher und gegebenenfalls der Beförderungsunterlagen, das angemessene Zollkontrollen ermöglicht,
- gegebenenfalls die nachweisliche Zahlungsfähigkeit und
- gegebenenfalls angemessene Sicherheitsstandards.

Nach dem Ausschussverfahren werden die Regeln festgelegt:

- für die Bewilligung des Status des „zugelassenen Wirtschaftsbeteiligten",
- für die Erteilung von Bewilligungen zur Inanspruchnahme von Erleichterungen,
- zur Bestimmung der Zuständigkeit einer Zollbehörde für die Verleihung dieses Status und die Erteilung dieser Bewilligungen,
- über Art und Umfang der Erleichterungen, die unter Berücksichtigung der Regeln für das gemeinsame Risikomanagement für sicherheitsrelevante Zollkontrollen bewilligt werden können,
- für die Konsultation der anderen Zollbehörden und die Erteilung von Informationen an diese; und die Voraussetzungen, unter denen
- eine Bewilligung auf einen oder mehrere Mitgliedstaaten beschränkt werden kann,
- der Status des „zugelassenen Wirtschaftsbeteiligten" ausgesetzt oder entzogen werden kann und
- bei bestimmten Kategorien zugelassener Wirtschaftsbeteiligter insbesondere unter Berücksichtigung internationaler Übereinkünfte von dem Erfordernis der Gemeinschaftsansässigkeit abgesehen werden kann.

2. Auszug aus der Zollkodex-Durchführungsverordnung: Artikel 14a bis 14x

TITEL IIa – ZUGELASSENE WIRTSCHAFTSBETEILIGTE

KAPITEL 1 – Verfahren für die Erteilung der Zertifikate

Abschnitt 1 – Allgemeine Bestimmungen

Artikel 14a

(1) Unbeschadet der Inanspruchnahme anderer Vereinfachungen gemäß dem Zollrecht können die Zollbehörden auf Antrag eines Wirtschaftsbeteiligten und in Übereinstimmung mit Artikel 5a des Zollkodex die folgenden Zertifikate für den ‚zugelassenen Wirtschaftsbeteiligten' (nachstehend ‚AEO-Zertifikat') erteilen:

a) ein AEO-Zertifikat ‚Zollrechtliche Vereinfachungen' für die Wirtschaftsbeteiligten, die die Vereinfachungen gemäß dem Zollrecht in Anspruch nehmen wollen und die die in den Artikeln 14h, 14i und 14j festgelegten Voraussetzungen erfüllen;

b) ein AEO-Zertifikat ‚Sicherheit' für die Wirtschaftsbeteiligten, die die Erleichterungen bei sicherheitsrelevanten Zollkontrollen in Bezug auf Waren in Anspruch nehmen wollen, die in das oder aus dem Zollgebiet der Gemeinschaft verbracht werden, und die die in den Artikeln 14h bis 14k festgelegten Voraussetzungen erfüllen;

c) ein AEO-Zertifikat ‚Zollrechtliche Vereinfachungen/Sicherheit' für die Wirtschaftsbeteiligten, die sowohl die unter Buchstabe a genannten Vereinfachungen in Anspruch nehmen wollen als auch die unter Buchstabe b genannten Erleichterungen in Anspruch nehmen dürfen und die die in den Artikeln 14h bis 14k festgelegten Voraussetzungen erfüllen.

(2) Die Zollbehörden tragen den besonderen Merkmalen der Wirtschaftsbeteiligten, insbesondere der kleinen und mittleren Unternehmen, Rechnung.

Artikel 14b

(1) Beantragt der Inhaber eines AEO-Zertifikats gemäß Artikel 14a Absatz 1 Buchstabe a oder c eine oder mehrere Bewilligungen nach den Artikeln 260, 263, 269, 272, 276, 277, 282, 283, 313a, 313b, 324a, 324e, 372, 454a und 912g, so prüfen die Zollbehörden die Voraussetzungen, die bereits bei der Erteilung des AEO-Zertifikats geprüft wurden, nicht erneut.

(2) Hat der Inhaber eines AEO-Zertifikats gemäß Artikel 14a Absatz 1 Buchstabe b oder c eine summarische Eingangsanmeldung abgegeben, so kann die zuständige Zollstelle dem zugelassenen Wirtschaftsbeteiligten vor Ankunft der Waren im Zollgebiet der Gemeinschaft mitteilen, dass die Sendung nach einer Analyse des Sicherheitsrisikos für eine weitergehende Warenkontrolle ausgewählt wurde. Eine solche Mitteilung erfolgt nur dann, wenn dadurch die Durchführung der Kontrolle nicht gefährdet wird.

Die Mitgliedstaaten können aber auch dann eine Warenkontrolle vornehmen, wenn der zugelassene Wirtschaftsbeteiligte nicht vor Ankunft der Waren im Zollgebiet der Gemeinschaft darüber informiert worden ist, dass die Waren für eine solche Kontrolle ausgewählt wurden.

Die Unterabsätze 1 und 2 gelten sinngemäß für Waren, die das Zollgebiet der Gemeinschaft verlassen sollen.

(3) Inhaber eines AEO-Zertifikats gemäß Artikel 14a Absatz 1 Buchstaben b oder c, die Waren ein- oder ausführen, dürfen summarische Eingangs- und Ausgangsanmeldungen mit den reduzierten Datensätzen gemäß Anhang 30A Abschnitt 2.5 abgeben.

Beförderer, Spediteure oder Zollagenten, die Inhaber eines AEO-Zertifikats gemäß Artikel 14a Absatz 1 Buchstaben b oder c sind und für Rechnung von Inhabern eines AEOZertifikats gemäß Artikel 14a Absatz 1 Buchstabe b oder c Waren ein- oder ausführen, dürfen ebenfalls summarische Eingangs- und Ausgangsanmeldungen nach den reduzierten Datenanforderungen gemäß Anhang 30A Abschnitt 2.5 abgeben.

Inhaber eines AEO-Zertifikats, für die reduzierte Datenanforderungen gelten, können aufgefordert werden, zusätzliche Datenelemente zu liefern, um das ordnungsgemäße Funktionieren von in internationalen Abkommen mit Drittländern festgelegten Systemen über die gegenseitige Anerkennung von AEO-Zertifikaten sowie Sicherheitsmaßnahmen sicherzustellen.

(4) Bei Inhabern eines AEO-Zertifikats wird weniger häufig eine Prüfung von Waren oder Unterlagen vorgenommen als bei anderen Wirtschaftsbeteiligten. Die Zollbehörden können von dieser Regel abweichen, um einer besonderen Gefährdung oder in anderen Gemeinschaftsvorschriften vorgesehenen Kontrollverpflichtungen Rechnung zu tragen.

Wählt die zuständige Zollbehörde nach der Risikoanalyse dennoch eine Sendung mit einer von einem zugelassenen Wirtschaftsbeteiligten abgegebenen summarischen Eingangs- oder Ausgangsanmeldung oder Zollanmeldung für eine weitergehende Prüfung aus, so räumt sie den notwendigen Kontrollen Vorrang ein. Auf Antrag des zugelassenen Wirtschaftsbeteiligten und mit Zustimmung der betreffenden Zollbehörde können diese Kontrollen an einem anderen Ort als dem der beteiligten Zollstelle vorgenommen werden.

(5) Die in Absätzen 1 bis 4 festgelegten Vorteile können

nur gewährt werden, wenn der betreffende Wirtschaftsbeteiligte

die erforderlichen Nummern der AEO-Zertifikate

mitgeteilt hat.

Abschnitt 2 – Beantragung eines AEO-Zertifikats

Artikel 14c

(1) Ein AEO-Zertifikat ist schriftlich oder elektronisch nach dem Muster in Anhang 1C zu beantragen.

(2) Stellt die Zollbehörde fest, dass ein Antrag nicht alle erforderlichen Angaben enthält, so fordert sie den Wirtschaftsbeteiligten unter Angabe der Gründe innerhalb von 30 Kalendertagen nach Eingang des Antrags auf, die fehlenden Informationen zu übermitteln.

Die Fristen des Artikels 14l Absatz 1 und des Artikels 14o Absatz 2 beginnen zu dem Zeitpunkt, zu dem der Zollbehörde alle für die Annahme des Antrags benötigten Informationen vorliegen. Die Zollbehörden unterrichten den Wirtschaftsbeteiligten, dass der Antrag angenommen wurde, und teilen ihm mit, ab wann die betreffenden Fristen laufen.

Artikel 14d

(1) Der Antrag ist bei einer der folgenden Zollbehörden zu stellen:

a) bei der Zollbehörde des Mitgliedstaats, in dem die Hauptbuchhaltung des Antragstellers in Bezug auf die betreffenden Zollregelungen geführt wird und in dem mindestens ein Teil der Vorgänge abgewickelt wird, die von dem AEO-Zertifikat umfasst werden sollen;

b) bei der Zollbehörde des Mitgliedstaats, in dem die Hauptbuchhaltung des Antragstellers in Bezug auf die betreffenden Zollregelungen im EDV-System des Antragstellers für die zuständige Zollbehörde mit Hilfe von Informationstechnologie und Computernetzen zugänglich ist und in dem die allgemeine logistische Verwaltung des Antragstellers stattfindet sowie mindestens ein Teil der Vorgänge abgewickelt wird, die von dem AEOZertifikat umfasst werden sollen.

Die unter den Buchstaben a und b genannte Hauptbuchhaltung des Antragstellers umfasst die Aufzeichnungen und Unterlagen, anhand deren die Zollbehörde die Erfüllung der für die Erlangung des AEO-Zertifikats notwendigen Voraussetzungen und Kriterien prüfen und überwachen kann.

(2) Kann die zuständige Zollbehörde nicht nach Absatz 1 bestimmt werden, so ist der Antrag bei einer der folgenden Zollbehörden zu stellen:

a) bei der Zollbehörde des Mitgliedstaats, in dem die Hauptbuchhaltung des Antragstellers in Bezug auf die betreffenden Zollregelungen geführt wird;

b) bei der Zollbehörde des Mitgliedstaats, in dem die Hauptbuchhaltung des Antragstellers in Bezug auf die betreffenden Zollregelungen gemäß Absatz 1 Buchstabe b zugänglich ist und die allgemeine logistische Verwaltung des Antragstellers stattfindet.

(3) Wird ein Teil der einschlägigen Aufzeichnungen und Unterlagen in einem anderen Mitgliedstaat aufbewahrt als dem, bei dessen Zollbehörde der Antrag gemäß Absatz 1 oder 2 gestellt wurde, so füllt der Antragsteller die Felder 13, 16, 17 und 18 des in Anhang 1C wiedergegebenen Antragsvordrucks aus.

(4) Hat der Antragsteller ein Lager oder sonstige Räumlichkeiten in einem anderen Mitgliedstaat als dem, bei dessen Zollbehörde der Antrag gemäß Absatz 1 oder 2 gestellt wurde, so trägt er diese Information in Feld 13 des in Anhang 1C wiedergegebenen Antragsvordrucks ein, damit die Zollbehörden des betreffenden Mitgliedstaats die Erfüllung der einschlägigen Voraussetzungen im Lager oder in den sonstigen Räumlichkeiten leichter an Ort und Stelle prüfen können.

(5) In den in den Absätzen 2, 3 und 4 genannten Fällen findet das Konsultationsverfahren gemäß Artikel 14m Anwendung.

(6) Der Antragsteller gibt eine leicht erreichbare zentrale Stelle oder eine Kontaktperson in seiner Verwaltung an, über die der Zollbehörde alle Informationen zur Verfügung gestellt werden, die für den Nachweis erforderlich sind, dass die Voraussetzungen für die Erteilung des AEO-Zertifikats erfüllt sind.

(7) Der Antragsteller übermittelt der Zollbehörde die erforderlichen Daten nach Möglichkeit elektronisch.

Anhang

Artikel 14e

Die Mitgliedstaaten übermitteln der Kommission ein Verzeichnis ihrer zuständigen Behörden, bei denen die Anträge zu stellen sind, und teilen ihr spätere Änderungen mit. Die Kommission leitet diese Informationen an die anderen Mitgliedstaaten weiter oder stellt sie über das Internet zur Verfügung.

Diese Behörden fungieren auch als Zollbehörden, die die AEO-Zertifikate erteilen.

Artikel 14f

Der Antrag wird in folgenden Fällen nicht angenommen:

a) Er erfüllt nicht die Voraussetzungen der Artikel 14c und 14d;

b) der Antragsteller ist zum Zeitpunkt der Antragstellung wegen einer schweren Straftat im Zusammenhang mit seiner wirtschaftlichen Tätigkeit verurteilt oder ein Insolvenzverfahren ist anhängig;

c) der Antragsteller hat einen Vertreter in Zollangelegenheiten, der im Rahmen seiner Tätigkeit als Vertreter wegen einer schweren Straftat im Zusammenhang mit einem Verstoß gegen die Zollvorschriften verurteilt wurde;

d) der Antrag wird innerhalb von drei Jahren nach dem Widerruf des AEO-Zertifikats gemäß Artikel 14v Absatz 4 gestellt.

Abschnitt 3 – Voraussetzungen und Kriterien für die Erteilung des AEO-Zertifikats

Artikel 14g

Der Antragsteller braucht in folgenden Fällen nicht im Zollgebiet der Gemeinschaft ansässig zu sein:

a) wenn die gegenseitige Anerkennung des AEO-Zertifikates in einem internationalen Abkommen zwischen der Gemeinschaft und einem Drittland geregelt ist, in dem der Wirtschaftsbeteiligte ansässig ist, und dieses Abkommen auch die Verwaltungsabsprachen enthält, nach denen gegebenenfalls geeignete Kontrollen im Auftrag der Zollbehörde des Mitgliedstaats vorgenommen werden;

b) wenn ein Antrag auf Erteilung eines AEO-Zertifikats gemäß Artikel 14a Absatz 1 Buchstabe b von einer Luftverkehrsgesellschaft oder einer Schifffahrtsgesellschaft gestellt wird, die in der Gemeinschaft nicht ansässig ist, die aber dort ein regionales Büro unterhält und der bereits die Vereinfachungen des Artikels 324e, 445 oder 448 in Anspruch nehmen kann.

In dem Fall nach Unterabsatz 1 Buchstabe b wird davon ausgegangen, dass der Antragsteller die Voraussetzungen der Artikel 14h, 14i und 14j erfüllt, aber die Voraussetzung des Artikels 14k Absatz 2 erfüllen muss.

Artikel 14h

(1) Die Einhaltung der Zollvorschriften gilt nach Artikel 5a Absatz 2 Unterabsatz 1 erster Gedankenstrich des Zollkodex als angemessen, wenn die folgenden Personen in den drei Jahren vor der Antragstellung keine schwere Zuwiderhandlung und keine wiederholten Zuwiderhandlungen gegen die Zollvorschriften begangen haben:

a) der Antragsteller;

b) die Personen, die für das antragstellende Unternehmen verantwortlich sind oder die Kontrolle über seine Leitung ausüben;

c) gegebenenfalls der Vertreter des Antragstellers in Zollangelegenheiten;

d) die Person, die im antragstellenden Unternehmen für Zollangelegenheiten verantwortlich ist.

Jedoch kann die Einhaltung der Zollvorschriften als angemessen betrachtet werden, wenn die zuständige Zollbehörde der Auffassung ist, dass etwaige Zuwiderhandlungen im Verhältnis zu Zahl oder Umfang der zollrelevanten Vorgänge geringfügig sind und keinen Zweifel am guten Glauben des Antragstellers aufkommen lassen.

(2) Sind die Personen, die die Kontrolle über das antragstellende Unternehmen ausüben, in einem Drittland ansässig oder wohnhaft, so beurteilen die Zollbehörden anhand ihnen vorliegender Aufzeichnungen und Informationen, ob sie die Zollvorschriften eingehalten haben.

(3) Besteht der Antragsteller seit weniger als drei Jahren, so beurteilen die Zollbehörden anhand der ihnen vorliegenden Aufzeichnungen und Informationen, ob er die Zollvorschriften eingehalten hat.

Artikel 14i

Damit die Zollbehörden feststellen können, dass der Antragsteller über ein zufrieden stellendes System der Führung der Geschäftsbücher und gegebenenfalls der Beförderungsunterlagen nach Artikel 5a Absatz 2 Unterabsatz 1 zweiter Gedankenstrich des Zollkodex verfügt, muss dieser folgenden Anforderungen genügen:

a) Er muss ein Buchführungssystem verwenden, das den allgemein anerkannten Buchführungsgrundsätzen des Mitgliedstaats entspricht, in dem die Bücher geführt werden, und das auf Buchprüfungen basierende Zollkontrollen erleichtert;

b) er muss der Zollbehörde den physischen oder elektronischen Zugang zu den Zoll- und gegebenenfalls den Beförderungsunterlagen gestatten;

c) er muss über ein logistisches System verfügen, das zwischen Gemeinschaftswaren und Nichtgemeinschaftswaren unterscheidet;

d) er muss eine Verwaltungsorganisation haben, die Art und Größe des Unternehmens entspricht und für die Verwaltung der Warenbewegungen geeignet ist, und über interne Kontrollen verfügen, mit denen illegale oder nicht ordnungsgemäße Geschäfte erkannt werden können;

e) er muss gegebenenfalls über ausreichende Verfahren für die Bearbeitung von Lizenzen und Genehmigungen im Zusammenhang mit handelspolitischen Maßnahmen oder mit dem Handel mit landwirtschaftlichen Erzeugnissen verfügen;

f) er muss über ausreichende Verfahren für die Archivierung der Aufzeichnungen und Informationen des Unternehmens und für den Schutz vor Informationsverlust verfügen;

Anhang

g) er muss gewährleisten, dass sein Personal darauf hingewiesen wird, dass die Zollbehörden unterrichtet werden müssen, wenn Schwierigkeiten bei der Einhaltung der Vorschriften festgestellt werden, und geeignete Kontakte zur diesbezüglichen Unterrichtung der Zollbehörden herstellen;

h) er muss über geeignete informationstechnologische Maßnahmen zum Schutz seines Computersystems vor unbefugtem Eindringen und zur Sicherung seiner Unterlagen verfügen.

Ein Antragsteller, der das AEO-Zertifikat nach Artikel 14a Absatz 1 Buchstabe b beantragt, braucht die in Unterabsatz 1 Buchstabe c des vorliegenden Artikels genannte Anforderung nicht zu erfüllen.

Artikel 14j

(1) Die Voraussetzung in Bezug auf die Zahlungsfähigkeit des Antragstellers nach Artikel 5a Absatz 2 Unterabsatz 1 dritter Gedankenstrich des Zollkodex gilt als erfüllt, wenn seine Zahlungsfähigkeit für die letzten drei Jahre nachgewiesen werden kann.

Für die Zwecke dieses Artikels ist die Zahlungsfähigkeit eine gesicherte finanzielle Lage, die es dem Antragsteller unter gebührender Berücksichtigung der Merkmale der Art der Geschäftstätigkeit ermöglicht, die übernommenen Verpflichtungen zu erfüllen.

(2) Besteht der Antragsteller seit weniger als drei Jahren, so wird seine Zahlungsfähigkeit anhand der verfügbaren Aufzeichnungen und Informationen beurteilt.

Artikel 14k

(1) Die Sicherheitsstandards des Antragstellers nach Artikel 5a Absatz 2 Unterabsatz 1 vierter Gedankenstrich des Zollkodex gelten als angemessen, wenn folgende Voraussetzungen erfüllt sind:

a) Die Gebäude, die für die von dem Zertifikat erfassten Vorgänge verwendet werden sollen, sind aus Materialien gebaut, die unrechtmäßiges Betreten verhindern und Schutz vor unrechtmäßigem Eindringen bieten;

b) geeignete Zugangskontrollmaßnahmen sind vorhanden, die den unbefugten Zugang zu Versandbereichen, Verladerampen und Fachträumen verhindern;

c) die Maßnahmen für die Behandlung der Waren umfassen Schutz vor dem Einbringen, dem Austausch und dem Verlust von Materialien und vor Manipulationen an den Ladeeinheiten;

d) gegebenenfalls bestehen Verfahren für die Handhabung von Einfuhr- bzw. Ausfuhrgenehmigungen im Zusammenhang mit Verboten und Beschränkungen, mit denen diese Waren von anderen Waren unterschieden werden;

e) der Antragsteller hat Maßnahmen getroffen, die eine eindeutige Feststellung seiner Handelspartner ermöglichen, um die internationale Lieferkette zu sichern;

f) der Antragsteller unterzieht, soweit gesetzlich zulässig, künftig in sicherheitsrelevanten Bereichen tätige Bedienstete einer Sicherheitsüberprüfung und nimmt regelmäßig Hintergrundüberprüfungen vor;

g) der Antragsteller trägt dafür Sorge, dass die betreffenden Bediensteten aktiv an Programmen zur Förderung des Sicherheitsbewusstseins teilnehmen.

(2) Stellt eine Luftverkehrsgesellschaft oder eine Schifffahrtsgesellschaft, die nicht in der Gemeinschaft ansässig ist, dort aber ein regionales Büro unterhält und der bereits die Vereinfachungen des Artikels 324e, 445 oder 448 in Anspruch nehmen kann, einen Antrag auf Erteilung eines AEO-Zertifikats gemäß Artikel 14a Absatz 1 Buchstabe b, so muss sie

a) Inhaberin eines international anerkannten Sicherheitszeugnisses sein, das auf der Grundlage der für den betreffenden Verkehrssektor maßgebenden internationalen Übereinkünfte ausgestellt worden ist;

b) reglementierte Beauftragte im Sinne der Verordnung (EG) Nr. 2320/2002 des Europäischen Parlaments und des Rates[1] sein und die Anforderungen der Verordnung (EG) Nr. 622/2003 der Kommission[2] erfüllen;

c) Inhaberin eines Zeugnisses sein, das in einem Land außerhalb des Zollgebiets der Gemeinschaften ausgestellt wurde, sofern seine Anerkennung in einer bilateralen Übereinkunft zwischen der Gemeinschaft und dem Drittland geregelt ist, vorbehaltlich der darin festgelegten Voraussetzungen.

Ist die Luftverkehrsgesellschaft oder die Schifffahrtsgesellschaft Inhaberin eines Zeugnisses nach Unterabsatz 1 Buchstabe a, so sieht die erteilende Zollbehörde die in Absatz 1 genannten Kriterien als erfüllt an, soweit für die Ausstellung des internationalen Zeugnisses dieselben oder die Absatz 1 entsprechenden Kriterien gelten.

(3) Ist der Antragsteller in der Gemeinschaft ansässig und reglementierter Beauftragter im Sinne der Verordnung (EG) Nr. 2320/2002 und erfüllt er die Anforderungen der Verordnung (EG) Nr. 622/2003, so gelten die in Absatz 1 genannten Kriterien in Bezug auf die Räumlichkeiten, für die dem Wirtschaftsbeteiligten der Status eines reglementierten Beauftragten bewilligt wurde, als erfüllt.

(4) Ist der Antragsteller in der Gemeinschaft ansässig und Inhaber eines auf der Grundlage einer internationalen Übereinkunft ausgestellten international anerkannten Sicherheitszeugnisses, eines europäischen Sicherheitszeugnisses auf der Grundlage des Gemeinschaftsrechts, einer internationalen Norm der Internationalen Organisation für Normung oder einer europäischen Norm der europäischen Normenorganisationen, so gelten die in Absatz 1 genannten Kriterien als erfüllt, soweit für die Erteilung dieser Zeugnisse dieselben Kriterien oder denen der vorliegenden Verordnung entsprechende Kriterien gelten.

Abschnitt 4 – Verfahren für die Erteilung des AEO-Zertifikats

Artikel 14l

(1) Die ausstehende Zollbehörde übermittelt den Antrag mit Hilfe des in Artikel 14x genannten Kommunikationssystems innerhalb von fünf Arbeitstagen ab dem Tag, an dem sie den Antrag gemäß Artikel 14c erhalten hat, den Zollbehörden der anderen Mitgliedstaaten.

(2) Liegen der Zollbehörde eines anderen Mitgliedstaats sachdienliche Informationen vor, die die Erteilung des Zertifikats in Frage stellen könnten, so übermittelt sie diese Informationen mit Hilfe des in Artikel 14x genannten Kommunikationssystems innerhalb von 35 Kalendertagen nach der Übermittlung gemäß Absatz 1 der erteilenden Zollbehörde.

---

[1] ABl. L 355 vom 30.12.2002, S. 1.
[2] ABl. L 89 vom 5.4.2003, S. 9.

Anhang

Artikel 14m

(1) Die Zollbehörden der Mitgliedstaaten müssen sich konsultieren, wenn eines oder mehrere der in den Artikeln 14g bis 14k genannten Kriterien mangels Informationen oder Prüfungsmöglichkeit nicht von der erteilenden Zollbehörde geprüft werden können. Die Zollbehörden der Mitgliedstaaten führen die Konsultationen innerhalb von 60 Kalendertagen ab dem Tag der Übermittlung der Informationen durch die erteilende Zollbehörde, damit innerhalb der Fristen des Artikels 14o Absatz 2 das AEO-Zertifikat ausgestellt bzw. der Antrag abgelehnt werden kann.

Reagiert die konsultierte Zollbehörde nicht innerhalb der Frist von 60 Kalendertagen, so kann die konsultierende Behörde auf Verantwortung der konsultierten Zollbehörde davon ausgehen, dass die Kriterien, derentwegen die Konsultation stattgefunden hat, erfüllt sind. Die Frist kann verlängert werden, wenn der Antragsteller Anpassungen vornimmt, um die Kriterien zu erfüllen, und sie der konsultierten und der konsultierenden Behörde mitteilt.

(2) Stellt die konsultierte Zollbehörde nach der in Artikel 14n vorgesehenen Prüfung fest, dass der Antragsteller eines oder mehrere Kriterien nicht erfüllt, so wird das ordnungsgemäß dokumentierte Ergebnis der erteilenden Zollbehörde übermittelt, die den Antrag ablehnt. Artikel 14o Absätze 4, 5 und 6 finden Anwendung.

Artikel 14n

(1) Die erteilende Zollbehörde prüft, ob die in den Artikeln 14g bis 14k genannten Voraussetzungen und Kriterien für die Erteilung des AEO-Zertifikats erfüllt sind. Die Erfüllung der Kriterien des Artikels 14k wird für alle Räumlichkeiten geprüft, die für die zollrelevante Tätigkeit des Antragstellers von Belang sind. Die Prüfung und ihr Ergebnis sind von der Zollbehörde zu dokumentieren.

Falls bei einer großen Zahl von Räumlichkeiten nicht alle relevanten Räumlichkeiten innerhalb der Frist für die Erteilung der AEO-Zertifikate geprüft werden können, die Zollbehörde aber keine Zweifel hat, dass der Antragsteller Sicherheitsstandards aufrecht erhält, die in allen seinen Räumlichkeiten gleichermaßen gelten, so kann sie beschließen, nur einen repräsentativen Teil dieser Räumlichkeiten zu prüfen.

(2) Die erteilende Zollbehörde kann die Schlussfolgerungen eines Sachverständigen für die in den Artikeln 14i, 14j und 14k genannten Bereiche hinsichtlich der Erfüllung der Voraussetzungen und Kriterien der jeweiligen Artikel akzeptieren. Der Sachverständige darf nicht mit dem Antragsteller verbunden sein.

Artikel 14o

(1) Die erteilende Zollbehörde erteilt das AEO-Zertifikat nach dem Muster in Anhang 1D.

(2) Das AEO-Zertifikat wird innerhalb von 90 Kalendertagen nach Erhalt des Antrags gemäß Artikel 14c erteilt. Diese Frist kann einmal um 30 Kalendertage verlängert werden, wenn die Zollbehörde die Frist nicht einhalten kann. In diesem Fall teilt die Zollbehörde dem Antragsteller vor Ablauf der Frist von 90 Kalendertagen die Gründe für die Verlängerung mit.

(3) Die Frist nach Absatz 2 Satz 1 kann verlängert werden, wenn der Antragsteller während der Prüfung Anpassungen vornimmt, um die Kriterien zu erfüllen, und der zuständigen Behörde diese Anpassungen mitteilt.

(4) Führt das Ergebnis der Prüfung nach den Artikeln 14l, 14m und 14n voraussichtlich zur Ablehnung des Antrags, so teilt die erteilende Zollbehörde dem Antragsteller die Feststellungen mit und gibt ihm Gelegenheit, innerhalb von 30 Kalendertagen Stellung zu nehmen, bevor sie den Antrag ablehnt. Die Frist gemäß Absatz 1 Satz 1 wird entsprechend ausgesetzt.

(5) Die Ablehnung des Antrags führt nicht zum automatischen Widerruf bestehender Bewilligungen, die nach dem Zollrecht erteilt wurden.

(6) Wird der Antrag abgelehnt, so teilt die Zollbehörde dem Antragsteller die Gründe für diese Entscheidung mit. Die Entscheidung über die Ablehnung wird dem Antragsteller innerhalb der in den Absätzen 2, 3 und 4 festgesetzten Fristen zugestellt.

Artikel 14p

Die erteilende Zollbehörde teilt den Zollbehörden der anderen Mitgliedstaaten innerhalb von fünf Arbeitstagen mit, dass ein AEO-Zertifikat erteilt wurde, und benutzt dafür das Kommunikationssystem nach Artikel 14x. Wurde der Antrag abgelehnt, so wird dies innerhalb derselben Frist mitgeteilt.

KAPITEL 2 – Rechtswirkung von AEO-Zertifikaten

Abschnitt 1 – Allgemeine Bestimmung

Artikel 14q

(1) Das AEO-Zertifikat wird am zehnten Arbeitstag nach dem Tag seiner Erteilung wirksam.

(2) Das AEO-Zertifikat wird in allen Mitgliedstaaten anerkannt.

(3) Die Geltungsdauer des AEO-Zertifikats ist nicht begrenzt.

(4) Die Zollbehörden überwachen, dass der zugelassene Wirtschaftsbeteiligte die Voraussetzungen und Kriterien weiterhin erfüllt.

(5) In folgenden Fällen führt die erteilende Zollbehörde eine Neubewertung der Voraussetzungen und Kriterien durch:

a) wesentliche Änderungen der einschlägigen Gemeinschaftsvorschriften;

b) begründeter Hinweis darauf, dass der zugelassene Wirtschaftsbeteiligte die einschlägigen Voraussetzungen nicht mehr erfüllt.

Bei einem AEO-Zertifikat für einen seit weniger als drei Jahren bestehenden Antragsteller ist während des ersten Jahres eine strenge Überwachung vorzusehen.

Artikel 14n Absatz 2 findet Anwendung.

Das Ergebnis der Überprüfung wird den Zollbehörden aller Mitgliedstaaten über das in Artikel 14x genannte Kommunikationssystem zugänglich gemacht.

Abschnitt 2 – Aussetzung des Status des zugelassenen Wirtschaftsbeteiligten

Artikel 14r

(1) Die erteilende Zollbehörde setzt den Status des zugelassenen Wirtschaftsbeteiligten aus, wenn

a) festgestellt wurde, dass die Voraussetzungen und Kriterien für das AEO-Zertifikat nicht mehr erfüllt sind;

b) die Zollbehörden hinreichenden Grund zu der Annahme haben, dass ein zugelassener Wirtschaftsbeteiligter eine Handlung begangen hat, die strafrechtlich verfolgt werden kann und mit einem Verstoß gegen die Zollvorschriften in Zusammenhang steht.

In dem Fall nach Unterabsatz 1 Buchstabe b kann die Zollbehörde jedoch entscheiden, den Status des zugelassenen Wirtschaftsbeteiligten nicht auszusetzen, wenn sie der Auffassung ist, dass ein Verstoß im Verhältnis zu Zahl oder Umfang der zollrelevanten Vorgänge geringfügig ist und keinen Zweifel am guten Glauben des zugelassenen Wirtschaftsbeteiligten aufkommen lässt.

Bevor die Zollbehörden eine Entscheidung treffen, teilen sie dem betreffenden Wirtschaftsbeteiligten ihre Feststellungen mit. Der betreffende Wirtschaftsbeteiligte ist berechtigt, Abhilfe zu schaffen und/oder innerhalb von 30 Kalendertagen ab dem Zeitpunkt der Mitteilung Stellung zu nehmen.

Die Aussetzung wird jedoch sofort vorgenommen, wenn dies wegen der Art oder des Ausmaßes der Gefahr oder wegen des Schutzes der Sicherheit der Bürger, der Gesundheit der Bevölkerung oder der Umwelt erforderlich ist. Die aussetzende Zollbehörde unterrichtet mit Hilfe des in Artikel 14x genannten Kommunikationssystems unverzüglich die Zollbehörden der anderen Mitgliedstaaten, damit sie geeignete Maßnahmen treffen können.

(2) Schafft der Inhaber des AEO-Zertifikats in dem Fall gemäß Absatz 1 Unterabsatz 1 Buchstabe a nicht innerhalb der in Absatz 1 Unterabsatz 3 angegebenen Frist von 30 Kalendertagen Abhilfe, so teilt die zuständige Zollbehörde dem betreffenden Wirtschaftsbeteiligten mit, dass der Status des zugelassenen Wirtschaftsbeteiligten für 30 Kalendertage ausgesetzt ist, damit er die erforderlichen Abhilfemaßnahmen treffen kann. Die Mitteilung ist mit Hilfe des in Artikel 14x genannten Kommunikationssystems auch den Zollbehörden der anderen Mitgliedstaaten zu übermitteln.

(3) Hat der Inhaber des AEO-Zertifikats eine Handlung gemäß Absatz 1 Buchstabe b begangen, so setzt die erteilende Zollbehörde den Status des zugelassenen Wirtschaftsbeteiligten für die Dauer des Strafverfahrens aus. Sie setzt den Inhaber des AEO-Zertifikats davon in Kenntnis. Diese Mitteilung wird mit Hilfe des in Artikel 14x genannten Kommunikationssystems auch den Zollbehörden der anderen Mitgliedstaaten übermittelt.

(4) Kann der Wirtschaftsbeteiligte die Abhilfemaßnahmen nicht innerhalb von 30 Kalendertagen treffen, aber nachweisen, dass die Voraussetzungen erfüllt werden können, wenn die Aussetzung verlängert wird, so setzt die erteilende Zollbehörde den Status des zugelassenen Wirtschaftsbeteiligten für weitere 30 Kalendertage aus.

Artikel 14s

(1) Die Aussetzung gilt nicht für Zollverfahren, die bereits vor dem Zeitpunkt der Aussetzung begonnen wurden und noch nicht erledigt sind.

(2) Die Aussetzung betrifft nicht automatisch Bewilligungen, die ohne Bezugnahme auf das AEO-Zertifikat erteilt wurden, sofern die Gründe für die Aussetzung nicht auch für diese Bewilligungen relevant sind.

(3) Die Aussetzung betrifft nicht automatisch Bewilligungen zur Inanspruchnahme von Zollvereinfachungen, die auf der Grundlage des AEO-Zertifikats erteilt wurden und deren Voraussetzungen weiterhin erfüllt sind.

(4) Erfüllt jedoch der Wirtschaftsbeteiligte im Falle eines AEO-Zertifikats gemäß Artikel 14a Absatz 1 Buchstabe c nur die Voraussetzungen des Artikels 14k nicht, so wird der Status des zugelassenen Wirtschaftsbeteiligten nur teilweise ausgesetzt, und auf Antrag des Wirtschaftsbeteiligten kann ein neues AEO-Zertifikat gemäß Artikel 14a Absatz 1 Buchstabe a erteilt werden.

Artikel 14t

(1) Hat der betreffende Wirtschaftsbeteiligte die von den Zollbehörden verlangten Maßnahmen getroffen, die für die Erfüllung der Voraussetzungen und Kriterien durch einen zugelassenen Wirtschaftsbeteiligten erforderlich sind, so widerruft die erteilende Zollbehörde die Aussetzung und teilt dies dem betreffenden Wirtschaftsbeteiligten und den Zollbehörden der anderen Mitgliedstaaten mit. Die Aussetzung kann vor Ablauf der Frist gemäß Artikel 14r Absatz 2 oder Absatz 4 widerrufen werden.

Im Falle des Artikels 14s Absatz 4 setzt die aussetzende Zollbehörde das betreffende AEO-Zertifikat wieder in Kraft. Anschließend widerruft sie das AEO-Zertifikat gemäß Artikel 14a Absatz 1 Buchstabe a.

(2) Hat der betreffende Wirtschaftsbeteiligte während der in Artikel 14r Absatz 2 oder Absatz 4 festgelegten Dauer der Aussetzung die erforderlichen Maßnahmen nicht getroffen, so widerruft die zuständige Zollbehörde das AEO-Zertifikat und teilt dies mit Hilfe des in Artikel 14x genannten Kommunikationssystems unverzüglich den Zollbehörden der anderen Mitgliedstaaten mit.

Im Falle des Artikels 14s Absatz 4 wird das ursprüngliche Zertifikat widerrufen, und nur das neue AEO-Zertifikat gemäß Artikel 14a Absatz 1 Buchstabe a ist gültig.

Artikel 14u

(1) Ist ein zugelassener Wirtschaftsbeteiligter vorübergehend nicht in der Lage, die Kriterien des Artikels 14a zu erfüllen, so kann er die Aussetzung des Status des zugelassenen Wirtschaftsbeteiligten beantragen. In diesem Fall teilt er dies der erteilenden Zollbehörde mit und gibt den Zeitpunkt an, ab dem er wieder in der Lage sein wird, die Kriterien zu erfüllen. Er unterrichtet die erteilende Zollbehörde auch über die vorgesehenen Abhilfemaßnahmen und den Zeitplan.

Die Zollbehörde leitet diese Mitteilung mit Hilfe des in Artikel 14x genannten Kommunikationssystems auch an die Zollbehörden der anderen Mitgliedstaaten weiter.

(2) Hat der zugelassene Wirtschaftsbeteiligte nicht innerhalb der in seiner Mitteilung angegebenen Frist Abhilfe geschaffen, so kann die erteilende Zollbehörde eine angemessene Verlängerung bewilligen, sofern der zugelassene Wirtschaftsbeteiligte in gutem Glauben gehandelt hat. Diese Verlängerung ist mit Hilfe des in Artikel 14x genannten Kommunikationssystems auch den Zollbehörden der anderen Mitgliedstaaten mitzuteilen.

In allen übrigen Fällen widerruft die erteilende Zollbehörde das AEO-Zertifikat und teilt dies mit Hilfe des in Artikel 14x genannten Kommunikationssystems unverzüglich den Zollbehörden der anderen Mitgliedstaaten mit.

(3) Werden während der Dauer der Aussetzung nicht die erforderlichen Maßnahmen getroffen, so findet Artikel 14v Anwendung.

Abschnitt 3 – Widerruf des AEO-Zertifikats

Artikel 14v

(1) Die erteilende Zollbehörde widerruft das AEO-Zertifikat in folgenden Fällen:

a) Der zugelassene Wirtschaftsbeteiligte trifft die Maßnahmen gemäß Artikel 14t Absatz 1 nicht;

b) der zugelassene Wirtschaftsbeteiligte ist wegen eines schweren Verstoßes gegen die Zollvorschriften rechtskräftig verurteilt worden;

c) der zugelassene Wirtschaftsbeteiligte trifft während der Dauer der Aussetzung gemäß Artikel 14u nicht die erforderlichen Maßnahmen;

d) der zugelassene Wirtschaftsbeteiligte beantragt dies.

In dem Fall nach Buchstabe b kann die Zollbehörde jedoch entscheiden, das AEO-Zertifikat nicht zu widerrufen, wenn sie der Auffassung ist, dass die Zuwiderhandlungen im Verhältnis zu Zahl oder Umfang der zollrelevanten Vorgänge geringfügig sind und keinen Zweifel am guten Glauben des zugelassenen Wirtschaftsbeteiligten aufkommen lassen.

(2) Der Widerruf wird am Tag nach seiner Bekanntgabe wirksam.

Erfüllt jedoch der Wirtschaftsbeteiligte im Falle eines AEO-Zertifikats gemäß Artikel 14a Absatz 1 Buchstabe c nur die Voraussetzungen des Artikels 14k nicht, so widerruft die erteilende Zollbehörde das Zertifikat und erteilt ein neues AEO-Zertifikat gemäß Artikel 14a Absatz 1 Buchstabe a.

(3) Die erteilende Zollbehörde setzt die Zollbehörden der anderen Mitgliedstaaten mit Hilfe des in Artikel 14x genannten Kommunikationssystems unverzüglich von dem Widerruf eines AEO-Zertifikats in Kenntnis.

(4) Abgesehen von den Fällen des Widerrufs gemäß Absatz 1 Buchstaben c und d darf der Wirtschaftsbeteiligte für einen Zeitraum von drei Jahren ab dem Zeitpunkt des Widerrufs keinen neuen Antrag auf Ausstellung eines AEOZertifikats stellen.

KAPITEL 3 – Informationsaustausch

Artikel 14w

(1) Der zugelassene Wirtschaftsbeteiligte unterrichtet die erteilenden Zollbehörden über alle Umstände, die nach Erteilung des Zertifikats eingetreten sind und die sich auf dessen Aufrechterhaltung oder Inhalt auswirken können.

(2) Alle sachdienlichen Informationen, die der erteilenden Zollbehörde zur Verfügung stehen, werden den Zollbehörden der anderen Mitgliedstaaten zugänglich gemacht, in denen der zugelassene Wirtschaftsbeteiligte eine zollrelevante Tätigkeit ausübt.

(3) Widerruft eine Zollbehörde die einem zugelassenen Wirtschaftsbeteiligten auf der Grundlage seines AEO-Zertifikats erteilte Bewilligung für bestimmte zollrechtliche Verein-

fachungen gemäß den Artikeln 260, 263, 269, 272, 276, 277, 282, 283, 313a, 313b, 324a, 324e, 372, 454a und 912g, so teilt sie dies der Zollbehörde mit, die das AEO-Zertifikat erteilt hat.

Artikel 14x

(1) Für den Informationsaustausch und die Kommunikation zwischen den Zollbehörden sowie zur Unterrichtung der Kommission und der Wirtschaftsbeteiligten wird ein elektronisches Informations- und Kommunikationssystem verwendet, das von der Kommission und den Zollbehörden im gegenseitigen Einvernehmen festgelegt wird.

(2) Mit Hilfe des Systems gemäß Absatz 1 speichern die Kommission und die Zollbehörden folgende Informationen und greifen auf sie zu:

a) die elektronisch übermittelten Antragsangaben;

b) die AEO-Zertifikate und gegebenenfalls deren Änderungen oder Widerrufe, oder die Aussetzung des Status des zugelassenen Wirtschaftsbeteiligten;

c) alle sonstigen relevanten Informationen.

(3) Die erteilende Zollbehörde unterrichtet die für die Risikoanalyse zuständigen Stellen in ihrem eigenen Mitgliedstaat über die Erteilung, die Änderung oder den Widerruf eines AEO-Zertifikats oder die Aussetzung des Status des zugelassenen Wirtschaftsbeteiligten. Sie unterrichtet auch die erteilenden Behörden aller anderen Mitgliedstaaten.

(4) Die Kommission kann mit Zustimmung der betreffenden zugelassenen Wirtschaftsbeteiligten das Verzeichnis der zugelassenen Wirtschaftsbeteiligten im Internet veröffentlichen.

Das Verzeichnis wird auf dem neuesten Stand gehalten.

Anhang

3. Zugelassene Wirtschaftsbeteiligte (AEO) Leitlinien

EUROPÄISCHE KOMMISSION
GENERALDIREKTION
STEUERN UND ZOLLUNION
Zollpolitik
Risikomanagement, Sicherheit und besondere Kontrollen

Brüssel, 29. Juni 2007

TAXUD/2006/1450

ZUGELASSENE WIRTSCHAFTSBETEILIGTE

(„Authorized Economic Operators" – AEO)

LEITLINIEN

II. Europäische Vorschriften

INHALTSVERZEICHNIS

Inhaltsverzeichnis 2
TEIL 1 Abschnitt I 5
  Einleitung 5
  I.1   Wie benutze ich diese Leitlinien? 6
  I.2   AEO – Zollrechtliche Vereinfachungen 7
  I.3   AEO – Sicherheit 7
  I.4   AEO – Zollrechtliche Vereinfachungen/Sicherheit: 8
  I.5   Wer kann den Status eines zugelassenen Wirtschaftsbeteiligten (AEO-Status) beantragen? 8
TEIL 1 Abschnitt II 9
  Durchführung der Prüfungen 9
  II.1   Allgemein 9
  II.2   KMU 10
  II.3   Faktoren zur Erleichterung des Bewilligungsverfahrens 11
    II.3.1   Vorhandene Zollgenehmigungen 12
    II.3.2   Sicherheitszeugnisse und Schlussfolgerungen durch Sachverständige 12
    II.3.3   Mutter-/Tochtergesellschaften mit gemeinsamem Steuersystem /gemeinsamen Verfahren 13
TEIL 1 Abschnitt III 15
  Vorteile für den zugelassenen Wirtschaftsbeteiligten 15
  III.1 Weniger Kontrollen von Waren oder Unterlagen 15
  III.2 Vorrangige Behandlung der für eine Prüfung ausgewählten Sendungen 15
  III.3 Freie Wahl des Ortes, an dem die Kontrolle vorgenommen wird 16
  III.4 Leichterer Zugang zu zollrechtlichen Vereinfachungen 16
  III.5 Summarische Anmeldungen mit reduzierten Datensätzen 16
  III.6 Vorherige Unterrichtung 17
  III.7 Indirekte Vorteile 17
  III.8 Bessere Kontakte zu den Zollbehörden 18
  III.9 Anerkennung als sicherer Handelspartner 18
  III.10 Gegenseitige Anerkennung 18
TEIL 1 Abschnitt IV 19
  Die internationale Lieferkette und das Sicherheitskonzept 19
  IV.1 Handelspartner 19
  IV.2 Sicherheitsanforderungen an die Handelspartner 19
  IV.3 An der internationalen Lieferkette beteiligte Akteure 22
    IV.3.1   Hersteller 23
    IV.3.2   Ausführer 23
    IV.3.3   Spediteur 23
    IV.3.4   Lagerhalter 24
    IV.3.5   Zollagent 24
    IV.3.6   Frachtführer 25
    IV.3.7   Einführer 25

Anhang

IV.4 Lieferbedingungen (INCOTERMS 2000) im Zusammenhang mit der Sicherheit der Lieferkette 27
TEIL 1 Abschnitt V 28
Bestimmung des Mitgliedstaats, in dem das AEO-Zertifikat zu beantragen ist 28
V.1 Allgemein 28
V.2 Multinationale Unternehmen: Tochtergesellschaften 28
V.3 Multinationale Unternehmen oder Großunternehmen: Zweigniederlassungen. 29
V.4 Zugänglichkeit zollrelevanter Unterlagen 30
TEIL 1 Abschnitt VI 32
Überwachung 32
VI.1 Allgemein 32
VI.2 Prüfpläne für das Risikomanagement 32
TEIL 2 Abschnitt I 34
I.1 Die Kriterien 34
I.2 Risiken und zu beachtende Punkte 36
    I.2.1 Abschnitt I Informationen über das Unternehmen 36
    I.2.1.1 Unterabschnitt 1 Geschäftsvolumen 36
    I.2.1.2 Unterabschnitt 2 Statistische Angaben 38
    I.2.2 Abschnitt II Bisherige Einhaltung der Zollvorschriften 41
    I.2.1.1 Unterabschnitt 1 Bisheriges Verhalten gegenüber Zollbehörden und anderen einschlägigen staatlichen Stellen 42
    I.2.1.2 Unterabschnitt 2 Informationen aus Ermittlungsverfahren 43
    I.2.3 Abschnitt III Buchführungs- und Logistiksystem des Antragstellers 44
    I.2.3.1 Unterabschnitt 1 Prüfpfad 45
    I.2.3.2 Unterabschnitt 2 Buchführungssystem 46
    I.2.3.3 Unterabschnitt 3 Interne Kontrollsysteme 48
    I.2.3.4 Unterabschnitt 4 Materialfluss 50
    I.2.3.5 Unterabschnitt 5 Zollförmlichkeiten 53
    I.2.3.6 Unterabschnitt 6 Maßnahmen zur Sicherung der Daten – Back-ups, Wiederherstellung von Dateien und Fallback-Vorkehrungen sowie Archivoptionen 54
    I.2.3.7 Unterabschnitt 7 Informationssicherheit – Schutz der Computersysteme . 55
    I.2.3.8 Unterabschnitt 8 Informationssicherheit – Schutz der Unterlagen 57
    I.2.4 Abschnitt IV Zahlungsfähigkeit 59
    I.2.4.1 Unterabschnitt 1 Zahlungsunfähigkeit 62
    I.2.5 Abschnitt V Sicherheitsanforderungen 63
    I.2.5.1 Unterabschnitt 1 Sicherheitsbewertung durch den Wirtschaftsbeteiligten (Selbstbewertung) 63
    I.2.5.2 Unterabschnitt 2 Zutritt zum Firmengelände 65
    I.2.5.3 Unterabschnitt 3 Physische Sicherheit 66
    I.2.5.4 Unterabschnitt 4 Ladeeinheiten 68
    I.2.5.5 Unterabschnitt 5 Logistikprozesse 70
    I.2.5.6 Unterabschnitt 6 Nichtfiskalische Anforderungen 70
    I.2.5.7 Unterabschnitt 7 Eingehende Waren 71
    I.2.5.8 Unterabschnitt 8 Lagerung von Waren 74
    I.2.5.9 Unterabschnitt 9 Fertigung 75
    I.2.5.10 Unterabschnitt 10 Verladen von Waren 76

I.2.5.11	Unterabschnitt 11 Sicherheitsanforderungen an die Handelspartner	79
I.2.5.12	Unterabschnitt 12 Personalbezogene Sicherheitsaspekte	80
I.2.5.13	Unterabschnitt 13 Externe Dienstleistungen	82
TEIL 3		83
I.1.	Übersicht über die für die verschiedenen Glieder der Lieferkette geltenden Kriterien	83
I.2.	Abkürzungen/Definitionen	90

Anhang

TEIL 1 ABSCHNITT I

Einleitung

Wie in der Mitteilung der Kommission über eine vereinfachte, papierlose Umgebung für Zoll und Handel angeregt[1] und von den Vertretern der Zollverwaltungen der Mitgliedstaaten gefordert wurde, sollten Leitlinien für die Zollbehörden wie auch für die Wirtschaftsbeteiligten aufgestellt werden, um ein gemeinsames Verständnis und eine einheitliche Anwendung der neuen Zollvorschriften im Zusammenhang mit dem Konzept des zugelassenen Wirtschaftsbeteiligten (so genanntes AEO-Konzept nach der englischen Bezeichnung „Authorised Economic Operator") sicherzustellen und Transparenz und Gleichbehandlung der Wirtschaftsbeteiligten zu gewährleisten.[2]

Diese Leitlinien sind nicht rechtsverbindlich, sondern dienen als Erläuterung und Instrument zur Erleichterung der korrekten Anwendung der neuen Rechtsvorschriften für die zugelassenen Wirtschaftsbeteiligten durch die Mitgliedstaaten. Die jüngste Fassung der Leitlinien für zugelassene Wirtschaftsbeteiligte ist von der Website Zoll und Sicherheit der Generaldirektion Steuern und Zollunion abrufbar unter http://ec.europa.eu/taxation_customs/customs/policy_issues/customs_security/index_de.htm .

Sobald die einschlägigen Bestimmungen anwendbar sind, müssen die Leitlinien weiter entwickelt und durch Beispiele für vorbildliche Verfahren ergänzt werden. Ohne praktische Erfahrung und in Anbetracht der spezifischen Situationen von und insbesondere der Unterschiede zwischen multinationalen Unternehmen und KMU ist eine konkretere Anleitung zum gegenwärtigen Zeitpunkt schwierig. Daher können Beispiele für vorbildliche Verfahren folgen, sobald wir über mehr praktische Erfahrungen mit der Nutzung der AEO-Leitlinien verfügen[3].

Diese Unterlage enthält Erläuterungen zu den Voraussetzungen für die Bewilligung des Status eines zugelassenen Wirtschaftsbeteiligten (AEO-Status) gemäß Artikel 5a des Zollkodex der

---

[1] ABl. C/2004/96, S. 10.

[2] Um ein gemeinschaftsweites Vorgehen zu gewährleisten, stützten sich die Indikatoren und Risikobeschreibungen in diesem Leitfaden auf den COMPACT-Rahmen zur Einführung einer Gemeinschaftsmethode mit vorbildlichen Verfahren zur Risikobewertung bei der Umsetzung von Zollvorschriften, einschließlich vereinfachter Verfahren. Des Weiteren wurde in Teil 2 der Leitlinien ein neuer Abschnitt über Sicherheitsnormen eingefügt.

[3] Für die Erörterung und Änderung der AEO-Leitlinien wird der Ausschuss für den Zollkodex, Fachbereich Allgemeine Zollregelungen, zuständig sein.

II. Europäische Vorschriften

Gemeinschaft in der Fassung der Verordnung (EG) Nr. 648/2005 (im Folgenden: ZK) und der Artikel 14a bis 14q seiner Durchführungsvorschriften in der Fassung der Verordnung (EG) Nr. 1875/2006 (im Folgenden: DVZK).

Ein Wirtschaftsbeteiligter ist nicht verpflichtet, den Status eines zugelassenen Wirtschaftsbeteiligten zu erwerben. Vielmehr handelt es sich um eine Möglichkeit, die der Wirtschaftsbeteiligte aufgrund seiner speziellen Situation in Anspruch nehmen kann. Ebensowenig braucht ein Wirtschaftsbeteiligter von seinen Geschäftspartnern zu verlangen, den Status eines zugelassenen Wirtschaftsbeteiligten zu erwerben[4].

Ein zugelassener Wirtschaftsbeteiligter kann definiert werden als Wirtschaftsbeteiligter, der hinsichtlich seiner zollrelevanten Tätigkeit in der gesamten Gemeinschaft als zuverlässig gilt und daher gemeinschaftsweit in den Genuss bestimmter Vorteile kommt. Nach Artikel 14b DVZK gelten für Inhaber eines AEO-Zertifikats zollrechtliche Vereinfachungen bei den Zollverfahren und/oder Erleichterungen bei den sicherheitsrelevanten Zollkontrollen. Außerdem gibt es weitere Vorteile, die allen Kategorien von zugelassenen Wirtschaftsbeteiligten offen stehen, wie beispielsweise weniger physische Warenkontrollen und Überprüfungen der Unterlagen (es sei denn, dass andere gemeinschaftliche Rechtsvorschriften eine bestimmte Anzahl vorsehen).
Die Wirtschaftsbeteiligten können auch ein kombiniertes AEO-Zertifikat „Zollrechtliche Vereinfachungen" plus „Sicherheit" beantragen, das alle vorstehend genannten Vorteile bietet.

I.1	Wie benutze ich diese Leitlinien?

Teil 1 der Leitlinien enthält Erläuterungen und Beispiele, die sowohl für die Zollbehörden als auch für die Wirtschaftsbeteiligten bei der Entscheidung über die Zuerkennung des AEO-Status hilfreich sein können.

Teil 2 der Leitlinien enthält einen Fragebogen mit einer Auflistung wichtiger Punkte, anhand derer sowohl die Zollbehörden als auch die Wirtschaftsbeteiligten leichter beurteilen können, ob die AEO-Kriterien erfüllt sind oder nicht. Die in diesem Fragebogen enthaltenen Punkte müssen nicht von allen Beteiligten einheitlich abgehandelt werden, denn eine bestimmte Anforderung kann mit verschiedenen Mitteln und Methoden erfüllt werden.

Generell basiert Teil 2 der Leitlinien auf der folgenden Arbeitsmethode, die in Kombination mit dem AEO-COMPACT-Modell[5] angewendet werden kann, das Anhaltspunkte für die Risikobewertung der AEO-Antragsteller enthält:

> Das Ziel besteht darin, anhand der Tabelle am Ende dieser Leitlinien die mit den einzelnen Antragstellern verbundenen Risiken zu bewerten. Somit liegt der Schwerpunkt ausschließlich auf den relevanten Risiken und den dabei besonders zu beachtenden

---

[4] Siehe hierzu nähere Erläuterungen in Teil 1 Abschnitt IV.

[5] http://ec.europa.eu/taxation_customs/customs/policy_issues/customs_security/index_de.htm

Anhang

Punkten. **Die Antragsteller brauchen nicht alle Fragen zu beantworten, wenn die Informationen den Zollbehörden bereits bekannt sind oder die Frage für die konkrete Situation des Antragstellers nicht relevant ist.**

Alle in Teil 2 aufgeführten Risikoindikatoren sind mit einer Risikobeschreibung verbunden und es wird auf einen oder mehrere Punkte hingewiesen, die besonders zu beachten sind.

Aus der Risikobeschreibung geht hervor, welche Bedeutung ein Indikator hat.

Anhand der zu beachtenden Punkte lässt sich feststellen, ob bestimmte Risiken für den einzelnen Wirtschaftsbeteiligten tatsächlich relevant sind, und welche Maßnahmen der Wirtschaftsbeteiligte zur Behebung dieser Risiken getroffen hat.

I.2 AEO – Zollrechtliche Vereinfachungen

Ein AEO-Zertifikat „Zollrechtliche Vereinfachungen" kann jedem in der Gemeinschaft niedergelassenen Wirtschaftsbeteiligten zuerkannt werden, der die Kriterien Einhaltung der Zollvorschriften, angemessene Führung seiner Geschäftsbücher und Zahlungsfähigkeit erfüllt. Auf diese Kriterien wird in den Abschnitten II, III und IV dieser Leitlinien noch näher eingegangen.

Der Inhaber dieses Zertifikats genießt folgende Vorteile:

- leichterer Zugang zu zollrechtlichen Vereinfachungen gemäß Artikel 14b Absatz 1 der DVZK;
- weniger physische Zollkontrollen und Überprüfungen der Unterlagen;
- vorrangige Abfertigung bei einer Kontrolle;
- die Kontrolle kann auf Antrag an einem anderen Ort als dem der beteiligten Zollstelle durchgeführt werden.

I.3 AEO – Sicherheit

Ein AEO-Zertifikat „Sicherheit" kann jedem in der Gemeinschaft niedergelassenen Wirtschaftsbeteiligten zuerkannt werden[6], der die Kriterien Einhaltung der Zollvorschriften, angemessene Führung seiner Geschäftsbücher, Zahlungsfähigkeit sowie angemessene Sicherheitsstandards erfüllt. Die Sicherheitsstandards sind in Abschnitt V näher beschrieben.

Der Inhaber dieses Zertifikats genießt folgende Vorteile:

- vorherige Unterrichtung über eine Warenkontrolle nach Artikel 14b Absatz 2 DVZK;

---

[6] Die Artikel 14g und 14k Absatz 2 DVZK sehen eine Ausnahme von der allgemeinen Vorschrift vor, dass der Wirtschaftsbeteiligte in der Gemeinschaft ansässig sein muss. Diese Ausnahme betrifft nur das AEO-Zertifikat „Sicherheit".

- summarische Eingangs- und Ausgangsanmeldungen mit reduzierten Datensätzen nach Artikel 14b Absatz 3 DVZK;
- weniger physische Zollkontrollen und Überprüfungen der Unterlagen;
- die für eine Kontrolle ausgewählten Wirtschaftsbeteiligten werden vorrangig abgefertigt;
- solche Kontrollen können auf Antrag an einem anderen Ort als dem der beteiligten Zollstelle durchgeführt werden.

Weitere Sicherheitsstandards, die bei der Ausarbeitung der AEO-Sicherheitsanforderungen geprüft und nach Möglichkeit berücksichtigt wurden, sind das Rahmenabkommen, das die Weltzollorganisation zur Sicherung des Welthandels (WCO-SAFE) geschlossen hat, sowie vorhandene Sicherheitsstandards für den See- und Luftverkehr und der ISO/PAS Standard 28001. Die Einbeziehung des WCO-SAFE- Rahmenabkommens war ein bedeutender Schritt, da die gegenseitige Anerkennung eines sicheren AEO-Status nur auf einer weltweit anerkannten gemeinsamen Basis gewährleistet werden kann. Außerdem fand eine enge Zusammenarbeit zwischen den zuständigen Referaten der Europäischen Kommission statt, um unnötige Überschneidungen bei den rechtlichen Anforderungen für international bzw. europaweit anerkannte Sicherheitszertifikate für den See-, Luftfracht- sowie den Straßen- und Schienengüterverkehr zu verhindern. Auf diese Weise konnte ein System kompatibler Anforderungen geschaffen werden, das es den Behörden ermöglicht, ihre Sicherheitsbescheinigungen gegenseitig anzuerkennen.

I.4 AEO – Zollrechtliche Vereinfachungen/Sicherheit:

Ein AEO-Zertifikat „Zollrechtliche Vereinfachungen/Sicherheit" kann jedem in der Gemeinschaft niedergelassenen Wirtschaftsbeteiligten zuerkannt werden, der die Kriterien Einhaltung der Zollvorschriften, angemessene Führung seiner Geschäftsbücher und Zahlungsfähigkeit sowie angemessene Sicherheitsstandards erfüllt und alle AEO-Vorteile nutzen möchte.

Der Inhaber dieses Zertifikats hat Anspruch auf alle vorstehend unter I.2 und I.3 aufgeführten Vorteile.

I.5 Wer kann den Status eines zugelassenen Wirtschaftsbeteiligten (AEO-Status) beantragen?

Anträge auf AEO-Status können nur von Wirtschaftsbeteiligten nach Artikel 1 Absatz 12 DVZK entgegengenommen werden, in dem der Wirtschaftsbeteiligter definiert ist als „eine Person, die im Rahmen ihrer Geschäftstätigkeit mit unter das Zollrecht fallenden Tätigkeiten befasst ist".

Auf der Grundlage dieser Definition kann ein in der EU niedergelassener Lieferant, der keine zollrelevanten Tätigkeiten ausübt, sondern bereits im freien Verkehr befindliche Waren an einen Hersteller liefert, möglicherweise keinen Antrag auf Bewilligung des AEO-Status stellen. Ähnlich verhält es sich in diesem Fall mit dem Beförderungsunternehmer, dessen Tätigkeit nur

Anhang

darin besteht, in den zollrechtlich freien Verkehr überführte Waren innerhalb des Zollgebiets der Gemeinschaft zu befördern[7]. Auch er kann möglicherweise keinen solchen Antrag stellen.

Durch diese Definition des Wirtschaftsbeteiligten ist die Befassung „mit unter das Zollrecht fallenden Tätigkeiten" nicht auf eine direkte Befassung beschränkt. Wer für den Export bestimmte Waren herstellt, kann – auch wenn die Ausfuhrformalitäten von einer anderen Person erledigt werden – den Status eines zugelassenen Wirtschaftsbeteiligten beantragen.

Das AEO-Konzept „Sicherheit" ist eng mit dem Lieferkettenmanagement verknüpft. Wirtschaftsbeteiligte, die der zollamtlichen Überwachung unterliegende Waren abfertigen oder Daten über diese Waren verwalten, können das AEO-Zertifikat „Sicherheit"beantragen.

TEIL 1 ABSCHNITT II

Durchführung der Prüfungen

II.1 Allgemein

Die Anzahl der für eine AEO-Prüfung benötigten Stunden wird unterschiedlich ausfallen und unter anderem von folgenden Faktoren abhängen:

- Umfang und Komplexität der Geschäftstätigkeit des Antragstellers;
- Vorbereitung der Prüfung und dabei verwertbare Unterlagen;
- den Zollbehörden bereits vorliegende Informationen und Bewilligungen (siehe II.3.2);
- Konsultationsbedarf zwischen Zollbehörden;
- Gegebenenfalls die Notwendigkeit, andere Behörden zu konsultieren.

In vielen Fällen haben die Zollbehörden direkten Zugang zu zahlreichen Informationen über den Antragsteller wie z.B.:

- Informationen, die gesammelt wurden, als die Wirtschaftsbeteiligten Anträge auf Bewilligungen von Zollverfahren gestellt haben,
- bei Zollkontrollen gewonnene Informationen, und

---

[7] Des Weiteren wird davon ausgegangen, dass er nicht am Nachweis des Gemeinschaftscharakters der Waren nach Artikel 313 DVZK beteiligt ist.

-in den elektronischen Zollsystemen enthaltene Informationen über die von dem Wirtschaftsbeteiligten täglich angewendeten Zollverfahren.

Diese Informationen sollten die Zollbehörden im AEO-Bewilligungsprozess so weit wie möglich nutzen, um bereits vorhandene Informationen wieder zu verwenden. Auf diese Weise lässt sich eine effiziente Abwicklung des Bewilligungsverfahrens gewährleisten.

Wenn der in der Gemeinschaft niedergelassene Antragsteller über eine Bewilligung für vereinfachte Verfahren verfügt, sind einige der AEO-Kriterien bereits im Rahmen des Prozesses zur Erteilung dieser Bewilligung geprüft worden. Dieser Tatsache sollte bei der Vorbereitung einer Prüfung Rechnung getragen werden.

Außerdem erhalten die Zollbehörden im Zusammenhang mit dem Antrag zahlreiche Informationen über den Antragsteller. In den Erläuterungen zum Ausfüllen des Antragsformulars in Anhang 1C der DVZK sind die allgemeinen Informationen aufgelistet, die der Antragsteller zusammen mit seinem Antrag einzureichen hat.

Den Antragstellern wird empfohlen und es wird auch von ihnen erwartet, dass sie die Prüfung in angemessener Weise vorbereiten. Der Wirtschaftsbeteiligte hat für einen reibungslosen und koordinierten Kommunikationsfluss zwischen den betroffenen Abteilungen seines Unternehmens zu sorgen, um einen effizienten Prüfprozess zu ermöglichen.

II.2 KMU

Der Begriff KMU wird in der Empfehlung der Kommission vom 6. Mai 2003 betreffend die Definition der Kleinstunternehmen sowie der kleinen und mittleren Unternehmen wie folgt abgegrenzt[8]:

(1) Die Größenklasse der Kleinstunternehmen sowie der kleinen und mittleren Unternehmen (KMU) setzt sich aus Unternehmen zusammen, die weniger als 250 Personen beschäftigen und die entweder einen Jahresumsatz von höchstens 50 Mio. EUR erzielen oder deren Jahresbilanzsumme sich auf höchstens 43 Mio. EUR beläuft.

(2) Innerhalb der Kategorie der KMU wird ein kleines Unternehmen als ein Unternehmen definiert, das weniger als 50 Personen beschäftigt und dessen Jahresumsatz bzw. Jahresbilanz 10 Mio. EUR nicht übersteigt.

(3) Innerhalb der Kategorie der KMU wird ein Kleinstunternehmen als ein Unternehmen definiert, das weniger als 10 Personen beschäftigt und dessen Jahresumsatz bzw. Jahresbilanz 2 Mio. EUR nicht überschreitet

Artikel 14a Absatz 2 DVZK enthält die gesetzliche Verpflichtung, dass „die Zollbehörden den besonderen Merkmalen der Wirtschaftsbeteiligten, insbesondere der kleinen und mittleren Unternehmen, Rechnung tragen".

---

[8] ABl. L 124/2003.

Anhang

Die AEO-Kriterien gelten für alle Unternehmen ungeachtet ihrer Größe. Die Mittel zur Erfüllung dieser Kriterien sind jedoch flexibel und richten sich nach dem Umfang und der Komplexität der Geschäftstätigkeit, der Art der gehandelten Waren usw.

So müssen beispielsweise alle Antragsteller, die ein AEO-Zertifikat „Sicherheit" beantragen, nachweisen, dass ihr Firmengelände eine angemessene physische Sicherheit aufweist. Dies kann folgendes beinhalten:

- Bei einem großen Hersteller Umschließung des Firmengeländes mit einer Mauer / einem Zaun, Sicherheitsbedienstete, CCTV-Videoüberwachung usw.;
- Bei einem Zollagenten, der von einem einzigen Raum in einem Gebäude aus tätig ist, Schlösser an Türen, Fenstern und Aktenschränken.

Ein weiteres Beispiel ist, dass die Anforderungen für die Erkennung der zugelassenen Personen (Angestellte, Besucher) bei einem KMU auf eine andere Weise als durch das Tragen von Zugangsausweisen erfüllt werden können.

Noch ein anderes Beispiel im Zusammenhang mit den Anforderungen an die Aktenführung: Alle Antragsteller, die sich um ein AEO-Zertifikat „Zollrechtliche Vereinfachungen" bemühen, müssen ein stichhaltiges Buchführungssystem zur Erleichterung von auditgestützten Zollkontrollen nachweisen können. Dies kann folgendes beinhalten:

- Bei einem Großunternehmen ein integriertes elektronisches Buchführungssystem, das den Zollbehörden direkten Zugang zu Prüfzwecken gewährt;
- Bei KMU ein vereinfachtes papiergestütztes Buchführungssystem.

Weitere Beispiele finden sich in
Teil 1 Abschnitt IV.2
Teil 2 Abschnitt III Fußnote 18
Abschnitt IV Einleitung.

II.3 Faktoren zur Erleichterung des Bewilligungsverfahrens

Im Hinblick auf eine möglichst zügige Bearbeitung der Anträge sollten die Zollbehörden wenn möglich bereits vorliegende Informationen über die AEO-Antragsteller nutzen, um die für die Vorprüfung benötigte Zeit zu verkürzen. Dabei kann es sich um folgende Informationen handeln:

- Frühere Anträge auf zollrechtliche Bewilligungen;
- Der Zollbehörde bereits übermittelte Informationen;
- Zollaußenprüfungen;
- Vom Antragsteller in Anspruch genommene Zollverfahren/ eingereichte Anmeldungen;
- Selbstbewertung des Antragstellers vor Einreichung des Antrags;
- Vom Antragsteller eingehaltene Standards; und

II. Europäische Vorschriften

- Vorliegende Schlussfolgerungen eines Sachverständigen nach Artikel 14n Absatz 2 DVZK.

Allerdings können sich die Zollbehörden zu einer Nachprüfung der bereits erfüllten Kriterien veranlasst sehen, um sich deren anhaltender Gültigkeit zu vergewissern.

Außerdem sollen die Zollbehörden bestimmte für die AEO-Bewilligung relevante international anerkannte Standards/Normen berücksichtigen, die der Antragsteller eingehalten und ihnen mitgeteilt hat. (Im Fragebogen ist eine besondere Spalte mit hierfür in Frage kommenden einschlägigen Standards/Normen vorgesehen, die den Zollbehörden als Anhaltspunkte dienen können. Diese Liste erhebt keinen Anspruch auf Vollständigkeit.)

II.3.1 Vorhandene Zollgenehmigungen

Wenn ein Wirtschaftsbeteiligter ein AEO-Zertifikat beantragt, sollten die im Rahmen anderer Zollgenehmigungen bereits überprüften Kriterien mit berücksichtigt werden. Dadurch kann die für die Prüfung benötigte Zeit verkürzt werden. Allerdings müssen die bereits erfüllten Kriterien eventuell nochmals auf ihre fortdauernde Gültigkeit hin übergeprüft werden.

II.3.2 Sicherheitszeugnisse und Schlussfolgerungen durch Sachverständige

Für reglementierte Beauftragte sehen die Rechtsvorschriften die automatische Anerkennung der Sicherheitsstandards vor [Artikel 14k Absatz 3 DVZK]. Diese automatische Anerkennung sollte für die Firmengelände eines Antragstellers gelten, der den Status eines reglementierten Beauftragten erworben hat.

Laut Artikel 14k Absatz 4 DVZK gelten die Sicherheitskriterien auch als erfüllt, wenn der in der Gemeinschaft ansässige Antragsteller Inhaber eines der folgenden Nachweise ist:

- international anerkanntes oder auf der Grundlage eines internationalen Übereinkommens ausgestelltes Sicherheitszeugnis,
- europäisches Sicherheitszeugnis auf Grundlage des Gemeinschaftsrechts,
- internationale Norm der Internationalen Organisation für Normung,
- europäische Norm der europäischen Normenorganisationen.

Dies gilt jedoch nur für Zeugnisse, die von international akkreditierten Zertifizierungsstellen[9] oder von zuständigen nationalen Behörden ausgestellt wurden. Von anderen Stellen ausgestellte Zeugnisse können gegebenenfalls nach Maßgabe von Artikel 14n Absatz 2 DVZK berücksichtigt werden.

---

[9] MLA (Multilateral Recognition Arrangement) oder MRA (Mutual Recognition Arrangement).Siehe auch unter www.european-accreditation.org

Anhang

Daher sind die Leitlinien durch eine Spalte für internationale Normen aktualisiert worden (Diese Liste ist allerdings nicht erschöpfend, weil noch keine praktischen Erfahrungen vorliegen). Somit dürfte die Prüfung weniger Zeit in Anspruch nehmen und der Wirtschaftbeteiligte, der die Kriterien für diese Normen/Standards bereits erfüllt, kann bereits vor der Einreichung seines Antrags leichter beurteilen, ob er auch die gleichen bzw. vergleichbare Kriterien soweit erfüllt, wie diese mit den AEO-Kriterien übereinstimmen.

Als besonders relevant sind bisher verschiedene ISO-Normen (z.B. ISO 9001, 14001, 20858, 28000, 28001, 28004) und der ISPS-Code eingestuft worden[10]. Doch bedeutet eine ISO-Zertifizierung nicht zwangsläufig, dass das spezielle AEO-Kriterium erfüllt ist. In manchen Fällen stimmt eine bestimmte ISO-Zertifizierung nicht oder nicht vollständig mit einem AEO-Kriterium überein, so dass der Antragsteller zusätzliche Anforderungen erfüllen muss.

Die nachweisliche Erfüllung von Sicherheitsanforderungen und Standards zwischenstaatlicher Organisationen wie IMO, UNECE und ICAO kann ebenfalls eine vollständige oder teilweise Übereinstimmung mit den Sicherheitskriterien darstellen, soweit diese Anforderungen als gleich oder vergleichbar angesehen werden können.

Ferner können die Zollbehörden gemäß Artikel 14n Absatz 2 DVZK die Schlussfolgerungen eines Sachverständigen in Bezug auf die Führung der Geschäftsbücher, die Zahlungsfähigkeit und die Sicherheitsstandards akzeptieren.

II.3.3 Mutter-/Tochtergesellschaften mit gemeinsamem Steuersystem /gemeinsamen Verfahren

Jede Tochtergesellschaft, die den AEO-Status beantragen möchte, füllt ein eigenes Antragsformular aus.[11]

Wenn die Tochtergesellschaften jedoch für ihre zollrelevanten Tätigkeiten die gleichen Unternehmensstandards/Verfahren anwenden, könnte der im zweiten Teil dieser Leitlinien enthaltene **Fragebogen**[12] von der Muttergesellschaft im Namen aller Tochtergesellschaften ausgefüllt werden, die einen entsprechenden Antrag gestellt haben.

In diesem Fall kann die Zollbehörde zahlreiche Anträge, jedoch nur einen ausgefüllten Fragebogen in Bezug auf die Kriterien erhalten, die für alle Tochtergesellschaften gemeinsam gelten, insbesondere die in Teil 2 in den Abschnitten 3 und 5 behandelten Kriterien.

---

[10] Diese Normen können als Sicherheitszeugnis nach Artikel 14k Absatz 4 und Artikel 14k Absatz 2 letzter Unterabsatz und - sofern sie sich auf die Buchführung beziehen - als Schlussfolgerungen eines Sachverständigen gemäß Artikel 14n Absatz 2 anerkannt werden.

[11] Siehe hierzu auch die Erläuterung in Teil 1 Abschnitt V.1. Tochtergesellschaften sind in der Richtlinie 90/435/EWG des Rates und im nationalen Recht definiert.

[12] Die Benutzung des Fragebogens ist in Abschnitt I.1 erläutert.

Diese Lösung gilt nicht nur in Fällen, in denen die Muttergesellschaft und ihre Tochtergesellschaften im selben Mitgliedstaat ansässig sind, sondern auch für Muttergesellschaften mit Tochtergesellschaften in anderen Mitgliedstaaten. Die Zollbehörden in den Mitgliedstaaten sollten ihre Verfahren für AEO-Anträge einschließlich der ggf. erforderlichen Konsultationsverfahren mit anderen Zollverwaltungen entsprechend konzipieren.

Das empfiehlt sich vor allem in Fällen, in denen die Muttergesellschaft und ihre Tochtergesellschaften bereits Inhaber der Einzigen europäischen Bewilligung sind.

Anhang

TEIL 1 ABSCHNITT III

Vorteile für den zugelassenen Wirtschaftsbeteiligten

Hier ist zunächst darauf hinzuweisen, dass ein AEO-Zertifikat dem Antragsteller ausgestellt wird, und nicht dessen Kunden. Daher können die Vorteile nur vom zugelassenen Wirtschaftsbeteiligten genutzt werden. Dieser Grundsatz gilt generell für alle Arten von Wirtschaftsbeteiligten in der internationalen Lieferkette.

Je nach Art des AEO-Zertifikats genießt der Inhaber folgende Vorteile [13]:

III.1 Weniger Kontrollen von Waren oder Unterlagen

Dieser Vorteil wird ab dem 1. Januar 2008 eingeräumt und gilt für alle Kategorien von zugelassenen Wirtschaftsbeteiligten.

Laut Artikel 14b Absatz 4 DVZK wird bei Inhabern eines AEO-Zertifikats weniger häufig eine Prüfung von Waren oder Unterlagen vorgenommen als bei anderen Wirtschaftsbeteiligten. Das bedeutet, dass ein zugelassener Wirtschaftsbeteiligter ein geringeres Risikoprofil aufweist und daher an der Grenze zügiger abgefertigt wird (je nach Art des AEO-Zertifikats).

Der Inhaber eines AEO-Zertifikats genießt diese geringere Risikoeinstufung in allen Mitgliedstaaten, da der AEO-Status nach Artikel 5a des Gemeinschaftlichen Zollkodex in allen Mitgliedstaaten anerkannt wird. Diese Einstufung sollte auch in den Risikomanagement- und Zollverkehrssystemen vermerkt werden, damit der zugelassene Wirtschaftsbeteiligte diesen Vorteil bei seiner täglichen Geschäftstätigkeit nutzen kann.

III.2 Vorrangige Behandlung der für eine Prüfung ausgewählten Sendungen

Dieser Vorteil wird ab dem 1. Januar 2008 eingeräumt und gilt für alle Kategorien von zugelassenen Wirtschaftsbeteiligten.

Wählt die zuständige Zollbehörde nach der Risikoanalyse dennoch eine Sendung mit einer von einem zugelassenen Wirtschaftsbeteiligten abgegebenen summarischen Eingangs- oder Ausgangsanmeldung oder Zollanmeldung für eine weitergehende Prüfung aus, so räumt sie den notwendigen Kontrollen Vorrang ein. Das bedeutet, dass die betreffende Sendung als erste

---

[13] Siehe auch Artikel 14b DVZK in der durch die Verordnung 1875/2006 geänderten Fassung.

kontrolliert wird, wenn ansonsten Sendungen von Wirtschaftsbeteiligten ohne AEO-Status für eine Kontrolle ausgewählt wurden.

III.3 Freie Wahl des Ortes, an dem die Kontrolle vorgenommen wird

Dieser Vorteil wird ab dem 1. Januar 2008 eingeräumt und gilt für alle Kategorien von zugelassenen Wirtschaftsbeteiligten.

Die Zollkontrolle kann auf Antrag des zugelassenen Wirtschaftsbeteiligten an einem anderen Ort als der beteiligten Zollstelle durchgeführt werden, an dem sie für ihn mit dem geringsten Zeit- und Kostenaufwand verbunden ist, wenn die zuständige Zollbehörde zustimmt.

III.4 Leichterer Zugang zu zollrechtlichen Vereinfachungen

Dieser Vorteil wird ab dem 1. Januar 2008 eingeräumt und gilt für Inhaber eines AEO-Zertifikats „Zollrechtliche Vereinfachungen" oder eines AEO-Zertifikats „Zollrechtliche Vereinfachungen/Sicherheit".

Wirtschaftsbeteiligte benötigen keinen AEO-Status, um eine Bewilligung für eine zollrechtliche Vereinfachung zu erhalten. Wenn der Antragsteller jedoch Inhaber eines AEO-Zertifikats „Zollrechtliche Vereinfachungen" (oder eines kombinierten Zertifikats) ist, braucht die Zollbehörde die Voraussetzungen, die bereits bei der Zuerkennung des AEO-Status geprüft wurden, nicht nochmals zu kontrollieren.

Die von einem zugelassenen Wirtschaftsbeteiligten zu erfüllenden Kriterien sind in den jeweiligen Artikeln aufgeführt, die die einzelnen Vereinfachungen betreffen:

Örtliches Abfertigungsverfahren	Artikel 264 Absatz 3
Vereinfachte Zollanmeldung	Artikel 261 Absatz 4; Artikel 270 Absatz 5
Linienverkehr auf dem Seeweg	Artikel 313b Absatz 3 Buchstabe a
Nachweis des Gemeinschaftscharakters /zugelassener Versender	Artikel 373 Absatz 3
Nachweis des Gemeinschaftscharakters /Art. 324e	Artikel 373 Absatz 3
Vereinfachtes Versandverfahren	Artikel 373 Absatz 3 und 454a Absatz 5
Kontrollexemplar T5 /Art. 912g	Nicht ausdrücklich angegeben, aber in Artikel 912g Absatz 4 implizit vorgesehen

III.5 Summarische Anmeldungen mit reduzierten Datensätzen

Dieser Vorteil wird ab dem 1. Januar 2009 eingeräumt und gilt für Inhaber eines AEO-Zertifikats „Sicherheit" oder eines AEO-Zertifikats „Zollrechtliche Vereinfachungen/Sicherheit".

Anhang

Einführer und Ausführer mit AEO-Zertifikat sind automatisch zur Einreichung summarischer Anmeldungen mit reduzierten Datensätzen befugt. Die reduzierten Datensätze sind in Anhang 30A DVZK in Tabelle 5 aufgeführt.

Frachtführer, Spediteure und Zollagenten mit AEO-Status dürfen diesen Vorteil nur für Kunden nutzen, die ebenfalls Inhaber eines AEO-Zertifikats „Sicherheit" oder eines AEO-Zertifikats „Zollrechtliche Vereinfachungen/Sicherheit" sind.

III.6 Vorherige Unterrichtung

Dieser Vorteil wird ab dem 1. Januar 2009 eingeräumt und gilt für Inhaber eines AEO-Zertifikats „ Sicherheit" oder eines kombinierten AEO-Zertifikats.

Hat ein zugelassener Wirtschaftsbeteiligter eine summarische Anmeldung abgegeben, so kann ihm die zuständige Zollstelle vor Ankunft/Abgang der Waren im/aus dem Zollgebiet der Gemeinschaft mitteilen, dass die Sendung nach einer Analyse des Sicherheitsrisikos für eine weitergehende Warenkontrolle ausgewählt wurde.

Eine solche Mitteilung erfolgt nur dann, wenn dadurch die Durchführung der Kontrolle nicht gefährdet wird.
Die Zollbehörden können aber auch dann eine Warenkontrolle vornehmen, wenn der zugelassene Wirtschaftsbeteiligte nicht darüber informiert worden ist.

III.7 Indirekte Vorteile

Jeder Wirtschaftsbeteiligte, der die die entsprechenden Kriterien erfüllt und den AEO-Status zuerkannt bekommt, kann ferner Vorteile nutzen, die nicht unmittelbar mit den zollrelevanten Aspekten seiner Tätigkeit zusammenhängen.

Investitionen der Wirtschaftsbeteiligten in die Verbesserung ihrer Sicherheitsstandards können sich in folgenden Bereichen positiv auswirken: Sichtbarkeit und Nachverfolgbarkeit (Tracking), personalbezogene Sicherheit, Normenentwicklung, Lieferantenauswahl und Investitionen, Transportsicherheit, Sensibilisierung und Ausbau von Kapazitäten im Bereich Organisationsinfrastruktur, Zusammenarbeit zwischen den verschiedenen Teilen der Lieferkette, proaktive Technologieinvestitionen und freiwillige Einhaltung zusätzlicher Sicherheitsregeln.

Beispiele für indirekte Vorteile, die aus diesen positiven Auswirkungen entstehen können:
- weniger Diebstahl und Verluste,
- weniger Verspätungen im Versand,
- bessere Planung,
- verstärkte Kundenloyalität,
- größeres Engagement der Mitarbeiter,
- weniger Sicherheitszwischenfälle,
- geringere Kosten für die Kontrolle der Lieferanten und bessere Zusammenarbeit,
- weniger Kriminalität und Vandalismus,

- weniger Probleme durch Mitarbeitererkennung,
- mehr Sicherheit und Kommunikation zwischen den Partnern der Lieferkette.

III.8 Bessere Kontakte zu den Zollbehörden

Im Hinblick auf eine gute Zusammenarbeit zwischen den Zollbehörden und dem zugelassenen Wirtschaftsbeteiligten empfiehlt es sich, dass diesem ein Zoll-Servicecenter oder eine Kontaktperson bei den Zollbehörden zur Verfügung steht, um seine Fragen zu beantworten. Ein solches Servicecenter kann zwar vielleicht nicht auf alle Fragen eine Antwort geben, könnte jedoch als Anlaufstelle für den Kontakt mit den Zollbehörden dienen und den zugelassenen Wirtschaftsbeteiligten beraten, wie er am besten vorgehen und an wen er sich wenden kann.

III.9 Anerkennung als sicherer Handelspartner

Ein zugelassener Wirtschaftsbeteiligter, der die Sicherheitskriterien erfüllt, gilt als sicherer Partner in der Lieferkette. Das bedeutet, dass er alles in seiner Macht stehende tut, um Gefahren in der Lieferkette abzuwenden. Dieser gute Ruf wird durch den AEO-Status zusätzlich gefördert. Als sicherer Partner in der Lieferkette kommt er ferner in den Genuss von Erleichterungen bei den Sicherheitskontrollen.

Daher könnte sich ein Wirtschaftsbeteiligter, der neue Handelspartner sucht, eher für einen zugelassenen als für einen nicht zugelassenen Wirtschaftsbeteiligten entscheiden.

III.10 Gegenseitige Anerkennung

Die Gemeinschaft ist bestrebt, die gegenseitige Anerkennung des AEO-Zertifikats „Sicherheit" gegenüber allen Ländern zu erreichen, die ein AEO- oder gleichwertiges Programm durchführen. Demnach würde der Inhaber eines in der EG ausgestellten AEO-Zertifikats „Sicherheit" in Drittländern die gleichen Vorteile genießen wie die in dem betreffenden Land ansässigen zugelassenen Wirtschaftsbeteiligten. Dies würde weltweit zu einer besseren Berechenbarkeit des internationalen Geschäftsverkehrs führen.

Vorbehaltlich der Bestimmungen der einschlägigen internationalen Abkommen zwischen der EG und Drittländern müsste der Inhaber eines in der EG ausgestellten AEO-Zertifikats „Sicherheit" in dem betreffenden Drittland kein AEO-Zertifikat mehr beantragen, weil sein in der EG ausgestelltes Zertifikat dort anerkannt werden könnte.

Nicht nur bei den AEO-Zertifikaten, sondern bei allen Kontrollstandards und Kontrollen ist eine gegenseitige Anerkennung von maßgeblicher Bedeutung. Aufgrund der Tatsache, dass sich zahlreiche Mitglieder der Weltzollorganisation zur Einhaltung des WCO-SAFE-Rahmenabkommens verpflichtet haben, kommt es in bestimmten Teilen der Welt zum Einsatz vergleichbarer Maßnahmen im internationalen Maßstab und damit zur gegenseitigen Anerkennung dieser Maßnahmen.

TEIL 1 ABSCHNITT IV

Die internationale Lieferkette und das Sicherheitskonzept

Dieses Kapitel betrifft Antragsteller, die ein AEO-Zertifikat „Sicherheit" oder ein kombiniertes Zertifikat erhalten möchten.

Unter zollrelevanten Aspekten ist die durchgängige internationale Lieferkette („end-to-end-supply chain") als der Prozess von der Herstellung von für den Export bestimmten Waren bis zur endgültigen Lieferung dieser Ware an den Endverbraucher in einem anderen Zollgebiet (Zollgebiet der Gemeinschaft oder anderes Zollgebiet) zu verstehen. Die internationale Lieferkette ist keine eigene genau zu bestimmende Einheit, sondern besteht aus einer Reihe von Ad-hoc-Konstrukten, die sich aus Wirtschaftsbeteiligten verschiedener Handelssegmente zusammensetzen. In manchen Fällen sind diese Wirtschaftsbeteiligten alle bekannt und pflegen möglicherweise seit langem gegenseitige Beziehungen, in anderen Fällen können sie häufig wechseln oder sich auch nur für eine einzige Sendung zusammenfinden.

IV.1 Handelspartner

Unter zollrelevanten Aspekten haben Handelspartner nach Artikel 14k Absatz 1 Buchstabe e DVZK die Möglichkeit, ein AEO-Zertifikat zu beantragen.[14] Sollten sie jedoch von dieser Möglichkeit keinen Gebrauch machen, so sollten sie den anderen Mitgliedern der Lieferkette Zusicherungen hinsichtlich ihrer Sicherheitsstandards gewähren. In dieser Hinsicht können alle Wirtschaftsbeteiligten in der Lieferkette, die zwischen dem Ausführer/Hersteller und dem Empfänger angesiedelt sind, als Handelspartner eingestuft werden.

IV.2 Sicherheitsanforderungen an die Handelspartner

Laut Artikel 14k Absatz 1 Buchstabe e DVZK gelten die Sicherheitsstandards in Bezug auf die Handelspartner als angemessen, wenn „der Antragsteller Maßnahmen getroffen hat, die eine eindeutige Feststellung seiner Handelspartner ermöglichen, um die internationale Lieferkette zu sichern".

Zugelassene Wirtschaftsbeteiligte können lediglich für ihren Anteil an der Lieferkette, für die sich in ihrem Gewahrsam befindenden Waren und für die von ihnen betriebenen Anlagen verantwortlich gemacht werden. Allerdings sind sie auch von den Sicherheitsstandards ihrer

---

[14] Unter der generellen Voraussetzung, dass sie in der Gemeinschaft ansässig sind.

II. Europäische Vorschriften

Handelspartner abhängig, um die Sicherheit der in ihrem Gewahrsam befindlichen Waren gewährleisten zu können.

Im Hinblick auf die Erfüllung der Sicherheitsanforderungen sollte der zugelassene Wirtschaftsbeteiligte beim Abschluss neuer vertraglicher Vereinbarungen mit einem Handelspartner die andere Vertragspartei anhalten, die Sicherheit der Lieferkette zu bewerten und zu verbessern und sollte dies – soweit es mit seinem Unternehmensmodell vereinbar ist – in den vertraglichen Vereinbarungen ausdrücklich vorsehen.

Außerdem wird dem zugelassenen Wirtschaftsbeteiligten empfohlen, alle einschlägigen Unterlagen aufzubewahren, die seine Bemühungen um die Gewährleistung der Einhaltung dieser Anforderungen durch seine Handelspartner belegen. Ferner könnte er vor dem Abschluss vertraglicher Vereinbarungen die betreffenden Handelsauskünfte über die andere Vertragspartei überprüfen.

Der zugelassene Wirtschaftsbeteiligte kann die Sicherheit seiner Lieferkette beispielsweise durch folgende Maßnahmen verbessern:

- Die Lieferkette kann als vollkommen sicher eingestuft werden, wenn ein und derselbe zugelassene Wirtschaftsbeteiligte für die gesamte Lieferkette zuständig ist, also beispielsweise als Ausführer und Frachtführer auftritt.
- Der zugelassene Wirtschaftsbeteiligte arbeitet mit anderen zugelassenen Wirtschaftsbeteiligten oder Wirtschaftsbeteiligten mit gleichwertigem Status zusammen[15].
- Der zugelassene Wirtschaftsbeteiligte trifft mit seinen Handelspartnern vertragliche Vereinbarungen über die Sicherheit.
- Die vom zugelassenen Wirtschaftsbeteiligten eingesetzten Unterauftragnehmer (z.B. Frachtführer) werden anhand der Einhaltung bestimmter Sicherheitsregeln ausgewählt.
- Container werden mit Hochsicherheitssiegeln („High Security Seals") nach ISO-OAS 17712 versiegelt.
- Die Container werden auf dem Gelände des Unterauftragnehmers, im Auslieferungslager und auf dem Gelände des Empfängers auf ihre ordnungsgemäße Versiegelung hin überprüft.
- Vor dem Abschluss vertraglicher Vereinbarungen werden (wenn möglich) allgemeine Hinweise von den für die Registrierung von Unternehmen zuständigen Stellen und über die Produkte der Partner (riskante und sensible Waren) eingeholt.
- Der zugelassene Wirtschaftsbeteiligte verlangt eine Sicherheitserklärung[16].
- Es werden Einrichtungen benutzt, für die internationale oder europäische Sicherheitszeugnisse ausgestellt wurden (z.B. ISPS-Code und reglementierte Beauftragte).

---

[15] Diese Tatsache wird grundsätzlich in der vom zugelassenen Wirtschaftsbeteiligten abgegebenen summarischen Anmeldung zum Ausdruck kommen, da die Identifikationsnummern des betreffenden Wirtschaftsbeteiligten in den Feldern für die einzelnen Handelspartner angegeben werden (beispielsweise Felder für „Frachtführer", „Empfänger", „Versender").

[16] Beispielsweise ISO/PAS 28001, Teil 3.18, wonach eine Sicherheitserklärung definiert ist als dokumentierte Verpflichtung eines Handelspartners, in der von diesem angewandte Sicherheitsvorkehrungen genannt sind, u.a. zumindest Vorkehrungen für die Sicherung von Waren und physischen Instrumenten des internationalen Handels, für den Schutz damit verbundener Informationen und für die Demonstration und Überprüfung von Sicherheitsmaßnahmen.

Anhang

Erfährt ein zugelassener Wirtschaftsbeteiligter, dass einer seiner Handelspartner, der Teil der internationalen Lieferkette ist, keine angemessenen Sicherheitsstandards anwendet, trifft er unverzüglich und soweit möglich geeignete Maßnahmen, um die Sicherheit der Lieferkette zu verbessern.

In Bezug auf die Übernahme von Sendungen von unbekannten Geschäftspartnern empfiehlt es sich, dass der zugelassene Wirtschaftsbeteiligte Maßnahmen trifft um sicherzustellen, dass die mit solchen Geschäftspartnern verbundenen Sicherheitsrisiken auf ein akzeptables Niveau begrenzt werden. Falls der zugelassene Wirtschaftsbeteiligte Probleme bei der Einhaltung der Sicherheitsstandards feststellt, setzt er die Zollbehörden davon in Kenntnis.

IV.3 An der internationalen Lieferkette beteiligte Akteure

Innerhalb der internationalen Lieferkette gibt es verschiedene Beteiligte, die je nach den Geschäftsprozessen des jeweiligen Unternehmens unterschiedliche Verantwortlichkeiten haben. Um beurteilen zu können, inwieweit ein Wirtschaftsbeteiligter in der Lage ist, die Anforderungen zum Schutz der Lieferkette einzuhalten, müssen je nach der Verantwortung des betreffenden Wirtschaftsbeteiligten innerhalb der Lieferkette verschiedene Kriterien geprüft werden. Daher werden im Folgenden die verschiedenen Typen von Wirtschaftsbeteiligten und ihre unterschiedlichen Verantwortlichkeiten innerhalb der internationalen Lieferkette unter zolltechnischen Gesichtspunkten beschrieben. Eine Übersicht darüber, welche Kriterien von den verschiedenen Wirtschaftsbeteiligten in den einzelnen Teilbereichen der Lieferkette erfüllt werden müssen, ist in Teil 3 dieser Leitlinien wiedergegeben[17].

Allerdings ist es zum gegenwärtigen Zeitpunkt nicht möglich, alle Beteiligten der internationalen Lieferkette aufzuzählen. Nachstehende Liste kann aktualisiert werden, wenn die Zollbehörden mit der Anwendung des AEO-Systems mehr Erfahrung gesammelt haben.

Legende:
Customs Security Programme: Zollsicherheitsprogramm
Manufacturer: Hersteller
Exporter: Ausführer
Forwarder: Spediteur
Warehouse keeper: Lagerhalter
Customs Agent: Zollagent
Carrier: Frachtführer
Importer: Einführer

---

[17] Nähere Erläuterungen dazu ebenfalls in Teil 3.

Anhang

IV.3.1 Hersteller

Der Verantwortungsbereich des Herstellers innerhalb der internationalen Lieferkette beinhaltet Folgendes:

- Sicherung des Fertigungsprozesses seiner Produkte;
- Sicherung der Lieferung seiner Produkte an seine Kunden.

IV.3.2 Ausführer

Nach Artikel 788 DVZK gilt als Ausführer eine Person, für deren Rechnung die Ausfuhranmeldung abgegeben wird und die zum Zeitpunkt der Annahme dieser Anmeldung Eigentümer der Waren ist oder eine ähnliche Verfügungsberechtigung besitzt. Ist der Eigentümer oder der in ähnlicher Weise Verfügungsberechtigte gemäß den Bestimmungen des Ausfuhrrechtsgeschäftes außerhalb der Gemeinschaft ansässig, so gilt der in der Gemeinschaft ansässige Beteiligte des Rechtsgeschäftes als Ausführer.

Der Verantwortungsbereich des Ausführers innerhalb der internationalen Lieferkette beinhaltet Folgendes:

- Richtigkeit und rechtzeitige Abgabe der Ausfuhranmeldung, wenn diese vom Ausführer selbst abgegeben wird.
- Ab Inkrafttreten der Bestimmungen für die summarische Ausgangsanmeldung am 1. Juli 2009: Wenn die Ausfuhranmeldung vom Ausführer abgegeben wird, Abgabe mit den dafür vorgeschriebenen Daten.
- Einhaltung der zollrechtlichen Ausgangsformalitäten, einschließlich handelspolitischer Maßnahmen und gegebenenfalls Ausfuhrabgaben.
- Gewährleistung der sicheren Lieferung der Waren an den Frachtführer, Spediteur oder Zollagenten.

IV.3.3 Spediteur

Der Spediteur ist derjenige, der für Rechnung eines Ausführers, eines Einführers oder einer anderen Person den Transport von Waren im internationalen Handel organisiert. In einigen Fällen führt der Spediteur diese Dienstleistung selbst aus und tritt somit als Frachtführer auf. Zu den typischen Tätigkeiten des Spediteurs können auch die Beschaffung, Überprüfung und Vorbereitung der für die Einhaltung der Zollvorschriften erforderlichen Unterlagen zählen.

II. Europäische Vorschriften

Der Verantwortungsbereich des Spediteurs innerhalb der internationalen Lieferkette beinhaltet folgende Aspekte:

- Einhaltung der Beförderungsformalitäten;
- gegebenenfalls sichere Beförderung der Waren;
- gegebenenfalls Anwendung der gesetzlichen Bestimmungen für die summarische Anmeldung.

IV.3.4 Lagerhalter

Lagerhalter ist derjenige, der nach Artikel 99 des Zollkodex der Gemeinschaften eine Bewilligung für den Betrieb eines Zolllagers erhalten hat oder derjenige, der nach Artikel 51 Absatz 1 des Zollkodex und Artikel 185 Absatz 1 DVZK eine Lagerstätte für die vorübergehende Verwahrung von Waren betreibt.

Die Verantwortung des Lagerhalters in der internationalen Lieferkette beinhaltet Folgendes:

- Er sorgt dafür, dass die Waren während ihres Verbleibs im Zolllager oder bei vorübergehender Verwahrung nicht der zollamtlichen Überwachung entzogen werden.
- Er erfüllt die Pflichten, die sich aus der Lagerung der Waren im Zolllagerverfahren oder aus den Bestimmungen über die vorübergehende Verwahrung ergeben.
- Er hält die in der Bewilligung des Zolllagers oder der Lagerstätte für die vorübergehende Verwahrung von Waren festgelegten besonderen Voraussetzungen ein.
- Er sorgt dafür, dass der Lagerbereich angemessen vor einem Eindringen von außen geschützt wird,
- Er sorgt dafür, dass der Lagerbereich angemessen vor unbefugtem Zutritt, gegen den Austausch von Waren und vor Manipulationen an den Waren geschützt ist.

IV.3.5 Zollagent

Im Sinne dieser Leitlinien ist der Zollagent ein Zollvertreter nach Artikel 5 des Zollkodexes. Ein Zollvertreter handelt für Rechnung einer Person, die an einer zollrelevanten Geschäftstätigkeit beteiligt ist (z.B. Einführer oder Ausführer). Der Zollvertreter kann entweder im Namen dieser Person (direkte Vertretung) oder in eigenem Namen (indirekte Vertretung) handeln.[18]

---

[18] In Bezug auf das AEO-Zertifikat „Sicherheit" wird darauf hingewiesen, dass sich die Sicherheitskriterien schwerpunktmäßig auf die Sicherung des Geländes, auf dem die Waren gelagert werden, und auf die Sicherung der Container beziehen. Zollagenten, deren Tätigkeit sich ausschließlich auf die Ausstellung von Zollanmeldungen beschränkt, und die nicht auch als Lagerhalter oder Spediteur auftreten, können nur eine begrenzte Anzahl der Kriterien (z.B. „personalbezogene Sicherheit") erfüllen. Außerdem besteht kein

Anhang

Die Verantwortung des Zollagenten in der internationalen Lieferkette beinhaltet Folgendes:

- Einhaltung der für die betreffende Art der Vertretung geltenden zollrechtlichen Formalitäten bei der Überführung von Waren in ein Zollverfahren.

- Bei indirekter Vertretung Verantwortung für die Richtigkeit und rechtzeitige Abgabe der Zollanmeldung oder summarischen Anmeldung.

IV.3.6 Frachtführer

Frachtführer ist derjenige, der die Waren tatsächlich transportiert oder für den Betrieb der Beförderungsmittel zuständig oder verantwortlich ist.

Die Verantwortung des Frachtführers in der internationalen Lieferkette beinhaltet Folgendes:

- Sichere Beförderung der Waren, vor allem Schutz vor unbefugtem Zutritt zu und Manipulationen an den Beförderungsmitteln und den beförderten Waren;

- Bereitstellung der erforderlichen Beförderungspapiere;

- Einhaltung der zollrechtlichen Formalitäten.

IV.3.7 Einführer

Als Einführer gilt eine Person, für deren Rechnung die Einfuhranmeldung abgegeben wird.

Die Verantwortung des Einführers in der internationalen Lieferkette beinhaltet Folgendes:

- Festlegung der zollrechtlichen Bestimmung der gestellten Waren, wenn er für den Verkehr mit den Zollbehörden keinen indirekten Vertreter benannt hat;

- Verantwortung für die Richtigkeit und rechtzeitige Abgabe der Einfuhranmeldung, wenn er sie selbst abgibt;

- Ab Inkrafttreten der Bestimmungen für die summarische Eingangsanmeldung am 1. Juli 2009 kann diese vom Einführer eingereicht werden, der damit die Verantwortung für die korrekte Anwendung der einschlägigen Bestimmungen übernimmt;

- Einhaltung der zollrechtlichen Formalitäten für die Einfuhr von Waren;

Zusammenhang zwischen der Art der Vertretung (direkt oder indirekt) und dem Tätigkeitsbereich des Zollagenten (nur Zollpapiere oder auch Lagerung, Beförderung usw.).

- Sichere Annahme der Waren, vor allem Schutz vor unbefugtem Zutritt zu und vor Manipulationen an den Waren.

Anhang

IV.4 Lieferbedingungen (INCOTERMS 2000) im Zusammenhang mit der Sicherheit der Lieferkette

Aus den vorangegangenen Ausführungen geht hervor, dass der „Einführer", der „Ausführer" und jedes weitere Glied der Lieferkette zollrechtlich genau definiert sind, und dass diese Definitionen nur in sehr begrenztem Umfang mit den Lieferbedingungen zusammenhängen.

Die Lieferbedingungen kommen in dem Moment zum Tragen, in dem ein Verkäufer und ein Käufer einen Vertrag eingehen. Es handelt sich dabei um ein Instrument, das zur Erhöhung der Sicherheit des Geschäfts eingesetzt wird. In anderen Teilen des Vertrags können zusätzliche Sicherheitsanforderungen wie die Vorankündigung von Waren oder das Versiegelungsverfahren usw. festgelegt werden.

Die INCOTERMS CCI/ECE-Codes und ihre jeweilige Bedeutung sind in Anhang 38 der DVZK (Titel II, Feld Nr. 20) angegeben.

Die INCOTERMS bieten einen guten Anhaltspunkt dafür, inwieweit ein Wirtschaftsbeteiligter Einfluss auf die Sicherheit der Lieferkette nehmen kann. Im Hinblick auf die Sicherung der eigenen Lieferkette wird dem zugelassenen Wirtschaftsbeteiligten als Käufer empfohlen, unter Berücksichtigung seiner Größe und seines Geschäftsumfelds nur Verträge abzuschließen, die ihm einen möglichst großen Einfluss auf die Auswahl der für den Transport zuständigen Glieder der Lieferkette (Spediteur, Frachtführer) einräumen. Durch diese Einflussmöglichkeiten auf die Auswahl der Transportanbieter weiß er, welche Lieferanten sich für die Sicherung der Lieferkette einsetzen und welche nicht. Dem zugelassenen Wirtschaftsbeteiligten als Ausführer wird empfohlen, sich in umgekehrter Form ebenso zu verhalten.

Allerdings müssen die Zollbehörden auch die geschäftliche Lage der KMU berücksichtigen. Dazu sind sie gemäß Artikel 14a Absatz 2 DVZK verpflichtet, der lautet: „Die Zollbehörden tragen den besonderen Merkmalen der Wirtschaftsbeteiligten, insbesondere der kleinen und mittleren Unternehmen, Rechnung".

KMU haben nicht die gleichen Einflussmöglichkeiten auf die Sicherheit der Lieferkette wie größere Unternehmen. Die Zollbehörden können nicht erwarten, dass ein KMU in der Kette die gleiche Verantwortung übernehmen kann wie ein multinationales Unternehmen. Bei der Auswahl von Warensendungen für Sicherheitskontrollen wird das durch die verschiedenen Lieferketten verbleibende Restrisiko für den Wirtschaftsbeteiligten von den Zollbehörden gebührend berücksichtigt.

Dabei ist jeder Fall einzeln zu bewerten: Selbst wenn ein Wirtschaftsbeteiligter einen Vertrag abschließt, wonach er die Verantwortung für die gesamte Lieferkette übernimmt, müssen sonstige potenzielle Risiken (wie die Versiegelungsverfahren) abgeklärt werden.

TEIL 1 ABSCHNITT V

Bestimmung des Mitgliedstaats, in dem das AEO-Zertifikat zu beantragen ist

V.1 Allgemein

In Artikel 14d DVZK ist festgelegt, in welchem Mitgliedstaat der AEO-Antrag zu stellen ist. Dabei wird grundsätzlich davon ausgegangen, dass der Antrag in dem Mitgliedstaat gestellt werden sollte, der über die genauesten Informationen über die zollrelevanten Tätigkeiten des Antragstellers verfügt, das heißt in dem Mitgliedstaat, in dem

- die Hauptbuchhaltung des Antragstellers in Bezug auf die betreffenden Zollregelungen geführt wird oder zugänglich ist und
- die zollrelevanten Tätigkeiten stattfinden,

wobei beide Bedingungen erfüllt sein müssen.

Wenn sich der zuständige Mitgliedstaat auf diese Weise nicht ermitteln lässt, sollte der Antrag in dem Mitgliedstaat eingereicht werden, in dem die Hauptbuchhaltung in Bezug auf die betreffenden Zollregelungen geführt wird oder zugänglich ist.

In Anbetracht der jüngsten Trends in den Organisationsstrukturen und Geschäftsabläufen der Unternehmen und der anhaltenden Tendenz zur Auslagerung bestimmter Tätigkeiten einschließlich der Buchhaltung liegt die richtige Entscheidung nicht immer gleich auf der Hand. Vor der endgültigen Entscheidung empfiehlt es sich, die folgenden Orientierungspunkte zu beachten.

V.2 Multinationale Unternehmen: Tochtergesellschaften

Multinationale Konzerne setzen sich in der Regel aus einer Muttergesellschaft und verschiedenen Tochtergesellschaften zusammen, die alle eigene Rechtspersönlichkeit besitzen, d.h. es handelt sich um einzelne juristische Personen, die nach Maßgabe des Gesellschaftsrechts des Mitgliedstaats, in dem die betreffende Tochtergesellschaft niedergelassen ist, in das örtliche Handelsregister eingetragen sind. Möchte eine Muttergesellschaft den AEO-Status für einige oder alle Tochtergesellschaften zuerkannt bekommen, so müssen alle Tochtergesellschaften, die den AEO-Status wünschen, einen eigenen Antrag stellen.

Beispiel:

Anhang

Eine Muttergesellschaft „M" ist in Deutschland niedergelassen. Sie hat eine Tochtergesellschaft „T1", die in Belgien, und eine Tochtergesellschaft „T2", die in Österreich eingetragen ist. Die Muttergesellschaft „M" geht keiner zollrechtlich relevanten Geschäftstätigkeit nach, doch beide Tochtergesellschaften üben unter das Zollrecht fallende Tätigkeiten aus. Die Muttergesellschaft „M" möchte für alle zollrelevanten Tätigkeiten ihrer beiden Tochtergesellschaften den AEO-Status erwerben. Die Hauptbuchhaltung in Bezug auf die betreffenden Zollregelungen und die zollrelevanten Tätigkeiten erfolgen in den Mitgliedstaaten, in denen die Tochtergesellschaften eingetragen sind.

Der Antrag ist folglich von allen Tochtergesellschaften in eigenem Namen zu stellen: Tochtergesellschaft „T1" stellt einen Antrag in Belgien, und Tochtergesellschaft „T2" stellt einen Antrag in Österreich.

V.3 Multinationale Unternehmen oder Großunternehmen: Zweigniederlassungen

Nach dem Gesellschaftsrecht besitzt eine „Zweigniederlassung" keine eigene Rechtspersönlichkeit, sondern es handelt sich dabei um ein Büro/Geschäftsräume/einen anderen Standort des Unternehmens selbst, die zum Gesamtvermögen des Unternehmens gehören. Möchte ein solches Unternehmen den AEO-Status erwerben, so muss es nicht für alle Zweigniederlassungen Anträge stellen, sondern lediglich einen Antrag in dem Mitgliedstaat wie in den einführenden Bemerkungen zu diesem Abschnitt beschrieben.

Beispiel 1:
Unternehmen „U" hat seinen Hauptsitz in Belgien, und die Hauptbuchhaltung wird ebenfalls in Belgien geführt. Für seine einfuhrrelevanten Tätigkeiten unterhält das Unternehmen ein Lager „L" in Frankreich. Die Hauptbuchhaltung in Bezug auf die betreffenden Zollregelungen wird von diesem Lager geführt.

Der Antrag ist vom Antragsteller „U" in Frankreich zu stellen. In Feld 13 des Antragsformulars ist „Frankreich" anzugeben, und in die Felder 16 und 17 sind die Anschriften des Lagers „L" einzutragen, während in Feld 18 die Anschrift des Unternehmens in Belgien anzugeben ist.

Beispiel 2:
Unternehmen „A" ist in Frankreich nach französischem Gesellschaftsrecht registriert. Es fungiert als Hauptsitz für die Region Europa-Naher Osten-Afrika (ENOA) und hat seinen Standort in Paris (Frankreich). Es ist das gemeinsame Servicezentrum für Großhändler, Vertriebsbüros, Einzelhandelsketten und Warenhäuser in der gesamten ENOA-Region und beherbergt die Unternehmensleitung und die Finanzabteilung. Zollrelevante Tätigkeiten finden an diesem Standort allerdings nicht statt.

Unternehmen „A" hat eine Zweigniederlassung in Belgien, die als Vertriebszentrale für die gesamte ENOA-Region dient. Alle zollrelevanten Tätigkeiten und die gesamte Buchhaltung werden in Belgien abgewickelt. Alle Buchhaltungsunterlagen in Bezug auf die Zollregelungen werden ebenfalls hier geführt.

Unternehmen „A" hat verschiedene Bewilligungen für Zollverfahren, die in Belgien für die Tätigkeiten der dortigen Zweigniederlassung gewährt wurden:

- Zolllager Typ D
- Zolllager Typ C
- Zugelassener Versender/Empfänger
- Zugelassener Ausführer
- Ausstellung des Versandpapiers T2L

Damit der AEO-Antrag im richtigen Mitgliedstaat gestellt wird, ist zunächst zu klären, wo die Hauptbuchhaltung in Bezug auf die betreffenden Zollregelungen angesiedelt ist.
Das heißt, dass die Hauptbuchhaltung in Bezug auf die betreffenden Zollregelungen relevant ist und nicht die reine Hauptfinanzbuchhaltung. Die Hauptbuchhaltung umfasst hier die Aufzeichnungen und Unterlagen, anhand deren die Zollbehörde die Erfüllung der für die Erlangung des AEO-Zertifikats notwendigen Voraussetzungen und Kriterien prüfen und überwachen kann [DVZK Artikel 14d Absatz 1 letzter Unterabsatz].

Daher sollte der Antrag in diesem Fall nach Maßgabe des Artikels 14d DVZK in Belgien gestellt werden, obwohl Unternehmen "A" in Frankreich niedergelassen ist.

V.4 Zugänglichkeit zollrelevanter Unterlagen

Artikel 14d Absatz 1 Buchstabe b und Absatz 2 Buchstabe b der DVZK betreffen den Fall, dass ein Unternehmen seine zollrelevante Buchhaltung an eine Stelle in einem anderen Mitgliedstaat oder einem Drittland auslagert. Diese Praxis ist durchaus üblich und in vielen Mitgliedstaaten rechtlich zulässig. In diesem Fall sorgt das Unternehmen dafür, dass die Zollbehörde im Mitgliedstaat seiner Niederlassung elektronischen Zugang zu den Unterlagen hat, die in einem anderen Mitgliedstaat oder einem Drittland verwaltet werden.

Dabei ist der Antrag in dem Mitgliedstaat zu stellen, dem die betreffenden Unterlagen zugänglich gemacht werden und in dem die allgemeine logistische Verwaltung des Antragstellers stattfindet sowie mindestens ein Teil seiner zollrelevanten Tätigkeiten abgewickelt wird [Artikel 14d Absatz 1 Buchstabe b DVZK].

Sofern das Unternehmen seine zollrelevanten Tätigkeiten in einem anderen Mitgliedstaat ausübt, ist der Antrag dennoch in dem Mitgliedstaat zu stellen, in dem seine Hauptbuchhaltung in Bezug auf die betreffenden Zollregelungen geführt wird und die allgemeine logistische Verwaltung des Antragstellers stattfindet [Artikel 14d Absatz 2 Buchstabe b DVZK].

Beispiel 1:

Unternehmen „U" ist in Schweden niedergelassen. Es führt seine gesamte Geschäftstätigkeit in Schweden aus, mit Ausnahme der Buchhaltung, die nach Estland ausgelagert wurde. Das Unternehmen gewährt den schwedischen Zollbehörden elektronischen Zugang zu seinen Unterlagen, wie dies nach den einschlägigen schwedischen Vorschriften vorgesehen ist.

Anhang

Der AEO-Antrag muss in Schweden gestellt werden.

Beispiel 2:

Unternehmen „U" ist im Vereinigten Königreich (VK) niedergelassen. Es lagert seine Buchhaltung nach Irland aus und gewährt den britischen Zollbehörden elektronischen Zugang zu seinen Unterlagen, wie dies nach den einschlägigen britischen Vorschriften vorgesehen ist. Das Unternehmen führt Waren aus Asien über Italien ein, doch findet die allgemeine logistische Verwaltung im VK statt.

Der AEO-Antrag muss im Vereinigten Königreich gestellt werden.

TEIL 1 ABSCHNITT VI

Überwachung

VI.1 Allgemein

Artikel 14q Absatz 4 DVZK lautet: „Die Zollbehörden überwachen, dass der zugelassene Wirtschaftsbeteiligte die Voraussetzungen und Kriterien weiter erfüllt".

Demnach müssen die erteilenden Zollbehörden sicherstellen, dass gemeinsam mit dem zugelassenen Wirtschaftsbeteiligten ein System zur Überwachung der weiteren Erfüllung der Voraussetzungen und Kriterien der Bewilligung eingerichtet wird. Über alle Kontrollmaßnahmen seitens der Zollbehörden sollte Buch geführt werden.
Die Zollbehörden könnten dieser Vorschrift folgendermaßen nachkommen:

- Die Zollbehörde stellt einen Prüfplan auf, in dem sie beschreibt, wie sie auf die bei der Evaluierung festgestellten Risiken reagieren will. Folglich wird dieser Prüfplan für jeden Wirtschaftsbeteiligten anders ausfallen. Der Plan könnte nähere Angaben zu folgenden Maßnahmen beinhalten:
  - o Sporadische Kontrollen von Anmeldungen;
  - o Vorzunehmende physische Warenkontrollen und/oder Prüfungen von Unterlagen;
  - o Bewertung jeglicher bekannt gewordenen Veränderungen im Verhalten des Unternehmens oder in den Handelsbeziehungen.

- Bereits vor der Zuerkennung des AEO-Zertifikats könnte der Wirtschaftsbeteiligte zur Unterzeichnung einer Reihe von Bedingungen aufgefordert werden, die seine Verpflichtung zur Einhaltung der AEO-Voraussetzungen und -Kriterien beinhalten. Der zugelassene Wirtschaftsbeteiligte ist rechtlich verpflichtet, die zuständige Zollstelle über wichtige Vorkommnisse zu informieren, die sich auf seine Bewilligung auswirken können. Dazu zählen auch Änderungen beim Zugang zu Informationen oder in der Art und Weise, wie diese Informationen zugänglich gemacht werden.

VI.2 Prüfpläne für das Risikomanagement

Die Zollbehörde sollte einen Follow-up- und Prüfplan aufstellen. In diesem Plan wird beschrieben, wie die Zollbehörde auf die festgestellten Risiken reagieren will. Dabei sollten alle geplanten Kontrollmaßnahmen, Überprüfungen von Anmeldungen, physische Warenkontrollen und/oder Prüfungen von Unterlagen, die von der Zollbehörde durchgeführt werden sollen, in diesem Plan im Einzelnen dargelegt werden.

Anhang

Die Ergebnisse der Kontrolltätigkeiten müssen dokumentiert werden.

Die regelmäßige Bewertung der Kriterien und Voraussetzungen des AEO-Status ist von maßgeblicher Bedeutung.

Bei dieser Bewertung sind die nachstehend beschriebenen Elemente gebührend zu berücksichtigen:

- **Kontrollergebnisse**
Ergebnisse der Kontrolltätigkeiten wie im Prüfplan beschrieben. Diese Ergebnisse können darauf hindeuten, dass bestimmte Risiken vom Wirtschaftsbeteiligten nicht mehr hinreichend abgedeckt sind. Die Zollbehörde sollte daher die Ergebnisse der Kontrolltätigkeiten regelmäßig bewerten. Dies kann zu Anpassungen am Kontrollkonzept führen.

- **Frühwarnsignale**
Signale des Wirtschaftsbeteiligten in Bezug auf Änderungen seiner Geschäftstätigkeit, Organisation oder Verfahren. Bei der Erteilung des AEO-Status sollte vereinbart werden, dass der Wirtschaftsbeteiligte verpflichtet ist, den Zollbehörden derartige Änderungen zu melden.

- **Risikoüberwachung**
Die Zollbehörden müssen sorgfältig überprüfen, ob der Wirtschaftsbeteiligte die Risiken weiterhin unter Kontrolle hat. Sind neue Risiken aufgetreten? Ist die Qualität der Verwaltungsorganisation und des internen Kontrollsystems noch so gut wie zum Zeitpunkt der Vorprüfung? Aus diesem Grund müssen die Zollbehörden gelegentlich ein Bewertungsaudit vornehmen.

Führt eines der Elemente der Bewertung zu dem Schluss, dass der Wirtschaftsbeteiligte eines oder mehrere Risiken nicht oder nicht mehr unter Kontrolle hat, teilt die Zollbehörde dem Wirtschaftsbeteiligten diese Schlussfolgerung mit. Daraufhin muss der Wirtschaftsbeteiligte Abhilfemaßnahmen einleiten, die wiederum einer Bewertung durch die Zollbehörde unterzogen werden. Diese Vorgänge können auch zu dem Schluss führen, dass der AEO-Status ausgesetzt oder entzogen wird.

Allerdings führt diese Überwachung auch zu einem besseren Verständnis der Geschäftstätigkeit des zugelassenen Wirtschaftsbeteiligten. Dies kann sogar so weit gehen, dass ihm die Zollbehörden eine bessere, effizientere Nutzung der Zollverfahren oder der Zollregelungen im Allgemeinen empfehlen können.

II. Europäische Vorschriften

TEIL 2 ABSCHNITT I

I.1 Die Kriterien

Artikel 5a ZK[19] sieht die Bewilligung des Status eines zugelassenen Wirtschaftsbeteiligten (AEO-Status) an zuverlässige Händler vor, die die Kriterien nach Artikel 5a Absatz 2 erfüllen. Der AEO-Status wird von den Zollbehörden aller Mitgliedstaaten anerkannt.

Die Kriterien für die Bewilligung des AEO-Status sind:

— *die bisher angemessene Einhaltung der Zollvorschriften,*

— *ein zufrieden stellendes System der Führung der Geschäftsbücher und gegebenenfalls der Beförderungsunterlagen, das angemessene Zollkontrollen ermöglicht,*

— *die nachweisliche Zahlungsfähigkeit und*

— *gegebenenfalls angemessene Sicherheitsstandards.*

Diese Kriterien sind in den Artikeln 14h bis 14k DVZK näher ausgeführt.

Der folgende Fragebogen enthält eine Liste besonders zu beachtender Punkte, die den Zollbehörden wie auch den Wirtschaftsbeteiligten als Hilfestellung bei der Beurteilung der Frage dienen soll, ob die Kriterien für die Bewilligung des AEO-Status erfüllt sind oder nicht.

Der Fragebogen setzt sich aus mehreren Abschnitten zusammen. Der erste Abschnitt hilft den Zollbehörden, sich aus der „Zoll"-Perspektive eine Gesamtvorstellung vom Antragsteller zu verschaffen. Jeder weitere Abschnitt bezieht sich auf ein bestimmtes der in Artikel 5a des ZK und den betreffenden Artikeln der DVZK genannten Kriterien (so betrifft beispielsweise Abschnitt II Artikel 14h DVZK – Einhaltung der Zollvorschriften). Die meisten Abschnitte sind in Unterabschnitte unterteilt, die den einzelnen Unterpunkten des betreffenden Artikels der DVZK entsprechen.

Die Antragsteller brauchen nicht alle Fragen zu beantworten, wenn die Informationen den Zollbehörden bereits bekannt sind oder die Frage für die konkrete Situation des Antragstellers nicht relevant ist. Der Fragebogen sollte auch in Verbindung mit Teil 3 gelesen werden, aus dem hervorgeht, welche Bereiche der Kriterien für die einzelnen Parteien der Lieferkette gelten.

---

[19] ABl. L 117 vom 4.5.2005, S. 13.

Anhang

Die in dem Fragebogen enthaltenen Punkte müssen nicht von allen Beteiligten einheitlich abgehandelt werden: Eine bestimmte Anforderung kann mit verschiedenen Mitteln und Methoden erfüllt werden.

Neu gegründete Unternehmen sind möglicherweise nicht in der Lage, alle Informationen zu den Fragen zu liefern, die sich auf die bisherige Geschäftstätigkeit beziehen. Wenn das neue Unternehmen jedoch durch den Zusammenschluss bereits bestehender Unternehmen entstanden ist, wären allgemeine Informationen über diese Unternehmen und ihre Einhaltung der Zollvorschriften den Zollbehörden bei der Bewertung der Risiken im Zusammenhang mit fehlenden Informationen hilfreich.

II. Europäische Vorschriften

I.2 Risiken und zu beachtende Punkte

I.2.1 Abschnitt I Informationen über das Unternehmen

Dieser Abschnitt enthält eine Aufstellung der Informationen, die die Zollbehörde benötigt, um sich ein „Bild" von dem Unternehmen und seiner Tätigkeit zu verschaffen. Einige dieser Informationen liegen möglicherweise bereits vor, wenn das Unternehmen über eine Zollgenehmigung verfügt.

Im Hinblick auf die Bewilligung des AEO-Status muss der Antragsteller die am Ende der Erläuterungen in Anhang 1C der DVZK aufgelisteten Informationen vorlegen. Anhand der in diesem Teil genannten Bereiche könnte sich der Antragsteller vergewissern, dass er alle relevanten Informationen übermittelt hat. Außerdem soll dadurch die Erlangung des AEO-Status erleichtert werden.

I.2.1.1 Unterabschnitt 1 Geschäftsvolumen

1.01.	Indikator	Beschreibung des Risikos	Zu beachtende Punkte	Verweis auf international anerkannte Normen
1.	(Allgemeiner) Jahresumsatz		Wie hoch ist der (allgemeine) Jahresumsatz der letzten drei Jahre?	
2.	Gewinne und Verluste		Wie hoch waren die Gewinne und Verluste des Antragstellers in den letzten drei Jahren?	
3.	Lagerkapazitäten		Über welche Lagerkapazitäten (in m² oder m³) verfügt das Unternehmen?	
4.	Ankauf von Waren (Außenhandel)		Schätzen Sie das Volumen (gegebenenfalls pro Lieferant) der Waren (Menge und Wert), die voraussichtlich in den nächsten zwei Jahren eingehen werden. Hier bitte auch die Warenbezeichnungen angeben.	
5.	Waren, die in ein Zoll- oder Steuerlager eingehen		Schätzen Sie das Volumen (ggf. pro Lieferant) der Waren (Menge und Wert), die voraussichtlich in den nächsten zwei Jahren in einem Zoll- oder Steuerlager eingehen werden. Hier bitte auch die Warenbezeichnungen angeben.	
6.	Waren, die im Produktionsprozess eingesetzt werden		Schätzen Sie das Volumen (Menge und Wert) der Waren, die voraussichtlich in den nächsten zwei Jahren im Produktionsprozess eingesetzt werden. Hier bitte auch Warenbezeichnungen der Grundstoffe und Halbfertigwaren angeben.	

7.	Ergebnis des Produktionsprozesses	Schätzen Sie das Ergebnis des Produktionsprozesses (Menge und Wert), das in den nächsten zwei Jahren erwartet wird. Hier bitte auch die Warenbezeichnungen angeben.
8.	Verkäufe (Außenhandel)	Schätzen Sie das Volumen (ggf. pro Käufer) der Verkäufe (Menge und Wert), die in den nächsten zwei Jahren erwartet werden. Hier bitte auch die Warenbezeichnungen angeben.
9.	Entnahmen aus dem Zoll- oder Steuerlager	Schätzen Sie das Volumen (ggf. pro Käufer) der Waren (Menge und Wert), die voraussichtlich in den nächsten zwei Jahren aus dem Zolllager entnommen werden. Hier bitte auch die Warenbezeichnungen angeben.

II. Europäische Vorschriften

I.2.1.2 Unterabschnitt 2 Statistische Angaben

1.02.	Indikator	Beschreibung des Risikos	Zu beachtende Punkte	Verweis auf international anerkannte Normen
1.	Zolltarifliche Einreihung	Falsche Einreihung der Waren. Falscher Zollsatz.	Auf welche Weise und von wem werden die Waren eingereiht (Zolltarif, Verbrauchsteuerkategorie, sonstige Abgaben)? Gibt es eine Datei, in der jede Artikelnummer einem Warencode zugeordnet wird? Wenn ja, wie und von wem wird diese Datei geführt? Enthält diese Datei auch den aktuellen Zollsatz? Wenn ja, von wem wird sie geführt? Auf welche Art und Weise werden Waren/neue Produkte eingereiht? Geben Sie einen Überblick über alle relevanten Artikelnummern, die dem Warencode und den Zoll- bzw. Steuersätzen (MwSt., Verbrauchsteuer, Einfuhrzölle, unter die gemeinsame Marktordnung fallende Agrargüter) zugeordnet sind. Welche Hilfsmittel verwendet der Wirtschaftsbeteiligte für die zolltarifliche Einreihung (zum Beispiel Handbücher)?	
2.	Prozentsatz Einfuhrzölle	Verwendung eines zu niedrigen Zollsatzes	Geben Sie einen Überblick über die Steuersätze, die den einzelnen Warencodes zugeordnet sind.	
3.	Prozentsatz MwSt.	Verwendung eines zu niedrigen MwSt.-Satzes	Geben Sie einen Überblick über die Steuersätze, die den einzelnen Warencodes zugeordnet sind.	
4.	Prozentsatz Verbrauchsteuer	Verwendung eines zu niedrigen Verbrauchsteuersatzes	Geben Sie einen Überblick über die Steuersätze, die den einzelnen Warencodes zugeordnet sind.	
5.	GAP (Zölle u. Erstattungen)	Angabe falscher Zolltarifnummern (zu niedrige Zollsätze, zu hohe Rückerstattungen).		
6.	Präferenzmaßnahmen	Angabe falscher Ursprungscodes oder Zolltarifnummern.	Gelten für die Waren, mit denen der Antragsteller handelt, Zollpräferenzmaßnahmen?	
7.	Antidumpingzölle	Angabe falscher Zolltarifnummern oder falscher Lieferanten.	Geben Sie einen Überblick über die Antidumpingzölle, die den einzelnen Warencodes und dem Hersteller zugeordnet sind.	
8.	Ursprung/Herkunft Waren	Missbrauch von Präferenzzöllen.	Geben Sie einen Überblick über den Ursprung der zur Einfuhr angemeldeten Waren.	

151

Anhang

	Umgehung von Beschränkungen durch die Angabe falscher Ursprungsdaten.	Geben Sie einen Überblick über die Waren/Artikel (-nummern), für die das Unternehmen Präferenzzölle in Anspruch nimmt. Wie wird normalerweise überprüft, ob das Ursprungsland der eingeführten Waren korrekt angegeben ist? Wie sieht das Verfahren für die Ausstellung von Ursprungsnachweisen bei der Ausfuhr in der Regel aus?
9. Zoll-/MwSt.-Wert *Hinweis: MwSt. nur einfuhr- und ausfuhrbezogen*	Angabe eines falschen Zollwerts.	Wie wird der Zoll- und MwSt.-Wert in der Regel bestimmt? Wie werden die Fracht- und Versicherungskosten in der Regel angegeben? Falls eine Vereinbarung über den Zollwert (Entscheidung) besteht, geben Sie an, welche und fügen Sie eine Kopie des entsprechenden Schreibens bei. Folgende Aspekte im Zusammenhang mit dem Zollwert können überprüft werden: Welche Incoterms-Klausel wird angewandt? ➢ Sind Käufer und Verkäufer EU-rechtlich als verbundene Unternehmen zu betrachten? Hat diese Beziehung Einfluss auf den Preis der eingeführten Waren? ➢ Gibt es Beschränkungen, was die Veräußerung der Waren durch den Käufer betrifft? ➢ Sind an den Verkauf oder den Preis Bedingungen oder Gegenleistungen geknüpft, deren Auswirkung auf den Zollwert der betreffenden Waren nicht bestimmt werden kann? ➢ Ist als Verkaufsbedingung die direkte oder indirekte Zahlung von Nutzungs- und Lizenzgebühren durch den Käufer vorgesehen? ➢ Besteht eine Vereinbarung, nach der ein Teil des Erlöses, der aus Wiederverkäufen, Weiterverkäufen oder Nutzung erzielt wird, direkt oder indirekt an den Verkäufer fließt? ➢ Entstehen dem Käufer Kosten (die nicht im Preis enthalten sind) für Provisionen oder Kommissionsgebühren (außer Einkaufsprovisionen) oder für Container und Verpackungen? ➢ Gibt es Waren und/oder Dienstleistungen, die der Käufer kostenlos oder zu ermäßigten Kosten für die Verwendung im Zusammenhang mit der Produktion und dem Verkauf der eingeführten Waren zur Verfügung stellen muss?

› Fallen außer den Kosten für die Lieferung der importierten Waren, die im Kaufpreis enthalten sind, weitere Kosten an?
› Ist die Person, die die Waren anmeldet, über mögliche Kosten informiert, die nicht unmittelbar mit einer Sendung zusammenhängen?

Anhang

I.2.2 Abschnitt II Bisherige Einhaltung der Zollvorschriften

Kriterium:
Bisher angemessene Einhaltung der Zollvorschriften
Artikel 14h der DVZK

Der Antragsteller, die Personen, die das Unternehmen leiten oder die die Kontrolle über die Unternehmensleitung ausüben und gegebenenfalls der gesetzliche Vertreter des Antragstellers in Zollangelegenheiten und die Person, die im Unternehmen für Zollfragen zuständig ist, dürfen in den letzten drei Jahren vor der Einreichung des Antrags keinen schwer wiegenden Verstoß oder wiederholte Verstöße gegen Zollvorschriften begangen haben. Allerdings kann die bisherige Einhaltung der Vorschriften als angemessen angesehen werden, wenn die Verstöße gemessen an der Anzahl oder am Umfang der zollrelevanten Tätigkeiten von untergeordneter Bedeutung waren und keine Zweifel am guten Willen des Antragstellers bestehen.

Die bisherige Einhaltung der Zollvorschriften kann unter Umständen anhand der Akten der Zollbehörde beurteilt werden. Wenn die Personen, die die Kontrolle über die Leitung des antragstellenden Unternehmens ausüben, in einem Drittland niedergelassen oder ansässig sind, wird die Einhaltung der Zollvorschriften anhand der verfügbaren Informationen beurteilt.

Wenn das Unternehmen erst seit weniger als drei Jahren auf dem Markt ist, wird die Einhaltung der Zollvorschriften anhand verfügbarer Aufzeichnungen und Informationen beurteilt.

Verstöße von untergeordneter Bedeutung
Bei der Frage, ob ein Verstoß als unbedeutend gelten kann, gilt es zunächst zu beachten, dass jeder Fall anders ist und für sich genommen unter Berücksichtigung des Hintergrunds und der Größe des betreffenden Antragstellers geprüft werden sollte. Ein Verstoß, der in einem Mitgliedstaat als unbedeutend gelten kann, kann in einem anderen Mitgliedstaat von schwer wiegender Bedeutung sein. Es sollte festgestellt werden, ob die Verstöße ein Hinweis auf ein tiefer liegendes Problem aufgrund mangelnder Kenntnis der Zollregelungen und -verfahren seitens des Wirtschaftsbeteiligten oder aber die Folge seiner Nachlässigkeit sind. Wenn die Prüfung dieser Punkte zu dem Schluss führt, dass der Verstoß als unbedeutend gelten kann, muss der Wirtschaftsbeteiligte nachweisen, welche Maßnahmen er zur Reduzierung der Zahl der Verstöße bei seinen zollrelevanten Tätigkeiten zu treffen beabsichtigt.
Die folgende Checkliste kann den Zollbediensteten bei der Beurteilung der Frage helfen, ob die festgestellten Verstöße als von untergeordneter Bedeutung angesehen werden können:

- Es empfiehlt sich eine kumulative Betrachtungsweise der Verstöße;
- Die Häufigkeit der Verstöße sollte im Verhältnis zu Zahl und Umfang der zollrelevanten Vorgänge geprüft werden;

II. Europäische Vorschriften

- Es darf keine vorsätzliche Betrugsabsicht vorliegen;
- Der Kontext sollte immer mit berücksichtigt werden;
- Falls der Zollagent des Beteiligten für den Verstoß verantwortlich ist, muss der Beteiligte nachweisen, welche Maßnahmen er zu treffen beabsichtigt, um die Zahl der Verstöße seines Agenten zu reduzieren.

Hinweis: Die in den beiden folgenden Unterabschnitten aufgeführten Informationen können im Wesentlichen von der Zollbehörde selbst eingeholt werden, und zwar auf der Grundlage von Informationen aus unterschiedlichen Quellen innerhalb der Zollverwaltung, einschließlich nationaler und internationaler Vollstreckungsbehörden.

I.2.2.1 Unterabschnitt 1 Bisheriges Verhalten gegenüber Zollbehörden und anderen einschlägigen staatlichen Stellen

2.01.	Indikator	Beschreibung des Risikos	Zu beachtende Punkte	Verweis auf international anerkannte Normen
1.	Zollvorgänge	Bei großem Geschäftsvolumen können Unregelmäßigkeiten zu einem hohen finanziellen oder nichtfinanziellen Risiko führen.	• Anzahl der Zollanmeldungen, die in den letzten drei Jahren eingereicht wurden, aufgeschlüsselt nach Art der Anmeldung. • In den kommenden Jahren erwartete wesentliche Änderungen. • Beteiligte Zollstellen. • Überblick über die beteiligten Zollmakler/-agenten (Namen, Adresse, Identifikationsnummer).	
2.	Prüfung der Einhaltung der Vorschriften	Nichteinhaltung der Vorschriften	Wurden bei der letzten Prüfung Verstöße festgestellt? Wenn ja, welche Maßnahmen hat der Antragsteller getroffen, um in Zukunft die Nichteinhaltung der Zollvorschriften zu verhindern?	
3.	(Frühere) Anträge auf Genehmigung	Nichteinhaltung der Vorschriften	Wurde in den letzten drei Jahren eine Zollgenehmigung für den Antragsteller widerrufen oder ausgesetzt, oder wurde ein Antrag auf eine Zollgenehmigung abgelehnt? Wenn ja, was waren die Gründe für die Ablehnung durch die Zollverwaltung?	
4.	Einhaltung der Zollvorschriften	Nicht ausreichendes Bewusstsein für Verstöße gegen Zollvorschriften	Hat der Antragsteller Verfahren für die Meldung von Unregelmäßigkeiten an die zuständigen Behörden eingeführt? Beschreiben Sie die Maßnahmen, die beim Verdacht auf kriminelle Tätigkeit zur Übermittlung von Informationen an die Zollbehörde in der Regel ergriffen werden.	

Anhang

I.2.1.2 Unterabschnitt 2 Informationen aus Ermittlungsverfahren

2.02.	Indikator	Beschreibung des Risikos	Zu beachtende Punkte	Verweis auf international anerkannte Normen
1.	Unregelmäßig-keiten	Nichteinhaltung der Vorschriften	a) Gab es steuerliche und nichtsteuerliche Unregelmäßigkeiten im Zusammenhang mit Zollvorschriften und Zollverfahren sowie anderen rechtlichen Verpflichtungen im Hinblick auf die Ein- und Ausfuhr und die Beförderung von Waren? Wenn ja, welche? b) Wurde gegen den Antragsteller wegen Betrugsverdachts ermittelt? c) Ist der Antragsteller im Bereich besonderer Hochrisikowaren tätig (z. B. Waffen, Güter mit doppeltem Verwendungszweck, verbrauchsteuerpflichtige Waren oder unter die gemeinsame Marktorganisation fallende Agrargüter)?	

I.2.3 Abschnitt III Buchführungs- und Logistiksystem des Antragstellers

Kriterium:
Ein zufrieden stellendes System zur Führung der Geschäftsbücher und gegebenenfalls der Beförderungsunterlagen, das angemessene Zollkontrollen ermöglicht
Artikel 14i DVZK

Der folgende Unterabschnitt bezieht sich auf folgende Teilkriterien:

Artikel 14i Buchstabe a DVZK: Der Antragsteller muss ein Buchführungssystem verwenden, das den allgemein anerkannten Buchführungsgrundsätzen des Mitgliedstaats entspricht, in dem die Bücher geführt werden, und das auf Buchprüfungen basierende Zollkontrollen erleichtert.

Artikel 14i Buchstabe b DVZK: Um den Zollbehörden die Durchführung der erforderlichen Kontrollen zu ermöglichen, muss das Unternehmen diesen den physischen oder elektronischen Zugang zu den Zollunterlagen und gegebenenfalls auch zu den Beförderungsunterlagen gestatten. Allerdings ist der elektronische Zugriff keine Voraussetzung für die Erfüllung dieser Anforderung.

Artikel 14i Buchstabe c DVZK: Der Antragsteller muss über ein logistisches System verfügen, das zwischen Gemeinschafts- und Nichtgemeinschaftswaren unterscheidet. Im Falle eines AEO-Zertifikats „Sicherheit" ist die Erfüllung dieses Kriteriums nicht notwendig. Dieses Erfordernis gilt nicht für das AEO-Zertifikat „Sicherheit".

Zugang zu den Unterlagen des Unternehmens

Der Zugang zu den Unterlagen eines Unternehmens ist definiert als die Möglichkeit, sich die benötigten Informationen zu beschaffen, unabhängig davon, wo diese Daten physisch aufbewahrt werden. Zu den benötigten Informationen zählen beispielsweise die Geschäftsbücher des Unternehmens sowie alle sonstigen Angaben, die für die Vorprüfung erforderlich sind.
Dieser Zugang kann in unterschiedlicher Form erfolgen:

- **Papiergestützt:** Es wird ein Ausdruck der benötigten Informationen vorgelegt. Dies kann beispielsweise bei der Prüfung der Jahresabschlüsse der Fall sein.
- **CD-ROM u.ä.:** Eine Kopie der benötigten Informationen wird auf CD-ROM oder in ähnlicher Form vorgelegt. Die papiergestützte Lösung bietet sich an, wenn die Menge der benötigten Informationen begrenzt ist. Diese Lösung bietet sich an, wenn es sich um eine größere Menge von Informationen handelt und die Verarbeitung von Daten erforderlich ist. Dies kann beispielsweise der Fall sein, wenn die vollständigen Daten oder ein Auszug aus den Finanztransaktionen eines bestimmten Lieferantenkontos über einen bestimmten Zeitraum hinweg geprüft werden.
- **„Online-Zugang":** über das Datenverarbeitungssystem des Unternehmens im Fall eines Besuchs vor Ort. Hierbei handelt es sich um eine Mischform der beiden vorgenannten Lösungen.

Unabhängig davon, in welcher Form die Daten zugänglich sind, sollte den Zollbehörden die Möglichkeit der Bearbeitung dieser Daten offen stehen.

Anhang

I.2.3.1 Unterabschnitt 1 Prüfpfad

In der Buchführung wird unter dem Begriff „Prüfpfad" ein Verfahren verstanden, mit dem man jede Eintragung bis zu ihrer Quelle zurückverfolgen kann, um deren Richtigkeit zu prüfen. Ein vollständiger Prüfpfad ermöglicht es, den vollständigen Lebenszyklus betrieblicher Vorgänge zu verfolgen, d.h. in diesem Zusammenhang den Fluss von Waren und Produkten, die beim Antragsteller eingehen, dort verarbeitet werden und das Unternehmen wieder verlassen. Viele Unternehmen und Organisationen haben aus Sicherheitsgründen einen solchen Prüfpfad in ihren automatisierten Systemen. Über den Prüfpfad wird der Weg der Daten im zeitlichen Ablauf erfasst; auf diese Weise kann jeder Datensatz vom Augenblick des Eingangs in die Buchführung des Unternehmens bis zur Ausbuchung verfolgt werden.

3.01.	Indikator	Beschreibung des Risikos	Zu beachtende Punkte	Verweis auf international anerkannte Normen
1.	Zugriffsebene für zuständige Behörden	• Aufgrund der Struktur des Buchführungssystems des Antragstellers keine kurzfristigen Buchprüfungen möglich. • Keine Kontrolle über Systemsicherheit und Zugang.	a) Die Zollbehörden sollten zu Kontrollzwecken Zugang zu den Unterlagen des Antragstellers haben. Falls erforderlich, betrifft dies auch die summarischen Anmeldungen. b) Gibt es einen speziellen Prüfpfad für Steuer- und/oder Zollzwecke?	ISO 9001:2001, Abschnitt 6,3

II. Europäische Vorschriften

I.2.3.2 Unterabschnitt 2 Buchführungssystem

3.02.	Indikator	Beschreibung des Risikos	Zu beachtende Punkte	Verweis auf international anerkannte Normen
1.	EDV-Umfeld	Komplexes System bietet die Möglichkeit, illegale Vorgänge zu verschleiern. Keine Verbindung zwischen Güter- und Geldstrom.	Wie ist das EDV-Umfeld des Unternehmens aufgebaut? Folgende Elemente sollten überprüft werden: - Art und Umfang der EDV-Ausstattung anhand folgender Aspekte: Großrechner/Mini-PCs /PC-Netzwerk oder Stand-alone-Version - Vorhandene Hardware-Plattform und Betriebssystem - Trennung der Funktionen (Entwicklung, Test und Betrieb) in der EDV-Abteilung (Aufgabenbereiche) - Trennung der Funktionen zwischen Nutzern und EDV-System - Trennung der Funktionen zwischen den Nutzern innerhalb des Systems - Wie wird der Zugriff auf die verschiedenen Teile des Systems kontrolliert? - Welche Anwendungen wurden ausgelagert? - Welchem Softwareunternehmen wurden sie übertragen?	ISO 9001:2001, Abschnitt 6,3
2.	Integriertes Buchführungssystem	Falsche und/oder unvollständige Verbuchung von Vorgängen im Buchführungssystem. Keine Trennung der Aufgabenbereiche[20]. Kein Abgleich zwischen Bestands- und Bilanzbuchhaltung.	Sind Finanzbuchhaltung und Materialbuchhaltung Bestandteile eines integrierten Buchführungssystems? **Finanzbuchhaltung** Beschreiben Sie kurz das Finanzbuchhaltungssystem. Beziehen Sie dabei folgende Elemente in Ihre Beschreibung oder in die Antwort auf die folgenden Fragen ein: a) Welche Software verwendet Ihr Unternehmen? b) Handelt es sich dabei um ein speziell auf das Unternehmen zugeschnittenes System oder um eine Standardsoftware? c) Wer hat das Softwarepaket hergestellt oder geliefert? d) Wurden an dem Standardpaket Anpassungen vorge-	

[20] Die Trennung der Aufgabenbereiche sollte unter besonderer Berücksichtigung der Größe des Antragstellers geprüft werden. So kann beispielsweise bei einem im Straßengüterverkehr tätigen Kleinstunternehmen, das täglich nur eine geringe Zahl von Vorgängen abwickelt, das Verpacken, der Umschlag sowie des Be- und Entladen der Waren dem Lkw-Fahrer übertragen werden. Die Warenannahme, ihre Erfassung im Buchhaltungssystem und die Bezahlung/Entgegennahme der Rechnungen sollten dagegen (einer) anderen Person(en) übertragen werden

Anhang

e) nommen? Wenn ja, welche und aus welchen Gründen?
f) Wo und von wem wird die Finanzbuchhaltung geführt?
 Bitte übermitteln Sie eine Aufstellung der Hauptkonten.
g) Wer überprüft, ob die Einträge in den Unterkonten mit den Einträgen in den Hauptkonten übereinstimmen?
h) Sind im System Zwischenabschlüsse zu Prüfungszwecken vorgesehen? Wer ist für deren Koordinierung verantwortlich? Wenn solche Abschlüsse vorgenommen werden, geben Sie einen Überblick über die Hauptkonten und geben Sie an, wo diese Buchung erfolgt.
i) Sind die Verbindlichkeiten in Bezug auf Einfuhrabgaben/Verbrauchsteuer in den Hauptkonten so verbucht, dass sie auf andere Konten übertragbar sind? Wenn ja, geben Sie einen Überblick über die Hauptkonten und geben Sie an, wo diese Buchungen vorgenommen werden.
j) Können in der Finanzbuchhaltung Lieferanten von Nichtgemeinschaftswaren von Lieferanten von Gemeinschaftswaren unterschieden werden?

Materialbuchhaltung

a) Welches Software-Paket verwendet der Antragsteller?
b) Handelt es sich dabei um eine eigens für ihn entwickelte Software oder um eine Standardsoftware?
c) Wer hat das Softwarepaket hergestellt oder geliefert?
d) Wurden an dem Standardpaket Anpassungen vorgenommen? Wenn ja, welche und aus welchen Gründen?
e) Wo und von wem wird die Materialbuchhaltung geführt?
f) Sind Geschäftsbestands- und Lagerbestandsverwaltung getrennt?
g) Arbeiten Sie mit Partien?
h) Ist die Bestandsverwaltung automatisch mit der Finanzverwaltung verbunden? Falls nicht, wie sieht die Schnittstelle zwischen Bestandsverwaltung und Finanzverwaltung aus?
i) Wie können in der Materialbuchhaltung Nichtgemeinschaftswaren oder Waren, die der Zollkontrolle unterliegen, von Gemeinschaftswaren unterschieden werden?

II. Europäische Vorschriften

Kriterium:
Ein zufrieden stellendes System der Führung der Geschäftsbücher und gegebenenfalls der Beförderungsunterlagen, das angemessene Zollkontrollen ermöglicht

Artikel 14i Buchstabe d DVZK: Der Antragsteller muss eine Verwaltungsorganisation haben, die der Art und Größe des Unternehmens entspricht und für die Verwaltung der Warenbewegungen geeignet ist, und über interne Kontrollen verfügen, mit denen illegale oder nicht ordnungsgemäße Geschäfte erkannt werden können.

Artikel 14i Buchstabe e DVZK: Der Antragsteller muss gegebenenfalls über geeignete Verfahren für den Umgang mit Lizenzen und Genehmigungen im Zusammenhang mit handelspolitischen Maßnahmen oder mit dem Handel mit landwirtschaftlichen Erzeugnissen verfügen.

I.2.3.3 Unterabschnitt 3 Interne Kontrollsysteme

3.03	Indikator	Beschreibung des Risikos	Zu beachtende Punkte	Verweis auf international anerkannte Normen
1.	Interne Kontrollverfahren	• Falsche und/oder unvollständige Verbuchung von Transaktionen im Buchführungssystem. • Verwendung falscher oder überholter Stammdaten wie Artikelnummern und Zolltarifnummern.	a) Wurden von der Unternehmensleitung betriebsinterne Richtlinien erlassen, die von den Mitarbeitern im Einkauf, Lager, im Fertigungsbereich und im Verkauf sowie in den Bereichen Spedition und Transport beachtet werden müssen? Wenn ja, wurden diese Richtlinien schriftlich niedergelegt? b) Geben Sie einen Überblick über diese Richtlinien. c) Wendet das Unternehmen in Bezug auf die Buchhaltungssysteme Normen an? d) Werden die Richtlinien regelmäßig aktualisiert und überarbeitet? **Interne Bewertung** a) Beschreiben Sie kurz die internen Verfahren zur Bewertung der Existenz und Betriebsfähigkeit der Verwaltungsorganisation und internen Kontrollen (nachstehend: VO/IK) für die Warenbewegungen. Wurden bei diesen Bewertungen in den letzten drei Geschäftsjahren Unregelmäßigkeiten festgestellt? Wenn ja, geben Sie einen Überblick über die gewonnenen Erkenntnisse und über die Maßnahmen, die daraufhin eingeleitet wurden. **Stammdaten**	ISO 9001:2001, Unterabschnitt 7.4 7.4.4

			a) Beschreiben Sie die Verfahren zur Anpassung zollrelevanter Stammdaten (Stammdateien) (zum Beispiel Stammdateien über Gläubiger, Artikelnummern, Warencodes und statistische Daten). b) Wer/welche Abteilung/en ist/sind hierfür zuständig? c) Wie werden Änderungen archiviert? d) Auf welche Weise werden Stammdaten elektronisch aufbewahrt? e) Wird ein Verzeichnis der Stammdaten geführt?	
2.	Interne Kontrollverfahren für den Produktionsbereich	• Unzureichende interne Kontrollen der Geschäftsprozesse des Antragstellers. • Keine oder unzureichende Kontrollverfahren ermöglichen Betrug, unzulässige oder illegale Aktivitäten.	a) Ist der Produktionsbereich klar vom Einkaufs-, Verkaufs- und Verwaltungsbereich getrennt? b) Wer/welche Abteilung ist für Neukalkulationen zuständig, und anhand welcher Daten wird diese durchgeführt? c) Wird für jeden Zeitraum oder für jeden Produktionslauf eine Neukalkulation erstellt? d) Beschreiben Sie, wie bei Differenzen zwischen ursprünglicher Kalkulation und Neukalkulation verfahren wird. Wer ist dafür zuständig? e) Wer gibt welche Daten über Lieferungen, die im Fertigungsprozess eingesetzt werden, in die Beschaffungs- und Finanzverwaltung ein? Auf welcher Basis erfolgen diese Eintragungen? f) Wie werden Produktionsergebnisse in der Finanzverwaltung verarbeitet? g) Welche Journalbuchungen sind in Bezug auf den Produktionsprozess erforderlich?	ISO 9001:2001, Abschnitte 5.5, 6.3, 7.5, 8.2, 8.5

II. Europäische Vorschriften

I.2.3.4 Unterabschnitt 4 Materialfluss

Falls aus Gründen der Klarheit erforderlich, kann der Materialfluss in Form eines Flussdiagramms veranschaulicht werden. Dafür können auch vom Antragsteller angefertigte bereits vorhandene Flussdiagramme verwendet werden.

3.04.	Indikator	Beschreibung des Risikos	Zu beachtende Punkte	Verweis auf international anerkannte Normen
1.	Allgemein	Mangelnde Kontrolle der Bestandsveränderungen ermöglicht es, gefährliche Waren oder Waren, die für terroristische Zwecke benutzt werden können, ohne entsprechende Registrierung in das Lager einzubringen und aus dem Lager zu entnehmen	a) Werden innerbetriebliche Warenbewegungen erfasst, und lassen sich die Verbindungen zwischen den einzelnen Bewegungen zurückverfolgen? Wenn ja, wie häufig und von wem werden diese Aufzeichnungen vorgenommen? b) Werden dabei Mengen und/oder Wertbeträge registriert? c) Wer analysiert diese Warenbewegungen und wie oft? d) Wer entscheidet darüber, wie vorgegangen wird, wenn Materialdifferenzen festgestellt werden? e) Welche Standards werden in diesem Zusammenhang angewandt?	ISO 9001:2001, Abschnitt 6,3
2.	Wareneingang	• Fehlender Abgleich zwischen bestellten Waren, eingegangenen Waren und der Verbuchung. • Mangelnde Kontrolle der Bestandsveränderungen ermöglicht es, gefährliche Waren oder Waren, die für terroristische Zwecke benutzt werden können, ohne entsprechende Registrierung in das Lager einzubringen und aus dem Lager zu entnehmen	a) Welche Verfahren kommen beim Ankauf und der Annahme von Waren zur Anwendung, die aus Drittländern eingeführt werden? b) Wie (anhand welcher Dokumente), wann und von wem werden eingeführte Waren in das Bestandssystem eingegeben? c) Zu welchem Zeitpunkt wird der Wareneingang im Bestand verbucht? d) Buchungssysteme für den Ankauf und den Eingang von Waren sowie die Zahlungsabwicklung e) Wie wird bei der Warenrücknahme vorgegangen? f) Wie wird vorgegangen, wenn Abweichungen beim Wareneingang festgestellt werden? g) Was geschieht bei Fehlbuchungen in der Bestandsverwaltung? h) Wie sieht das Bestandsaufnahmeverfahren aus?	ISO 9001:2001, Abschnitt 6,3

Anhang

3.04.	Indikator	Beschreibung des Risikos	Zu beachtende Punkte	Verweis auf international anerkannte Normen
3.	Lagerung	• Fehlende Kontrolle der Bestandsveränderungen. • Mangelnde Kontrolle der Bestandsveränderungen ermöglicht es, gefährliche Waren oder Waren, die für terroristische Zwecke benutzt werden können, ohne entsprechende Registrierung in das Lager einzubringen und aus dem Lager zu entnehmen.	a) Verfügt der Antragsteller über geeignete Verfahren für die Kontrolle des Warenbestands? Diese Verfahren können u.a. die folgenden Maßnahmen umfassen: ✓ klare Zuweisung eines Lagerplatzes für die Lagerung der Waren; ✓ Bestandsaufnahmeverfahren; ✓ Verfahren für den Fall, dass die Waren in einem Zwischenlager gelagert werden; ✓ Vorkehrungen für Kontrollen im Hinblick auf Beschädigungen, Verrottung oder Zerstörung von Waren.	ISO 9001:2001, Abschnitt 6,3
4.	Fertigung	• Fehlende Kontrolle der Bestände, die im Fertigungsprozess verwandt werden. • Mangelnde Kontrolle der Bestandsveränderungen ermöglicht es, gefährliche Waren oder Waren, die für terroristische Zwecke benutzt werden können, ohne entsprechende Registrierung in das Lager einzubringen und aus dem Lager zu entnehmen.	Stellen Sie fest, ob das Unternehmen über geeignete Verfahren für die Kontrolle des Fertigungsprozesses verfügt. a) Beschreiben Sie das Verfahren für die Anforderung und Lieferung von Grundstoffen aus dem Lager. b) Beschreiben Sie, wie der Einsatz der Grundstoffe im Produktionsprozess aufgezeichnet wird. c) Beschreiben Sie, wie Fertigerzeugnisse registriert werden. d) Beschreiben Sie, wie Produktionsverluste registriert werden. e) Beschreiben Sie, wie die Fertigerzeugnisse für das Verkaufslager freigegeben werden. Diese Verfahren können u.a. die folgenden Maßnahmen umfassen: - Eine eigene Abteilung, die für die Zuweisung der Grundstoffe für die Fertigung zuständig ist. - Die Personen, die für die Zuweisung der Grundstoffe für die Fertigung zuständig sind, registrieren diese in der Buchhaltung. - Einsatz von Standardfertigungsmethoden in der Produktion. - Ordnungsgemäße Dokumentation der Fertigungsmethoden. - Regelmäßige Kontrolle der Fertigungsmethoden. - Endprodukte sollten einer Qualitätskontrolle unterzogen	ISO 9001:2001, Abschnitt 6,3

II. Europäische Vorschriften

5.	Warenausgang, Lieferung aus dem Verkaufslager, Warenversand und -transfer	• Mangelnde Kontrolle der Bestandsveränderungen ermöglicht es, gefährliche Waren oder Waren, die für terroristische Zwecke benutzt werden können, ohne entsprechende Registrierung in das Lager einzubringen und aus dem Lager zu entnehmen • Fehlender Abgleich zwischen den Lagerbestandsdaten und Einträgen in den Geschäftsbüchern. • Keine angemessene freiwillige Offenlegung entsprechender Angaben.	werden. - Die Kontrollergebnisse sollten registriert werden. Stellen Sie fest, ob der Antragsteller über geeignete Verfahren verfügt, um die Freigabe von Waren aus dem Lager und den Versand der Waren zu kontrollieren. Diese Verfahren können u.a. die folgenden Maßnahmen umfassen: ✓ die Verkaufsabteilung informiert das Lager mit Hilfe standardisierter Verfahren über die Bestellung/die Freigabe der Waren. ✓ Es werden Mitarbeiter benannt, die befugt sind, zu entscheiden, ob die Waren zum Verkauf freigegeben werden. Die Freigabe der Waren wird ordnungsgemäß registriert. ✓ Ein standardisiertes Verfahren für den Informationsaustausch zwischen dem Lagerverwalter und der Abteilung/Stelle beim Antragsteller, die für Zollfragen zuständig ist, um die interne Abstimmung von Warenlieferung und Beginn des Ausfuhrverfahrens sicherzustellen. ✓ Eine letzte Kontrolle vor der Freigabe der Waren, um festzustellen, ob die Waren, die verladen werden, mit dem Auftragsschein übereinstimmen. ✓ Standardverfahren für Warenretouren – Kontrolle, Zählung und Registrierung.	ISO 9001:2001, Abschnitte 6.3, 7.1

Anhang

I.2.3.5 Unterabschnitt 5 Zollförmlichkeiten

3.05.	Indikator	Beschreibung des Risikos	Zu beachtende Punkte	Verweis auf international anerkannte Normen
1.	Allgemein	Unzulässige Anwendung von Zollförmlichkeiten	Beschreiben Sie ausführlich, wie die Zollförmlichkeiten für Zollanmeldungen gehandhabt werden. Hersteller, Ausführer, Lagerhalter und Einführer sollten über interne Verfahren für die Überprüfung von Zollvorgängen verfügen, die von ihren direkten oder indirekten Vertretern abgewickelt werden.	ISO 9001:2001, Abschnitt 6.2.2
2.	Einfuhr- bzw. Ausfuhrlizenzen im Zusammenhang mit handelspolitischen Maßnahmen oder dem Handel mit landwirtschaftlichen Erzeugnissen	Unzulässiger Umgang mit Waren, die Beschränkungen unterliegen	Stellen Sie fest, ob der Antragsteller mit Waren handelt, die handelspolitischen Beschränkungen unterliegen (z.B. Textilsektor). Wenn ja, sollten angemessene Förmlichkeiten und Verfahren für die Handhabung der Einfuhr- und/oder Ausfuhrlizenzen vorgesehen sein. Diese Verfahren können u.a. die folgenden Maßnahmen umfassen: ✓ Registrierung der Lizenzen mit Hilfe von Standardverfahren. ✓ Regelmäßige Kontrollen, um die Gültigkeit und die Registrierung der Lizenzen zu überprüfen. ✓ Die Registrierung der Lizenzen wird von einer anderen Person oder Gruppe von Personen vorgenommen als deren Kontrolle. ✓ Standardmaßnahmen für die Meldung von Unregelmäßigkeiten im Zusammenhang mit den Lizenzen. ✓ Verfahren zur Kontrolle der Verwendung der Waren, für die die Lizenz gilt.	

II. Europäische Vorschriften

Zufrieden stellendes System der Führung der Geschäftsbücher und gegebenenfalls der Beförderungsunterlagen, das angemessene Zollkontrollen ermöglicht

Artikel 14i Buchstabe f DVZK: Der Antragsteller muss über ausreichende Verfahren für die Archivierung der Aufzeichnungen und Informationen des Unternehmens und für den Schutz vor Informationsverlust verfügen.

Artikel 14i Buchstabe g DVZK: Der Antragsteller muss gewährleisten, dass sein Personal darauf hingewiesen wird, dass die Zollbehörden unterrichtet werden müssen, wenn Schwierigkeiten bei der Einhaltung der Vorschriften festgestellt werden, und geeignete Kontakte zur diesbezüglichen Unterrichtung der Zollbehörden herstellen (Beispiel: ungewöhnliche oder verdächtige Frachtunterlagen; ungewöhnliche Auskunftsersuchen über Sendungen; nicht nachgewiesene Ladungen; beschädigte Siegel usw.).

Artikel 14i Buchstabe h DVZK: Der Antragsteller muss über geeignete informationstechnologische Maßnahmen (Firewalls, Virenschutzprogramme usw.) zum Schutz seines Computersystems vor unbefugtem Eindringen und zur Sicherung seiner Unterlagen verfügen.

I.2.3.6 Unterabschnitt 6 Maßnahmen zur Sicherung der Daten – Back-ups, Wiederherstellung von Dateien und Fallback-Vorkehrungen sowie Archivoptionen

3.06	Indikator	Beschreibung des Risikos	Zu beachtende Punkte	Verweis auf international anerkannte Normen
1.	Anforderungen an die Sicherung/Archivierung von Daten	• Aufgrund der Struktur des Buchungssystems des Antragstellers keine kurzfristigen Buchprüfungen möglich. • Absichtliche Zerstörung oder Verlust wichtiger Daten	Beschreiben Sie die Maßnahmen zur Datensicherung wie Back-ups, Wiederherstellung von Daten und Fallback-Vorkehrungen und beantworten Sie (soweit zutreffend) die folgenden Fragen: ✓ Wie lange sind Daten in ihrer ursprünglichen Form online verfügbar? ✓ Wie lange ist der Zugriff auf die Daten online möglich, und wie lange sind sie für Archivzwecke oder die statistische Erfassung verfügbar? ✓ Wie lange werden Daten offline aufbewahrt? ✓ Auf welchen Medien werden die Daten gespeichert? ✓ In welchem Softwareformat werden die Daten gespeichert? ✓ Werden die Daten komprimiert? Wenn ja, auf welcher Stufe? ✓ Wie wird die langfristige Verfügbarkeit sichergestellt (technische Qualität der Speichermedien, Datenträger, Verfügbarkeit von Hardware und Programmcodes, Beschreibung der Daten- und Programmcodes).	ISO 9001:2001, Abschnitt 6,3 ISO 17799:2005 ISO 27001:2005 ISO-Normen für Standards zur IT-Sicherheit

Anhang

I.2.3.7 Unterabschnitt 7 Informationssicherheit – Schutz der Computersysteme

3.07	Indikator	Beschreibung des Risikos	Zu beachtende Punkte	Verweis auf international anerkannte Normen
1.	Zertifizierungsstandards für den Schutz der Computersysteme	Unbefugter Zugriff und/oder Eindringen in die Computersysteme des Wirtschaftsbeteiligten.	Werden vorhandene Zertifizierungsstandards für den Schutz der Computersysteme genutzt?	ISO 17799:2005 ISO 27001:2005

2.	Interne Kontrollverfahren	• Unbefugter Zugriff und/oder Eindringen in die Computersysteme des Wirtschaftsbeteiligten.
		• Absichtliche Zerstörung oder Verlust wichtiger Daten.
			a) Welche Maßnahmen (zum Beispiel: Firewall; regelmäßige Änderung der Passwörter) werden zum Schutz der Computersysteme des Wirtschaftsbeteiligten vor unbefugtem Eindringen getroffen?
			b) Sind Eindringungstests durchgeführt worden? Falls keine solchen Tests durchgeführt wurden, sollte der Antragsteller dies nachholen, um die Sicherheit seiner Systeme nachzuweisen.
			
			Solche Verfahren können u.a. folgende Maßnahmen umfassen:
			    ✓ aktualisierte dokumentierte Sicherheitsmaßnahmen zum Schutz der Computersysteme des Antragstellers; registrierter Zugriff nur für autorisierte Personen; regelmäßige Änderung der Passwörter; Überwachungssysteme usw.
			    ✓ einen aktualisierten Sicherheitsplan, der beschreibt, welche Maßnahmen zum Schutz der Computersysteme vor unbefugtem Zugriff sowie vor absichtlicher Zerstörung oder dem Verlust von Daten in Kraft sind.
				ISO/PAS 28001:2006, Abschnitt A 3.3
				ISO 27001:2005

3.	EDV-Ausstattung	• Unbefugter Zugriff und/oder Eindringen in die Computersysteme des Wirtschaftsbeteiligten. • Absichtliche Zerstörung oder Verlust	a) Welche Regeln/Verfahren gelten für die Vergabe von Zugriffsrechten und die Zugangsebene für die Computersysteme? Der Zugriff auf sensible Daten sollte auf die Mitarbeiter beschränkt sein, die befugt sind, die Daten zu ändern bzw. zu ergänzen. b) Wer ist verantwortlich für den Schutz und den Betrieb des Computersystems des Antragstellers? Die Verantwortung	ISO/PAS 28001:2006, Abschnitt A 3.3 ISO 27001:2005

II. Europäische Vorschriften

			sollte nicht nur einer Person, sondern mehreren Mitarbeitern übertragen werden, damit eine gegenseitige Kontrolle gewährleistet ist.	
4.	Notfallplan	• Unbefugter Zugriff und/oder Eindringen in die Computersysteme des Wirtschaftsbeteiligten. • Absichtliche Zerstörung oder Verlust wichtiger Daten.	Der Antragsteller sollte über einen Sicherheitsplan für Zwischenfälle verfügen.	ISO/PAS 28801:2006, Abschnitt A 3.3 ISO 27001:2005
5.	Routinemaßnahmen bei Systemstörungen und Systemausfall	• Unbefugter Zugriff und/oder Eindringen in die Computersysteme des Wirtschaftsbeteiligten. • Absichtliche Zerstörung oder Verlust wichtiger Daten.	Der Antragsteller sollte für den Fall eines Systemausfalls über Routinemaßnahmen zur Sicherung der Daten verfügen. Ferner sollten Verfahren für die Rekonstruktion der Daten nach Behebung der Störung vorgesehen sein.	ISO 27001:2005

Anhang

I.2.3.8 Unterabschnitt 8 Informationssicherheit – Schutz der Unterlagen

3.08.	Indikator	Beschreibung des Risikos	Zu beachtende Punkte	Verweis auf international anerkannte Normen
1.	Interne Kontrollverfahren	• Missbrauch des Informationssystems des Wirtschaftsbeteiligten mit dem Ziel, die Lieferkette zu gefährden. • Absichtliche Zerstörung oder Verlust wichtiger Daten.	a) Mit welchen Maßnahmen werden die Unterlagen des Wirtschaftsbeteiligten vor unbefugtem Zugriff geschützt? b) Sind Eindringungstests durchgeführt worden und positiv ausgefallen? Falls keine solchen Tests durchgeführt wurden, sollte der Antragsteller dies nachholen, um die Sicherheit seiner Systeme nachzuweisen. Solche Verfahren können u.a. folgende Maßnahmen umfassen: ✓ Aktualisierte, schriftliche Regeln zum Schutz der Unterlagen: Methoden der Unterlagenregistrierung, Vergabe von Zugriffsrechten, Erstellung von Sicherheitskopien der Dokumente usw. ✓ Einen aktualisierten Sicherheitsplan, der die Maßnahmen für den Schutz von Dokumenten vor unbefugtem Zugriff sowie vor absichtlicher Zerstörung oder Verlust beschreibt. ✓ Verfahren für die elektronische Speicherung von Dokumenten.	ISO/PAS 28001:2006, Abschnitt A 4,2 ISO 17799:2005 ISO 27001:2005
2.	Notfallplan	• Missbrauch des Informationssystems des Wirtschaftsbeteiligten mit dem Ziel, die Lieferkette zu gefährden. • Absichtliche Zerstörung oder Verlust wichtiger Daten.	Stellen Sie fest, ob es im letzten Jahr zu Zwischenfällen gekommen ist, und welche Maßnahmen ergriffen wurden, um die Sicherheit der Informationen/Unterlagen zu verbessern.	
3.	Zugangsebene für bestimmte	• Missbrauch des Informationssystems des Wirtschafts-	Welche Mitarbeiterkategorien haben Zugriff auf wichtige Informationen über Material- und Informationsfluss? Welche Mitarbeiterkategorien sind befugt, diese Daten zu	ISO/PAS 28001:2006, Abschnitt A 3.3

	Mitarbeiterkategorien	beteiligten mit dem Ziel, die Lieferkette zu gefährden. • Absichtliche Zerstörung oder Verlust wichtiger Daten.	ändern?
4.	Sicherheitsanforderungen an Dritte	• Missbrauch des Informationssystems des Wirtschaftsbeteiligten mit dem Ziel, die Lieferkette zu gefährden. • Absichtliche Zerstörung oder Verlust wichtiger Daten.	Welche Sicherheitsanforderungen stellen Sie an Ihre Handelspartner und andere Kontaktpersonen, was den Umgang mit sensiblen Informationen betrifft, die Sie weitergeben?

Anhang

I.2.4 Abschnitt IV Zahlungsfähigkeit

Kriterium:
Nachweisliche Zahlungsfähigkeit
Artikel 14j DVZK

Gemäß Artikel 14j DVZK gilt die Voraussetzung in Bezug auf die Zahlungsfähigkeit des Antragstellers als erfüllt, wenn seine Zahlungsfähigkeit für die letzten drei Jahre nachgewiesen werden kann. Für die Zwecke dieses Artikels ist die Zahlungsfähigkeit eine gesicherte finanzielle Lage, die es dem Antragsteller unter gebührender Berücksichtigung der Merkmale der Art der Geschäftstätigkeit ermöglicht, die übernommenen Verpflichtungen zu erfüllen.

Wenn das Unternehmen erst seit weniger als drei Jahren auf dem Markt ist, wird seine Zahlungsfähigkeit anhand der verfügbaren Aufzeichnungen und Informationen beurteilt.

Es wird eingeräumt, dass es unter bestimmten Umständen durchaus üblich sein kann, dass das Nettovermögen eines Unternehmens einen negativen Wert aufweist, beispielsweise wenn ein Unternehmen von einer Muttergesellschaft zu Forschungs- und Entwicklungszwecken gegründet wird und die Verbindlichkeiten über ein Darlehen der Muttergesellschaft oder einer Finanzinstitution finanziert werden. In solchen Fällen darf ein negatives Reinvermögen nicht als Hinweis darauf gewertet werden, dass ein Unternehmen nicht zur Erfüllung seiner finanziellen Verpflichtungen in der Lage ist. Allerdings kann die Zollbehörde zusätzliche Nachweise verlangen, beispielsweise eine Garantie des Darlehensgebers oder ein Bankakkreditiv, oder wenn der Antragsteller Einzelunternehmer ist oder im Falle einer Personengesellschaft eine Aufstellung persönlicher Vermögenswerte, die zur Gewährleistung der Zahlungsfähigkeit des Unternehmens eingesetzt werden können.

Zur Überprüfung der Erfüllung dieser Kriterien gibt es zahlreiche Möglichkeiten. Wie intensiv diese Erhebung von Informationen gestaltet wird, hängt auch davon ab, ob der Antragsteller der Zollbehörde bereits bekannt ist.

- Die Zollbehörden können die Bilanzen und Kapitalbewegungen des Antragstellers überprüfen, um sich ein Bild von dessen Fähigkeit zur Begleichung der einklagbaren Forderungen zu verschaffen;
- In den meisten Fällen wird die Bank des Antragstellers Auskunft über dessen Zahlungsfähigkeit erteilen können.
- Die Zentralbank oder sonstige Finanzinstitutionen können ebenfalls für Auskünfte herangezogen werden (Bankauszüge, Geschäftsberichte oder Nachweise jeder Art).
- Gegebenenfalls können Inkassounternehmen konsultiert werden.

II. Europäische Vorschriften

- Der Nachweis über die Zahlungsfähigkeit kann auch vom Antragsteller selbst erbracht werden. So könnte der Antragsteller beispielsweise auf einen Rechnungsprüfungsbericht, die Einstufung seiner Kreditwürdigkeit durch eine Bank oder sonstige Bankauskünfte verweisen. Diese Unterlagen können dann im Rahmen der Buchprüfung eingesehen werden.

Außerdem können die Zollbehörden durch die Überprüfung folgender Sachverhalte feststellen, ob der Antragsteller zur Erfüllung seiner finanziellen Verpflichtungen in der Lage ist:

- Der Antragsteller ist nicht in den Registern der insolventen bzw. in Liquidation befindlichen Unternehmen erfasst.
- Der Antragsteller nimmt zum gegenwärtigen Zeitpunkt keinen Zahlungsaufschub in Anspruch. (Zwischen einem Wirtschaftsbeteiligten und den Zollbehörden kann vereinbart werden, dass die Entrichtung der Zollschulden über einen vereinbarten Zeitraum gestreckt wird, wenn sich der Wirtschaftsbeteiligte in finanziellen Schwierigkeiten befindet oder Cashflow-Probleme aufweist und daher nicht in der Lage ist, seinen Verpflichtungen bei Fälligkeit nachzukommen).
- Der Antragsteller ist in den letzten drei Jahren weder von einem Gerichtsvollzieher aufgesucht worden, noch wurde Einspruch gegen seinen Zahlungsaufschub eingelegt.
- Der Antragsteller ist während der letzten drei Jahre hinsichtlich seiner einklagbaren Zollschulden nicht in Zahlungsverzug geraten (Nicht berücksichtigt werden hier Forderungen, die noch nicht einklagbar sind oder angefochten wurden).

Auch Informationen darüber, ob der Antragsteller seine Zahlungsverpflichtungen gegenüber Dritten einhalten kann, können als nützliche Hintergrundinformation für eine Entscheidung herangezogen werden. So könnten die Zollbehörden beispielsweise die vollständigen Jahresabschlüsse des Antragstellers für die letzten drei Jahre auf folgende Aspekte hin überprüfen:

- Sofern im Gesellschaftsrecht vorgesehen: Wurden die Jahresabschlüsse innerhalb der gesetzlich vorgeschriebenen Fristen hinterlegt?
- Anmerkungen der Rechnungsprüfer oder Geschäftsführer zum Fortgang der Geschäftstätigkeit nach dem Fortführungsprinzip (going-concern).
- Aktueller Stand des Nettoumlaufvermögens.
- Berücksichtigung des Nettoumlaufvermögens und des Umfangs der mit berücksichtigten immateriellen Anlagewerte.

Hinweis in Bezug auf KMU:
Es ist nicht ungewöhnlich, dass Kleinunternehmen bisweilen Zahlungserleichterungen im Sinne von Artikel 229 des Zollkodex beantragen. Vereinzelte Anträge sollten nicht automatisch zur Folge haben, dass der betreffende Antragsteller als zahlungsunfähig eingestuft und ihm deshalb der Status eines zugelassenen Wirtschaftsbeteiligten verweigert wird.

Hinweis in Bezug auf Mutter- und Tochtergesellschaften:

Anhang

Bei der Beurteilung der Finanzlage einer Tochtergesellschaft ist zu berücksichtigen, dass deren Tätigkeit möglicherweise durch eine Garantie der Muttergesellschaft abgedeckt ist. Die Zollbehörden können in Bezug auf die bürgende Gesellschaft weitere Nachweise verlangen.

Hinweis in Bezug auf neu gegründete Unternehmen:
Gemäß Artikel 14j Absatz 2 DVZK wird die Zahlungsfähigkeit eines seit weniger als drei Jahren bestehenden Antragstellers anhand der Aufzeichnungen und Informationen beurteilt, die zum Zeitpunkt der Antragstellung verfügbar sind. Dazu können die jüngsten Cashflow-Zahlen sowie von den Geschäftsführern/Gesellschaftern/dem Einzelunternehmer bestätigte vorläufige Bilanzen und Gewinn- und Verlustrechnungen zählen. Wenn die Geschäftstätigkeit des Antragstellers über ein Darlehen einer anderen Person oder Finanzinstitution finanziert wird, kann die Zollbehörde ferner eine Kopie des Geschäftsszenarios (Business Case) des Antragstellers, des Bankakkreditivs und einen Nachweis verlangen, dass der Antragsteller seinen genehmigten Überziehungsrahmen einhält.

Hinweis in Bezug auf Insolvenz- oder Beitreibungsverfahren:
Falls gegen den Antragsteller ein Insolvenz- oder Beitreibungsverfahren anhängig ist, sollten Informationen darüber eingeholt werden, welche Umstände zur Einleitung dieses Verfahrens geführt haben (Konjunkturschwäche, Zusammenbruch von Tochtergesellschaften, vorübergehende und unerwartete Veränderungen der Markttrends), und welche Beträge dabei auf dem Spiel stehen. Die Schuldenbeträge können mit dem Wert verschiedener Vermögenswerte des Antragstellers abgeglichen werden. Bei solchen Vermögenswerten kann es sich um das Umlaufvermögen (Barmittel und sonstige liquide Aktiva einschließlich Forderungen an Kunden, die binnen maximal eines Jahres in Barmittel umgewandelt werden können), langfristige Aktiva (Anlagen, Ausrüstungen, Immobilien und sonstige Sachanlagen abzüglich Abschreibungen), immaterielle Sachwerte (Aktiva mit einem bestimmten Wert, die jedoch möglicherweise nicht ausbaubar sind, wie Goodwill, Patente, Urheberrechte und anerkannte Markennamen) sowie sonstige Aktiva und Rechnungsabgrenzungsposten (Rückstellungen für künftige Kosten oder Aufwendungen wie Versicherungen, Zinsen oder Mieten, die als Aktiva über einen bestimmten Zeitraum abgeschrieben werden sollen) handeln. Hier gilt es zu prüfen, ob sich die Insolvenz negativ auf die Erfüllung der Kriterien durch den Antragsteller und auf seine Geschäftsabläufe auswirken kann (dabei sollten möglichst die wichtigsten Gläubiger ermittelt und festgestellt werden, ob diese einem Sicherheits- oder Zollrisiko ausgesetzt sind).

Für die Zwecke dieser Leitlinien sollte der Begriff „Insolvenz" nicht im Sinne von „Konkurs" ausgelegt werden. Bei einem Konkurs handelt es sich um eine – in der Regel durch ein Gericht – rechtskräftig erklärte Unfähigkeit oder Beeinträchtigung der Fähigkeit eines Unternehmens, seinen Verpflichtungen gegenüber seinen Gläubigern nachzukommen. Die Gläubiger können den Konkurs eines Schuldners beantragen, um zumindest für einen Teil ihrer Forderungen Schadenersatz zu erhalten. In den meisten Fällen jedoch wird der Konkurs vom Schuldner selbst (dem bankrotten Unternehmen) beantragt. Nach Artikel 14f der DVZK ist ein AEO-Antrag im Konkursfall abzulehnen. Dabei sollte diese Ablehnung dem Antragsteller bereits mitgeteilt werden, bevor die Zollbehörde mit der Prüfung der Unterlagen beginnt.

I.2.4.1 Unterabschnitt 1 Zahlungsunfähigkeit

4.01.	Indikator	Beschreibung des Risikos	Zu beachtende Punkte	Verweis auf international anerkannte Normen
1.	Zahlungsunfähigkeit	Nichteinhaltung der Vorschriften	Prüfen und analysieren Sie die Bilanzen und die Kapitalbewegungen des Antragstellers, um festzustellen, ob dieser imstande ist, seinen finanziellen Verpflichtungen nachzukommen. In der Regel wird die Bank des Antragstellers Auskunft über dessen Zahlungsfähigkeit geben können.	

Anhang

I.2.5 Abschnitt V Sicherheitsanforderungen

Kriterium:
Angemessene Sicherheitsstandards
Artikel 14k Absatz 1 DVZK

I.2.5.1 Unterabschnitt 1 Sicherheitsbewertung durch den Wirtschaftsbeteiligten (Selbstbewertung)

Der Wirtschaftsbeteiligte sollte bei seiner Geschäftstätigkeit ein hohes Maß an Sicherheitsbewusstsein an den Tag legen, und zwar sowohl unternehmensintern als auch in seinen geschäftlichen Beziehungen zu Kunden, Lieferanten und externen Dienstleistern. Zur Vorbereitung der Vorprüfung durch die Zollbehörden kann der Wirtschaftsbeteiligte eine Selbstbewertung vornehmen, um festzustellen, ob sein Unternehmen in der Lage ist, die Sicherheitsanforderungen zu erfüllen. Diese Selbstbewertung ist ein Versuch, die Risiken und Gefahren abzuschätzen, die an der Stelle der Lieferkette, an der das Unternehmen tätig ist, auftreten können. Außerdem geht es um die Ermittlung von Maßnahmen, mit deren Hilfe diese Risiken und Gefahren auf ein Minimum reduziert werden können. Dieser Aspekt wird in den Durchführungsvorschriften nicht eigens erwähnt, sollte jedoch als Hilfestellung für den Antragsteller im Hinblick auf die Einhaltung der Sicherheitskriterien gesehen werden. Es handelt sich dabei um eine Arbeitsmethode, auf die beispielsweise im AEO-COMPACT Modell und im ISO/PAS Standard 28001 verwiesen wird und die im ISPS-Code zwingend vorgeschrieben ist.

5.01.	Indikator	Beschreibung des Risikos	Fragen zur Bewertung des Sicherheitsrisikos	Verweis auf international anerkannte Normen
1.	Selbstbewertung	Unzureichendes Sicherheitsbewusstsein	Welche Art von Sicherheitsrisiken oder Gefahren haben Sie festgestellt?	ISO/PAS 28001:2006, Abschnitt A.4.2 ISPS-Code
2.	Interne Organisation	Unzureichende Koordinierung von Sicherheitsmaßnahmen beim Antragsteller	Wie werden Sicherheitsmaßnahmen Ihres Antragstellers koordiniert? Welcher Mitarbeiter und/oder welche Abteilung Ihres Unternehmens ist für diese Koordinierung zuständig?	ISO/PAS 28001:2006, Abschnitt A.3.3 ISO 9001:2001, Abschnitt 5.5.1 ISPS-Code
3.	Interne Kontrollsysteme	Unzulängliche Kontrolle des Sicherheitsmanagements beim Antragsteller	Gibt es schriftliche Sicherheitsanweisungen, und auf welche Weise werden sie den Mitarbeitern und anderen Personen, die Ihr Unternehmen besuchen, vermittelt?	ISO/PAS 28001:2006, Abschnitt A.3.3, A.4.2 ISPS-Code
4.	Interne Kontrollverfahren	Falsche und/oder unvollständige Registrierung sicherheitsrelevanter Zwischenfälle. Fehlen geeigneter Gegenmaßnahmen bei Zwischenfällen.	Welche Zwischenfälle haben sich im vergangenen Jahr ereignet, und welche Maßnahmen wurden daraufhin eingeleitet? Deckt die Gefährdungseinschätzung diese Art von Zwischenfällen ab? Welche Verfahren gibt es für Registrierung und Meldung	ISO/PAS 28001:2006, Abschnitt A.3.3, A.4.2 ISPS-Code

II. Europäische Vorschriften

			solcher Zwischenfälle?	
5.	Sicherheitszertifizierung durch Dritte	Unzureichende Sicherheitsmaßnahmen	Wurden Sie bereits von einer anderen öffentlichen Stelle oder Behörde sicherheitszertifiziert (z. B. für den Gütertransport)?	ISO/PAS 28001:2006, Abschnitt A.3.3, A.4.3 ISPS-Code Anerkannte Sicherheitszeugnisse für im Seeverkehr aktive Wirtschaftsbeteiligte: Übereinkunft über den ISPS-Code nach der Verordnung (EG) Nr. 725/2004 des Europäischen Parlaments und des Rates Anerkannte Sicherheitszeugnisse für im Luftverkehr aktive Wirtschaftsbeteiligte nach der Verordnung (EG) Nr. 2320/2002 des Europäischen Parlaments und des Rates und der Verordnung (EG) Nr. 622/2003. Sobald bestätigt: ISO/PAS Standard 28001 für Sicherheits-Managementsysteme für die internationale Lieferkette.
6.	Warenspezifische Sicherheitsanforderungen	Unzureichende Umsetzung der Sicherheitsanforderungen	Gibt es besondere Sicherheitsanforderungen für die Waren, die Sie ein- oder ausführen?	ISPS-Code
7.	Gefährdungseinschätzung durch Dritte	Unzureichendes Sicherheitsbewusstsein	Falls Sie die Leistungen eines Sicherheitsunternehmens in Anspruch nehmen: Hat dieses Unternehmen eine Gefährdungsanalyse Ihres Unternehmens vorgenommen?	ISPS-Code
8.	Sicherheitsanforderungen von Seiten Dritter	Unzureichende Sicherheitsmaßnahmen	Stellt Ihre Versicherung Sicherheitsanforderungen an Ihr Unternehmen? Haben Ihre Kunden Sicherheitsvorkehrungen gefordert?	ISPS-Code

Anhang

Kriterium:
Angemessene Sicherheitsstandards:

Artikel 14k Absatz 1 Buchstabe a DVZK: Die Sicherheitsstandards des Antragstellers gelten als angemessen, wenn die Gebäude, die für die von dem Zertifikat erfassten Vorgänge verwendet werden sollen, aus Materialien gebaut sind, die unrechtmäßiges Betreten verhindern und Schutz vor unrechtmäßigem Eindringen bieten;

Artikel 14k Absatz 1 Buchstabe b DVZK: Es sind geeignete Zugangskontrollmaßnahmen vorhanden, die den unbefugten Zugang zu Versandbereichen, Verladerampen und Frachträumen verhindern.

I.2.5.2 Unterabschnitt 2 Zutritt zum Firmengelände

5.02.	Indikator	Beschreibung des Risikos	Zu beachtende Punkte	Verweis auf international anerkannte Normen
1.	Zugangskontrollen (Fahrzeuge, Personen, Wareneingang)	Unbefugter Zugang von Fahrzeugen, Personen oder Waren zum Firmengelände und/oder in unmittelbare Nähe der Verlade- und Versandbereiche.	Wie wird der Zugang zum Firmengelände kontrolliert? Nur ordnungsgemäß identifizierte und autorisierte Personen, Fahrzeuge und Waren dürfen Zutritt zum Firmengelände haben. Der Zugang zum Firmengelände sollte kontrolliert werden. Die autorisierten Personen sollten vom Antragsteller ausgegebene und überwachte Berechtigungsausweise tragen.	ISO/PAS 28001:2006, Abschnitt A.3.3 ISPS-Code
2.	Standardverfahren bei Eindringen von außen	Keine geeigneten Maßnahmen nach Feststellung eines unbefugten Eindringens.	Der Antragsteller sollte Verfahrensabläufe festgelegt haben, wie bei einem unbefugten Eindringen auf das Firmengelände oder in das Firmengebäude vorgegangen werden soll (z.B. Alarmierung der örtlichen Polizei, Eingreifen des betriebseigenen Sicherheitspersonals).	ISO/PAS 28001:2006, Abschnitt A.3.3 ISPS-Code

I.2.5.3 Unterabschnitt 3 Physische Sicherheit

5.03.	Indikator	Beschreibung des Risikos	Zu beachtende Punkte	Verweis auf international anerkannte Normen
1.	Sicherung des Firmengeländes nach außen	Unzureichender Schutz des Firmengeländes vor einem Eindringen von außen.	Wie ist das Firmengelände nach außen gesichert? Alle Gebäude sollten gegen unbefugten Zutritt und vor einem Eindringen von außen geschützt sein. Alle Außen- und Innenfenster, Tore und Zäune müssen durch Schließvorrichtungen oder durch Überwachungsanlagen oder Kontrollmaßnahmen gesichert sein (Alarmanlagen oder CCTV-Videoüberwachung).	ISO/PAS 28001:2006, Abschnitt A.3.3 ISPS-Code
2.	Tore und Zufahrten	Nicht alle Tore und Zufahrten werden überwacht.	Stellen Sie Anzahl und Lage aller Tore und Zufahrten zum Firmengelände fest. Wenn Tore oder Zufahrten nicht verschlossen werden können, sollten sie entweder durch einen Pförtnerdienst oder durch Überwachungsanlagen oder sonstige Kontrollmaßnahmen geschützt werden.	ISO/PAS 28001:2006, Abschnitt A.3.3 ISPS-Code
3.	Schließvorrichtungen	Unzureichende Schließvorrichtungen für Außen- und Innentüren, Fenster, Tore und Zäune.	Mit welcher Art von Schlössern sind Innen- und Außentüren, Fenster und Tore ausgerüstet?	ISO/PAS 28001:2006, Abschnitt A.3.3
4.	Beleuchtung	Unzureichende Beleuchtung der Außen- und Innentüren, Fenster, Tore, Zäune und Parkplätze	Gegebenenfalls sollte für eine angemessene Beleuchtung gesorgt werden.	
5.	Verfahren für den Zugang zu Schlüsseln	Unbefugter Zugang zu Schlüsseln.	Der Zugang zu Schlüsseln sollte durch präzise Verfahren geregelt sein. Der Zugang zu Schlüsseln sollten auf eine begrenzte Zahl von Personen beschränkt werden. Schlüssel sollten an einem bestimmten Platz aufbewahrt werden. Es sollte eine bestimmte Person benannt werden, die für die Schlüssel verantwortlich ist. Es sollte ein Verfahren für die Registrierung der Schlüsselvergabe (wer hat wann diesen Schlüssel entnommen? Wer hat wann diesen Schlüssel wieder an den dafür vorgesehen Platz zurückgelegt?) vorgesehen sein.	ISO/PAS 28001:2006, Abschnitt A.3.3 ISPS-Code
6.	Physische Sicherheits-	Unbefugter Zutritt zum Innenbereich des	Gibt es physische Sicherheitsmaßnahmen für den Schutz des Innenbereichs?	ISO/PAS 28001:2006, Abschnitt A.3.3, A.4.2 ISPS-Code

Anhang

	maßnahmen für den Schutz der Innen-bereiche	Firmengeländes.	Nur Personen, die ordnungsgemäß identifiziert und dazu autorisiert sind, dürfen Zutritt zum Innenbereich des Firmengeländes haben.	
7.	Parken von Privatfahr-zeugen	Unzureichender Schutz des Firmengeländes vor einem Eindringen von außen	Der Antragsteller sollte Überwachungsverfahren vorsehen, um zu verhindern, dass Privatfahrzeuge in der Nähe von sensiblen Bereichen des Firmengeländes geparkt werden.	
8.	Wartung der Umgrenzung des Firmen-geländes und der Gebäude	Unangemessene Wartung der Umgrenzung des Firmengeländes und der Gebäude.	Die Umgrenzung des Firmengeländes und die Firmengebäude sollten regelmäßig von einem dazu beauf-tragten Mitarbeiter oder von Dritten auf Beschädigungen untersucht werden. Wenn Dritte mit der Überprüfung und Wartung der Um-grenzung des Firmengeländes und der Firmengebäude beauftragt werden, müssen sie demjenigen Mitarbeiter des Antragstellers Bericht erstatten, der für die Kontrolle dieser Wartungsarbeiten zuständig ist.	ISO/PAS 28001:2006, Abschnitt A.3.3

II. Europäische Vorschriften

Kriterium:

Angemessene Sicherheitsstandards:

Artikel 14k Absatz 1 Buchstabe c DVZK: Die Sicherheitsstandards des Antragstellers gelten als angemessen, wenn die Maßnahmen für die Behandlung der Waren umfassenden Schutz vor dem Einbringen, dem Austausch und dem Verlust von Materialien und vor Manipulationen an den Ladeeinheiten bieten;

Artikel 14k Absatz 1 Buchstabe d DVZK: Gegebenenfalls bestehen Verfahren für die Handhabung von Einfuhr- bzw. Ausfuhrgenehmigungen im Zusammenhang mit Verboten und Beschränkungen, mit denen diese Waren von anderen Waren unterschieden werden.

I.2.5.4 Unterabschnitt 4 Ladeeinheiten

5.04.	Indikator	Beschreibung des Risikos	Zu beachtende Punkte	Verweis auf international anerkannte Normen
1.	Routinemaßnahmen für den Zugang zu Ladeeinheiten	Unbefugter Zutritt zu Ladeeinheiten.	Zu den Ladeeinheiten sollten nur ordnungsgemäß identifizierte und autorisierte Personen Zutritt erhalten.	ISO/PAS 28001:2006, Abschnitt A.3.3 ISPS-Code
2.	Routinemaßnahmen zur Sicherung der Unversehrtheit von Ladeeinheiten	Manipulationen an Ladeeinheiten.	Die Unversehrtheit der Ladeeinheiten sollte durch ständige Überwachung oder durch Lagerung in gesicherten, abgeschlossenen Bereichen gewährleistet werden.	ISO/PAS 28001:2006, Abschnitt A.3.3 ISPS-Code
3.	Verwendung von Siegeln	Manipulationen an Ladeeinheiten.	Die vom Antragsteller verwendeten Siegel sollten nach Möglichkeit die ISO-Normen erfüllen oder ihnen entsprechen. Spezielle Normen für Siegel können in internationalen Übereinkommen festgelegt sein.	ISO/PAS 17712
4.	Verfahren zur Inspektion der Ladeeinheiten	Nutzung von Verstecken in Ladeeinheiten für das Schmuggeln von Waren.	Je nach Art der Ladeeinheit wird ein Sieben-Punkte-Inspektionsprogramm für die Kontrolle der Ladeeinheiten empfohlen:	ISO/PAS 28001:2006, Abschnitt A.3.3

Anhang

	Ladeein-heiten			
5.	Standardver-fahren bei Eindringen in und/oder Manipulatio-nen an Lade-einheiten	Fehlen geeigneter Maßnahmen bei unbefugtem Zutritt oder Manipulationen.	○ Vorderfront ○ Linke Seite ○ Rechte Seite ○ Boden ○ Decke/Dach ○ Innenseite/Außenseite der Türen ○ Außenseite/Fahrwerk Der Antragsteller sollte geeignete Verfahrensabläufe festgelegt haben, wie bei unbefugtem Zutritt oder bei Manipulationen an Ladeeinheiten vorzugehen ist.	ISO/PAS 28001:2006, Abschnitt A.3.3
6.	Eigentümer der Lade-einheiten	Unvollständige Kontrolle der Ladeeinheiten.	Ist der Antragsteller Eigentümer der Ladeeinheiten? Falls nicht, sollte es Verfahren geben, um die Unversehrtheit der Ladeeinheit vor dem Beladen zu überprüfen. Die unter 5.04.3 aufgeführten Inspektionsmaßnahmen sollten für das Personal verbindlich sein.	
7.	Wartung der Ladeein-heiten	Manipulationen an Ladeeinheiten.	Erfolgt die Wartung der Ladeeinheiten auf dem Betriebsgelände oder extern? Die Wartung sollte routinemäßig erfolgen, nicht nur bei Beschädigung oder Zwischenfällen. Wenn die Wartung extern oder nicht unter Überwachung der Unternehmensmitarbeiter erfolgt, sollte bei der Rückkehr zum Antragsteller überprüft werden, ob die Ladeeinheiten unversehrt sind.	ISO/PAS 28001:2006, Abschnitt A.3.3

II. Europäische Vorschriften

I.2.5.5 Unterabschnitt 5 Logistikprozesse

5.05.	Indikator	Beschreibung des Risikos	Zu beachtende Punkte	Verweis auf international anerkannte Normen
1.	Beförderungsmittel	Mangelnde Kontrolle über die Warenbeförderung.	Welche Beförderungsmittel werden normalerweise vom Antragsteller eingesetzt? Geben Sie im Falle von Herstellern, Ausführern, Lagerhaltern und Einführern auch an, ob die Beförderung der Waren durch den Antragsteller selbst oder durch externe Spediteure/Frachtführer erfolgt. Ist letzteres der Fall, so kann der Antragsteller bzw. Spediteure bzw. Frachtführer regelmäßig beauftragen und nach Möglichkeit langfristige Verträge mit diesen abschließen. Stellen Sie fest, ob Spediteur oder Frachtführer Mitglied eines Beförderungsverbands mit Sicherheitszertifizierung sind. Falls nicht, wie wird die Sicherheit gewährleistet? Bei Inanspruchnahme von Spediteuren geben Sie bitte an, ob der eigentliche Transport von externen Frachtführern durchgeführt wird. Wenn ja, wurden mit diesen Frachtführern langfristige Verträge abgeschlossen? Geben Sie an, ob der Frachtführer die Waren tatsächlich selbst befördert oder für den Betrieb der Beförderungsmittel zuständig/verantwortlich ist.	

I.2.5.6 Unterabschnitt 6 Nichtfiskalische Anforderungen

5.06.	Indikator	Beschreibung des Risikos	Zu beachtende Punkte	Verweis auf international anerkannte Normen
1.	Nichtfiskalische Aspekte	Unzulässiger Umgang mit Waren, die Beschränkungen unterliegen	Handelt der Antragsteller mit Waren, für die eine Einfuhr- bzw. Ausfuhrgenehmigung oder spezielle Handelsgenehmigungen/-lizenzen erforderlich sind und die Verboten oder Beschränkungen unterliegen? Handelt der Antragsteller mit Gütern mit doppeltem Verwendungszweck? Handelt der Antragsteller mit Waren, die einem Embargo unterliegen? Gegebenenfalls sollte der Antragsteller Routinemaßnahmen	

Anhang

festlegen, um
- Waren, die nichtfiskalischen Anforderungen unterliegen, von anderen Waren zu unterscheiden.
- zu prüfen, ob die Vorgänge den geltenden (nichtfiskalischen) Rechtsvorschriften entsprechen.
- den ordnungsgemäßen Umgang mit Waren sicherzustellen, die einem Embargo unterliegen.
- den ordnungsgemäßen Umgang mit Genehmigungen zu gewährleisten.
- den ordnungsgemäßen Umgang mit anderen Waren zu regeln, die Einschränkungen unterliegen.
- Güter mit möglichem doppeltem Verwendungszweck zu erkennen und Routinemaßnahmen für den Umgang damit festzulegen.

I.2.5.7 Unterabschnitt 7 Eingehende Waren

5.07.	Indikator	Beschreibung des Risikos	Zu beachtende Punkte	Verweis auf international anerkannte Normen
1.	Routinemaßnahmen für die Prüfung eingehender Lieferungen	Mangelnde Kontrollen beim Eingang von Waren, die nicht in einem Logistiksystem erfasst sind, können ein Sicherheitsrisiko darstellen.	Gegebenenfalls sollte der Antragsteller Routinemaßnahmen für Folgendes festlegen: ○ Bestimmung von Mitarbeitern für den Empfang der Fahrer und die Warenannahme; ○ Registrierung der Warenbegleitdokumente (Beförderungspapiere und Zollunterlagen); ○ Abgleich der Waren und der Begleitpapiere (Beförderungspapiere und Zollunterlagen); ○ Registrierung von Abschluss und Ergebnis der Überprüfungen. ○ Unterrichtung der Zollbehörden über die Ankunft der Waren, damit diese in der Lage sind, die Kontrolle rechtzeitig durchzuführen. ○ Unterrichtung der Einkaufsabteilung und der Verwaltung über den Eingang der Waren.	ISO 9001:2001, Abschnitt 6.2.2 ISO/PAS 28001:2006, Abschnitt A.3.3
2.	Routinemaßnahmen für die Überprüfung der Sicherheits-	Mangelnde Kontrollen beim Eingang von Waren, die nicht in einem Logistiksystem erfasst sind, können ein Sicher-	Wenn mit in- und ausländischen Lieferanten Sicherheitsvorkehrungen vereinbart wurden, sollten die Mitarbeiter darüber informiert sein; außerdem sollten Routinemaßnahmen existieren, um die Einhaltung dieser Vorkehrungen zu überprüfen.	ISO/PAS 28001:2006, Abschnitt A.3.3

II. Europäische Vorschriften

	maßnahmen, die von Dritten gefordert werden	heitsrisiko darstellen.		
3.	Überwachung der Warenannahme	Mangelnde Kontrollen beim Eingang von Waren, die nicht in einem Logistiksystem erfasst sind, können ein Sicherheitsrisiko darstellen.	Waren sollten nur in einem überwachten Bereich angeliefert werden. Der Antragsteller sollte Maßnahmen festgelegt haben, um sicherzustellen, dass Waren bei der Anlieferung nicht unbeaufsichtigt gelassen werden.	ISO/PAS 28001:2006, Abschnitt A.3.3
4.	Sicherheitsniveau und Sicherheitsbewusstsein des Personals	Mangelnde Kenntnis von Sicherheitsproblemen mit der Folge, dass Waren angenommen werden, die ein Sicherheitsrisiko darstellen. Annahme von Waren, die nicht in einem Logistiksystem erfasst sind, und über die Sie keine Kontrolle haben.	Das Unternehmen sollte die Mitarbeiter regelmäßig über Sicherheitsmaßnahmen und/oder Sicherheitsvorkehrungen informieren, um sie in Fragen der Sicherheit zu sensibilisieren.	ISO/PAS 28001:2006, Abschnitt A.3.3
5.	Versiegelung eingehender Waren	Mangelnde Kontrollen beim Eingang von Waren, die nicht in einem Logistiksystem erfasst sind, können ein Sicherheitsrisiko darstellen.	Bei der Annahme der Waren sollte geprüft werden, ob die Versiegelung unversehrt ist. Gegebenenfalls sollte der Antragsteller über Routinemaßnahmen verfügen, um eingehende Waren zu versiegeln.	ISO/PAS 28001:2006, Abschnitt A.3.3 ISO/PAS 17712
6.	Einheitliche Kennzeichnung der Waren	Mangelnde Kontrollen beim Eingang von Waren, die nicht in einem Logistiksystem erfasst sind, können ein Sicherheitsrisiko darstellen.	Eingehende Waren sollten einheitlich gekennzeichnet oder in eigens dazu vorgesehenen Bereichen gelagert werden.	ISO 9001:2000, Abschnitt 7.4
7.	Wiegen und Zählen der Waren	Mangelnde Kontrollen beim Eingang von Waren, die nicht in einem Logistiksystem erfasst sind, können ein Sicherheitsrisiko darstellen.	Der Antragsteller sollte gegebenenfalls Routinemaßnahmen für das Wiegen und Zählen der eingehenden Waren vorsehen.	ISO 9001:2000, Abschnitt 7.4

Anhang

				Verweis auf international anerkannte Normen
8.	Verwaltungsverfahren für die Warenannahme	Mangelnde Kontrollen beim Eingang von Waren, die nicht in einem Logistiksystem erfasst sind, können ein Sicherheitsrisiko darstellen.	Der Antragsteller sollte präzise Verfahrensabläufe für die Warenannahme festlegen: ○ Wie (anhand welcher Dokumente), wann und von wem werden eingegangene Waren in die Bestandsverwaltung eingegeben? ○ Überprüfung der Waren anhand von Verladelisten und Bestellungen. ○ Nach Eingang der Lieferung möglichst baldige Registrierung der Waren in der Bestandsverwaltung.	ISO 9001:2000, Abschnitt 7.4

5.07.	Indikator	Beschreibung des Risikos	Zu beachtende Punkte	Verweis auf international anerkannte Normen
9.	Interne Kontrollverfahren	Fehlen geeigneter Maßnahmen, falls Abweichungen und/oder Unregelmäßigkeiten festgestellt werden.	Es sollten interne Kontrollverfahren vorgesehen sein, wenn Abweichungen und/oder Unregelmäßigkeiten festgestellt werden. Die einzelnen Bereiche Bestellung (Einkauf), Warenannahme (Lager), Erfassung der Wareneingänge in der Materialbuchung (Verwaltung) und die Zahlungsabwicklung sollten klar voneinander getrennt sein.	

I.2.5.8 Unterabschnitt 8 Lagerung von Waren

5.08.	Indikator	Beschreibung des Risikos	Zu beachtende Punkte	Verweis auf international anerkannte Normen
1.	Zuweisung eines Lagerplatzes	Unzureichender Schutz der Lagerbereiche vor einem Eindringen von außen.	Für die Warenlagerung sollte/n ein spezieller Bereich/spezielle Bereiche festgelegt werden.	
2.	Interne Kontrollverfahren	Fehlen geeigneter Maßnahmen, falls Abweichungen und/oder Unregelmäßigkeiten festgestellt werden.	Es sollte Verfahren für eine regelmäßige Bestandsaufnahme geben. Es sollten spezielle Verfahren für den Fall vorgesehen sein, dass Abweichungen und/oder Unregelmäßigkeiten festgestellt werden.	ISO 9001:2001, Abschnitt 2.2
3.	Getrennte Lagerung unterschiedlicher Waren	Unbefugter Austausch von und/oder Manipulationen an Waren.	Gegebenenfalls sollten unterschiedliche Waren getrennt gelagert werden, z.B. ausländische Waren, inländische Waren, hochwertige Waren, Gefahrgut usw. (siehe auch 5.06.1). Der Ort, an dem die Waren gelagert werden, sollte in der Materialbuchhaltung registriert werden, sobald die Waren an ihrem Lagerplatz angekommen sind.	TAPA-Zertifikat (Technology Asset Protection Association)
4.	Zusätzliche Sicherheitsmaßnahmen für den Zugang zu Waren	Unbefugter Zugang zu den Waren.	Gibt es neben den Sicherheitsmaßnahmen, die in den Abschnitten 5.02 und 5.03 aufgeführt werden, noch zusätzliche Maßnahmen, die die Waren vor unbefugtem Zugang schützen?	ISO/PAS 28001:2006, Abschnitt A.3.3
5.	Zugangsebene für bestimmte Mitarbeiterkategorien	Unbefugter Zugang zu den Waren.	Der Zugang zu Lagerbereichen und Waren sollte nur bestimmten Mitarbeitern oder eigens dazu befugten Personen gestattet sein.	ISO/PAS 28001:2006, Abschnitt A.3.3 ISPS-Code

Anhang

I.2.5.9 Unterabschnitt 9 Fertigung

5.09.	Indikator	Beschreibung des Risikos	Zu beachtende Punkte	Verweis auf international anerkannte Normen
1.	Festlegung der Produktionsräume	Keine vollständige Kontrolle über den Produktionsprozess	Für die Produktion der Waren sind ein bestimmter Bereich oder mehrere Bereiche festzulegen. Wenn Waren extern produziert werden, sollte der Antragsteller mit den Personen, die für die externe Produktionsstätte verantwortlich sind, entsprechende Sicherheitsvereinbarungen treffen, um die Unversehrtheit der Waren sicherzustellen.	ISO/PAS 28001:2006, Abschnitt A.3.3
2.	Interne Kontrollverfahren	Manipulationen an den Waren.	Es sollten Sicherheitsvorkehrungen getroffen werden, die die Integrität des Fertigungsprozesses sicherstellen, z. B. Zugang nur für bestimmte Mitarbeiter oder dazu befugte Personen, Überwachung des Fertigungsprozesses durch Systeme und/oder Mitarbeiter. Die Aufgabenbereiche der Person, die für die Kontrolle der Fertigungsmethoden zuständig ist, und der Person, die für die Festlegung der Fertigungsmethoden zuständig ist, sollten klar voneinander getrennt sein.	ISO/PAS 28001:2006, Abschnitt A.3.3
3.	Zusätzliche Sicherheitsmaßnahmen für den Zugang zu Waren	Unbefugter Zugang zu den Waren.	Gibt es neben den Sicherheitsmaßnahmen, die in den Abschnitten 5.02 und 5.03 aufgeführt werden, noch zusätzliche Maßnahmen, die die Waren vor unbefugtem Zugang schützen?	ISO/PAS 28001:2006, Abschnitt A.3.3
4.	Zugangsebene für bestimmte Mitarbeiterkategorien	Unbefugter Zugang zu den Waren.	Der Produktionsbereich sollte nur für bestimmte Mitarbeiter oder eigens dazu befugte Personen zugänglich sein.	ISO/PAS 28001:2006, Abschnitt A.3.3
5.	Verpackung der Waren	Unvollständige Kontrolle des Materialflusses.	Wenn die Verpackung der Endprodukte nicht in den Betriebsräumen des Antragstellers erfolgt, sondern extern, sollte der Antragsteller mit den Personen, die für die externen Betriebsräume zuständig sind, entsprechende Sicherheitsvereinbarungen treffen, um die Unversehrtheit der Waren zu gewährleisten.	
6.	Qualitätskontrolle	Unvollständige Kontrolle des Materialflusses.	Gibt es eine Qualitätskontrolle für die Waren? Diese kann ein zusätzliches Element sein, um die Unversehrtheit der Waren zu gewährleisten.	

II. Europäische Vorschriften

I.2.5.10 Unterabschnitt 10 Verladen von Waren

5.10.	Indikator	Beschreibung des Risikos	Zu beachtende Punkte	Verweis auf international anerkannte Normen
1.	Routinemaßnahmen für die Prüfung abgehender Lieferungen	Mangelnde Kontrollen beim Abgang von Waren, die nicht in einem Logistiksystem erfasst sind, können ein Sicherheitsrisiko darstellen.	Gegebenenfalls sollte der Antragsteller Routinemaßnahmen für Folgendes festlegen: ○ Bestimmung der Mitarbeiter für den Empfang der Fahrer und das Verladen der Waren. ○ Registrierung der Warenbegleitdokumente (Beförderungspapiere und Zollunterlagen). ○ Abgleich der Waren und der Begleitpapiere (Beförderungspapiere und Zollunterlagen). ○ Registrierung von Abschluss und Ergebnis der Überprüfungen. ○ Unterrichtung der Zollbehörden über den Abgang der Waren, damit diese in der Lage sind, die Kontrolle rechtzeitig durchzuführen. ○ Unterrichtung der Verkaufsabteilung und der Verwaltung über den Abgang der Waren.	ISO/PAS 28001:2006, Abschnitt A.3.3
2.	Routinemaßnahmen für die Prüfung der Sicherheitsmaßnahmen, die von Dritten gefordert werden	Beim Verstoß gegen vereinbarte Sicherheitsvorkehrungen besteht die Gefahr, dass Waren geliefert werden, die ein Sicherheitsrisiko darstellen. Lieferung von Waren, die nicht in einem Logistiksystem erfasst sind, und über die Sie keine Kontrolle haben.	Wie wird gegebenenfalls überprüft, ob die Sicherheitsvorkehrungen, die vom Kunden gefordert werden, beim Verladen der Waren eingehalten werden?	ISO/PAS 28001:2006, Abschnitt A.3.3
3.	Beaufsichtigung des Verladens der Waren	Fehlende Beaufsichtigung des Verladens der Waren	Das Verladen der Waren sollte von Mitarbeitern beaufsichtigt werden. Es sollte vermieden werden, dass abgehende Waren unbeaufsichtigt verladen oder vergessen werden können. Der Antragsteller sollte Verfahren vorsehen, um zu verhindern, dass Waren beim Verladen unbeaufsichtigt gelassen werden.	ISO/PAS 28001:2006, Abschnitt A.3.3

Anhang

4.	Sicherheitsniveau und Sicherheitsbewusstsein des Personals	Mangelnde Kenntnis von Sicherheitsproblemen mit der Folge, dass Waren verladen werden, die ein Sicherheitsrisiko darstellen. Verladen von Waren, die nicht in einem Logistiksystem erfasst sind, und über die Sie keine Kontrolle haben.	Das Unternehmen sollte die Mitarbeiter regelmäßig über Sicherheitsmaßnahmen und/oder Sicherheitsvorkehrungen informieren, um sie in Fragen der Sicherheit zu sensibilisieren.	ISO/PAS 28001:2006, Abschnitt A.3.3 ISPS-Code
5.	Versiegelung abgehender Waren	Mangelnde Kontrolle der Versiegelung von Waren	Werden abgehende Waren ordnungsgemäß versiegelt, und wie werden die Siegel überprüft?	ISO/PAS 28001:2006, Abschnitt A.3.3 ISO/PAS 11712:116 ISO PAS 17712
6.	Einheitliche Kennzeichnung der Waren	Mangelnde Kontrollen beim Abgang von Waren, die nicht in einem Logistiksystem erfasst sind, können ein Sicherheitsrisiko darstellen.	Abgehende Waren sollte einheitlich gekennzeichnet oder in eigens dazu vorgesehenen Bereichen gelagert werden.	
7.	Wiegen und Zählen der Waren	Lieferung von Waren, die ein Sicherheitsrisiko darstellen. Lieferung von Waren, die nicht in einem Logistiksystem erfasst sind, und über die Sie keine Kontrolle haben.	Der Antragsteller sollte gegebenenfalls Routinemaßnahmen für das Wiegen und Zählen der abgehenden Waren vorsehen.	
8.	Verwaltungsverfahren für das Verladen der Waren	Lieferung von Waren, die ein Sicherheitsrisiko darstellen. Lieferung von Waren, die nicht in einem Logistiksystem erfasst sind, und über die Sie keine Kontrolle haben.	Der Antragsteller sollte Verwaltungsverfahren für die Auslieferung von Waren festlegen: o Wie (anhand welcher Dokumente), wann und von wem werden die verladenen Waren aus der Bestandsverwaltung ausgebucht? o Prüfung der Waren anhand der Verladelisten und Bestellungen.	

		haben.	○ Ausbuchung der Waren aus der Bestandsliste, möglichst unmittelbar nach dem Abgang der Waren.	
9.	Interne Kontrollverfahren	Fehlen geeigneter Maßnahmen, falls Abweichungen und/oder Unregelmäßigkeiten festgestellt werden.	Es sollten entsprechende Verfahren vorgesehen werden, wenn Abweichungen und/oder Unregelmäßigkeiten festgestellt werden.	ISO/PAS 28001:2006, Abschnitt A.3.3

Anhang

Kriterium:
Angemessene Sicherheitsstandards:

Artikel 14k Absatz 1 Buchstabe e DVZK: Die Sicherheitsstandards gelten als angemessen, wenn der Antragsteller Maßnahmen getroffen hat, die eine eindeutige Feststellung seiner Handelspartner ermöglichen, um die internationale Lieferkette zu sichern.

Wirtschaftsbeteiligte können lediglich für ihren Anteil an der Lieferkette und für die Waren verantwortlich gemacht werden, die sich in ihrem Gewahrsam befinden. Durch vertragliche Vereinbarungen zwischen dem Antragsteller und seinen Geschäftspartnern kann jedoch auch die Sicherheit der nachfolgenden Glieder der Kette gewährleistet werden. Sendungen, die nicht oder nur teilweise von Sicherheitsmaßnahmen erfasst wurden, gelten nicht als vollkommen sicher und können daher nicht von der niedrigsten möglichen Risikoeinstufung profitieren.

I.2.5.11 Unterabschnitt 11 Sicherheitsanforderungen an die Handelspartner

5.11.	Indikator	Beschreibung des Risikos	Zu beachtende Punkte	Verweis auf international anerkannte Normen
1.	Sicherheitsanforderungen an Dritte	Verstöße gegen vereinbarte Sicherheitsvorkehrungen mit der Gefahr, dass Waren geliefert werden, die ein Sicherheitsrisiko darstellen.	Feststellung und Prüfung der Sicherheitsvorkehrungen, die zwischen dem Antragsteller und seinen Geschäftspartnern vereinbart wurden. Soweit es im Rahmen der jeweiligen Geschäftsmodelle praktikabel ist, könnten Sicherheitsvorkehrungen in die vertraglichen Vereinbarungen aufgenommen werden. Die Wirksamkeit der Sicherheitsvorkehrungen der Geschäftspartner sollte auf der Grundlage einer Risikoanalyse regelmäßig überprüft werden.	ISO/PAS 28001:2006, Abschnitt A.3.3
2.	Externe Kontrollverfahren	Verstöße gegen vereinbarte Sicherheitsvereinbarungen bergen die Gefahr, dass Waren geliefert werden, die ein Sicherheitsrisiko darstellen.	Ist es im letzten Jahr zu Zwischenfällen im Zusammenhang mit den oben erwähnten Sicherheitsvorkehrungen gekommen? Falls ja, welche Art von Maßnahmen wurden als Reaktion auf diese Zwischenfälle getroffen?	

II. Europäische Vorschriften

Kriterium:
Gegebenenfalls angemessene Sicherheitsstandards:

Artikel 14k Absatz 1 Buchstabe f DVZK: Die Sicherheitsstandards gelten als angemessen, wenn der Antragsteller, soweit gesetzlich zulässig, künftig in sicherheitsrelevanten Bereichen tätige Bedienstete einer Sicherheitsüberprüfung unterzieht und regelmäßig Hintergrundüberprüfungen vornimmt.

Artikel 14k Absatz 1 Buchstabe g DVZK: Der Antragsteller trägt dafür Sorge, dass die betreffenden Bediensteten aktiv an Programmen zur Förderung des Sicherheitsbewusstseins teilnehmen.

I.2.5.12 Unterabschnitt 12 Personalbezogene Sicherheitsaspekte

5.12.	Indikator	Beschreibung des Risikos	Zu beachtende Punkte	Verweis auf international anerkannte Normen
1.	Einstellung neuer Mitarbeiter	Einschleusung von Mitarbeitern, die ein Sicherheitsrisiko darstellen könnten.	Bei der Einstellung neuer Mitarbeiter sollte das Unternehmen den Sicherheitsanforderungen besondere Aufmerksamkeit beimessen.	ISO/PAS 28001:2006, Abschnitt A.3.3
2.	Sicherheitsüberprüfungen von Bewerbern	Einschleusung von Mitarbeitern, die ein Sicherheitsrisiko darstellen könnten.	Wenn die nationalen Rechtsvorschriften dies zulassen, sollte der Antragsteller die in sicherheitsrelevanten Bereichen tätigen neuen Mitarbeiter einer Hintergrundüberprüfung unterziehen. Bereits im Unternehmen beschäftigte Mitarbeiter, die aus anderen, nicht sicherheitsrelevanten Abteilungen kommen und eine Tätigkeit in einem sensiblen Bereich übernehmen sollen, sollten ebenfalls überprüft werden. Für die Sicherheitsüberprüfungen bieten sich folgende Methoden an: Vor der Einstellung Nachforschungen auf Grundlage unbestreitbarer und/oder amtlicher Angaben zum bisherigen beruflichen Werdegang sowie Referenzen. Für hohe und/oder unter Sicherheitsaspekten kritische Posten könnte ein polizeiliches Führungszeugnis verlangt werden. Neu einzustellende Mitarbeiter könnten ihren Arbeitgeber über eine polizeiliche Verwarnung/ Freilassung gegen Kaution, anhängige Gerichtsverfahren und/oder Verurteilungen unterrichten. Ferner sollten sie alle sonstigen Beschäftigungsverhältnisse oder Tätigkeiten offenlegen, die mit einem Sicherheitsrisiko verbunden sind.	ISO/PAS 28001:2006, Abschnitt A.3.3

Anhang

		Wenn Mitarbeiter das Unternehmen verlassen oder entlassen werden, müssen strikte Maßnahmen getroffen werden, um künftig jede Form des Eindringens - physisch oder "virtuell" – zu verhindern (Sperrung des Zugangs zu Computern, Rückforderung von Sicherheitspass oder Zugangsausweis).	
3.	Sicherheits-schulungen	Unzureichendes Bewusstsein für Sicherheitsanforderungen.	Die betreffenden Mitarbeiter sollten an angemessenen Schulungsmaßnahmen teilnehmen, die sich logisch in das Geschäftsmodell des Antragstellers einfügen. Die Grundlage hierfür sollten die vorhandenen Sicherheitsrisiken für die Warenbeförderung in der internationalen Lieferkette bilden. Im Rahmen solcher Schulungsprogramme könnten Informationen über die Sicherheitsprotokolle, die Aufdeckung von Fällen ungefugten Eindringens und Manipulationen, die Berichterstattung über Zwischenfälle, die Erkennung potenzieller interner Sicherheitsbedrohungen und Zugangskontrollen vermittelt werden. Unter den Begriff „betreffende Mitarbeiter" können je nach den spezifischen Umständen Sicherheitsbedienstete, die für die Frachtabfertigung und Frachtpapiere zuständigen Bediensteten sowie in den Versand- und Annahmebereichen tätigen Arbeitskräfte fallen, soweit diese der Kontrolle des Antragstellers unterstehen.	ISO/PAS 28001:2006, Abschnitt A.3.3
4.	Sicherheits-anforde-rungen an Mitarbeiter mit befriste-tem Arbeits-verhältnis	Einschleusung von Mitarbeitern, die ein Sicherheitsrisiko darstellen könnten.	Für den Einsatz von Mitarbeitern mit befristeten Arbeitsverträgen sollten besondere Sicherheitsanforderungen gelten.	ISO/PAS 28001:2006, Abschnitt A.3.3

I.2.5.13 Unterabschnitt 13 Externe Dienstleistungen

5.13.	Indikator	Beschreibung des Risikos	Zu beachtende Punkte	Verweis auf international anerkannte Normen
1.	Externe Dienstleistungen	Einschleusung von Mitarbeitern, die ein Sicherheitsrisiko darstellen könnten.	Wenn Leistungen wie Beförderung, Sicherheitsdienste, Reinigungs- oder Wartungsarbeiten ausgelagert werden, sollten die Sicherheitsanforderungen in die vertraglichen Vereinbarungen mit den externen Anbietern aufgenommen werden.	ISO/PAS 28001:2006, Abschnitt A.3.3

Anhang

TEIL 3

I.1. Übersicht über die für die verschiedenen Glieder der Lieferkette geltenden Kriterien

Die folgende Tabelle gibt Aufschluss darüber, welche Kategorien von Kriterien auf die verschiedenen Glieder der Lieferkette nach Teil 1 Abschnitt IV Anwendung finden. Dabei handelt es sich jedoch nur um eine Übersicht über die großen Kategorien – nähere Erläuterungen zu den Einzelkriterien befinden sich vorstehend in den verschiedenen Abschnitten und Unterabschnitten von Teil 2.

Wenn die Geschäftsabläufe eines Antragstellers eine Kombination aus mehreren in der Tabelle aufgeführten Funktionen darstellen, sind die betreffenden Spalten zusammenzulegen, um einen vollständigen Überblick über die zu erfüllenden Kriterien zu erhalten:

1) Wenn ein Ausführer seine Waren selbst befördert (ohne die Dienste eines Spediteurs in Anspruch zu nehmen), sollten die Spalten „Ausführer" und „Frachtführer" zusammengelegt werden.

2) Wenn ein Unternehmen den Warentransport für Rechnung eines Ausführers organisiert und selbst über Transportmittel für die Fracht verfügt und diese nutzt, und es dabei für Rechnung des Ausführers als Zollagent auftritt, sind die Spalten „Spediteur", „Frachtführer" und „Zollagent" zusammenzulegen.

3) Wenn ein Spediteur auch als Halter eines Zolllagers auftritt, in dem er die Waren seiner Kunden lagert, sollten die Spalten „Spediteur" und „Lagerhalter" zusammengelegt werden.

4) Wenn ein Zollagent auch in der Lagerhaltung tätig ist, sind die Spalten „Zollagent" und „Lagerhalter" zusammenzulegen.

Die Buchstaben „ZSF" in der Tabelle stehen für:
Z: AEO Zertifikat – Zollrechtliche Vereinfachungen
S: AEO Zertifikat – Sicherheit
F: AEO Zertifikat – Zollrechtliche Vereinfachungen / Sicherheit

II. Europäische Vorschriften

		Hersteller	Ausführer	Spediteur	Lagerhalter	Zollagent	Frachtführer	Einführer
1.01	**Geschäftsvolumen**							
1.01.1	Jahresumsatz (allgemein)	ZSF	ZSF	ZSF	ZSF	ZSF	ZSF	ZSF
1.01.2	Gewinne und Verluste	ZSF	ZSF	ZSF	ZSF	ZSF	ZSF	ZSF
1.01.3	Lagerkapazitäten	ZSF	ZSF	1) ZSF	ZSF	ZSF	1) ZSF	ZSF
1.01.4	Ankauf von Waren (Außenhandel)	ZSF	ZSF					ZSF
1.01.5	Waren, die in ein Zoll- oder Steuerlager eingehen	ZSF			ZSF			
1.01.6	Waren, die im Produktionsprozess eingesetzt werden	ZSF						
1.01.7	Ergebnis des Produktionsprozesses	ZSF						
1.01.8	Verkäufe (Außenhandel)	ZSF	ZSF					
1.01.9	Entnahmen aus dem Zoll- oder Steuerlager				ZSF			
1.02	**Statistische Angaben**							
1.02.1	Zolltarifliche Einreihung	3)	ZSF			ZSF		ZSF
1.02.2	Prozentsatz Einfuhrzölle	3)				ZSF		ZSF
1.02.3	Prozentsatz MwSt.	3)				ZSF		ZSF
1.02.4	Prozentsatz Verbrauchsteuer	3)				ZSF		ZSF
1.02.5	GAP (Zölle u. Erstattungen)	3)	ZSF			ZSF		
1.02.6	Präferenzmaßnahmen	3)	ZSF			ZSF		ZSF
1.02.7	Antidumpingzölle	3)				ZSF		ZSF
1.02.8	Ursprung/Herkunft Waren	3)				ZSF		
1.02.9	Zoll-/MwSt.-Wert	3)	1) ZSF			ZSF		ZSF
2.01	**Bisherige Einhaltung der Zollvorschriften**							
2.01.1	Zolltransaktionen	ZSF	ZSF	ZSF	ZSF	ZSF	ZSF	ZSF
2.01.2	Prüfung der Einhaltung der Zollvorschriften	ZSF	ZSF	ZSF	ZSF	ZSF	ZSF	ZSF
2.01.3	(Frühere) Anträge auf Genehmigung	ZSF	ZSF	ZSF	ZSF	ZSF	ZSF	ZSF
2.01.4	Einhaltung der Zollvorschriften	ZSF	ZSF	ZSF	ZSF	ZSF	ZSF	ZSF
2.02	Informationen aus	ZSF	ZSF	ZSF	ZSF	ZSF	ZSF	ZSF

Anhang

	Ermittlungsverfahren	Hersteller	Ausführer	Spediteur	Lagerhalter	Zollagent	Frachtführer	Einführer
2.02.1	Unregelmäßigkeiten	ZSF	ZSF	ZSF	ZSF	ZSF	ZSF	ZSF
3	**Buchführungs- und Logistiksystem des Antragstellers**							
3.01	Prüfpfad	ZSF	ZSF	ZSF	ZSF	ZSF	ZSF	ZSF
3.01.1	Zugriffsebene für zuständige Behörden	ZSF	ZSF	ZSF	ZSF	ZSF	ZSF	ZSF
3.02	**Buchführungssystem**							
3.02.1	EDV-Ausstattung	ZSF	ZSF	ZSF	ZSF	ZSF	ZSF	ZSF
3.02.2	Integriertes Buchführungssystem	ZSF	ZSF	ZSF	ZSF	ZSF	ZSF	ZSF
3.03	**Interne Kontrollsysteme**							
3.03.1	Interne Kontrollverfahren	ZSF	ZSF	ZSF	ZSF	ZSF	ZSF	ZSF
3.03.2	Interne Kontrollverfahren für den Produktionsbereich	ZSF						
3.04	**Materialfluss**							
3.04.1	Allgemein	ZSF	ZSF		ZSF			ZSF
3.04.2	Wareneingang	ZSF	ZSF		ZSF			ZSF
3.04.3	Lagerung	ZSF	ZSF		ZSF			ZSF
3.04.4	Fertigung	ZSF						
3.04.5	Warenausgang, Lieferung aus dem Verkaufslager, Warenversand und -transfer	ZSF	ZSF		ZSF			
3.05	**Zollförmlichkeiten**							
3.05.1	Allgemein	1) ZSF	1) ZSF	1) ZSF	1) ZSF	1) ZSF	ZSF	1) ZSF
3.05.2	Einfuhr- bzw. Ausfuhrlizenzen im Zusammenhang mit handelspolitischen Maßnahmen oder mit dem Handel mit landwirtschaftlichen Erzeugnissen	1) ZSF	1) ZSF	1) ZSF	1) ZSF	1) ZSF	ZSF	1) ZSF
3.06	**Maßnahmen zur Sicherung der Daten – Back-ups, Wiederherstellung von Dateien und Fallback-Einrichtung sowie Archivoptionen**							
3.06.1	Anforderungen an die	ZSF	ZSF	ZSF	ZSF	ZSF	ZSF	ZSF

		Hersteller	Ausführer	Spediteur	Lagerhalter	Zollagent	Frachtführer	Einführer
3.07	Sicherung/Archivierung von Daten							
3.07	*Informationssicherheit - Schutz der Computersysteme*							
3.07.1	Zertifizierungsstandards für den Schutz der Computersysteme	ZSF	ZSF	ZSF	ZSF	ZSF	ZSF	ZSF
3.07.2	Interne Kontrollverfahren	ZSF	ZSF	ZSF	ZSF	ZSF	ZSF	ZSF
3.07.3	EDV-Ausstattung	ZSF	ZSF	ZSF	ZSF	ZSF	ZSF	ZSF
3.07.4	Notfallplan	ZSF	ZSF	ZSF	ZSF	ZSF	ZSF	ZSF
3.07.5	Routinemaßnahmen bei Systemstörungen und Systemausfall	ZSF	ZSF	ZSF	ZSF	ZSF	ZSF	ZSF
3.08	*Informationssicherheit – Schutz der Unterlagen*							
3.08.1	Interne Kontrollverfahren	ZSF	ZSF	ZSF	ZSF	ZSF	ZSF	ZSF
3.08.2	Notfallplan	ZSF	ZSF	ZSF	ZSF	ZSF	ZSF	ZSF
3.08.3	Zugangsebene für bestimmte Mitarbeiterkategorien	ZSF	ZSF	ZSF	ZSF	ZSF	ZSF	ZSF
3.08.4	Sicherheitsanforderungen an Dritte	ZSF	ZSF	ZSF	ZSF	ZSF	ZSF	ZSF
Abschnitt IV	**Zahlungsfähigkeit**							
4.01	Zahlungsunfähigkeit	ZSF	ZSF	ZSF	ZSF	ZSF	ZSF	ZSF
Abschnitt V	**Sicherheitsanforderungen**							
5.01	Sicherheitsbewertung durch den Wirtschaftsbeteiligten	SF	SF	SF	SF	SF	SF	SF
5.01.1	Selbstbewertung	SF	SF	SF	SF	SF	SF	SF
5.01.2	Interne Organisation	SF	SF	SF	SF	SF	SF	SF
5.01.3	Interne Kontrollsysteme	SF	SF	SF	SF	SF	SF	SF
5.01.4	Interne Kontrollverfahren	SF	SF	SF	SF	SF	SF	SF
5.01.5	Sicherheitszertifizierung durch Dritte	SF	SF	SF	SF	SF	SF	SF
5.01.6	Warenspezifische	SF	SF	SF	SF	SF	SF	SF

Anhang

		Hersteller	Ausführer	Spediteur	Lagerhalter	Zollagent	Frachtführer	Einführer
5.01.7	Sicherheitsanforderungen Gefährdungseinschätzung durch Dritte	SF						
5.01.8	Sicherheitsanforderungen von Seiten Dritter	SF	SF	SF	SF	SF	SF	SF
5.02	*Zutritt zum Firmengelände*	SF	SF	SF	SF	SF	SF	SF
5.02.1	Zugangskontrollen (Fahrzeuge, Personen und Wareneingang)	SF	SF	SF	SF	SF	SF	SF
5.02.2	Standardverfahren bei einem Eindringen von außen	SF	SF	SF	SF	SF	SF	SF
5.03	*Physische Sicherheit*	SF	SF	SF	SF	SF	SF	SF
5.03.1	Sicherung des Firmengeländes nach außen	SF	SF	SF	SF	SF	SF	SF
5.03.2	Tore und Zufahrten	SF	SF	SF	SF	SF	SF	SF
5.03.3	Schließvorrichtungen	SF	SF	SF	SF	SF	SF	SF
5.03.4	Beleuchtung	SF	SF	SF	SF	SF	SF	SF
5.03.5	Verfahren für den Zugang zu Schlüsseln	SF	SF	SF	SF	SF	SF	
5.03.6	Physische Sicherheitsmaßnahmen für den Schutz der Innenbereiche	SF	SF	SF	SF	SF	SF	SF
5.03.7	Parken von Privatfahrzeugen	SF	SF	SF	SF	SF	SF	SF
5.03.8	Wartung der Umgrenzung des Firmengeländes und der Firmengebäude	SF	SF	SF	SF	SF	SF	SF
5.04	*Ladeeinheiten*							
5.04.1	Routinemaßnahmen für den Zugang zu Ladeeinheiten	SF	SF	SF	SF	SF	SF	SF
5.04.2	Routinemaßnahmen zur Sicherung der Unversehrtheit von Ladeeinheiten	SF	SF	SF	SF	SF	SF	SF
5.04.3	Verwendung von Siegeln	SF	SF	SF	SF	SF	SF	SF
5.04.4	Verfahren für die Inspektion der Ladeeinheiten	SF	SF	SF	SF	SF	SF	SF
5.04.4	Standardverfahren bei Eindringen in und/oder Manipulationen an Ladeeinheiten	SF	SF	SF	SF	SF	SF	
5.04.5	Eigentümer der Ladeeinheiten	SF	SF	SF	SF	SF	SF	SF

II. Europäische Vorschriften

		Hersteller	Ausführer	Spediteur	Lagerhalter	Zollagent	Frachtführer	Einführer
5.04.6	Wartung der Ladeeinheiten	SF	SF	SF	SF	SF	SF	SF
5.05	Logistikprozesse							
5.05.1	Beförderungsmittel	SF	SF	SF	SF	SF	SF	SF
5.06	Nichtfiskalische Anforderungen	SF	SF	SF	SF	SF	SF	SF
5.06.1	Nichtfiskalische Aspekte	SF	SF	SF	SF	SF	SF	SF
5.07	**Eingehende Waren**							
5.07.1	Routinemaßnahmen für die Prüfung eingehender Lieferungen	SF	SF	SF	SF	SF	SF	SF
5.07.2	Routinemaßnahmen für die Überprüfung der Sicherheitsmaßnahmen, die von Dritten gefordert werden							
5.07.3	Überwachung der Warenannahme	SF	SF	SF	SF	SF	SF	SF
5.07.4	Sicherheitsniveau und Sicherheitsbewusstsein des Personals	SF	SF	SF	SF	SF	SF	SF
5.07.5	Versiegelung eingehender Waren	SF	SF	SF	SF	SF	SF	SF
5.07.6	Einheitliche Kennzeichnung der Waren	SF	SF	SF	SF	SF	SF	SF
5.07.7	Wiegen und Zählen der Waren	SF	SF	SF	SF	SF	SF	SF
5.07.8	Verwaltungsverfahren für die Warenannahme	SF	SF	SF	SF	SF	SF	SF
5.07.9	Interne Kontrollverfahren	SF	SF	SF	SF	SF	SF	SF
5.08	**Lagerung von Waren**							
5.08.1	Zuweisung eines Lagerplatzes	SF	SF	1) SF	SF	SF	1) SF	2) SF
5.08.2	Interne Kontrollverfahren	SF	SF	1) SF	SF	SF	1) SF	2) SF
5.08.3	Getrennte Lagerung unterschiedlicher Waren	SF	SF	1) SF	SF	SF	1) SF	2) SF
5.08.4	Zusätzliche Sicherheitsmaßnahmen für den Zugang zu Waren	SF	SF	1) SF	SF	SF	1) SF	2) SF
5.08.5	Zugangsebene für bestimmte Mitarbeiterkategorien	SF	SF	1) SF	SF	SF	1) SF	2) SF
5.09	**Fertigung**							
5.09.1	Festlegung der Produktionsräume	SF						
5.09.2	Interne Kontrollverfahren	SF						

Anhang

		Hersteller	Ausführer	Spediteur	Lagerhalter	Zollagent	Frachtführer	Einführer
5.09.3	Zusätzliche Sicherheitsmaßnahmen für den Zugang zu Waren	SF						
5.09.4	Zugangsebene für bestimmte Mitarbeiterkategorien	SF						
5.09.5	Verpackung der Waren	SF	1) SF					
5.09.6	Qualitätskontrolle	SF	1) SF					
5.10	**Verladen von Waren**							
5.10.1	Routinemaßnahmen für die Prüfung abgehender Lieferungen	SF	SF	SF	SF			
5.10.2	Routinemaßnahmen für die Prüfung der Sicherheitsmaßnahmen, die von Dritten gefordert werden	SF	SF	SF	SF	SF	SF	SF
5.10.3	Beaufsichtigung des Verladens der Waren	SF	SF	SF	SF	SF	SF	SF
5.10.4	Sicherheitsniveau und Sicherheitsbewusstsein des Personals	SF	SF	SF	SF	SF	SF	SF
5.10.5	Versiegelung abgehender Waren	SF	SF	SF	SF	SF	SF	
5.10.6	Einheitliche Kennzeichnung der Waren	SF	SF	SF	SF	SF	SF	
5.10.7	Wiegen und Zählen der Waren	SF	SF	SF	SF	SF	SF	
5.10.8	Verwaltungsverfahren für das Verladen der Waren	SF	SF	SF	SF	SF	SF	
5.10.9	Interne Kontrollverfahren	SF	SF	SF	SF	SF	SF	
5.11	***Sicherheitsanforderungen ausländische Lieferanten – Sicherheit der Handelspartner***							
5.11.1	Sicherheitsanforderungen an Dritte	SF (E)	SF (E)	SF (I/E)	SF (I/E)	SF (I/E)	SF (I/E)	SF (I)
5.11.2	Externe Kontrollverfahren	SF (E)	SF (E)	SF (I/E)	SF (I/E)	SF (I/E)	SF (I/E)	SF (I)
5.12	***Personalbezogene Sicherheitsaspekte***							
5.12.1	Einstellung neuer Mitarbeiter	SF	SF	SF	SF	SF	SF	SF
5.12.2	Sicherheitsüberprüfungen von Bewerbern	SF	SF	SF	SF	SF	SF	SF
5.12.3	Sicherheitsschulungen	SF	SF	SF	SF	SF	SF	SF

5.12.4	Sicherheitsanforderungen an Mitarbeiter mit zeitlich befristetem Arbeitsverhältnis	SF	SF	SF	SF	SF	SF
5.13	***Externe Dienstleistungen***						
5.13.1	*Externe Dienstleistungen*	SF	SF	SF	SF	SF	SF

1) Falls zutreffend
2) Nur bei örtlichen Zollabfertigungsverfahren
3) Falls zutreffend, wenn ein Zollverfahren mit wirtschaftlicher Bedeutung wie das aktive/passive Veredelungsverfahren angewendet wird.
4) Falls zutreffend, insbesondere bei GAP-Waren oder bei örtlichen Zollabfertigungsverfahren.
(I) Einfuhr
(E) Ausfuhr

I.2. Abkürzungen/Definitionen

ABl.	Amtsblatt
AEO	Authorised Economic Operator – Zugelassener Wirtschaftsbeteiligter
AEO COMPACT- Modell	Authorised Economic Operator, Compliance and Partnership Customs and Trade – einheitliches Schema für die Bewertung der mit den Wirtschaftsbeteiligten verbundenen Risiken
DVZK	Durchführungsvorschriften zum Zollkodex
EG	Europäische Gemeinschaft
EU	Europäische Union
ICAO	International Civil Aviation Organisation – Internationale Zivilluftfahrtorganisation
IMO	International Maritime Organisation – Internationale Seeschifffahrtsorganisation
Incoterms	Internationale Regeln für die Auslegung bestimmter im internationalen Handel gebräuchlicher Vertragsformeln über die Verteilung der Kosten und Risiken auf Käufer und Verkäufer
ISO	International Standard Organisation – Internationale Organisation für Normung
ISO/PAS	International Standard Organisation, Public Available Specification – Öffentlich verfügbare Spezifikation für Sicherheit in der Lieferkette
ISPS-Code	International Ship and Port Facility Security Code (Gefahrenabwehr auf Schiffen und in Hafenanlagen) (international verpflichtendes IMO-Übereinkommen)
IMO	International Maritime Organisation - Internationale Seeschifffahrtsorganisation
KMU	Kleine und mittlere Unternehmen

Anhang

Tochtergesellschaften	Multinationale Konzerne setzen sich in der Regel aus einer Muttergesellschaft und verschiedenen Tochtergesellschaften zusammen, die alle eigene Rechtspersönlichkeit besitzen, d.h. einzelne juristische Personen sind, die nach Maßgabe des Gesellschaftsrechts des Mitgliedstaats, in dem die betreffende Tochtergesellschaft niedergelassen ist, in das örtliche Handelsregister eingetragen sind.
VK	Vereinigtes Königreich
UNECE	United Nations Economic Commission for Europe – UN-Wirtschaftskommission für Europa
WCO SAFE	World Customs Organisations Safe and Secure Framework of Standards – Rahmenabkommen der Weltzollorganisation zur Sicherung des Welthandels
ZK	Zollkodex

III. Deutsche Vorschriften

1. Einführungserlass vom 14.12.2007 – III B1 – Z 0440/07/0013; Dok.-Nr. 2007/0572797 – (VSF-N 04 2008 Nr. 17 vom 16.01.2008)

Ich gebe die Dienstvorschrift „Zugelassener Wirtschaftsbeteiligter – AEO –" (AEO-DV) bekannt. Sie ergänzt die spezifischen Rechtsgrundlagen der Verordnungen (EG) Nrn. 648/2005 und 1875/2006 zum AEO, die ab dem 1. Januar 2008 gelten. Auf die ausführlichen Informationen in Teil 1 der Leitlinien „Zugelassene Wirtschaftsbeteiligte"[1]) und in Teil IV des Einführungserlasses zur Änderungsverordnung zur ZK-DVO vom 26. Januar 2007 – III B 1 – Z 0440/06/0006/III B 3 – A 0201/06/0002; Dok.-Nr. 2007/0025639 – (VSF N 17 2007 Nr. 71 vom 8. Februar 2007) weise ich hin.

Anmerkung: 1) TAXUD/2006/1450 vom 29. Juni 2007

Die AEO-DV wird demnächst voraussichtlich unter der Kennung Z 05 20 in der VSF veröffentlicht werden. Sie berücksichtigt u. a. die aufgrund des im Vorfeld bekannt gegebenen Entwurfs eingegangenen Stellungnahmen der Oberfinanzdirektionen und der Wirtschaftsverbände; dies gilt insbesondere für den Fragenkatalog zur Selbstbewertung (Anlage 2 der AEO-DV). Anträge, die bereits auf der Basis des Entwurfs des Fragenkatalogs erstellt wurden, können jedoch weiter bearbeitet werden. In diesem Zusammenhang weise ich darauf hin, dass die antragstellende Person nicht immer zwingend alle Fragen des Fragenkatalogs beantworten muss, sondern nur diejenigen, die diese auch betreffen. Außerdem weise ich darauf hin, dass insbesondere bei größeren Unternehmen bei einigen Fragen auch Circa-Angaben möglich sind.

Die für den Antrag zu verwendenden Vordrucke wurden neu erstellt und stehen unter *www.zoll.de* (Zoll und Steuern > Zölle > Grundlagen des Zollrechts > Zugelassener Wirtschaftsbeteiligter > Antrag und Bewilligung) zur Verfügung. Anträge auf Erteilung eines AEO-Zertifikats sind möglichst in Form der Internetangabe durch die Wirtschaftsbeteiligten zu stellen. Besondere Funktionalitäten unterstützen dabei das Ausfüllen des Vordrucks. Überdies entfällt dann die Eingabe der Antragsdaten in das nationale System ATLAS-AEO durch die Sachbearbeitung, was die Antragsbearbeitung beschleunigt. Der Fragenkatalog und die weiteren Anlagen zum Antrag sollten möglichst ebenfalls in elektronischer Form beim zuständigen Hauptzollamt eingereicht werden. Unabhängig davon ist bis zum Vorliegen der Möglichkeit einer elektronischen Signatur auf jeden Fall außerdem noch ein Ausdruck des Antrags unterschrieben in Papierform erforderlich.

Ich weise besonders darauf hin, dass ein AEO-Zertifikat nicht vor Ablauf der für das Informationsverfahren in Artikel 14l Abs. 2 ZK-DVO vorgesehenen Frist (derzeit 70 Kalendertage) erteilt werden darf. Sofern ein Konsultationsverfahren eingeleitet wurde, ist die Erteilung eines AEO-Zertifikats erst dann möglich, wenn eine positive Antwort des konsultierten Mitgliedstaats eingeht oder die in Artikel 14m Abs. 1 ZK-DVO genannte Frist (derzeit 120 Kalendertage) abgelaufen ist. Es ist jedoch parallel zu den Informations- und Konsultationsverfahren mit allen für die Erteilung der Bewilligung erforderlichen und bereits möglichen Prüfungsmaßnahmen zu beginnen.

Im Rahmen der Antragsprüfung und im Monitoring sind vorliegende Informationen und Erkenntnisse aus anderen Bereichen des Zollrechts (vgl. Abs. 104 AEO-DV) in die Prüfung mit einzubeziehen. Zu diesem Zweck hat die die Prüfung anordnende Stelle bzw. die bewilligende Stelle Prüfungsberichte, künftige Arbeitspapiere „Untersuchung betrieblicher Verhältnisse" und Vermerke zu Maßnahmen der Steueraufsicht/zollamtlichen Überwachung der AEO-Sachbearbeitung zuzuleiten.

Im Rahmen der Anordnung einer Prüfung bzw. des Veranlassens einer Maßnahme der Steueraufsicht/zollamtlichen Überwachung weist die anordnende bzw. veranlassende Stelle auf das AEO-Zertifikat und die Sichtung des der Bewilligung zugrunde liegenden Fragenkatalogs (Anlage 2 der AEO-DV) hin.

Von der Kommission ist ein AEO-Logo erarbeitet worden. Die Verwendung dieses Logos ist den AEO-zertifizierten Wirtschaftsbeteiligten, z. B. in den Geschäftsunterlagen, freigestellt. In amtlichen Schreiben wird das Logo hingegen nicht verwendet.

Weitere Informationen zum AEO sind auf der Intranetplattform ILIAS (http://10.150.20.85/) zu finden (z.B. Rechtsvorschriften, häufig gestellte Fragen und Antworten sowie ein E-Learning Programm der deutschen Zollverwaltung zum AEO). Aktuelle Informationen zum AEO sind auch auf der Homepage der deutschen Zollverwaltung unter *www.zoll.de* (Zoll und Steuern > Zölle > Grundlagen des Zollrechts > Zugelassener Wirtschaftsbeteiligter) abrufbar.

Anhang

Die Hauptzollämter berichten ihrer künftig zuständigen Bundesfinanzdirektion über die Erfahrungen bei der Einführung und Umsetzung der Vorschriften zum Zugelassenen Wirtschaftsbeteiligten bis zum 15. Juni 2008. Die Bundesfinanzdirektionen berichten der für das Fachpaket „Allgemeines Zollrecht" zuständigen Bundesfinanzdirektion Nord entsprechend bis zum 30. Juni 2008. Die Bundesfinanzdirektion Nord legt mir anschließend einen zusammenfassenden Bericht vor. Bei Schwierigkeiten ist sofort zu berichten.

Auf Folgendes weise ich besonders hin:

Zu Absatz 105 AEO-DV:

Nach dem gegenwärtigen Stand des Feinkonzepts Strukturentwicklung Zoll soll die Kontaktstelle AEO dem Sachgebiet B des Hauptzollamts Nürnberg angegliedert werden. Der konkrete Zeitpunkt der Verlagerung, die dann zuständigen Ansprechpersonen und die entsprechenden Kontaktdaten werden zu gegebener Zeit noch bekannt gegeben.

Zu den Absätzen 210 und 211 AEO-DV:

Die Registrierung und die Bearbeitung eingegangener AEO-Anträge erfolgt über die ATLAS-Anwendung AEO. Dabei können Anträge auf Erteilung eines AEO-Zertifikats per Interneteingabe (a) oder schriftlich (b) bei dem zuständigen Hauptzollamt eingereicht werden.

a) Die Interneteingabe erfolgt online über www.zoll.de mittels Erfassung der Antragsdaten durch die Wirtschaftsbeteiligten in der dafür vorgesehenen Internetanwendung AEO. Nach Eingabe der Antragsdaten wird den Wirtschaftsbeteiligten eine Druckausgabe des ausgefüllten AEO-Internetantrags mit einer Auftragsnummer im Feld „Für zollamtliche Vermerke" des AEO-Antrags zur Verfügung gestellt. Der Ausdruck dieses Antragsformulars ist unterschrieben und mit den dazugehörigen Anlagen beim zuständigen Hauptzollamt einzureichen.

Der eingereichte AEO-Internetantrag ist in der ATLAS-Anwendung AEO über den Menüpunkt „Internetvorgang übernehmen" und der anschließenden Eingabe der o. a. Auftragsnummer sowie der Zollnummer der den Antrag stellenden Person (Feld 9 des AEO-Antrags) zu übernehmen. Die Internetanwendung AEO steht den Wirtschaftsbeteiligten mit Echtbetriebsbeginn der ATLAS-Anwendung AEO zum 17. Dezember 2007 zur Verfügung.

b) Anträge auf Erteilung eines AEO-Zertifikats, die schriftlich mit Vordruck 0390 oder nach dem Muster in Anhang 1C ZK-DVO vorgelegt werden, sind mittels Benutzereingabe und somit durch manuelle Eingabe der AEO-Antragsdaten in der ATLAS-Anwendung AEO zu erfassen. Bereits eingegangene AEO-Anträge können von den Hauptzollämtern mit Echtbetriebsbeginn der ATLAS-Anwendung AEO zum 17. Dezember 2007 erfasst werden. Eine weitere Antragsbearbeitung in der ATLAS-Anwendung AEO ist erst ab dem 3. Januar 2008 möglich.

Die erforderlichen Anlagen zum AEO-Antrag sind von den Wirtschaftsbeteiligten möglichst elektronisch (z. B. mit einer CD-ROM) dem AEO-Antrag beizufügen.

Die Hauptzollämter schaffen die technischen Voraussetzungen, um der AEO-Sachbearbeitung unmittelbaren Zugriff auf die elektronisch übermittelten Dokumente zu ermöglichen.

Die in Anlage 3 der AEO-DV genannten Standardschreiben sind zu verwenden. Die Standardschreiben werden systemseitig bei Betätigen des jeweiligen Bearbeitungszustands im Menüpunkt „Bearbeitungszustände setzen" der ATLAS-Anwendung AEO als Druckausgabe im Pdf-Format angezeigt. Entsprechende Eintragungen in den Freitextfeldern der Standardschreiben sind im Register „ergänzende Angaben zu Standardschreiben" vorzunehmen.

Den AEO-Sachbearbeitern/innen wird mit Echtbetriebsbeginn der ATLAS-Anwendung AEO ein Einweisungsdokument zur ATLAS-Anwendung AEO bereitgestellt. Eine Schulung zum Umgang mit der ATLAS-Anwendung AEO erfolgt im Rahmen der AEO-Fortbildungslehrgänge ab dem I. Quartal 2008. Die Verfahrensanweisung ATLAS wird zu gegebener Zeit noch um die ATLAS-Anwendung AEO ergänzt werden.

III. Deutsche Vorschriften

Die Erfassung der Zählfälle für die PersBB zum AEO erfolgt mit Ausnahme der Erfassung des Zeitaufwands für die Vorort-Prüfung automatisch durch das System ATLAS-Anwendung AEO. Die entsprechenden Zeitfaktoren werden noch festgelegt.

Zu den Absätzen 223 und 224 AEO-DV:

Solange bei den Sachgebieten B ein eigener, lesender Zugriff auf das System INZOLL-NEU nicht möglich ist, sind die erforderlichen INZOLL-Abfragen zu der antragstellenden Person und zu weiteren Personen über die örtlichen Zollfahndungsämter bzw. über die Straf- und Bußgeldstellen zu veranlassen.

Zu den Absätzen 226 und 260 AEO-DV:

Gemäß Artikel 14x ZK-DVO wird für den Informationsaustausch und die Kommunikation zwischen den Zollbehörden der Mitgliedstaaten von Seiten der EU-Kommission ein europaweites elektronisches Informations- und Kommunikationssystem (CDCO-Datenbank) verwendet. Die CDCO-Datenbank ist ab dem 3. Januar 2008 funktionsfähig.

Angenommene AEO-Anträge sind gemäß Artikel 14l Abs. 1 ZK-DVO von den erteilenden Zollbehörden der Mitgliedstaaten an die CDCO-Datenbank zu übermitteln. In Deutschland erfolgt diese Übermittlung durch eine elektronische Verknüpfung der ATLAS-Anwendung AEO mit der CDCO-Datenbank. Mit Betätigen der fachlichen Funktion „Antrag annehmen" im Menüpunkt „Bearbeitungszustände setzen" der ATLAS-Anwendung AEO wird der jeweilige AEO-Antrag nach Artikel 14l Abs. 1 ZK-DVO an die CDCO-Datenbank automatisch übermittelt.

Die elektronische Verknüpfung der ATLAS-Anwendung AEO mit der CDCO-Datenbank wird voraussichtlich erst ab März 2008 hergestellt sein. Bis dahin werden AEO-Anträge, die in ATLAS mit dem Bearbeitungszustand „Antrag angenommen" gekennzeichnet wurden, durch die Kontaktstelle AEO in der CDCO-Datenbank manuell erfasst.

Zu den Absätzen 231 und 233 AEO-DV:

Zuständig für die Antragsbearbeitung und Prüfung der Bewilligungsvoraussetzungen ist das Sachgebiet B. Die Unterstützung durch die Sachgebiete D im Antragsverfahren ergibt sich aus Absatz 231. Die Beteiligung anderer Hauptzollämter ist in Absatz 233 geregelt. Im Hinblick auf die gesetzlichen Vorgaben sind die Prüfungsaufträge innerhalb der von der AEO-Sachbearbeitung gesetzten Fristen zu erledigen. Hierzu ist der Fragenkatalog (gegebenenfalls auszugsweise) mit den entsprechenden Eintragungen der antragstellenden Person den beteiligten Sachgebieten bzw. anderen Hauptzollämtern möglichst elektronisch (per E-Mail) zur Verfügung zu stellen. Die um Prüfung ersuchten Sachgebiete bzw. Hauptzollämter treffen im Feld „Bemerkungen" des elektronischen Fragenkatalogs eine eindeutige Aussage, ob die im Prüfungsauftrag benannten Punkte des Fragenkatalogs zutreffend beantwortet wurden. Soweit erforderlich, sind die Antworten aufgrund der getroffenen Feststellungen zu berichtigen, so dass die AEO-Sachbearbeitung die Bewilligungsvoraussetzungen abschließend bewerten kann.

Die Hauptzollämter stellen sicher, dass dem Prüfungsdienst die Rolle „lesen" in der ATLAS-Anwendung AEO zugewiesen und auf den Prüfernotebooks eingerichtet wird.

Zu Absatz 252 AEO-DV:

Von der Kommission ist ein Muster einer Sicherheitserklärung erarbeitet worden, welches interessierte Wirtschaftsbeteiligte als ein Beispiel zur Absicherung der gesamten Lieferkette (siehe Teil I Abschnitt IV der Leitlinien) verwenden können. Eine Verpflichtung zur Verwendung dieser Sicherheitserklärungen besteht nicht. Das (englischsprachige) Muster und eine deutsche Übersetzung sind diesem Einführungserlass als Anlage beigefügt.

Anhang

Zu den Absätzen 272 und 273 AEO-DV:

Bis zum 1. Juli 2009 erfolgen die Übermittlung von sachdienlichen Informationen im Rahmen des Informationsverfahrens nach Artikel 14l Abs. 2 ZK-DVO sowie die Abwicklung des Konsultationsverfahrens nach Artikel 14m ZK-DVO außerhalb der CDCO-Datenbank und der ATLAS-Anwendung AEO mit den üblichen Mitteln der Bürokommunikation (z. B. E-Mail oder Telefax).

Die Konsultationsanfragen an andere Mitgliedstaaten sind von den Hauptzollämtern unter Angabe der jeweiligen AEO-Vorgangsnummer aus ATLAS per E-Mail an die Kontaktstelle AEO zu übermitteln. Die Kontaktstelle AEO leitet die Konsultationsanfrage an den/die zu konsultierenden Mitgliedstaat/en weiter und kennzeichnet die Einleitung des Konsultationsverfahrens mit dem Bearbeitungszustand „Konsultationsverfahren einleiten" in dem jeweiligen Vorgang der ATLAS-Anwendung AEO.

Zu Absatz 281 AEO-DV:

Die Erfassung der Daten zum Überwachungsgegenstand AEO in den IT-Verfahren BISON/ PRÜF kann wegen technischer Umstellung des Schlüsselverzeichnisses voraussichtlich erst ab dem 10. März 2008 (Einführung der Version 2) erfolgen, weil die bestehenden – bisher gesperrten – ÜWG-Schlüssel 5042, 5043 und 5044 durch die ÜWG-Schlüssel 1000, 1010 und 1020 ersetzt werden. Vor diesem Zeitpunkt erteilte Bewilligungen AEO sind in BISON/PRÜF nachträglich zu erfassen. Die Risikobewertung des Überwachungsgegenstands AEO mit dem Risikofaktor 50 (Prüfung auf besondere Veranlassung) ist grundsätzlich ausreichend, weil im Antragsverfahren die Zuverlässigkeit der antragstellenden Person bereits umfassend geprüft wurde. Bei einer abweichenden Risikobewertung ist diese im Feld „Begründung" zum Risikofaktor zu begründen.

Der Status AEO wirkt sich grundsätzlich risikomindernd im Risikofaktor einer bestehenden zollrechtlichen Vereinfachung und Bewilligung aus, sofern keine sonstigen Anhaltspunkte über eine Gefährdung der Einfuhrabgaben oder nicht fiskalische Restriktionen vorliegen. Bei Änderung der bestehenden Risikobewertung ist die Risikominimierung im Feld „Begründung zum Risikofaktor mit Hinweis auf den Status AEO zu begründen. Die risikominimierende Berücksichtigung des Status AEO kommt auch bei den Zollverfahren in Betracht, bei denen in den einschlägigen Dienstvorschriften bisher Prüfungsfolgen vorgesehen sind (z. B. VSF Z 10 10 Abs. 55, VSF Z 12 10 Abs. 109 i. V. m. Abs. 61 bis 63, VSF Z 13 10 Abs. 112).

Zu Absatz 282 AEO-DV:

Das Datum der Wirksamkeit des AEO-Zertifikats wird systemseitig von der ATLAS-Anwendung AEO mit Betätigen des Bearbeitungszustands „Zertifikat erteilen" im Menüpunkt „Bearbeitungszustände setzen" festgelegt.

Zu den Absätzen 283 und 284 AEO-DV:

Über abgelehnte Anträge bitte ich, die Kontaktstelle AEO unter Angabe der Gründe, die zur Ablehnung geführt haben, zu unterrichten.

Zu den Absätzen 300 und 310 AEO-DV:

Die Kontaktaufnahme mit anderen Mitgliedstaaten (z. B. Übermittlung von Hinweisen im Informationsverfahren, Abwicklung des Konsultationsverfahrens o. ä.) erfolgt bis auf weiteres ausschließlich über die Kontaktstelle AEO. Die zu übermittelnden Nachrichten sind von den jeweiligen Hauptzollämtern möglichst auch in englischer Sprache bereitzustellen. Zur Art der Kontaktaufnahme vgl. die obigen Hinweise zu den Absätzen 272 und 273.

Zu Absatz 400 AEO-DV:

Die Gültigkeit eines AEO-Zertifikats kann in der ATLAS-Anwendung AEO überprüft werden. Die abfertigenden Zollstellen erhalten voraussichtlich ab März 2008 lesenden Zugriff auf die ATLAS-Anwendung AEO. In Zweifelsfällen ist die Kontaktstelle AEO einzuschalten. Wirtschaftsbeteiligte untereinander können das Vorliegen eines gültigen Zertifikats lediglich auf der von der EU-Kommission gepflegten Internetseite abfragen. Ein Eintrag in diese Liste im Internet ist jedoch freiwillig. Das Zertifikat in Papierform dient nicht als Nachweis des Status und wird bei Aussetzung oder Widerruf auch nicht eingezogen.

Zu Absatz 411 AEO-DV:

Ergeben sich nach der Antragstellung Änderungen zu den in der Selbstbewertung im Fragenkatalog gemachten Angaben, so sind diese Angaben nur dann zu ändern oder zu ergänzen, wenn sie unmittelbar Auswirkungen auf die Einhaltung der in der ZK-DVO genannten Bewilligungsvoraussetzungen haben. Verantwortlich für die Meldung ist die von der antragstellenden Person benannte Kontaktperson (vgl. Nr. 2.3. des Fragenkatalogs). In Zweifelsfällen setzt sich diese Kontaktperson mit dem zuständigen Hauptzollamt in Verbindung.

Zu den Absätzen 421 und 423 AEO-DV:

Die Erkenntnisse aus der Überwachung oder der Neubewertung hat die AEO-Sachbearbeitung nachvollziehbar und transparent für Zwecke des Monitoring darzustellen. Hierzu empfiehlt sich folgendes Vorgehen:

Im IT-Verfahren PRÜF kann über den Report 8 eine in Excel importierbare Liste aller Inhaber eines AEO-Zertifikats im Hauptzollamtsbezirk erstellt werden (siehe Ziffer 10 des Benutzerhandbuchs PRÜF). Diese Liste sollte in einem Ordner „Monitoring AEO" abgelegt werden und um Spalten wie „Zeitpunkt und Benennung der getroffenen Kontrollmaßnahme", Ergebnis der Überwachung bzw. Neubewertung", „Hinweis auf Verweisdokumente" ergänzt werden. Die relevanten Daten des Monitoring (z. B. nachträgliche Prüfung von Zollanmeldungen als getroffene Kontrollmaßnahme, Anpassung des Risikofaktors als Ergebnis der Überwachung bzw. Neubewertung oder Hinweis auf den Prüfungsbericht als Verweisdokument) werden fortschreibend in dieser Liste eingetragen.

Bei Änderungen der Risikobewertung zum Status AEO sowie Aussetzung, Widerruf oder Rücknahme des AEO-Zertifikats ist bei einer bereits bestehenden zollrechtlichen Vereinfachung bzw. Bewilligung die Risikobewertung neu vorzunehmen. Eine Änderung des Risikofaktors ist im Feld „Begründung" zum Risikofaktor mit dem Ergebnis der Überwachung oder der Neubewertung des Status AEO zu begründen. Die erneute Risikobewertung in Zusammenhang mit dem Status AEO kommt auch bei den Zollverfahren in Betracht, bei denen in den einschlägigen Dienstvorschriften bisher Prüfungsfolgen vorgesehen sind (Hinweis auf Absatz 281).

Zu Feld 9 der Erläuterungen zum AEO-Antrag:

Ich weise darauf hin, dass für die Pflege der Zollnummern die Wirtschaftsbeteiligten zuständig sind.

Anhang

Security Declaration
for Authorised Economic Operators
AEO

Name (Company) _____
Street Adress _____
City _____
Country _____
Postal Code _____
Phone _____
e-Mail _____

I hereby declare that:

- goods, which are produced, stored, forwarded or carried by order of Authorised Economic Operators (AEO), which are delivered to AEO or which are taken for delivery from AEO
    - are produced, stored, prepared and loaded in secure business premises and secure loading and shipping areas
    - are protected against unauthorized interference during production, storage, preparation, loading and transport
- reliable staff is employed for the production, storage, preparation, loading and transport of these goods
- business partners who are acting on my behalf are informed that they also need to ensure the supply chain security as mentioned above.

Name of Authorised Signatory[1] _____   Company Stamp
Position _____   (where required)
Signature _____
Date issued _____

This declaration was issued to:

Name (Company) _____
Street Adress _____
City _____
Country _____
Postal Code _____

---

[1] Authorised Signatory registered at the Commercial Register

III. Deutsche Vorschriften

Sicherheitserklärung
für Zugelassene Wirtschaftsbeteiligte
AEO

Name (Firma) _____
Straße _____
Ort _____
Land _____
Postleitzahl _____
Telefon _____
E-Mail _____

Hiermit erkläre ich, dass:

- Waren, die im Auftrag für Zugelassene Wirtschaftsbeteiligte (AEO) produziert, gelagert, befördert, an diese geliefert oder von diesen übernommen werden,
  - an sicheren Betriebsstätten und an sicheren Umschlagsorten produziert, gelagert, be- oder verarbeitet und verladen werden
  - während der Produktion, Lagerung, Be- oder Verarbeitung, Verladung und Beförderung vor unbefugten Zugriffen geschützt sind
- das für Produktion, Lagerung, Be- oder Verarbeitung, Verladung, Beförderung und Übernahme derartiger Waren eingesetzte Personal zuverlässig ist
- Geschäftspartner, die in meinem Auftrag handeln, davon unterrichtet sind, dass sie ebenfalls Maßnahmen treffen müssen, um die oben genannte Lieferkette zu sichern.

Name des/r Zeichnungsberechtigten [1] _____   Firmenstempel
Position _____   (sofern erforderlich)
Unterschrift _____
Ausstellungsdatum _____

Diese Erklärung wurde ausgestellt für:

Name (Firma) _____
Straße _____
Ort _____
Land _____
Postleitzahl _____

---

[1] Zeichnungsberechtigung laut Handelsregisterauszug

Anhang

2. Dienstvorschrift „Zugelassener Wirtschaftsbeteiligter – AEO –"

Zugelassener Wirtschaftsbeteiligter -AEO-

Dienstvorschrift

Spezifische Rechtsgrundlagen:

- Artikel 5a Zollkodex – ZK (VSF Z 02 00) sowie
- Artikel 14a bis 14x Zollkodex-Durchführungsverordnung – ZK-DVO (VSF Z 02 05)
- Daneben sind die erläuternden Leitlinien „Zugelassene Wirtschaftsbeteiligte" der Europäischen Kommission zu den vorgenannten Artikeln der ZK-DVO zu beachten (VSF Z 02 31)

I. Allgemeines

100 Grundlagen, Zielsetzung

101 Zollzweckgemeinschaften

102 Arten des AEO-Zertifikats

103 Fristen

104 Begriffsbestimmungen

105 Kontaktstelle AEO

106 Wirtschaftsbeteiligte mit übertragenen oder ausgelagerten Tätigkeiten

107 Besonderheiten bei antragstellenden Personen aus anderen Mitgliedstaaten

II. Verfahren für die Erteilung eines AEO-Zertifikats durch die deutsche Zollverwaltung

A. Zuständigkeit

200 Zuständigkeit innerhalb der EU

201 Ort der Hauptbuchhaltung

202 Allgemeine logistische Verwaltung

203 Nationale Zuständigkeit

204 Zweifel über die Zuständigkeit

B. Antrag auf Erteilung eines AEO-Zertifikats

210 Antragsvordruck

211 ATLAS-Anwendung AEO; Standardschreiben

C. Prüfung vor Annahme des Antrags

220 Entscheidung über die Annahme des Antrags

221 Ausschlussgründe

222 Vollständigkeit

223 Schwere Straftat im Zusammenhang mit wirtschaftlicher Tätigkeit
224 Schwere Straftat im Zusammenhang mit einem Verstoß gegen die Zollvorschriften
225 Nichtannahme des Antrags
226 Annahme des Antrags

D. Prüfung der Voraussetzungen für die Erteilung eines AEO-Zertifikats

a) Allgemeines

230 Bearbeitungsfrist
231 Prüfung durch das Fachsachgebiet
232 Dokumentation
233 Beteiligung anderer Hauptzollämter
234 Leitlinien
235 Schlussfolgerungen von Sachverständigen

b) Ansässigkeit in der Gemeinschaft

236 Ansässigkeit
237 Abkommen

c) Angemessene Einhaltung der Zollvorschriften

238 Angemessene Einhaltung der Zollvorschriften
239 Zu überprüfende Personen
240 Informationsquellen; DEBBI-Bewertung
241 Vertrauensschutz bei bestehenden Vereinfachungen/Bewilligungen

d) Zufriedenstellendes System der Buchführung

242 Zufriedenstellendes System der Buchführung
243 Verknüpfung der kaufmännischen Buchführung mit den Zolldokumenten
244 Zugang zur Buchführung
245 Unterscheidung zwischen Gemeinschaftswaren und Nichtgemeinschaftswaren

e) Zahlungsfähigkeit

246 Nachweis der Zahlungsfähigkeit

f) Sicherheitsstandards

247 Allgemeines
248 Gesamtbetrachtung

Anhang

249 Zugangskontrollen
250 Unverpackte Waren; Schüttgut
251 Genehmigungspflichtige Waren nach dem Außenwirtschaftsrecht
252 Identifizierung der Handelspartner des antragstellenden Unternehmens
253 Überprüfung des Personals
254 Reglementierter Beauftragter
255 Sicherheitszeugnisse

E. Informationsverfahren
260 Allgemeines
261 Informationen anderer Mitgliedstaaten
262 Übergang in das Konsultationsverfahren

F. Konsultationsverfahren
270 Allgemeines
271 Verzicht auf das Konsultationsverfahren
272 Beginn des Konsultationsverfahrens
273 Späterer Beginn des Konsultationsverfahrens
274 Negative Antwort im Rahmen der Konsultation
275 Strittige Antwort im Rahmen der Konsultation
276 Verlängerung der Konsultationsfrist

G. Verfahren für die Erteilung und Ablehnung des AEO-Zertifikats
1. Erteilung des AEO-Zertifikats
280 Allgemeines
281 Erfassung im IT-Verfahren BISON/PRÜF
282 Wirksamwerden des AEO-Zertifikats

2. Ablehnung der Erteilung des AEO-Zertifikats
283 Rechtliches Gehör
284 Ablehnung des Antrags

III. Verfahren bei der Erteilung eines AEO-Zertifikats durch die Zollverwaltungen anderer Mitgliedstaaten

A. Informationsverfahren

300 Allgemeines

B. Konsultationsverfahren

310 Allgemeines

311 Fristverlängerung

IV. Rechtswirkung von AEO-Zertifikaten; Überwachung; Neubewertung

A. Rechte und Pflichten des AEO

1. Vorteile des AEO

400 Hinweis auf die Nummern der Zertifikate

a) Kontrollen

401 Allgemeines

402 Häufigkeit und Umfang

403 Lieferkette

404 warenbezogene Risikohinweise

405 vorrangige Kontrollen

406 Kontrollort

b) Vorabanmeldung

409 Vorabanmeldung

c) Beantragung sonstiger Bewilligungen

410 Beantragung sonstiger Bewilligungen

2. Pflichten des AEO

411 Pflichten des AEO

B. Überwachung; Neubewertung

1. Allgemeines

420 Mitteilungspflichten der Behörden untereinander

Anhang

2. Überwachung

421 Allgemeines

422 Neu gegründete Unternehmen

3. Neubewertung

423 Neubewertung

V. Aussetzung des Status eines AEO; Widerruf und Rücknahme des AEO-Zertifikats

A. Allgemeines

500 Aussetzungs- und Widerrufsgründe

501 Auswirkungen auf bestehende Bewilligungen

B. Aussetzung des Status eines AEO

510 Aussetzung von Amts wegen

511 Strafverfahren

512 Aussetzung auf Antrag

513 Verlängerung der Aussetzung

514 Widerruf der Aussetzung

C. Widerruf und Rücknahme des AEO-Zertifikats

520 Widerruf des AEO-Zertifikats

521 Rücknahme des AEO-Zertifikats

Anlage 1   Antrag auf Erteilung eines AEO-Zertifikats mit Erläuterungen

Anlage 2   Fragenkatalog zur Selbstbewertung

Anlage 3   Standardschreiben in der ATLAS-Anwendung AEO (einschließlich AEO-Zertifikat)

Anlage 4   Sicherheitszeugnisse und -zertifikate gemäß Artikel 14k Abs. 4 ZK-DVO

Anlage 5   Schlussfolgerungen von Sachverständigen und sonstige Zertifikate gemäß Artikel 14n Abs. 2 ZK-DVO

III. Deutsche Vorschriften

I. Allgemeines

Grundlagen; Zielsetzung Art. 5a ZK

100 Wirtschaftsbeteiligten im Sinne von Artikel 1 Nr. 12 ZK-DVO, die die Voraussetzungen des Artikel 5a ZK erfüllen, wird auf Antrag der Status eines Zugelassenen Wirtschaftsbeteiligten („Authorised Economic Operator" – AEO) bewilligt. Der AEO kann bestimmte Erleichterungen bei den Zoll- und Sicherheitskontrollen in Anspruch nehmen.

Zollzweckgemeinschaften

101 Haben sich mehrere Unternehmen zu einer Zollzweckgemeinschaft zusammengeschlossen, so können nicht nur diese Unternehmen, sondern unabhängig davon auch die Zollzweckgemeinschaft selbst AEO werden. Da die Zollzweckgemeinschaft eine eigene Person im Sinne des Artikels 4 Nr. 1 ZK ist, ist diese losgelöst vom Status der beteiligten Unternehmen zu bewerten.

Der Zollzweckgemeinschaft können die Vorteile des AEO auch dann gewährt werden, wenn die beteiligten Unternehmen selbst nicht AEO sind.

Arten des AEO-Zertifikats Art. 14a Abs. 1 ZK-DVO

102 Es können die folgenden Zertifikate erteilt werden:

a) AEO-Zertifikat „Zollrechtliche Vereinfachungen" – AEOC

b) AEO-Zertifikat „Sicherheit" – AEOS

c) AEO-Zertifikat „Zollrechtliche Vereinfachungen/Sicherheit" – AEOF.

Fristen Z 0208

103 Für die Berechnung von Fristen ist die VO (EWG, EURATOM) Nr. 1182/71 anzuwenden. Bei den in Art. 14c bis 14v ZK-DVO genannten Fristen ist zwischen Arbeits- und Kalendertagen zu unterscheiden.

S 0101

Für die Bekanntgabe der einzelnen Entscheidungen gemäß Art. 6 ZK gilt § 122 AO.

Begriffsbestimmungen

104 Definitionen von Rechtsbegriffen aus dem ZK und der ZK-DVO:

– Zollrecht/Zollvorschriften:

Alle Bestimmungen, die den grenzüberschreitenden Warenverkehr mit Drittländern regeln, z. B. auch Marktordnungs-, Warenursprungs- und Präferenzrecht, Außenwirtschaftsrecht, Verbote und Beschränkungen, Verbrauchsteuer- und Einfuhrumsatzsteuerrecht

– Zuwiderhandlung/Verstoß:
Ordnungswidrigkeit und Straftat

– Schwere Straftat/schwere Zuwiderhandlung/schwerer Verstoß:
vorsätzlich begangene Straftat.

Kontaktstelle AEO

105 Die Kontaktstelle AEO ist wie folgt zu erreichen:

OFD Nürnberg
Kontaktstelle AEO
Krelingstr. 50
90408 Nürnberg

Tel.: 0911/376-3671, -3672, oder -3673
Fax: 0911/376-2270
E-Mail: *aeo@ofdn.bfinv.de.*

Wirtschaftsbeteiligte mit ausgelagerten Tätigkeiten

106 Sofern die antragstellende Person bestimmte von den AEO-Bewilligungsvoraussetzungen (z. B. Sicherheit und Buchhaltung) betroffene Aufgabenbereiche an Dritte übertragen oder ausgelagert hat, ist das Vorliegen der Voraussetzungen bei den Dritten durch die antragstellende Person nachzuweisen. Die antragstellende Person hat gegebenenfalls erforderliche Prüfungen bei den beteiligten Dritten zu ermöglichen.

Die Nichterfüllung der Bewilligungsvoraussetzungen bei den Dritten hat sich die antragstellende Person zurechnen zu lassen.

Anhang

Klarstellend wird darauf hingewiesen, dass es sich hierbei nur um ausgelagerte Aufgabenbereiche der antragstellenden Person handelt.

Wenn Dritte selbst AEO sind, ist vom Vorliegen dieser Voraussetzungen im Umfang des jeweiligen Zertifikats auszugehen.

107 Antragstellende Personen aus anderen Mitgliedstaaten haben bei in Deutschland gestellten Anträgen in Deutschland ansässige Empfangsbevollmächtigte (§ 123 AO) zu benennen. *Besonderheiten bei antragstellenden Personen aus anderen Mitgliedstaaten S 0101*

II. Verfahren für die Erteilung eines AEO-Zertifikats durch die deutsche Zollverwaltung

A. Zuständigkeit

200 Die Zuständigkeit deutscher Zollbehörden nach Artikel 14d Absatz 1 ZK-DVO ist nicht gegeben, wenn die antragstellende Person in Deutschland keine zollrechtlich relevante Tätigkeit ausübt (vgl. Feld 13 des Antrags). *Zuständigkeit innerhalb der EU Art. 14d ZK-DVO*

In Artikel 14d Abs. 1 und 2 ZK-DVO hat jeweils Buchstabe a) Vorrang vor Buchstabe b).

201 Der Ort der Hauptbuchhaltung ist der Ort, an dem die Buchhaltung, die es der Zollbehörde ermöglicht, die Voraussetzungen und Kriterien für den AEO zu prüfen und zu überwachen, überwiegend geführt wird (vgl. Feld 18 des Antrags). *Ort der Hauptbuchhaltung Art. 14d Abs. 1 letzter Satz ZK-DVO*

202 Die allgemeine logistische Verwaltung im Sinne des Artikel 14d Abs. 1 Buchstabe b) und Abs. 2 Buchstabe b) ZK-DVO ist in der Regel an dem Ort angesiedelt, an dem Versand, Wareneingang und Warenausgang stattfinden. *Allgemeine logistische Verwaltung*

203 Innerhalb Deutschlands ist der Antrag bei dem Hauptzollamt zu stellen, das für den Ort der Hauptbuchhaltung der antragstellenden Person zuständig ist. Wenn sich die Hauptbuchhaltung nicht in Deutschland befindet, ist der Ort der allgemeinen logistischen Verwaltung maßgeblich. § 24 Abs. 8 ZollV ist entsprechend anzuwenden. *Nationale Zuständigkeit § 24 ZollV*

204 Bei Zweifeln über die Zuständigkeit Deutschlands bzw. über die örtliche Zuständigkeit innerhalb Deutschlands ist die Kontaktstelle AEO einzuschalten. *Zweifel über die Zuständigkeit*

B. Antrag auf Erteilung eines AEO-Zertifikats

210 Der Antrag auf Erteilung des AEO-Zertifikats ist unter Berücksichtigung des zugehörigen Merkblatts möglichst elektronisch (Internetangabe: www.zoll.de) zu stellen. *Antragsvordruck Art. 14c Abs. 1 ZK-DVO; Anlage 1*

Es kann auch der Vordruck-Nr. 0390 oder ein entsprechendes Muster verwendet werden.

Die erforderlichen Anlagen sind nach Möglichkeit mit einer CD-ROM zu übermitteln.

211 Die Antragsbearbeitung erfolgt über die ATLAS-Anwendung AEO. Hierbei ist die ATLAS Verfahrensanweisung zu beachten. *ATLAS-Anwendung AEO Z 2650; Standardschreiben Anlage 3*

Die in Anlage 3 genannten Standardschreiben sind zu verwenden.

C. Prüfungen vor Annahme des Antrags

220 Innerhalb von 30 Kalendertagen nach Posteingang des Antrags beim zuständigen Hauptzollamt ist eine Entscheidung über die Annahme bzw. Nichtannahme des Antrags (Absatz 221) oder die Anforderung weiterer Unterlagen/Angaben (Absatz 222) zu treffen (vgl. Artikel 14c Abs. 2 ZK-DVO). *Entscheidung über die Annahme des Antrags*

221 Der Antrag auf Erteilung eines AEO-Zertifikats ist nicht anzunehmen, wenn *Ausschlussgründe Art. 14f ZK-DVO*

1. der Antrag trotz Anforderung weiterer Unterlagen/Angaben nach Absatz 222 unvollständig ist,

2. die Zuständigkeit der Zollbehörde, bei der der Antrag gestellt wurde, nicht gegeben ist,

3. die antragstellende Person in den drei Jahren vor der Antragstellung wegen einer schweren Straftat im Zusammenhang mit ihrer wirtschaftlichen Tätigkeit verurteilt worden ist,

4. im Zeitpunkt der Antragstellung ein Insolvenzverfahren über das Vermögen der antragstellenden Person eröffnet ist,

5. ein gesetzlicher Vertreter der antragstellenden Person in Zollangelegenheiten im Rahmen seiner Tätigkeit als Vertreter in den drei Jahren vor der Antragstellung wegen einer schweren Straftat im Zusammenhang mit einem Verstoß gegen die Zollvorschriften verurteilt wurde,

6. die antragstellende Person ihren Antrag innerhalb von drei Jahren nach Widerruf/Rücknahme des AEO-Zertifikats gestellt hat oder

7. es sich um eine antragstellende Person handelt, die im Rahmen ihrer Geschäftstätigkeit innerhalb der letzten drei Jahre nicht mit unter das Zollrecht fallenden Tätigkeiten befasst war und auch nicht beabsichtigt, derartige Tätigkeiten künftig auszuführen.

Vollständigkeit Art. 14c ZK-DVO 222 Wird festgestellt, dass Unterlagen oder Angaben unvollständig sind, ist die antragstellende Person unter Verwendung des Standardschreibens AWU (Anforderung weiterer Unterlagen zur Bearbeitung des Antrags auf Erteilung eines AEO-Zertifikats) aufzufordern, diese zu ergänzen. Alle fehlenden Unterlagen/Angaben sind in einem Schreiben anzufordern. Nach Eingang der Unterlagen/Angaben ist erneut innerhalb der Frist nach Absatz 220 zu entscheiden.

Schwere Straftat im Zusammenhang mit wirtschaftlicher Tätigkeit Art. 14f Buchst. b) ZK-DVO 223 Da eine Verurteilung juristischer Personen und Personenvereinigungen in Deutschland nicht möglich ist, kommt der Ausschlussgrund nach Absatz 221 Nr. 3 nur in Betracht, wenn die antragstellende Person eine natürliche Person ist. In diesem Fall veranlasst das Fachsachgebiet für diese natürliche Person eine INZOLL-Abfrage.

Schwere Straftat im Zusammenhang mit einem Verstoß gegen die Zollvorschriften Art. 14f Buchst. c) ZK-DVO 224 Das Fachsachgebiet veranlasst eine INZOLL-Abfrage zu den Vertretern des antragstellenden Unternehmens in Zollangelegenheiten.

Nichtannahme des Antrags Art. 14f ZK-DVO 225 Über die Nichtannahme des Antrags ist die antragstellende Person mit dem Standardschreiben NAA (Nichtannahme des Antrags auf Erteilung eines AEO-Zertifikats) zu unterrichten.

Annahme des Antrags Art. 14c Abs. 2 ZK-DVO 226 Liegen keine Ausschlussgründe nach Absatz 221 vor, ist der Antrag durch entsprechende Kennzeichnung in der ATLAS-Anwendung AEO anzunehmen.

Mit der Annahme des Antrags beginnen die 35[1]-tägige Frist für das Informationsverfahren (Absätze 260 ff) und die 90[2]-tägige Frist für die Erteilung des AEO-Zertifikats gemäß Artikel 14l Abs. 1 und Art. 14o Abs. 2 ZK-DVO.

Anmerkungen:
1) Bis 31.12.2009: 70 Kalendertage
2) Bis 31.12.2009: 300 Kalendertage

Die Annahme des Antrags und der Beginn der Frist nach Artikel 14o Abs. 2 ZK-DVO sind der antragstellenden Person mit dem Standardschreiben ADA (Annahme des Antrags auf Erteilung eines AEO-Zertifikats) mitzuteilen.

D. Prüfung der Voraussetzungen für die Erteilung eines AEO-Zertifikats

a) Allgemeines

Bearbeitungsfrist Art. 14o Abs. 2 ZK-DVO 230 Bei der Bearbeitung des Antrags auf Erteilung eines AEO-Zertifikats ist auf die Einhaltung der Frist für die Bearbeitung von 90[3] Kalendertagen zu achten.

Anmerkung: 3) Bis 31.12.2009: 300 Kalendertage

231 Das Fachsachgebiet prüft auf Grundlage der vorgelegten Unterlagen und der innerhalb der Zollverwaltung vorliegenden Informationen (z. B. Prüfungsberichte, Beteiligtenbewertung, bestehende zollrechtliche Vereinfachungen und Bewilligungen), ob die Bewilligungsvoraussetzungen vorliegen. <small>Prüfung durch das Fachsachgebiet Art. 14n ZK-DVO</small>

In den Fällen des Art. 14n Abs. 1 Unterabs. 2 ZK-DVO ist die Prüfung der Einhaltung der Sicherheitsvorschriften auf einen repräsentativen Teil der relevanten Räumlichkeiten des antragstellenden Unternehmens zu beschränken.

Sofern Angaben der antragstellenden Person vor Ort zu prüfen sind, erfolgt dies grundsätzlich durch das Fachsachgebiet in Absprache mit dem in Feld 6 des Antrages genannten Ansprechpartner.

Der Prüfungsdienst unterstützt in schwierigen Fällen das Fachsachgebiet bei der Bewertung der vorliegenden Unterlagen, insbesondere bei komplexen Buchführungssystemen (vgl. Absatz 242 ff.) und im Bereich der Zahlungsfähigkeit (vgl. Absatz 246). Ist eine abschließende Bewertung nicht möglich, ist durch das Fachsachgebiet in Abstimmung mit dem Prüfungsdienst ein formloser Prüfungsauftrag, in dem die zu übernehmenden Prüfungsaufgaben unter Angabe der Ziffern aus dem Fragenkatalog hinreichend konkretisiert und eine Frist für die Prüfung festgesetzt ist, zu erteilen. Einer Prüfungsanordnung bedarf es im Antragsverfahren nicht. <small>Anlage 2</small>

232 Die durchgeführten Prüfungsschritte und die daraus gewonnenen Erkenntnisse sind von allen an der Prüfung beteiligten Stellen regelmäßig in dem Fragenkatalog zur Selbstbewertung zu dokumentieren. <small>Dokumentation Anlage 2</small>

233 Ist für die Prüfung der Bewilligungsvoraussetzungen die Beteiligung anderer Hauptzollämter erforderlich, sind diese außerhalb der ATLAS-Anwendung AEO direkt zu beteiligen. Absätze 230 und 231 gelten entsprechend. <small>Beteiligung anderer Hauptzollämter</small>

234 Bei der Prüfung der Bewilligungsvoraussetzungen werden die Leitlinien „Zugelassene Wirtschaftsbeteiligte" entsprechend der Stellung des Unternehmens in der Lieferkette herangezogen. <small>Leitlinien Z 0231</small>

235 Beispiele für Sachverständigengutachten, -zertifikate oder -berichte, die als Nachweis für die Erfüllung der Bewilligungsvoraussetzungen dienen können, finden sich in der Anlage 5. <small>Schlussfolgerungen von Sachverständigen Art. 14n Abs. 2 ZK-DVO Anlage 5</small>

Zur Auslegung des Begriffs „Verbundenheit" wird auf Artikel 143 ZK-DVO verwiesen.

Werden Gutachten verbundener Sachverständiger vorgelegt, so können auch diese im Rahmen der Gesamtbetrachtung berücksichtigt werden.

b) Ansässigkeit in der Gemeinschaft

236 Im Zollgebiet der Gemeinschaft ansässige, rechtlich unselbstständige Firmenteile drittländischer Unternehmen erfüllen das Kriterium der Ansässigkeit der Wirtschaftsbeteiligten nicht. <small>Ansässigkeit Art. 5a Abs. 1 UAbs. 1 ZK</small>

237 Abkommen gemäß Artikel 14g Buchstabe a) ZK-DVO zwischen der Gemeinschaft und Drittländern bestehen derzeit nicht. <small>Abkommen Art. 14g Buchst. a) ZK-DVO</small>

c) Angemessene Einhaltung der Zollvorschriften

238 Schwere Zuwiderhandlungen gegen Zollvorschriften sind sämtliche Straftaten im Zollrecht (z.B. Steuerhinterziehung, Bannbruch, Subventionsbetrug, Straftaten nach dem Außenwirtschafts- oder Marktordnungsrecht) und den damit verbundenen Rechtsgebieten (vgl. Absatz 104). <small>Angemessene Einhaltung der Zollvorschriften Art. 14h Abs. 1 ZK-DVO</small>

Zur angemessenen Einhaltung der Zollvorschriften wird auf Art. 14h Abs. 1 UAbs. 2 ZK-DVO und auf Teil 2 Abschnitt I Nr. I.2.2 der Leitlinien verwiesen.

239 Für die angemessene Einhaltung der Zollvorschriften sind folgende Personen zu überprüfen: <small>Zu überprüfende Personen Art. 14h Abs. 1 Buchst. a) bis d) ZK-DVO</small>

– die antragstellende Person (Artikel 14h Abs.1 Buchstabe a) ZK-DVO)

– die allgemeinen gesetzlichen Vertreter wie geschäftsführende Personen oder Vorstand (Artikel 14h Abs.1 Buchstabe b) ZK-DVO)

III. Deutsche Vorschriften

- Mitglieder von Beiräten und Aufsichtsräten (Artikel 14h Abs. 1 Buchstabe b) ZK-DVO)
- die gesetzlichen Vertreter der antragstellenden Person in Zollangelegenheiten, wie z.B. Finanzvorstand oder geschäftsführende Personen (Artikel 14h Abs. 1 Buchstabe c) ZK-DVO)
- die im antragstellenden Unternehmen für Zollangelegenheiten verantwortlichen Personen (z.B. Leiter der Zollabteilung; Artikel 14h Abs. 1 Buchstabe d) ZK-DVO)

Informationsquellen 240 Zur Beurteilung der bisher angemessenen Einhaltung der Zollvorschriften sind Informationsquellen innerhalb der Zollverwaltung (z.B. Prüfungsberichte, INZOLL-Abfrage, SG Strafsachen- und Bußgeldstelle, IT-Verfahren DEBBI und BISON/PRÜF, Risikoprofile – ZORA Guide) zu nutzen.

DEBBI-Bewertung Bei der Berücksichtigung von Bewertungen im IT-Verfahren DEBBI (Dezentrale Beteiligtenbewertung) stellt eine Bewertung mit Kategorie 3 keine generelle Begründung für mangelnde Einhaltung der Zollvorschriften dar.

In diesem Fall ist der Hintergrund der Einstufung unter Berücksichtigung der Gesamtumstände zu überprüfen.

Vertrauensschutz bei bestehenden Vereinfachungen/Bewilligungen Art. 14h Abs. 1 UAbs. 2 ZK-DVO 241 Ist die antragstellende Person bereits Inhaber zollrechtlicher Vereinfachungen/Bewilligungen (vgl. Feld 15 des Antrags), bei denen die angemessene Einhaltung der Zollvorschriften Bewilligungsvoraussetzung ist, ist davon auszugehen, dass die Zollvorschriften von dem antragstellenden Unternehmen eingehalten werden.

Zuwiderhandlungen, die den Zollbehörden vor dem Zeitpunkt der Antragstellung bekannt waren und die nicht zum Widerruf von Vereinfachungen/Bewilligungen geführt haben, sind nicht zu berücksichtigen, wenn die antragstellende Person die Zuwiderhandlungen bereits abgestellt hat bzw. im Rahmen der Antragstellung dafür Sorge trägt, dass die Zuwiderhandlungen abgestellt werden.

Eine angemessene Einhaltung der Zollvorschriften ist hingegen nicht gegeben, wenn Zuwiderhandlungen vorliegen, die so erheblich sind, dass sie den Widerruf von zollrechtlichen Vereinfachungen/Bewilligungen erfordern.

d) Zufriedenstellendes System der Buchführung

Zufriedenstellendes System der Buchführung Art 14i ZK-DVO 242 Das Fachsachgebiet hat bei der Beurteilung des Buchführungssystems (Finanzbuchhaltung und Material- oder Warenwirtschaft) und der Beförderungsunterlagen die vom antragstellenden Unternehmen vorgelegten Unterlagen und Erklärungen, Informationen aus den Prüfungsberichten sowie sonstige Erkenntnisse (z. B. IT-Verfahren BISON/PRÜF) heranzuziehen.

Ergeben sich aus Prüfungsberichten der letzten drei Jahre keine Beanstandungen zum Buchführungssystem und zu den Beförderungsunterlagen, ist, sofern keine gegenteiligen Erkenntnisse (z.B. aus der Selbstbewertung) vorliegen, von der Erfüllung der Voraussetzungen des Artikels 14i Buchstaben a) bis– f) und h) ZK-DVO auszugehen.

Bei der Vorlage von zeitnahen Wirtschaftsprüfungsberichten ist, sofern keine gegenteiligen Erkenntnisse vorliegen, von der Erfüllung der Voraussetzungen des Artikels 14i Buchstaben a), d), f) und h) ZK-DVO auszugehen.

Gleiches gilt bei der Verwendung einer Standardsoftware oder einer speziell auf das antragstellende Unternehmen zugeschnittenen Anwendungssoftware im Bereich der Buchführungssysteme, bei der die Grundsätze ordnungsmäßiger DV-gestützter Buchführungssysteme (BMF-Schreiben vom 7. November 1995 – IV A 8 – S 0316 – 52/95) eingehalten sind.

S 0937 Wird die Buchhaltung manuell geführt, sind die allgemein anerkannten Grundsätze ordnungsmäßiger Buchführung (GoB, § 146 AO, §§ 238 und 239 HGB) einzuhalten. Sofern keine gegenteiligen Erkenntnisse vorliegen, ist von der Erfüllung der Voraussetzungen des Art. 14i Buchstaben a) und f) ZK-DVO auszugehen.

Anhang

243 Unbeschadet des Absatzes 242 hat die antragstellende Person betriebliche Anweisungen zu treffen, die auf Buchprüfungen basierende Zollkontrollen im Buchführungssystem erleichtern.
Verknüpfung der kaufmännischen Buchführung mit den Zolldokumenten
Art. 14i Buchst. a) ZK-DVO

Das ist der Fall, wenn die Zolldokumente (z.B. Zollanmeldungen, Präferenznachweise) den Buchungsvorgängen und den Buchführungsunterlagen eindeutig und gegenseitig zugeordnet werden können (z.B. durch Angabe einer Referenznummer). Gleiches muss auch in Fällen der Vertretung der anmeldenden Person gewährleistet sein (vgl. Absatz 106).

244 Aufgrund der gesetzlichen Verpflichtung zum Datenzugriff nach Art. 14 ZK und § 147 Abs. 6 AO ist die Voraussetzung des Art. 14i Buchstabe b) ZK-DVO im Regelfall als gegeben anzusehen.
Zugang zur Buchführung
Art. 14i Buchst. b) ZK-DVO

245 Der zollrechtliche Status der Ware muss im logistischen System bei AEOC und AEOF erkennbar sein (vgl. Artikel 14i letzter Satz ZK-DVO).
Unterscheidung zwischen Gemeinschafts- und Nichtgemeinschaftswaren
Art. 14i Buchst. c) ZK-DVO

Die Regelungen zur Verwendung von Ersatzwaren im Rahmen der aktiven Veredelung (Äquivalenz) bleiben hiervon unberührt.

e) Zahlungsfähigkeit

246 In den Fällen, in denen der antragstellenden Person bereits eine Befreiung von der Sicherheitsleistung nach Art. 380 Abs. 3 ZK-DVO bewilligt worden ist, kann auf eine erneute Prüfung der Zahlungsfähigkeit verzichtet werden.
Nachweis der Zahlungsfähigkeit
Art. 14j ZK-DVO

Wenn Stundung beantragt oder gewährt wurde oder Maßnahmen der Zwangsvollstreckung wegen Forderungen jeglicher Art eingeleitet wurden, ist die Zahlungsfähigkeit im Einzelfall zu beurteilen.

In anderen Fällen prüft das Fachsachgebiet die vom antragstellenden Unternehmen zum Nachweis seiner Zahlungsfähigkeit vorgelegten geeigneten Unterlagen (z.B. Jahresabschluss, Finanzplanung, Wirtschaftsprüfungsbericht, Kreditzusageschreiben der Hausbanken). Von der Zahlungsfähigkeit ist grundsätzlich auszugehen, wenn sich diese schlüssig aus den vorgelegten Unterlagen und abgegebenen Erklärungen ergibt.

Zahlungsfähigkeit im Sinne von Art. 14i ZK-DVO ist bei Zahlungsunfähigkeit nach § 17 Insolvenzordnung oder Überschuldung nach § 19 Insolvenzordnung nicht gegeben.

f) Sicherheitsstandards

247 Das Fachsachgebiet prüft bei AEOS und AEOF die angemessenen Sicherheitsstandards anhand der Selbstbewertung der antragstellenden Person einschließlich der gegebenenfalls vorgelegten Sachverständigengutachten (vgl. Absatz 235) und Sicherheitszertifikate (vgl. Absatz 255) und einer Begehung der Liegenschaften (gegebenenfalls nur eines repräsentativen Teils, vgl. Absatz 231) der antragstellenden Person.
Allgemeines Anlagen 2, 4, 5
Art. 14k ZK-DVO

248 Die Prüfung der Voraussetzungen des Artikels 14k Buchstaben a), b) und c) ZK-DVO erfolgt in einer Gesamtbetrachtung der räumlichen, organisatorischen und persönlichen Gegebenheiten. Dabei sind die Anforderungen an die Sicherheitsstandards auf die jeweiligen Erfordernisse des antragstellenden Unternehmens abzustellen und auf die Räumlichkeiten zu beschränken, die für die zollrelevanten Tätigkeiten der antragstellenden Person von Belang sind (Artikel 14n Abs. 1 Satz 2 und UAbs. 2 ZK-DVO).
Gesamtbetrachtung
Art. 14k Abs. 1 Buchst. a), b) und c) DVO

249 Die technische Umsetzung der Zugangskontrollen (z.B. durch elektronische Kartenleser oder persönliche Beaufsichtigung) ist abhängig von der Größe des Unternehmens und dem Geschäftsfeld, in dem das Unternehmen tätig ist.
Zugangskontrollen
Art. 14k Abs. 1 Buchst. b) ZK-DVO

250 Es ist darauf hinzuweisen, dass bei unverpackten Waren (z.B. sperriges Gut, Schüttgut) oder bei Waren in offenen Spezialanhängern die antragstellende Person besondere Sorgfalt aufzubringen und derartige Warensendungen z.B. durch regelmäßige Inaugenscheinnahme zu kontrollieren hat.
Unverpackte Waren, Schüttgut
Art. 14k Abs. 1 Buchst. c) ZK-DVO

III. Deutsche Vorschriften

Genehmigungspflichtige Waren nach dem Außenwirtschaftsrecht Art. 14k Abs. 1 Buchst. d) ZK-DVO

251 Das Fachsachgebiet prüft bei antragstellenden Personen, die im außenwirtschaftsrechtlich beschränkten Warenverkehr tätig sind, ob sie innerbetriebliche Maßnahmen zur Import- und Exportkontrolle getroffen haben, damit keine genehmigungspflichtigen Waren ohne Genehmigung importiert und exportiert werden.

Identifizierung der Handelspartner des antragstellenden Unternehmens Art. 14k Abs. 1 Buchst. e) ZK-DVO A 0201 Nrn. 20 und 21

252 Das antragstellende Unternehmen hat die Identifizierung seiner Vertragspartner zu ermöglichen. Auf die Ausführungen in Teil 1 Abschnitt IV der Leitlinien wird hingewiesen.

Alle Unternehmen sind bereits dazu verpflichtet, ihre Handelspartner anhand der Terrorlisten nach Verordnungen (EG) Nrn. 2580/2001 und 881/2002 zu überprüfen. Die Einhaltung dieser Vorschriften ist anhand der vom antragstellenden Unternehmen vorgelegten Unterlagen nachzuprüfen.

Überprüfung des Personals Art. 14k Abs. 1 Buchst. f) ZK-DVO

253 Absatz 252 Unterabs. 2 gilt entsprechend für die Beschäftigten des antragstellenden Unternehmens.

Reglementierter Beauftragter Art. 14k Abs. 3 ZK-DVO

254 Für reglementierte Beauftragte nach VO (EG) Nr. 2320/2002 gelten die Sicherheitsstandards für die Räumlichkeiten, die ihre Zulassung umfasst, als erfüllt.

Speditionen sowie Kurier- und Expressunternehmen, die Luftfracht befördern oder Luftfrachtabfertigung als Dienstleistung anbieten, sind im Regelfall reglementierte Beauftragte.

Eine Liste der reglementierten Beauftragten findet sich unter www.luftfahrtbundesamt.de – Eigensicherung/Reglementierter Beauftragter.

Sicherheitszeugnisse Art. 14k Abs. 4 ZK-DVO Anlage 4

255 International anerkannte Sicherheitszeugnisse und -zertifikate sowie Anmerkungen dazu, in welchem Umfang diese die einzelnen Sicherheitskriterien für die Erteilung eines AEO-Zertifikats abdecken, ergeben sich aus der Anlage 4.

E. Informationsverfahren

Allgemeines Art. 141 Abs. 1 ZK-DVO

260 Mit Annahme des Antrages auf Erteilung des AEO-Zertifikats in der ATLAS-Anwendung AEO beginnt die Frist für das Informationsverfahren (vgl. Absatz 226). Die Übermittlung der Information an die Mitgliedstaaten erfolgt automatisch.

Informationen anderer Mitgliedstaaten Art. 141 Abs. 2 ZK-DVO

261 Informationen anderer Mitgliedstaaten sind bei der Prüfung der Bewilligungsvoraussetzungen zu berücksichtigen. Die Entscheidung über die Erteilung eines AEO-Zertifikats verbleibt bei dem zuständigen Hauptzollamt.

Gehen bis zum Ablauf der Frist von 35[4]) Kalendertagen keine Informationen anderer Mitgliedstaaten ein, ist davon auszugehen, dass keine der Erteilung des AEO-Zertifikats entgegenstehenden Erkenntnisse vorliegen.

Anmerkung: 4) Bis 31. Dezember 2009: 70 Kalendertage

Gehen nach Ablauf der Frist Informationen beim Hauptzollamt ein, so sind diese zu berücksichtigen. Soweit bereits ein AEO-Zertifikat erteilt wurde, sind Aussetzung und Widerruf (vgl. Absätze 500 ff) zu prüfen.

Übergang in das Konsultationsverfahren

262 Führen die Informationen anderer Mitgliedstaaten dazu, dass eine Entscheidung über den Antrag ohne Beteiligung anderer Mitgliedstaaten noch nicht getroffen werden kann, ist unverzüglich ein Konsultationsverfahren einzuleiten (vgl. Absatz 273).

F. Konsultationsverfahren

Allgemeines Art. 14m ZK-DVO Art. 14d Abs. 5 ZK-DVO Art. 14d Abs. 5 ZK-DVO

270 Können eine oder mehrere der Bewilligungsvoraussetzungen nicht in Deutschland geprüft werden bzw. in den Fällen, in denen sich die Zuständigkeit Deutschlands aus Artikel 14d Abs. 2 bis 4 ZK-DVO ergibt, ist ein Konsultationsverfahren durchzuführen.

Anhang

271 Sofern sich ein repräsentativer Teil der Räumlichkeiten des antragstellenden Unternehmens (d. h. die überwiegende Mehrheit der Unternehmensstandorte) in Deutschland befindet und die weiteren Voraussetzungen des Artikels 14n Abs. 1 UAbs. 2 ZK-DVO vorliegen, kann hinsichtlich der Prüfung der Sicherheitskriterien auf ein Konsultationsverfahren verzichtet werden.
<small>Verzicht auf das Konsultationsverfahren Art. 14n Abs. 1 UAbs. 2 ZK-DVO</small>

272 Das Konsultationsverfahren ist grundsätzlich mit Annahme des Antrags durch Eintrag in die ATLAS-Anwendung AEO einzuleiten. Die Frist von 60^5 Kalendertagen beginnt mit der Übermittlung des Antrags nach Artikel 14l Abs. 1 ZK-DVO an die Mitgliedstaaten.
<small>Beginn des Konsultationsverfahrens Art. 14m Abs. 1 ZK-DVO</small>

Anmerkung: 5) Bis 31. Dezember 2009: 120 Kalendertage

273 Ergeben die Prüfungen des Hauptzollamts erst nach der Annahme des Antrags, dass eine Konsultation erforderlich ist, ist das Konsultationsverfahren unverzüglich durch Eintrag in die ATLAS-Anwendung AEO einzuleiten. Die Frist nach Absatz 272 beginnt in diesem Fall mit der späteren Übermittlung der Angaben.
<small>Späterer Beginn des Konsultationsverfahrens Art. 14m Abs. 1 ZK-DVO</small>

274 Teilt der konsultierte Mitgliedstaat mit, dass eine oder mehrere der Bewilligungsvoraussetzungen nicht erfüllt sind, lehnt das Hauptzollamt den Antrag ab. Absätze 283 und 284 sind zu beachten.
<small>Negative Antwort im Rahmen der Konsultation Art. 14m Abs. 2 ZK-DVO</small>

275 Sind vor einer Ablehnung des Bewilligungsantrags weitere Informationen des konsultierten Mitgliedstaats erforderlich, setzt sich das Hauptzollamt unverzüglich mit der Kontaktstelle AEO zur Klärung der Zweifel in Verbindung.
<small>Strittige Antwort im Rahmen der Konsultation</small>

276 Muss die antragstellende Person Anpassungen vornehmen, um die Bewilligungsvoraussetzungen zu erfüllen, verlängert das Hauptzollamt die Frist für das Konsultationsverfahren. Dabei ist die Frist für die Bearbeitung des Antrags zu beachten.
<small>Verlängerung der Konsultationsfrist Art. 14m Abs. 1 UAbs. 2 Satz 2 ZK-DVO</small>

Das Hauptzollamt unterrichtet die antragstellende Person und die Kontaktstelle AEO über die Fristverlängerung. Die Kontaktstelle AEO leitet diese Mitteilung an den konsultierten Mitgliedstaat weiter.

G. Verfahren für die Erteilung und Ablehnung des AEO-Zertifikats

1. Erteilung des AEO-Zertifikats

280 Die Entscheidung über die Erteilung des AEO-Zertifikats darf erst getroffen werden, wenn das Informations- und ggf. das Konsultationsverfahren abgeschlossen ist. Dem antragstellenden Unternehmen wird ein Ausdruck des in der ATLAS-Anwendung AEO erzeugten Zertifikats (nach dem Muster in Anhang 1D ZK-DVO) übersandt.
<small>Allgemeines Art. 14o Abs. 1 ZK-DVO</small>

Hierzu ist das Standardschreiben ZER (Erteilung eines AEO-Zertifikats) zu verwenden.

281 Das bewilligende Hauptzollamt erfasst die Daten zu den Beteiligten, soweit diese nicht bereits vorliegen, und die Daten zum Überwachungsgegenstand AEO im IT-Verfahren BISON/PRÜF. Die Risikobewertung des Überwachungsgegenstandes AEO ist ggf. auch bei den Risikobewertungen bereits bestehender zollrechtlicher Vereinfachungen und Bewilligungen zu berücksichtigen.
<small>Erfassung im IT-Verfahren BISON/PRÜF Verfahrensanweisung BISON; Verfahrensanweisung PRÜF</small>

282 Das AEO-Zertifikat wird am zehnten Arbeitstag nach seiner Erteilung wirksam. Als Tag der Erteilung gilt die Ausfertigung des AEO-Zertifikats in der ATLAS-Anwendung AEO. Damit wird gleichzeitig die Frist für die Unterrichtung der Mitgliedstaaten von fünf Arbeitstagen gewahrt (Artikel 14p Satz 1 ZK-DVO).
<small>Wirksamwerden des AEO-Zertifikats Art. 14q Abs. 1 ZK-DVO</small>

2. Ablehnung der Erteilung des AEO-Zertifikats

283 Soll der Antrag abgelehnt werden, ist dem antragstellenden Unternehmen rechtliches Gehör mit dem Standardschreiben MBA (Mitteilung der beabsichtigten Ablehnung des Antrags auf Erteilung eines AEO-Zertifikats) zu gewähren. Die Frist für die Ausstellung des AEO-Zertifikats wird solange ausgesetzt.
<small>Rechtliches Gehör Art. 14o Abs. 4 ZK-DVO</small>

III. Deutsche Vorschriften

Ablehnung des Antrags
Art. 14o Abs. 6 ZK-DVO

284 Geht innerhalb einer Frist von 30 Kalendertagen keine oder eine nicht ausreichende Stellungnahme der antragstellenden Person ein, ist der Antrag abzulehnen. Eine Fristverlängerung ist nicht möglich.

Die Entscheidung über die Ablehnung des Antrags ist der antragstellenden Person mit dem Standardschreiben ABL (Ablehnung des Antrags auf Erteilung eines AEO-Zertifikats) mitzuteilen.

III. Verfahren bei der Erteilung eines AEO-Zertifikats durch die Zollverwaltungen anderer Mitgliedstaaten

A. Informationsverfahren

Allgemeines
Art. 14l Abs. 2 ZK-DVO

300 Für die Überprüfung der von anderen Mitgliedstaaten in das System eingestellten Anträge und für die Übermittlung sachdienlicher Informationen ist ausschließlich die Kontaktstelle AEO zuständig.

Ergibt sich aus einem in das System eingestellten Antrag, dass zollrechtlich relevante Tätigkeiten in Deutschland ausgeübt werden, setzt sich die Kontaktstelle AEO mit dem betroffenen Hauptzollamt in Verbindung.

B. Konsultationsverfahren

Allgemeines

310 Für die Bearbeitung der von anderen Mitgliedstaaten eingeleiteten Konsultationsverfahren und die Kommunikation mit den anderen Mitgliedstaaten ist ausschließlich die Kontaktstelle AEO zuständig. Sie setzt sich mit dem betroffenen Hauptzollamt in Verbindung.

Die Regelungen zur Prüfung der Bewilligungsvoraussetzungen (vgl. Abschnitt II) gelten entsprechend.

Das betroffene Hauptzollamt gibt das Ergebnis seiner Überprüfung an die Kontaktstelle AEO weiter.

Fristverlängerung
Art. 14m Abs. 1 UAbs. 2 ZK-DVO

311 In den Fällen des Art. 14m Abs. 1 UAbs. 2 ZK-DVO ist für die Verlängerung der für das Konsultationsverfahren geltenden Frist ausschließlich die konsultierende Stelle des anderen Mitgliedstaats zuständig.

IV. Rechtswirkung von AEO-Zertifikaten; Überwachung; Neubewertung

A. Rechte und Pflichten des AEO

1. Vorteile des AEO

Hinweis auf die Nummern der Zertifikate
Art. 14b Abs. 5 ZK-DVO

400 Die für die Gewährung der Vorteile erforderliche Mitteilung nach Art. 14b Abs. 5 ZK-DVO ist regelmäßig in der summarischen Anmeldung oder Zollanmeldung vorzunehmen. Sind mehrere Beteiligte (Ausführer, Einführer, Hauptverpflichteter, Anmelder, Vertreter usw.) AEO, sind auch deren AEO-Zertifikatsnummern – soweit diese dem Anmelder bekannt sind – und deren Stellung in der Lieferkette anzugeben.

Z 3455

Hierzu ist der Code Y022 zu verwenden (siehe Anhang 11 – Zu Feld Nr. 44 des Merkblatts zum Einheitspapier).

a) Kontrollen

Allgemeines
Art. 14b Abs. 4 ZK-DVO

401 Die Vorteile des Art. 14b Abs. 4 ZK-DVO gelten ab dem 1. Januar 2008. Sie werden den Personen gewährt, denen der Status eines AEO bewilligt wurde.

Häufigkeit und Umfang Art. 14b Abs. 4 UAbs. 1 ZK-DVO

402 Über den Wortlaut des Artikels 14b Abs. 4 Satz 1 ZK-DVO hinaus sind die Prüfungen von Waren und Unterlagen nicht nur seltener, sondern auch in geringerem Umfang durchzuführen, sofern keine Anhaltspunkte über eine besondere Gefährdung der Einfuhrabgaben oder nichtfiskalische Restriktionen bestehen.

Für die Prüfung von Unterlagen gilt dies sowohl im Zeitpunkt der Abfertigung als auch bei nachträglichen Kontrollen (z.B. zollamtliche Überwachung, Zollprüfung).

Anhang

403 Bei der Beurteilung des Risikos und der sich daraus ergebenden Konsequenzen für die Häufigkeit und den Umfang der Kontrollen ist zu berücksichtigen, wem und wie vielen Beteiligten in der Lieferkette selbst der Status eines AEO bewilligt wurde. Lieferkette

404 Warenbezogene Risikohinweise sind auch beim AEO angemessen zu berücksichtigen. warenbezogene Risikohinweise Art. 14b Abs. 4 UAbs. 2 ZK-DVO

405 Die Zollstellen haben durch organisatorische Maßnahmen zu gewährleisten, dass dem AEO bei erforderlichen Kontrollen Vorrang vor anderen Beteiligten eingeräumt wird. vorrangige Kontrollen Art. 14b Abs. 4 UAbs. 2 ZK-DVO

Die Abfertigung im IT-Verfahren ATLAS ist davon nicht betroffen; hier ist nach wie vor das FIFO-Prinzip maßgeblich. Erst wenn eine Sendung zur weitergehenden Kontrolle ausgewählt wird, ist der AEO vorrangig zu behandeln.

406 Dem Antrag auf Kontrolle an einem anderen Ort ist regelmäßig stattzugeben, soweit der Kontrollzweck hierdurch nicht gefährdet wird. Kontrollort Art. 14b Abs. 4 UAbs. 2 Satz 2 ZK-DVO

Hiervon unberührt bleibt die Verpflichtung, die Waren am Amtsplatz zu gestellen. Abfertigungen der Zollverwaltung bei einer besonderen Inanspruchnahme (z.B. Abfertigung außerhalb des Amtsplatzes) sind nach der Zollkostenverordnung kostenpflichtig.

b) Vorabanmeldung

409 Die Vorteile nach Artikel 14b Abs. 2 und 3 ZK-DVO werden den Inhabern der Zertifikate AEOS und AEOF ab dem 1. Juli 2009 gewährt. Vorabanmeldung Art. 14b Abs. 2 und 3 ZK-DVO

c) Beantragung sonstiger Bewilligungen

410 Beantragen Inhaber der AEO-Zertifikate AEOC oder AEOF eine der in Art. 14b Abs. 1 ZK-DVO genannten Vereinfachungen für Zollanmeldungen oder im Versandrecht, gelten die bereits geprüften Kriterien der Einhaltung der Zollvorschriften, Buchführung und Zahlungsfähigkeit als erfüllt. Beantragung sonstiger Bewilligungen Art. 14b Abs. 1 ZK-DVO

Dies ist auch anwendbar auf sonstige Regelungen, in denen es um die angemessene Einhaltung der Zollvorschriften, die zolltechnische Überwachbarkeit und die Zahlungsfähigkeit geht (z.B. bei Verfahren mit wirtschaftlicher Bedeutung nach Art. 86 ZK).

2. Pflichten des AEO

411 Der AEO hat das zuständige Hauptzollamt durch den von ihm benannten Ansprechpartner (vgl. Nr. 6 des Antrags) über alle Umstände, die Auswirkung auf die Aufrechterhaltung oder den Inhalt des erteilten AEO-Zertifikats haben könnten, zu unterrichten. Pflichten des AEO Art. 14w Abs. 1 ZK-DVO

B. Überwachung, Neubewertung

1. Allgemeines

420 Erkenntnisse, die Auswirkungen auf die Aufrechterhaltung oder den Inhalt eines AEO-Zertifikats haben könnten, sind von den Zollstellen umgehend dem bewilligenden Hauptzollamt mitzuteilen. Wurde das AEO-Zertifikat in einem anderen Mitgliedstaat erteilt, sind die Erkenntnisse der Kontaktstelle AEO zu melden. Mitteilungspflichten der Behörden untereinander Art. 14w ZK-DVO

2. Überwachung

421 Der AEO ist vom Fachsachgebiet zu überwachen. Zur Überwachung der Bewilligungsvoraussetzungen sind die vom AEO nach Absatz 411 vorgelegten Unterlagen und die Erkenntnisse weiterer Organisationseinheiten (z.B. Abfertigungsdienst, Prüfungsdienst) zu berücksichtigen. Allgemeines Art. 14q Abs. 4 ZK-DVO

Die Erkenntnisse aus der Überwachung sind Grundlage für die Überprüfung der Risikobewertung des Überwachungsgegenstandes AEO im IT-Verfahren PRÜF. Veränderungen in der Risikobewertung sind ggf. auch bei den Risikobewertungen bereits bestehender zollrechtlicher Vereinfachungen und Bewilligungen zu berücksichtigen.

<small>Neu gegründete Unternehmen Art. 14q Abs. 5 UAbs. 2 ZK-DVO</small> 422 Das Fachsachgebiet stellt sicher, dass Unternehmen, die weniger als drei Jahre bestehen, innerhalb des ersten Jahres nach Erteilung des AEO-Zertifikats die Einhaltung der Bewilligungsvoraussetzungen, insbesondere die Zahlungsfähigkeit anhand geeigneter Unterlagen (z.B. Finanzplanung, Kreditzusageschreiben der Hausbanken) und Erklärungen nachweisen.

3. Neubewertung

<small>Neubewertung Art. 14q Abs. 5 UAbs. 1 ZK-DVO</small> 423 Werden Unregelmäßigkeiten festgestellt, die eine Neubewertung erfordern, ist entsprechend Absatz 231 zu verfahren. Ist eine Prüfung durch den Prüfungsdienst erforderlich, benennt das Fachsachgebiet im Prüfungsauftrag die Gründe und die neu zu bewertenden Bewilligungsvoraussetzungen.

In der Prüfungsanordnung ist als Rechtsgrundlage für die nachträgliche Prüfung Artikel 13 ZK in Verbindung mit Artikel 14q Abs. 5 ZK-DVO zu benennen. Die Beteiligten haben Mitwirkungspflichten nach Artikel 14 ZK. Die Neubewertung erfolgt durch das Fachsachgebiet auf der Grundlage der Auswertungsergebnisse des Prüfungsberichts bzw. der festgestellten Unregelmäßigkeiten. Die Risikobewertung des Überwachungsgegenstandes AEO im IT-Verfahren PRÜF ist entsprechend anzupassen. Veränderungen in der Risikobewertung sind ggf. auch bei den Risikobewertungen bereits bestehender zollrechtlicher Vereinfachungen und Bewilligungen zu berücksichtigen.

V. Aussetzung des Status eines AEO; Widerruf und Rücknahme des AEO-Zertifikats

A. Allgemeines

<small>Aussetzungs- und Widerrufsgründe Art. 14r ZK-DVO</small> 500 Die in Absatz 221 Nrn. 3 bis 5 genannten Ausschlussgründe für die Nichtannahme des Antrags auf Erteilung eines AEO-Zertifikats gelten auch für die Aussetzung des Status eines AEO und den Widerruf des AEO-Zertifikats.

<small>Auswirkungen auf bestehende Bewilligungen Art. 14s ZK-DVO</small> 501 Die Aussetzung des Status eines AEO hat nicht automatisch den Widerruf oder die Rücknahme von Vereinfachungen oder Bewilligungen zur Folge. Es ist jedoch zu prüfen, ob die Gründe für die Aussetzung des Status eines AEO Einfluss auf die Ordnungsmäßigkeit bestehender Vereinfachungen und Bewilligungen haben.

B. Aussetzung des Status eines AEO

<small>Aussetzung von Amts wegen Art. 14r ZK-DVO</small> 510 Sofern eine sofortige Aussetzung wegen der Art oder des Ausmaßes der Gefahr oder wegen des Schutzes der Sicherheit der Bürger, der Gesundheit der Bevölkerung oder der Umwelt nicht erforderlich ist, ist vor der Aussetzung rechtliches Gehör mit dem Standardschreiben BAS (Mitteilung über die beabsichtigte Aussetzung des Status eines AEO) zu gewähren. Für die Aussetzung des Status eines AEO ist das Standardschreiben ADS (Aussetzung des Status eines AEO) zu verwenden.

<small>Art. 14r Abs. 4 ZK-DVO</small> In den Fällen des Artikels 14r Abs. 1 Buchstabe a) ZK-DVO beträgt die Dauer der Aussetzung 30 Kalendertage. In begründeten Fällen kann die Aussetzung des AEO-Status um 30 Kalendertage verlängert werden. Eine weitere Verlängerung ist nicht möglich.

<small>Art. 14s Abs. 4 ZK-DVO</small> Wegen der besonderen Form der teilweisen Aussetzung des Status eines AEOF wird auf Artikel 14s Abs. 4 ZK-DVO verwiesen. Hierfür sind die Standardschreiben BTA (Mitteilung über die beabsichtigte teilweise Aussetzung des Status eines AEO) und TDS (Teilweise Aussetzung des Status eines AEO) zu verwenden.

<small>Strafverfahren Art. 14r Abs. 1 Buchst. b) ZK-DVO</small> 511 Ein hinreichender Grund zur Annahme, dass eine strafrechtliche Handlung begangen wurde, liegt vor, wenn ein Strafverfahren wegen Zuwiderhandlungen im Bereich des Zollrechts eingeleitet worden ist (vgl. Absatz 238).

Anhang

512 Der AEO kann die Aussetzung des Status eines AEO beantragen, wenn er vorübergehend nicht in der Lage ist, alle Kriterien und Voraussetzungen des Artikels 14a ZK-DVO zu erfüllen.

Aussetzung auf Antrag
Art. 14u Abs. 1 ZK-DVO

Eine angemessene Frist für die Umsetzung der Abhilfemaßnahmen wird von dem AEO selbst bestimmt. Für die Aussetzung des Status eines AEO ist das Standardschreiben ADS (Aussetzung des Status eines AEO) zu verwenden.

513 Für die Verlängerung der Aussetzung sind die Standardschreiben VDA (Verlängerung der Aussetzung des Status eines AEO) bzw. VTS (Verlängerung der teilweisen Aussetzung des Status eines AEO) zu verwenden.

Verlängerung der Aussetzung
Art. 14r Abs. 4, Art. 14u Abs. 2 ZK-DVO

514 Für den Widerruf der Aussetzung sind die Standardschreiben WDA (Widerruf der Aussetzung des Status eines AEO) bzw. WTA (Widerruf der teilweisen Aussetzung des Status eines AEO) zu verwenden.

Widerruf der Aussetzung
Art. 14t Abs. 1 ZK-DVO

C. Widerruf und Rücknahme des AEO-Zertifikats

520 Für den Widerruf ist das Standardschreiben WID (Widerruf eines AEO-Zertifikats) bzw. TWD (Teilweiser Widerruf eines AEO-Zertifikats) zu verwenden.

Widerruf des AEO-Zertifikats
Art. 14v ZK-DVO

Zu den Auswirkungen des Widerrufs auf andere Vereinfachungen und Bewilligungen vgl. Absatz 501.

521 Ist das AEO-Zertifikat auf Grund unrichtiger oder unvollständiger Tatsachen erteilt worden, ist die Rücknahme des Zertifikats nach Artikel 8 ZK zu prüfen.

Rücknahme des AEO-Zertifikats
Art. 8 ZK

Für die Rücknahme des AEO-Zertifikats ist das Standardschreiben WID (Widerruf eines AEO-Zertifikats) zu verwenden.

2.1 Anlage 1 der Dienstvorschrift
Antrag auf Erteilung eines AEO-Zertifikats mit Erläuterungen

 EUROPÄISCHE GEMEINSCHAFT

Antrag auf Erteilung eines AEO-Zertifikats
(gemäß Artikel 14c Abs. 1 ZK-DVO)

Anmerkung: Bitte beachten Sie beim Ausfüllen des Antrags die Erläuterungen.

1. Antragsteller	Für zollamtliche Vermerke

2. Rechtsform des Antragstellers	3. Datum der Gründung

4. Anschrift des Unternehmens

5. Ort der Hauptniederlassung

6. Ansprechpartner (Name, Telefon, Fax, E-Mail)	7. Postanschrift

8. Umsatzsteueridentifikationsnummer	9. Identifikationsnummer des Wirtschaftsbeteiligten	10. Nr. der amtlichen Eintragung

11. Art des beantragten Zertifikats

☐ AEO-Zertifikat „Zollrechtliche Vereinfachungen"

☐ AEO-Zertifikat „Sicherheit"

☐ AEO-Zertifikat „Zollrechtliche Vereinfachungen/Sicherheit"

12. Wirtschaftszweig	13. Mitgliedstaaten, in denen eine zollrelevante Tätigkeit ausgeübt wird

14. Grenzübergänge	15. Bereits bewilligte Vereinfachungen und Erleichterungen, Zertifikate nach Artikel 14k Abs. 4 ZK-DVO

16. Ort, an dem die Zollunterlagen aufbewahrt werden:

0390 Antrag auf Erteilung eines AEO-Zertifikats (2007)   ■■⊑⊣ 72141 07

Anhang

17. Stelle, die für die Bereitstellung aller Zollunterlagen verantwortlich ist:

18. Ort, an dem die Hauptbuchhaltung geführt wird:

19.

Unterschrift	Datum
Vor- und Zuname, Funktion	Zahl der Anlagen

III. Deutsche Vorschriften

 EUROPÄISCHE GEMEINSCHAFT

Erläuterungen

zu den einzelnen Feldern des Antrags auf Erteilung eines
AEO-Zertifikats gemäß Anhang 1c ZK-DVO

1. Antragsteller:
Vollständiger Name des antragstellenden Wirtschaftsbeteiligten.

2. Rechtsform des Antragstellers:
Wie in der Gründungsurkunde angegeben.

3. Datum der Gründung:
Tag, Monat und Jahr (in Zahlen).

4. Anschrift des Unternehmens:
Vollständige Anschrift des Ortes, an dem das Unternehmen ansässig ist, einschließlich des Landes.

5. Ort der Hauptniederlassung:
Vollständige Anschrift des Ortes der Niederlassung, bei der die Haupttätigkeit ausgeübt wird.

6. Ansprechpartner:
Vollständiger Name, Telefon- und Faxnummer und E-Mail-Adresse des von dem Unternehmen benannten Ansprechpartners, an den sich die Zollbehörden bei der Prüfung des Antrags wenden können.

7. Postanschrift:
Nur ausfüllen, wenn die Anschrift des Ansprechpartners aus Feld 6 nicht mit der Anschrift des Unternehmens aus Feld 4 übereinstimmt.

8., 9. und 10. Umsatzsteueridentifikationsnummer, Identifikationsnummer des Wirtschaftsbeteiligten und Nummer der amtlichen Eintragung:
Die entsprechenden Nummern eintragen.

Zu Feld 9.:
Die Identifikationsnummer des Wirtschaftsbeteiligten ist die von der Zollbehörde registrierte Identifikationsnummer. In Deutschland ist dies die Zollnummer des Antragstellers.

Antragsteller, die im Besitz von mehreren Zollnummern sind (z. B. Zollnummern von Zweigniederlassungen), geben als Identifikationsnummer die Zollnummer Ihres Unternehmenssitzes an.

Hat der Antragsteller keine deutsche Zollnummer, so ist diese bei der Koordinierenden Stelle ATLAS mit Vordruck 0870 zu beantragen.

0391/₁ Erläuterungen zum Antrag auf Erteilung eines AEO-Zertifikats **(2007)**

Anhang

Zu Feld 10.:
Die Nummer der amtlichen Eintragung ist die vom Handelsregister vergebene Registrierungsnummer.

11. Art der beantragten Bescheinigung:
Das entsprechende Feld ankreuzen.

12. Wirtschaftszweig:
Beschreibung der Tätigkeit des Unternehmens.

13. Mitgliedstaaten, in denen eine zollrelevante Tätigkeit ausgeübt wird:
Die entsprechenden ISO-Alpha-2-Ländercodes eintragen (vgl. Anhang 1A des Merkblatts zum Einheitspapier).

14. Grenzübergänge:
Angabe der regelmäßig für den Grenzübertritt benutzten Zollstellen. Diese sind mit der Kennnummer der Customs Office List (COL) anzugeben (vgl. www.zoll.de > Zoll und Steuern > Zölle - Zollrechtliche Versandverfahren > Wichtige Links).

15. Bereits bewilligte Vereinfachungen und Erleichterungen, Zertifikate nach Artikel 14k Absatz 4 ZK-DVO:
Sind bereits Vereinfachungen bewilligt worden, Art der Vereinfachung, einschlägiges Zollverfahren und Bewilligungsnummer angeben. Das einschlägige Zollverfahren ist in Form der Codes einzutragen, die in Abschnitt B der Allgemeinen Bemerkungen (Titel I) des Merkblatts zum Einheitspapier, im Verzeichnis der für die Zollverfahren verlangten Angaben, angegeben sind (vgl. Absatz 36 des Merkblatts zum Einheitspapier).

Sind bereits Erleichterungen bewilligt worden, Nummer der Bescheinigung angeben.

Ist der Antragsteller Inhaber eines oder mehrerer Zertifikate nach Artikel 14k Absatz 4 ZK-DVO, Art und Nummer des Zertifikats angeben.

16., 17. und 18. Ort/Stelle für Unterlagen/Hauptbuchhaltung:
Vollständige Anschriften der zuständigen Büros eintragen. Haben die Büros dieselbe Anschrift, nur Feld 16 ausfüllen.

19. Vor- und Zuname, Funktion, Datum und Unterschrift des Antragstellers, Zahl der Anlagen:

Unterschrift:
Der Antrag ist stets durch die Person, die den Antragsteller insgesamt vertritt, zu unterzeichnen. Der Unterzeichner sollte seine Funktion (z.B.: Mitglied der Firmenleitung, Geschäftsführer) hinzufügen.

Name:
Name des Antragstellers und Stempel des Antragstellers.

0391/2 Erläuterungen zum Antrag auf Erteilung eines AEO-Zertifikats (2007)

III. Deutsche Vorschriften

Zahl der Anlagen:

Dem Antrag ist eine Selbstbewertung des Unternehmens in Bezug auf die Einhaltung der einzelnen Kriterien bzw. Voraussetzungen für die Erteilung des AEO-Zertifikats nach dem in Deutschland vorgesehenen Muster beizufügen.
Die Selbstbewertung und die gegebenenfalls erforderlichen Anlagen sind dem zuständigen Hauptzollamt nach Möglichkeit elektronisch (z.B. auf CD-ROM) zu übermitteln.

Anhang

2.2 Anlage 2 der Dienstvorschrift Fragenkatalog zur Selbstbewertung

Inhaltsverzeichnis

A   Hinweise zum Ausfüllen des Fragenkatalogs

B   Fragenkatalog

1. **Informationen über das Unternehmen**
   - 1.1. Allgemeine Angaben über das Unternehmen 1
   - 1.2. Geschäftsvolumen 2
   - 1.3. Angaben über Zollangelegenheiten 3

2. **Bisherige Einhaltung der Zollvorschriften** 4

3. **Buchführung und Logistiksystem** 5
   - 3.1. Prüfpfad 5
   - 3.2. Buchführungssystem 6
   - 3.3. Interne Kontrollsysteme 7
   - 3.4. Materialfluss 7
   - 3.5. Zollförmlichkeiten 8
   - 3.6. Maßnahmen zur Sicherung von Daten 8
   - 3.7. Schutz der Computersysteme 9
   - 3.8. Schutz der Unterlagen 9

4. **Zahlungsfähigkeit** 10

5. **Sicherheitsanforderungen** 11
   - 5.1. Selbstbewertung 11
   - 5.2. Zutritt zum Firmengelände 12
   - 5.3. Physische Sicherheit 14
   - 5.4. Ladeeinheiten 15
   - 5.5. Logistikprozesse 16
   - 5.6. nichtfiskalische Anforderungen 16
   - 5.7. Eingehende Waren 17
   - 5.8. Lagerung von Waren 18
   - 5.9. Fertigung 18
   - 5.10. Verladen von Waren 19
   - 5.11. Sicherheitsanforderungen an die Handelspartner 20

5.12.	Personalbezogene Sicherheitsaspekte	20
5.13.	Externe Dienstleistungen	21
C	**Verzeichnis der Anlagen**	**22**
D	**Zustimmungserklärung zur Veröffentlichung**	**23**

Anhang

Hinweise zum Ausfüllen des Fragenkatalogs

1. Der Fragenkatalog baut auf den Rechtsvorschriften[1]) und den Leitlinien[2]) zum zugelassenen Wirtschaftbeteiligten auf. Er vereinfacht und beschleunigt das Antragsverfahren zum AEO in Deutschland und fasst Teil 2 der Leitlinien sowie die in den Erläuterungen zum Antrag (Anlage 1C ZK-DVO) genannten Anlagen zusammen.

   Zusätzliche Informationen zum AEO enthält Teil 1 der Leitlinien zum AEO.

   Anmerkungen:
   1) Artikel 5a Zollkodex (VO (EWG) Nr. 2913/92) und Artikel 14a bis 14x Zollkodex-DVO (VO (EWG) Nr. 2454/93)
   2) Kommissionsdokument TAXUD/2006/1450 vom 29. Juni 2007

2. Dieser Fragebogen ist zusammen mit dem Antrag auf Erteilung eines AEO-Zertifikats bei Ihrem zuständigen Hauptzollamt einzureichen. Es wird empfohlen, den Antrag und den Fragenkatalog mit der zuständigen Stelle des Hauptzollamts bereits vor der Übersendung zu besprechen. Um eine Bewertung der Bewilligungsvoraussetzungen vornehmen zu können, ist ein vollständig ausgefüllter Fragenkatalog erforderlich. Ohne diesen Fragenkatalog und die übrigen Antragsunterlagen ist eine Zertifizierung nicht möglich.

   Der Abschnitt „Informationen über das Unternehmen" des Fragenkatalogs dient dazu, dem bewilligenden Hauptzollamt einen Überblick über Ihr Unternehmen zu geben. Die dort abgefragten Angaben zum Unternehmen können daher häufig allgemein gehalten werden und dienen der Aufnahme im Zeitpunkt der Antragstellung. Sofern das Vorliegen bestimmter Bewilligungsvoraussetzungen für Ihr Unternehmen bereits im Rahmen anderer zollrechtlicher Bewilligungen nachgewiesen wurde, ist ein Hinweis auf die entsprechende zollrechtliche Bewilligung im Regelfall ausreichend.

3. Es müssen nicht immer alle Punkte des Fragenkatalogs -entsprechend der Stellung Ihres Unternehmens in der Lieferkette und des beantragten Zertifikats- beantwortet werden. Sollte eine Frage für Sie nicht zutreffend sein, geben Sie dies bitte mit einer kurzen Begründung an (z.B. Hinweis auf die Stellung in der Lieferkette, siehe auch Übersicht in Teil 3 der Leitlinien). Sollte ein Zertifikat AEO C beantragt werden, so ist z.B. die Beantwortung der Fragen des Abschnitts „Sicherheitsanforderungen" nicht erforderlich. Auch Circa-Angaben sind möglich.

4. Es wird darauf hingewiesen, dass bei der Bewertung des Vorliegens der Bewilligungsvoraussetzungen nicht allein auf die Beantwortung von Einzelfragen abgezielt wird, sondern der gesamte zu dem jeweiligen Kriterium maßgebliche Fragenkomplex berücksichtigt wird. So führt eine unzureichende Beantwortung einer Einzelfrage dann nicht zu einer Ablehnung des AEO-Status, wenn das entsprechende Kriterium im Rahmen einer Gesamtbetrachtung dennoch erfüllt wird. Dies gilt insbesondere bei der Prüfung der Abschnitte „Zutritt zum Firmengelände" und „Physische Sicherheit".

5. Als Nachweis für das Vorliegen der Bewilligungsvoraussetzungen für den Status eines AEO sind keine Zertifizierungen oder Gutachten erforderlich. Sofern Ihr Unternehmen jedoch bereits im Besitz von Zertifikaten, Gutachten oder ähnlichen Schlussfolgerungen von Sachverständigen (z.B. Wirtschaftsprüfungsberichte) ist, welche die erforderlichen Kriterien ganz oder teilweise abdecken, geben Sie diese bitte bei der Antwort zum jeweiligen Kriterium mit an. Legen Sie bitte die entsprechenden Dokumente mit vor (Ablichtungen).

6. Legen Sie bitte die im Fragenkatalog angesprochenen internen Anweisungen und Dokumentationen zusammen mit dem Fragenkatalog vor. Sollten diese zu umfangreich sein bzw. nicht beigefügt werden können, so benennen Sie diese im Fragenkatalog und halten diese für eine Vorort-Prüfung in Ihrem Unternehmen bereit.

III. Deutsche Vorschriften

7. Die Anlagen sind so zu kennzeichnen, dass Sie der betreffenden Frage zugeordnet werden können. Sie sind in das Verzeichnis der Anlagen am Ende des Dokumentes einzutragen. In den Anlagen sind die für die Beantwortung der Fragen erforderlichen Passagen zu kennzeichnen.

8. Der beantwortete Fragenkatalog ist zusammen mit den zugehörigen Anlagen dem für die Bewilligung zuständigen Hauptzollamt zusammen mit dem Antrag möglichst elektronisch (z.B. auf CD-ROM) zur Verfügung zu stellen.

9. Die im Rahmen des Antragsverfahrens übersandten Daten unterliegen dem Steuergeheimnis und werden vertraulich behandelt. Lediglich die Angaben aus Feld 1-19 des Antragsvordrucks werden im Rahmen des Informations- und Kommunikationssystems mit den anderen Mitgliedstaaten ausgetauscht. Die darüber hinausgehenden Daten dieses Fragenkatalogs werden ohne Ihre ausdrückliche vorherige Zustimmung weder an andere nationale noch internationale Behörden weitergegeben.

Anhang

Fragenkatalog

		Bewertung (für zollamtliche Zwecke)
1.	**Informationen über das Unternehmen**	
1.1.	**Allgemeine Angaben über das Unternehmen** *(Anlagen 1-9 der Erläuterungen zum Antrag (Anhang 1C ZK-DVO; Leitlinien Teil 2 Abschnitt I)*	
1.1.1.	Benennen Sie bitte Name, Sitz und Rechtsform des antragstellenden Unternehmens. Antwort:	
1.1.2.	Benennen Sie, soweit für die Gesellschaftsform Ihres Unternehmens zutreffend, a) die Haupteigentümer/-anteilseigner mit Vorname, Name, Anschrift, Geburtsdatum und Beteiligungsanteil, b) die Vorstandsmitglieder oder geschäftsführende Personen mit Vorname, Name und Geburtsdatum. c) die Mitglieder von Beiräten und Aufsichtsräten mit Vorname, Name und Geburtsdatum. Antwort:	
1.1.3.	Beschreiben Sie kurz Ihre wirtschaftliche Tätigkeit und benennen Sie Ihre Stellung in der internationalen Lieferkette (Hersteller, Ausführer, Spediteur, Inhaber eines Zolllagers, Zollagent, Frachtführer, Einführer; Kombinationen sind möglich). Antwort:	
1.1.4.	Benennen Sie die einzelnen Standorte Ihres Unternehmens (mit Anschrift) sowie die Anzahl der Beschäftigten in jeder Abteilung (ggf. eine Circa-Angabe). Geben Sie zu jedem Standort eine kurze Beschreibung der dort ausgeübten Tätigkeiten. Antwort:	

		Bewertung (für zollamtliche Zwecke)
1.1.5.	Beschreiben Sie die interne Organisationsstruktur Ihres Unternehmens sowie die Aufgaben/Zuständigkeiten jeder Abteilung. Antwort:	
1.1.6.	Benennen Sie die wichtigsten Führungskräfte (Geschäftsführende Direktoren/innen, Abteilungsleiter/innen, Leiter/in der Buchhaltung, Leiter/in der Zollabteilung usw.) des Unternehmens und beschreiben Sie die diesbezüglichen Vertretungsregelungen. Antwort:	
1.2	**Geschäftsvolumen** *(Leitlinien Teil 2, Abschnitt I, Unterabschnitt 1 – I.2.1.1)*	
1.2.1.	Benennen Sie den jährlichen a) Umsatz b) Gewinn/Verlust Ihres Unternehmens in den letzten drei Geschäftsjahren. Antwort:	
1.2.2.	Geben Sie für das letzte abgelaufene Geschäftsjahr das a) Einfuhrvolumen (Menge und Wert in €) aus Drittländern b) Ausfuhrvolumen (Menge und Wert in €) in Drittländer c) Volumen (Menge und Wert in €) der Einlagerungen in und Auslagerungen aus einem Zoll- oder Steuerlager (soweit vorhanden) Schätzen Sie für die nächsten beiden Geschäftsjahre das jeweilige, voraussichtliche Volumen (sofern diesbezügliche Erkenntnisse vorliegen). Antwort:	

Anhang

		Bewertung (für zollamtliche Zwecke)
1.2.3.	Kaufen Sie Waren von bzw. liefern Sie Waren an Unternehmen, die mit Ihnen verbunden sind (vgl. Artikel 143 ZK-DVO)? Wenn ja, an welche bzw. von welchen Unternehmen? Antwort:	
1.3.	**Angaben zu Zollangelegenheiten** *(Leitlinien Teil 2, Abschnitt I, Unterabschnitt 2 – I.2.1.2)*	
1.3.1.	Benennen Sie die in Ihrer Organisation für Zollangelegenheiten verantwortlichen Personen oder die Personen, die Zollangelegenheiten bearbeiten (z.B. Zollsachbearbeiter/innen, Leiter/in der Zollabteilung) mit Angabe des Vornamens, Namens, Geburtsdatums, der Stellung in der Organisation sowie des Kenntnisstands in Bezug auf Zollfachwissen (z.B. Art und Umfang der Ausbildung, Berufserfahrung; Teilnahme an Schulungsveranstaltungen, usw.) und/oder in allgemeinen Geschäftsangelegenheiten (z.B. kaufm. Ausbildung). Antwort:	
1.3.2.	Beantworten Sie bitte folgende Fragen: a) Nehmen Sie Ihre Zollangelegenheiten im eigenen Namen und auf eigene Rechnung wahr? b) Lassen Sie sich in Zollangelegenheiten vertreten, wenn ja, durch wen und wie (direkt oder indirekt)? c) Vertreten Sie andere Personen in Zollangelegenheiten? Wenn ja, wen und wie (direkt oder indirekt)? (Geben Sie hier die wesentlichen Firmen an) Antwort:	
1.3.3.	Beantworten Sie bitte folgende Fragen: a) Beschreiben Sie Ihr Vorgehen zur Anlage, Änderung und Aufbewahrung von zollrelevanten Stammdaten (z.B. Codenummern, Zollsätze, Umsatzsteuersätze, Verbrauchsteuersätze, Artikelnummern, Lieferanten- und Kundenstamm) und Bemessungsgrundlagen (z.B. Zollwert). b) Welche Hilfsmittel (z.B. EDV, Schulungsunterlagen, verbindliche Zolltarifauskünfte) gibt es hierzu? Antwort:	

1.3.4.	Legen Sie eine Warenaufstellung der von Ihnen hauptsächlich ein- und ausgeführten Waren vor. a) Geben Sie für den Einfuhrbereich Codenummern, Abgabensätze (Zoll, EUSt, ggf. Verbrauchsteuern), Antidumpingzoll oder Abgabensatz bei Marktordnungswaren einschließlich Lizenz- und Genehmigungspflichten mit an. b) Geben Sie für den Ausfuhrbereich Warennummer einschließlich Lizenz- und Genehmigungspflichten mit an. Antwort:	
1.3.5.	Geben Sie einen Überblick über den präferenziellen und nichtpräferenziellen Ursprung der eingeführten Waren. Welche internen Maßnahmen haben Sie getroffen, um sich zu vergewissern, dass das Ursprungsland der von Ihnen eingeführten Waren zutreffend angegeben ist? Beschreiben Sie Ihre Vorgehensweise bei der Ausstellung von Präferenz- und Ursprungsnachweisen bei der Ausfuhr. Antwort:	

Anhang

2.	**Bisherige Einhaltung der Zollvorschriften** *(Artikel 5a ZK; Artikel 14h ZK-DVO, Anl. 1 der Erläuterungen zum Antrag (Anhang 1C ZK-DVO); Leitlinien Teil 2, Abschnitt II – I.2.2)*	**Bewertung** (für zollamtliche Zwecke)
2.1.	Beantworten Sie bitte folgende Fragen: a) Wie viele Zollanmeldungen, getrennt nach Einfuhr und Ausfuhr wurden in den vergangenen drei Geschäfts- oder Kalenderjahren jährlich eingereicht? b) Sind in den kommenden Jahren wesentliche Änderungen der Fallzahlen zu erwarten? c) Bei welchen Zollstellen haben Sie überwiegend abfertigen lassen? d) Welche Vertreter in Zollangelegenheiten waren hierbei beteiligt? (vgl. 1.3.2) Antwort:	
2.2.	Wurden in den vergangenen drei Jahren zollrechtliche Vereinfachungen/Bewilligungen abgelehnt, widerrufen bzw. ausgesetzt? Wenn ja, welche und warum? Antwort:	
2.3.	Haben Sie in Ihrem Unternehmen Maßnahmen für die Meldung von zollrechtlichen Unregelmäßigkeiten an die betreffenden Behörden eingeführt und hierzu entsprechende Kontaktpersonen benannt? Beschreiben Sie das Verfahren und benennen Sie eine Kontaktperson für Zollangelegenheiten. Antwort:	

III. Deutsche Vorschriften

3.	**Buchführungs- und Logistiksystem** (Artikel 5a ZK, Artikel 14i ZK-DVO; Leitlinien Teil 2, Abschnitt III – 1.2.3)	
3.1.	**Prüfpfad** (*Leitlinien Teil 2, Abschnitt III, Unterabschnitt 1 – 1.2.3.1*)	**Bewertung (für zollamtliche Zwecke)**
3.1.1.	Verfügt Ihre Buchhaltung über einen Prüfpfad, der es den Zollbehörden ermöglicht, jede Eintragung bis zu Ihrer Quelle zurückzuverfolgen um deren Richtigkeit zu überprüfen? Beschreiben Sie, durch welche Referenzmerkmale diese Verbindungen ermöglicht werden. Der Prüfpfad stellt die im Buchführungssystem vollständige und kurzfristige Nachvollziehbarkeit von zollrelevanten Vorgängen anhand von Verbindungen zwischen Warenbewegungen, Datenerfassung und Buchungsbelegen dar. Diese Verbindungen werden durch Referenzmerkmale ermöglicht. Sie können sowohl elektronisch als auch manuell sein. Sofern Ihr Unternehmen bisher nicht über einen derartigen Prüfpfad verfügt, beschreiben Sie, wie Sie sicherstellen, dass Zollkontrollen im Buchführungssystem erleichtert werden. Antwort:	
3.2.	**Buchführungssystem** (*Leitlinien Teil 2, Abschnitt III Unterabschnitt 2 – 1.2.3.2*)	**Bewertung (für zollamtliche Zwecke)**
3.2.1.	Benennen Sie die verwendeten Buchführungssysteme in den Bereichen a) Finanzbuchhaltung b) Einkauf/Verkauf c) Material- oder Warenwirtschaft d) Logistik e) Zollabwicklung (z.B. Anschreibungen zum Zolllager, Abrechnung der aktiven Veredelung ....) Handelt es sich dabei um eine Standardsoftware, speziell auf Ihr Unternehmen zugeschnittene Anwendungssoftware oder manuelle Buchführung? Antwort:	

Anhang

3.2.2.	Wie stellen Sie sicher, dass die Grundsätze ordnungsgemäßer DV-Gestützter Buchführungssysteme (GOBS; http://www.bundesfinanzministerium.de/cln_03/nn_314/DE/Steuern/Veroeffentlichungen_zu_Steuerarten/Abgabenordnung/005.html) bzw. Grundsätze ordnungsmäßiger Buchführung (GOB nach § 238 Handelsgesetzbuch, § 140 Abgabenordnung) eingehalten werden? Antwort:	
3.2.3.	Gibt es in den EDV-Systemen eine Trennung der Funktionen Entwicklung, Test und Betrieb? Durch die Trennung wird sichergestellt, dass keine Entwicklungs- und Testdaten in die Betriebsdaten einfließen. Antwort:	
3.2.4.	Wurden Anwendungen an externe Unternehmen ausgelagert? Wenn ja, a) benennen Sie jeweils die ausgelagerten Anwendungen des Buchführungssystems. b) wie ist sichergestellt, dass hinsichtlich der ausgelagerten Anwendungen die Ordnungsvorschriften und Aufbewahrungsregelungen eingehalten werden? c) an welches Unternehmen wurden die Anwendungen übertragen? d) haben Dritte den Status eines AEO und wenn ja, welches AEO-Zertifikat? Antwort:	
3.2.5.	Beschreiben Sie, wie in den Bereichen Material- oder Warenwirtschaft und Logistik Nichtgemeinschaftswaren bzw. Waren, die der zollamtlichen Überwachung unterliegen, von Gemeinschaftswaren bzw. nicht überwachungspflichtigen Waren unterschieden werden. Antwort:	

		Bewertung (für zollamtliche Zwecke)
3.3.	**Interne Kontrollsysteme** (*Leitlinien Teil 2, Abschnitt III, Unterabschnitt 3 – I.2.3.3*)	
3.3.1.	Beschreiben Sie kurz die betriebsinternen Richtlinien zum internen Kontrollsystem (Maßnahmen wie: Arbeitsanweisungen, Mitarbeiterschulungen, Kontrollvorgaben zur Aufdeckung von Arbeitsfehlern, Vier-Augen-Prinzip), die in den Bereichen Finanzbuchhaltung, Einkauf, Verkauf, Produktion, Material- oder Warenwirtschaft und Logistik beachtet werden müssen. Wie erfolgt jeweils die Aktualisierung? Antwort:	
3.3.2.	Ist der Produktionsbereich klar vom Einkaufs-, Verkaufs- und Verwaltungsbereich in den Abläufen und Verantwortlichkeiten getrennt? Wer erstellt Kalkulationen bzw. Neukalkulationen? Antwort:	
3.4.	**Materialfluss** (*Leitlinien Teil 2 Abschnitt III, Unterabschnitt 4 – I.2.3.4*)	**Bewertung** (für zollamtliche Zwecke)
3.4.1.	Beschreiben Sie die Erfassung (körperlich und in der EDV) des Materialflusses vom Wareneingang über die Lagerung bis hin zur Fertigung und zum Versand. Wer nimmt hier wann entsprechende Aufzeichnungen vor? Antwort:	
3.4.2.	Wie und wie oft werden Mengen und Bestände erfasst und wie wird mit Mengendifferenzen verfahren (z.B. Bestandsaufnahmen und Inventur)? Antwort:	

Anhang

		Bewertung (für zollamtliche Zwecke)
3.5.	**Zollförmlichkeiten** (*Leitlinien Teil 2 Abschnitt III, Unterabschnitt 5 – 1.2.3.5*)	
3.5.1.	Beschreiben Sie das Verfahren zur Erstellung der Zollanmeldungen/Begleitdokumente und der zollrechtlichen Anschreibungen. Welche internen Kontrollmaßnahmen sind hierbei vorgesehen? Welche Kontrollmaßnahmen erfolgen im Falle der Vertretung durch Dritte? Antwort:	
3.5.2.	Handeln Sie mit Waren, die handelspolitischen Maßnahmen oder Verboten und Beschränkungen unterliegen? Wenn ja, beschreiben Sie die Verfahren bzw. Förmlichkeiten für den Umgang mit Lizenzen und Genehmigungen. Handelspolitische Maßnahmen gem. Artikel 1 Nr. 7 ZK-DVO sind z.B. Ein- und Ausfuhrbeschränkungen, Embargomaßnahmen oder mengenmäßige Beschränkungen. Antwort:	

		Bewertung (für zollamtliche Zwecke)
3.6.	**Maßnahmen zur Sicherung von Daten** (*Leitlinien Teil 2 Abschnitt III, Unterabschnitt 6 – 1.2.3.6*)	
3.6.1.	Beschreiben Sie Ihre Maßnahmen zur Datensicherung wie Backups, Wiederherstellung von Dateien und Fallback-Vorkehrungen. Antwort:	
3.6.2.	Wie lange werden die Daten im Produktivsystem vorrätig gehalten und wie lange werden diese Daten archiviert? Antwort:	

III. Deutsche Vorschriften

		Bewertung (für zollamtliche Zwecke)
3.6.3.	Auf welchen Medien und in welchem Softwareformat werden die Daten gespeichert? Antwort:	
3.7.	**Schutz der Computersysteme** *(Leitlinien Teil 2 Abschnitt III, Unterabschnitt 6 – I.2.3.7)*	
3.7.1.	Welche Maßnahmen wurden getroffen, um Ihr Computersystem vor unbefugtem Eindringen zu schützen (Firewall, Antivirenprogramm, Kennwortschutz …)? Antwort:	
3.7.2.	Nach welchen Verfahren werden Zugriffsrechte vergeben? Wer ist verantwortlich für den Schutz des Computersystems? Antwort:	
3.7.3.	Verfügt Ihr Unternehmen über einen Notfallplan/Sicherheitsplan für den Fall von Systemstörungen oder Systemausfall? Beschreiben Sie diesen kurz. Antwort:	
3.8.	**Schutz der Unterlagen** *(Leitlinien Teil 2 Abschnitt III, Unterabschnitt 6 – I.2.3.8)*	Bewertung (für zollamtliche Zwecke)
3.8.1.	Welche Maßnahmen wurden getroffen, um den unbefugten Zugriff, den Missbrauch, die absichtliche Zerstörung und den Verlust von Informationen/Unterlagen zu erkennen bzw. die Informationen/Unterlagen davor zu schützen (z.B. beschränkte Zugriffsrechte, Erstellung von elektronischen Sicherungskopien)? Antwort:	

Anhang

3.8.2.	Beantworten Sie bitte folgende Fragen: a) Welche Mitarbeiterkategorien haben Datenzugriff auf Einzelheiten über Material und Warenfluss? b) Welche Mitarbeiterkategorien sind befugt, diese Daten zu ändern? c) Werden Änderungen nachvollziehbar dokumentiert? Antwort:	
3.8.3.	Welche Sicherheitsanforderungen stellen Sie an Ihre Handelspartner und andere Kontaktpersonen, um einen Missbrauch von Informationen zu vermeiden (z.B. Gefährdung der Lieferkette durch unberechtigte Weitergabe von Versanddaten)? Antwort:	

		Bewertung (für zollamtliche Zwecke)
4.	**Zahlungsfähigkeit** *(Leitlinien Teil 2 Abschnitt IV – I.2.4)*	
4.1.	Wurde über das Vermögen Ihrer Firma in den letzten drei Jahren ein Insolvenzverfahren eröffnet? Antwort:	
4.2.	Begründen Sie, dass Ihr Unternehmen in einer gesicherten finanziellen Lage i.S.v. Artikel 14j ZK-DVO ist. Gehen Sie dabei auf die Vermögens-, Ertrags-, Finanzlage der letzten drei Jahre ein und belegen Sie dies durch geeignete, aktuelle Unterlagen (z.B. Jahresabschluss, Finanzplanung, Wirtschaftsprüfungsbericht, Kreditzusageschreiben der Hausbanken). Antwort:	

5.	**Sicherheitsanforderungen** *(Leitlinien Teil 2 Abschnitt V – I.2.5)*	
5.1.	**Sicherheitsbewertung durch den Wirtschaftsbeteiligten** *(Leitlinien Teil 2 Abschnitt V, Unterabschnitt 1 – I.2.5.1)*	**Bewertung** **(für zollamtliche Zwecke)**
5.1.1.	Wie haben Sie personell und organisatorisch unternehmensintern und in Ihren geschäftlichen Beziehungen zu Kunden, Lieferanten oder externen Dienstleistern auf die potentiellen Risiken, welche die internationale Lieferkette betreffen (z.B. Missbrauch regulärer Sendungen für illegale Transporte, Tarnladungen, unbeabsichtigte finanzielle Unterstützung von Terrororganisationen), reagiert? Wer ist in Ihrem Unternehmen für die Umsetzung und Koordination der Sicherheitsmaßnahmen zuständig? Antwort:	
5.1.2.	Werden von Seiten Dritter (z.B. Kunden, Lieferanten, Versicherer) spezielle Sicherheitsanforderungen an Sie gestellt (z.B. getrennte Lagerung bei Gefahrgut, besondere Wareneingangs- und Warenausgangskontrollen, Vorversandprüfungen)? Beschreiben Sie, wie Sie personell und organisatorisch auf die Sicherheitsanforderungen Dritter reagiert haben (z.B. interne Kontrollverfahren, interne Berichtspflichten, konkrete Zuständigkeiten). Antwort:	

Anhang

5.2.	Zutritt zum Firmengelände (*Leitlinien Teil 2 Abschnitt V, Unterabschnitt 2 – I.2.5.2)*)	Bewertung (für zollamtliche Zwecke)

Die Angaben sind nur für den Teil des Firmengeländes erforderlich, in dem auch zollrelevante Tätigkeiten ausgeübt werden. Dies kann sowohl gesamte Standorte, als auch einzelne Bereiche innerhalb eines Standortes betreffen.

| 5.2.1. | Beantworten Sie bitte folgende Fragen:
a) Welche Fahrzeuge haben Zufahrtsberechtigung?
b) Wer legt dies fest?
c) Wie werden diese Fahrzeuge identifiziert?
d) Werden die (Leer-)Fahrzeuge kontrolliert, ob sie Waren mitführen?
e) Werden bereits an der Zufahrt Warenkontrollen durchgeführt?
f) Werden Teilentladungen besonders behandelt? Wenn ja, wie?
g) Werden der Zugang und das Verlassen des Geländes protokolliert, wenn ja, wie?
h) Was passiert bei Unregelmäßigkeiten?
i) Gibt es schriftliche Verfahrensanweisungen hierzu (letzter Stand)?
j) Wem und wie werden diese Anweisungen bekannt gegeben?

Antwort: | |

III. Deutsche Vorschriften

5.2.2.	Beantworten Sie bitte folgende Fragen: a) Wie werden Mitarbeiter/innen identifiziert? b) Gibt es unterschiedliche Zutrittsberechtigungen für Mitarbeiter/innen? c) Werden technische Einrichtungen dafür genutzt? d) Wer erteilt die Zugangsberechtigungen für Mitarbeiter/innen? e) Was passiert bei Verlust des Berechtigungsnachweises? f) Wie werden Besucher/innen identifiziert? g) Gibt es Kontrollen des Handgepäcks beim Eingang? h) Gibt es Sonderregelungen für Monteure, Handwerker? i) Wer erteilt wie die Zugangsberechtigung für Besucher/innen? j) Müssen die Besucher/innen vorher angemeldet werden? k) Haben Besucher/innen begrenzte Zutrittsberechtigungen (evtl. mit technischen Einrichtungen begrenzbar)? l) Wie wird sichergestellt, dass Besucher/innen, das Betriebsgelände unmittelbar wieder verlassen? m) Gibt es schriftl. Verfahrensanweisungen (letzter Stand)? n) Wem und wie werden diese Anweisungen bekannt gegeben? Antwort:	
5.2.	**Zutritt zum Firmengelände** *(Leitlinien Teil 2 Abschnitt V, Unterabschnitt 2 – I.2.5.2))*	**Bewertung** **(für zollamtliche Zwecke)**

Die Angaben sind nur für den Teil des Firmengeländes erforderlich, in dem auch zollrelevante Tätigkeiten ausgeübt werden. Dies kann sowohl gesamte Standorte, als auch einzelne Bereiche innerhalb eines Standortes betreffen.

5.2.3.	Was geschieht bei unberechtigtem Eindringen oder versuchtem Eindringen auf das Betriebsgelände? Welche schriftlichen Regelungen gibt es dazu? Antwort:	
5.2.4.	Legen Sie für die jeweiligen Standorte Ihres Unternehmens einen Plan (z.B. Übersichtsplan, Skizze) vor, aus dem sich die Grenzen, Zufahrtswege und die Lage der Gebäude ergeben. Antwort:	

251

Anhang

		Bewertung (für zollamtliche Zwecke)
5.2.5.	Benennen Sie – soweit zutreffend - die Unternehmen (z.B.: Fremdfirmen, outgesourcte Unternehmensteile), die sich bei den jeweiligen Standorten mit auf dem Firmengelände befinden. Antwort:	
5.3.	**Physische Sicherheit** *(Leitlinien Teil 2 Abschnitt V, Unterabschnitt 3 – I.2.5.3)*	

Die Angaben sind nur für den Teil des Firmengeländes erforderlich, in dem auch zollrelevante Tätigkeiten ausgeübt werden. Dies kann sowohl gesamte Standorte, als auch einzelne Bereiche innerhalb eines Standortes betreffen.

5.3.1.	Wie ist das Firmengelände nach außen hin abgesichert (z.B. Zaun, Kameras, Bewegungssensoren, Alarmanlagen, Wachdienst)? Antwort:	
5.3.2.	Beantworten Sie bitte folgende Fragen: a) Welche Zufahrts- / Zutrittsmöglichkeiten gibt es? b) Wie werden diese überwacht? Gibt es Beschränkungen bei den Öffnungszeiten der jeweiligen Zugänge? Antwort:	
5.3.3.	Beantworten Sie bitte folgende Fragen: a) Welche Art von Schließvorrichtungen gibt es an den Zugangsvorrichtungen? b) Werden diese regelmäßig kontrolliert? c) Wie werden diese gewartet/überprüft? d) Welche Art von Schließvorrichtungen gibt es an den Gebäuden bei den Türen, Fenstern, Toren? e) Werden diese regelmäßig kontrolliert? f) Wie werden diese gewartet/überprüft? g) Gibt es schriftliche Regelungen hierzu? Antwort:	

5.3.4.	Ist das Gelände ausreichend beleuchtet (z.B. Dauerlicht, Bewegungssensoren, Dämmerungsschalter)? Antwort:	
5.3.5.	Wie ist in Ihrem Unternehmen die Schlüsselverwaltung geregelt (z.B. Ort, Zugang, Protokollierung)? Gibt es schriftliche Dokumentationen hierzu? Antwort:	
5.3.6.	Werden bestimmte Innenbereiche besonders geschützt? Wenn ja, welche und wie? Antwort:	
5.3.7.	Beantworten Sie bitte folgende Fragen: a) Dürfen Privatfahrzeuge auf dem Gelände geparkt werden (Ausnahmen)? b) Wenn ja, für welche Personen? c) Wer erteilt die Genehmigung? d) Werden die Fahrzeuge kontrolliert (beim Zugang, Parken)? e) Gibt es schriftliche Regelungen? Antwort:	
5.3.8.	Wird der Zustand der Zäune, Sicherungseinrichtungen und Gebäude regelmäßig kontrolliert? In welchen Abständen erfolgt dies und was wird bei festgestellten Mängeln veranlasst? Gibt es schriftliche Anweisungen hierzu? Antwort:	

Anhang

		Bewertung (für zollamtliche Zwecke)
5.4.	**Ladeeinheiten (z.B. Container, Wechselbrücken, Transportboxen)** *(Leitlinien Teil 2 Abschnitt V, Unterabschnitt 4 – I.2.5.4)*	
5.4.1.	Wer hat im Bereich des Warenein- und Warenausgangs Zugang zu den Ladeeinrichtungen (z. B Laderampe, Kai) und Ladeeinheiten? Antwort:	
5.4.2.	Werden die Ladeeinheiten regelmäßig auf Unversehrtheit und versteckte Schmuggelmöglichkeiten hin überprüft? Wer nimmt diese Überprüfung vor? Befinden sich die Ladeeinheiten auf dem Betriebsgelände unter ständiger Aufsicht? Antwort:	
5.4.3.	Werden die Ladeeinheiten und/oder die Waren beim Versand versiegelt/verplombt? Wenn ja, welche Siegel/Plomben werden verwendet? Antwort:	
5.4.4.	Wie wird verfahren, wenn ein unberechtigtes Eindringen in oder Manipulationen an den Ladeeinheiten festgestellt werden? Gibt es interne Anweisungen hierzu? Antwort:	
5.4.5.	Beantworten Sie bitte folgende Fragen: a) Wer ist Eigentümer/in bzw. Betreiber/in der Ladeeinheiten? b) Wer wartet bzw. repariert die Ladeeinheiten? c) Gibt es regelmäßige Wartungspläne? d) Werden externe Wartungsarbeiten kontrolliert? Antwort:	

		Bewertung (für zollamtliche Zwecke)
5.5.	**Logistikprozesse** (*Leitlinien Teil 2 Abschnitt V, Unterabschnitt 5 – I.2.5.5*)	
5.5.1.	Beantworten Sie bitte folgende Fragen: a) Welche Versandarten kommen für Ihr Unternehmen beim Eingang und Ausgang jeweils in Betracht? b) Gibt es Kriterien für die Auswahl der Spediteure? c) Nach welchem Verfahren wird die Auswahl vorgenommen? d) Welche und wie viele Speditionen werden momentan eingesetzt? Sind diese selbst Inhaber von Sicherheitszertifikaten? e) Bestehen langfristige Verträge mit den Speditionen, welche auch die Verantwortung der Spedition für die Absicherung der Lieferkette mit einschließen? Antwort:	

		Bewertung (für zollamtliche Zwecke)
5.6.	**Nichtfiskalische Anforderungen** (*Leitlinien Teil 2 Abschnitt V, Unterabschnitt 6 – I.2.5.6*)	
5.6.1.	Handeln Sie mit Dual-Use-Waren, Waren, für die Einfuhrgenehmigungen erforderlich sind bzw. Waren, die Ausfuhrbeschränkungen oder einem Embargo unterliegen? Wenn ja, beschreiben Sie die Routinemaßnahmen zur Abwicklung des zoll- und außenwirtschaftsrechtlichen Vorgangs. Antwort:	
5.6.2.	Haben Sie in Ihrem Unternehmen einen Ausfuhrverantwortlichen bestellt und diese/n Mitarbeiter/in gegenüber dem Bundesamt für Wirtschaft und Ausfuhrkontrolle benannt? Wenn ja, benennen Sie diese/n Mitarbeiter/in Ihres Unternehmens. Antwort:	

Anhang

		Bewertung (für zollamtliche Zwecke)
5.7.	**Eingehende Waren** *(Leitlinien Teil 2 Abschnitt V, Unterabschnitt 7 – I.2.5.7)*	

5.7.1.	Beantworten Sie bitte folgende Fragen:
	 a) Erläutern Sie den Ablauf des Wareneingangs.
	  Welche Kontrollen/Abgleiche und Tätigkeiten werden vorgenommen?
	  Welche Papiere werden vorgelegt?
	  Welche Stellen werden wie informiert?
	 b) Gibt es Überprüfungen am Transportfahrzeug?
	 c) Wie wird bei Teilentladungen verfahren?
	 d) Welche Besonderheiten gibt es bei Drittlandswaren?
	 e) Gibt es hierzu regelmäßig aktualisierte Verfahrensanweisungen und wem werden diese bekannt gegeben?
	
	 Antwort:	

5.7.2.	Beantworten Sie bitte folgende Fragen: a) An welchen Stellen im Betrieb ist die Warenannahme möglich? b) Wo werden die angenommenen Waren gelagert? c) Werden die Warenannahme und das Abladen der Waren beaufsichtigt? d) Gibt es Verfahrensregelungen dazu und wem werden diese bekannt gegeben? Antwort:	
5.7.3.	Wird eine ggf. vorhandene Versiegelung des LKW bzw. der Verpackung überprüft? Werden besonders sensible Waren (z.B. Gefahrgut) beim Eingang von Ihnen selbst versiegelt? Antwort:	
5.7.4.	Werden eingehende Waren zwischengelagert? Besitzen eingehende Waren eine einheitliche Kennzeichnung? Antwort:	

		Bewertung (für zollamtliche Zwecke)
5.7.5.	Werden die Waren beim Eingang gezählt oder/und gewogen? Wie wird die Richtigkeit und Vollständigkeit der eingehenden Waren geprüft? Antwort:	
5.7.6.	Sind die Bereiche Wareneinkauf, Warenannahme sowie Verwaltung klar voneinander getrennt? Bestehen hier gegenseitige interne Kontrollmechanismen? Wenn ja, wie sehen diese aus? Antwort:	
5.8.	**Lagerung von Waren** *(Leitlinien Teil 2 Abschnitt V, Unterabschnitt 8 – I.2.5.8)*	
5.8.1.	Beantworten Sie bitte folgende Fragen: a) Gibt es abgetrennte Bereiche für die Warenlagerung? b) Wie werden die Waren einem Lagerplatz zugewiesen? c) Gibt es Lagerplätze im Freien? Wenn ja, beschreiben Sie diese. Antwort:	
5.8.2.	Nach welchen Methoden erfolgt eine Bestandsaufnahme im Lager? Wie wird bei Mengenabweichungen verfahren? Antwort:	
5.8.3.	Werden bestimmte Waren getrennt gelagert (Nichtgemeinschaftswaren, Gefahrgut, Sperrige Waren, hochwertige Waren)? Wie erfolgt in diesen Fällen eine Buchung im Material- bzw. Warenwirtschaftssystem? Antwort:	

Anhang

		Bewertung (für zollamtliche Zwecke)
5.8.4.	Gibt es zusätzliche Sicherheitsmaßnahmen für den Bereich der Warenlagerung? Ist der Zutritt auf bestimmte Mitarbeiter/innen beschränkt? Antwort:	
5.9.	**Fertigung** *(Leitlinien Teil 2 Abschnitt V, Unterabschnitt 9 – I.2.5.9)*	
5.9.1.	Ist der Produktionsbereich klar von anderen Bereichen im Betrieb getrennt? Antwort:	
5.9.2.	Gibt es interne Qualitätskontrollen und Kontrollen der Fertigungsprozesse? Wer führt diese Kontrollen aus? Antwort:	
5.9.3.	Gibt es zusätzliche Sicherheitsmaßnahmen für den Bereich der Produktion? Ist der Zutritt auf bestimmte Mitarbeiter/innen beschränkt? Antwort:	
5.9.4.	Wie und wann erfolgt die Verpackung der Waren? Wie wird die Vollständigkeit, Beschaffenheit und Nämlichkeit der Waren kontrolliert? Antwort:	

5.10.	Verladen von Waren (Leitlinien Teil 2 Abschnitt V, Unterabschnitt 10 – I.2.5.10)	Bewertung (für zollamtliche Zwecke)

5.10.1.	Beantworten Sie bitte folgende Fragen:
	 a) Erläutern Sie den Ablauf der Verladung von Waren.
	   Welche Kontrollen/Abgleiche und Tätigkeiten werden vorgenommen?
	   Welche Papiere werden erzeugt?
	   Welche Stellen werden wie informiert?
	 b) Welche Besonderheiten gibt es bei Versendungen in Drittländer?
	 c) Gibt es Verfahrensanweisungen dazu?
	 Antwort:	

5.10.2.	Beantworten Sie bitte folgende Fragen: a) An welchen Stellen im Betrieb werden Waren verladen? b) Werden abgehende Waren zwischengelagert? c) Wer hat Zutritt zu diesen Bereichen (LKW Fahrer/innen oder Besucher/innen)? d) Wer hat die Verantwortung/Aufsicht über den Verladevorgang? e) Gibt es Verfahrensregelungen dazu? Wenn ja, wer hat Zugriff auf diese Anweisungen? Antwort:	
5.10.3.	Werden abgehende Waren oder Fahrzeuge versiegelt/verplombt? Wenn ja, wie und von wem? Werden ggf. die Plomben/Siegel in den Warenbegleitpapieren eingetragen? Antwort:	
5.10.4.	Werden die abgehenden Waren einheitlich gekennzeichnet (z.B. Aufkleber, bestimmte Kartons)? Wenn ja, wie und von wem? Antwort:	

Anhang

5.10.5.	Werden die abgehenden Waren auf Vollständigkeit geprüft (z.B. gezählt, gewogen)? Wenn ja, wie und von wem? Antwort:	
5.10.6.	Gibt es interne Kontrollen der Verladung von Waren? Wenn ja, beschreiben Sie diese. Antwort:	
5.11.	**Sicherheitsanforderungen an die Handelspartner** (Leitlinien Teil 2 Abschnitt V, Unterabschnitt 11 – I.2.5.11)	**Bewertung** (für zollamtliche Zwecke)
5.11.1.	Welche Maßnahmen zur Sicherung der Lieferkette haben Sie mit Ihren Geschäftspartnern vereinbart (z.B. Sicherheitserklärungen, vertragliche Vereinbarungen, Handelspartner mit eigenem AEO-Status, Reglementierte Beauftragte) und wie werden diese überwacht? Antwort:	
5.11.2.	Beschreiben Sie das Vorgehen zur Feststellung der Identität der Geschäftspartner Ihres Unternehmens im Hinblick auf die Sicherung der Lieferkette (Informationsbeschaffung im Vorfeld der Auftragsannahme/ -vergabe). Antwort:	
5.11.3.	Überprüfen Sie Ihre Geschäftspartner anhand der Terrorlisten nach Verordnungen (EG) Nrn. 2580/2001 und 881/2002? Wie wird dies dokumentiert? Antwort:	

		Bewertung (für zollamtliche Zwecke)
5.12.	**Personalbezogene Sicherheitsaspekte** *(Leitlinien Teil 2 Abschnitt V, Unterabschnitt 12 – I.2.5.12)*	
5.12.1.	Nehmen Sie Sicherheitsüberprüfungen für Bewerber/innen vor (z.B. anhand der Terrorlisten nach Verordnungen (EG) Nrn. 2580/2001 und 881/2002)? Wenn ja, welcher Art, und wie werden diese dokumentiert? Gibt es hierbei für bestimmte Funktionen unterschiedliche Anforderungen? Antwort:	
5.12.2.	Beantworten Sie bitte folgende Fragen: a) Gibt es in Ihrem Betrieb Unterweisungen, die das Thema Sicherheit der Lieferkette beinhalten? b) Wer hält diese Unterweisungen und für wen werden diese angeboten? Antwort:	
5.12.3.	Beantworten Sie bitte folgende Fragen: a) In welchen Bereichen werden Mitarbeiter/innen mit zeitlich befristeten Arbeitsverhältnissen bzw. Leasingarbeiter/innen eingesetzt? b) Werden diese Mitarbeiter/innen regelmäßig sicherheitsbezogen überprüft? Wenn ja, wie und durch wen? c) Werden für dieses Personal auch Sicherheitsunterweisungen durchgeführt? Antwort:	
		Bewertung (für zollamtliche Zwecke)
5.13.	**Externe Dienstleistungen** *(Leitlinien Teil 2 Abschnitt V, Unterabschnitt 13 – I.2.5.13)*	
5.13.1.	Beantworten Sie bitte folgende Fragen: a) In welchen Bereichen werden Mitarbeiter/innen externer Unternehmen eingesetzt (z.B. Werkschutz, Reinigungspersonal)? b) Welche Maßnahmen im Hinblick auf die Sicherheit der Lieferkette sind dabei vertraglich vereinbart? Antwort:	

Anhang

Liste der Anlagen zum Fragenkatalog

lfd. Nr.	Bezeichnung der Anlage
1	Handelsregisterauszug bzw. Gewerbeanmeldung
	Bestellung von empfangsbevollmächtigten Personen (nur für antragstellende Unternehmen außerhalb Deutschlands)
	Lageplan der einzelnen Standorte (nur für AEOS und AEOF erforderlich)

Zustimmungserklärung zur Veröffentlichung

Die EU-Kommission wird im Internet eine öffentlich zugängliche Datenbank der Inhaber eines AEO-Zertifikats bereitstellen. In dieser Datenbank werden lediglich die Adressdaten der Statusinhaber und die Art der erteilten Zertifikate angegeben. Die Veröffentlichung Ihrer Daten in dieser Datenbank ist freiwillig. Die Datenbank dient insbesondere dazu, dass die Wirtschaftsbeteiligten sichere Handelspartner in der Lieferkette identifizieren können.

Ich stimme der Veröffentlichung in der Datenbank der EU zu ☐

Ich stimme der Veröffentlichung in der Datenbank der EU **nicht** zu ☐

2.3 Anlage 3 der Dienstvorschrift
Standardschreiben in der ATLAS-Anwendung AEO –
AEO Standardschreiben

Anhang 1	AWU	Anforderung weiterer Unterlagen zur Bearbeitung des Antrags auf Erteilung eines AEO-Zertifikats
Anhang 2	NAA	Nichtannahme des Antrags auf Erteilung eines AEO-Zertifikats
Anhang 3	ADA	Annahme des Antrags auf Erteilung eines AEO-Zertifikats
Anhang 4	MBA	Mitteilung über die beabsichtigte Ablehnung des Antrags auf Erteilung eines AEO-Zertifikats
Anhang 5	ABL	Ablehnung des Antrags auf Erteilung eines AEO-Zertifikats
Anhang 6	ZER	Erteilung eines AEO-Zertifikats
Anhang 7	BAS	Mitteilung über die beabsichtigte Aussetzung des Status eines zugelassenen Wirtschaftsbeteiligten (AEO)
Anhang 8	BTA	Mitteilung über die beabsichtigte teilweise Aussetzung des Status eines zugelassenen Wirtschaftsbeteiligten (AEO)
Anhang 9	ADS	Aussetzung des Status eines zugelassenen Wirtschaftsbeteiligten (AEO)
Anhang 10	VDA	Verlängerung der Aussetzung des Status eines zugelassenen Wirtschaftsbeteiligten (AEO)
Anhang 11	TDS	Teilweise Aussetzung des Status eines zugelassenen Wirtschaftsbeteiligten (AEO)
Anhang 12	VTS	Verlängerung der teilweisen Aussetzung des Status eines zugelassenen Wirtschaftsbeteiligten (AEO)
Anhang 13	WDA	Widerruf der Aussetzung des Status eines zugelassenen Wirtschaftsbeteiligten (AEO)
Anhang 14	WTA	Widerruf der teilweisen Aussetzung des Status eines zugelassenen Wirtschaftsbeteiligten (AEO)
Anhang 15	WID	Widerruf eines AEO-Zertifikats
Anhang 16	TWD	Teilweiser Widerruf eines AEO-Zertifikats

Anhang

Hauptzollamt Musterstadt

POSTANSCHRIFT	Hauptzollamt Musterstadt, Postfach 9999, 99999 Musterstadt		
		DIENSTGEBÄUDE	Am Zoll 1, 99999 Musterstadt
		BEARBEITET VON	Hr. Mustermann
		TEL	09999 / 9999 – 0, Durchwahl -999
	Firma Michael Mustermann	FAX	09999 / 9999 – 99
	z.Hd. Herrn/Frau AEO-Auskunftsperson	E-MAIL	poststelle@hzamu.bfinv.de
	Musterstr. 99	ÖFFNUNGSZEITEN	Mo – Fr 08:30 – 15:00
		BANKVERBINDUNG	Kontoinhaber: Zollzahlstelle Musterstadt
			Deutsche Bundesbank
	99999 Musterstadt		Filiale Musterstadt
			BLZ 990 000 00
			Kto-Nr. 990 999 00
		DATUM	TT.MM.JJJJ

BETREFF **Anforderung weiterer Unterlagen zur Bearbeitung Ihres Antrags auf Erteilung eines AEO-Zertifikats**

BEZUG Ihr Antrag vom TT.MM.JJJJ

ANLAGEN

GZ Z 0520 AEO/B – B 1 – DE AEO F 100000 (bei Antwort bitte angeben)

Sehr geehrte Damen und Herren,

bei einer ersten Prüfung Ihres oben aufgeführten Antrags auf Erteilung eines AEO-Zertifikats „Zollrechtliche Vereinfachungen/Sicherheit" habe ich festgestellt, dass folgende Unterlagen/Angaben noch vorzulegen sind, bevor der Antrag angenommen werden kann:

Freitext

Ich weise darauf hin, dass die Fristen gemäß Artikel 14l Absatz 1 und Artikel 14o Absatz 2 VO (EWG) Nr. 2454/93 (Zollkodex-DVO) für die Bearbeitung Ihres oben aufgeführten Antrags erst dann zu laufen beginnen, wenn mir alle für die Prüfung der Antragsvoraussetzungen erforderlichen Unterlagen vollständig vorliegen.

Ich bitte Sie daher, mir die noch fehlenden Unterlagen/Angaben baldmöglichst vorzulegen.

Mit freundlichen Grüßen

Im Auftrag

(Mustermann)

III. Deutsche Vorschriften

Hauptzollamt Musterstadt

POSTANSCHRIFT	Hauptzollamt Musterstadt, Postfach 9999, 99999 Musterstadt

DIENSTGEBÄUDE	Am Zoll 1, 99999 Musterstadt
BEARBEITET VON	Hr. Mustermann
TEL	09999 / 9999 – 0, Durchwahl -999
FAX	09999 / 9999 – 99
E-MAIL	poststelle@hzamu.bfinv.de
ÖFFNUNGSZEITEN	Mo – Fr 08:30 – 15:00
BANKVERBINDUNG	Kontoinhaber: Zollzahlstelle Musterstadt
	Deutsche Bundesbank
	Filiale Musterstadt
	BLZ 990 000 00
	Kto-Nr. 990 999 00

Firma Michael Mustermann
z.Hd. Herrn/Frau AEO-Auskunftsperson
Musterstr. 99

99999 Musterstadt

DATUM	TT.MM.JJJJ

BETREFF	**Nichtannahme Ihres Antrags auf Erteilung eines AEO-Zertifikats**
BEZUG	Ihr Antrag vom TT.MM.JJJJ
ANLAGEN	Rechtsbehelfsbelehrung
GZ	**Z 0520 AEO/B – B 1 – DE AEO F 100000** (bei Antwort bitte angeben)

Sehr geehrte Damen und Herren,

Ihr oben aufgeführter Antrag auf Erteilung eines AEO-Zertifikats „Zollrechtliche Vereinfachungen/Sicherheit" kann aus folgenden Gründen nicht angenommen werden:

Freitext

Mit freundlichen Grüßen
Im Auftrag

(Mustermann)

Anhang

Hauptzollamt Musterstadt

POSTANSCHRIFT	Hauptzollamt Musterstadt, Postfach 9999, 99999 Musterstadt

Firma Michael Mustermann
z.Hd. Herrn/Frau AEO-Auskunftsperson
Musterstr. 99

99999 Musterstadt

DIENSTGEBÄUDE	Am Zoll 1, 99999 Musterstadt
BEARBEITET VON	Hr. Mustermann
TEL	09999 / 9999 – 0, Durchwahl -999
FAX	09999 / 9999 – 99
E-MAIL	poststelle@hzamu.bfinv.de
ÖFFNUNGSZEITEN	Mo – Fr 08:30 – 15:00
BANKVERBINDUNG	Kontoinhaber: Zollzahlstelle Musterstadt
	Deutsche Bundesbank
	Filiale Musterstadt
BLZ	990 000 00
Kto-Nr.	990 999 00
DATUM	TT.MM.JJJJ

BETREFF	**Annahme Ihres Antrags auf Erteilung eines AEO-Zertifikats**
BEZUG	Ihr Antrag vom TT.MM.JJJJ
ANLAGEN	
GZ	**Z 0520 AEO/B – B 1 – DE AEO F 100000** (bei Antwort bitte angeben)

Sehr geehrte Damen und Herren,

ich habe Ihren oben aufgeführten Antrag auf Erteilung eines AEO-Zertifikats „Zollrechtliche Vereinfachungen/Sicherheit" am TT.MM.JJJJ angenommen.

Der Antrag wurde in das Kommunikationssystem der Europäischen Kommission zur Unterrichtung der anderen EU-Mitgliedstaaten eingestellt (Artikel 14l Absatz 1 VO (EWG) Nr. 2454/93 - Zollkodex-DVO). Über den Antrag wird spätestens innerhalb von 300 Kalendertagen ab dem Tag der Annahme entschieden.

Mit freundlichen Grüßen
Im Auftrag

(Mustermann)

Hauptzollamt Musterstadt

POSTANSCHRIFT	Hauptzollamt Musterstadt, Postfach 9999, 99999 Musterstadt

Firma Michael Mustermann
z.Hd. Herrn/Frau AEO-Auskunftsperson
Musterstr. 99

99999 Musterstadt

DIENSTGEBÄUDE	Am Zoll 1, 99999 Musterstadt
BEARBEITET VON	Hr. Mustermann
TEL	09999 / 9999 – 0, Durchwahl -999
FAX	09999 / 9999 – 99
E-MAIL	poststelle@hzamu.bfinv.de
ÖFFNUNGSZEITEN	Mo – Fr 08:30 – 15:00
BANKVERBINDUNG	Kontoinhaber: Zollzahlstelle Musterstadt
	Deutsche Bundesbank
	Filiale Musterstadt
	BLZ 990 000 00
	Kto-Nr. 990 999 00
DATUM	TT.MM.JJJJ

BETREFF	**Mitteilung über die beabsichtigte Ablehnung Ihres Antrags auf Erteilung eines AEO-Zertifikats**
BEZUG	Ihr Antrag vom TT.MM.JJJJ
ANLAGEN	
GZ	**Z 0520 AEO/B – B 1 – DE AEO F 100000** (bei Antwort bitte angeben)

Sehr geehrte Damen und Herren,

die Prüfung Ihres Antrags hat ergeben, dass die Voraussetzungen für die von Ihnen beantragte Erteilung eines AEO-Zertifikats „Zollrechtliche Vereinfachungen/Sicherheit" nicht erfüllt sind. Nach dem derzeitigen Sachstand kann Ihnen das AEO-Zertifikat aus folgenden Gründen nicht erteilt werden:

Freitext

Ich gebe Ihnen hiermit Gelegenheit, innerhalb von 30 Kalendertagen zu der beabsichtigten Ablehnung Ihres Antrags Stellung zu nehmen.

Mit freundlichen Grüßen
Im Auftrag

(Mustermann)

Anhang

Hauptzollamt Musterstadt

POSTANSCHRIFT	Hauptzollamt Musterstadt, Postfach 9999, 99999 Musterstadt

DIENSTGEBÄUDE	Am Zoll 1, 99999 Musterstadt
BEARBEITET VON	Hr. Mustermann
TEL	09999 / 9999 – 0, Durchwahl -999
FAX	09999 / 9999 – 99
E-MAIL	poststelle@hzamu.bfinv.de
ÖFFNUNGSZEITEN	Mo – Fr 08:30 – 15:00
BANKVERBINDUNG	Kontoinhaber: Zollzahlstelle Musterstadt
	Deutsche Bundesbank
	Filiale Musterstadt
BLZ	990 000 00
Kto-Nr.	990 999 00

Firma Michael Mustermann
z.Hd. Herrn/Frau AEO-Auskunftsperson
Musterstr. 99

99999 Musterstadt

DATUM TT.MM.JJJJ

BETREFF	**Ablehnung Ihres Antrags auf Erteilung eines AEO-Zertifikats**
BEZUG	Ihr Antrag vom TT.MM.JJJJ
ANLAGEN	Rechtsbehelfsbelehrung
GZ	**Z 0520 AEO/B – B 1 – DE AEO F 100000** (bei Antwort bitte angeben)

Sehr geehrte Damen und Herren,

Ihren Antrag auf Erteilung eines AEO-Zertifikats „Zollrechtliche Vereinfachungen/Sicherheit" lehne ich aus folgenden Gründen ab:

Freitext

Mit freundlichen Grüßen
Im Auftrag

(Mustermann)

Hauptzollamt Musterstadt

POSTANSCHRIFT	Hauptzollamt Musterstadt, Postfach 9999, 99999 Musterstadt

DIENSTGEBÄUDE	Am Zoll 1, 99999 Musterstadt
BEARBEITET VON	Hr. Mustermann
TEL	09999 / 9999 – 0, Durchwahl -999
FAX	09999 / 9999 – 99
E-MAIL	poststelle@hzamu.bfinv.de
ÖFFNUNGSZEITEN	Mo – Fr 08:30 – 15:00
BANKVERBINDUNG	Kontoinhaber: Zollzahlstelle Musterstadt
	Deutsche Bundesbank
	Filiale Musterstadt
	BLZ 990 000 00
	Kto-Nr. 990 999 00
DATUM	TT.MM.JJJJ

Firma Michael Mustermann
z.Hd. Herrn/Frau AEO-Auskunftsperson
Musterstr. 99

99999 Musterstadt

BETREFF	**Erteilung eines AEO-Zertifikats**
BEZUG	Ihr Antrag vom TT.MM.JJJJ
ANLAGEN	1 Zertifikat DE AEO F 01234567890
GZ	**Z 0520 AEO/B – B 1 – DE AEO F 100000** (bei Antwort bitte angeben)

Sehr geehrte Damen und Herren,

hiermit bewillige ich Ihnen den Status eines AEO „Zollrechtliche Vereinfachungen/ Sicherheit".

Ich weise darauf hin, dass Sie nach Art. 14w Absatz 1 VO (EWG) Nr. 2454/93 (Zollkodex-DVO) verpflichtet sind, mich über alle Umstände, die sich auf die Aufrechterhaltung oder den Inhalt des Zertifikats auswirken können, zu informieren.

Mit freundlichen Grüßen
Im Auftrag

(Mustermann)

Anhang

 EUROPÄISCHE GEMEINSCHAFT

AEO-Zertifikat

1. **Inhaber des AEO- Zertifikats**	XXXXXXXXXXXXXXXXX (Nummer des Zertifikats)
	2. ERTEILENDE BEHÖRDE
AAAAAAAAAAAA	YYYYYYYYYY
AAAAAAAAA	YYYYYY
AAAAAAA	YYYYY

Der in Feld 1 genannte Inhaber ist

Zugelassener Wirtschaftsbeteiligter

„ZOLLRECHTLICHE VEREINFACHUNGEN"

„SICHERHEIT"

„ZOLLRECHTLICHE VEREINFACHUNGEN/SICHERHEIT"

3. Tag, ab dem das Zertifikat wirksam ist:
XX.XX.XXXX

III. Deutsche Vorschriften

Hauptzollamt Musterstadt

POSTANSCHRIFT	Hauptzollamt Musterstadt, Postfach 9999, 99999 Musterstadt

Firma Michael Mustermann
z.Hd. Herrn/Frau AEO-Auskunftsperson
Musterstr. 99

99999 Musterstadt

DIENSTGEBÄUDE	Am Zoll 1, 99999 Musterstadt
BEARBEITET VON	Hr. Mustermann
TEL	09999 / 9999　0, Durchwahl -999
FAX	09999 / 9999 – 99
E-MAIL	poststelle@hzamu.bfinv.de
ÖFFNUNGSZEITEN	Mo – Fr　08:30 – 15:00
BANKVERBINDUNG	Kontoinhaber: Zollzahlstelle Musterstadt
	Deutsche Bundesbank
	Filiale Musterstadt
	BLZ　990 000 00
	Kto-Nr.　990 999 00
DATUM	TT.MM.JJJJ

BETREFF	**Mitteilung über die beabsichtigte Aussetzung des Status eines zugelassenen Wirtschaftsbeteiligten (AEO)**
BEZUG	AEO-Zertifikat Nr.: DE AEO F 12345678 vom TT.MM.JJJJ
ANLAGEN	
GZ	**Z 0520 AEO/B – B 1 – DE AEO F 100000** (bei Antwort bitte angeben)

Sehr geehrte Damen und Herren,

im Rahmen der Überwachung der Voraussetzungen und Kriterien Ihres Status eines AEO wurden folgende Unregelmäßigkeiten festgestellt:

Freitext

Ich beabsichtige daher, den Ihnen mit Bescheid vom TT.MM.JJJJ bewilligten Status eines AEO „Zollrechtliche Vereinfachungen/Sicherheit" gemäß Artikel 14r Absatz 1 VO (EWG) Nr. 2454/93 (Zollkodex-DVO) auszusetzen.

Ich gebe Ihnen hiermit Gelegenheit, innerhalb von 30 Tagen zu der beabsichtigten Aussetzung Stellung zu nehmen und die oben beschriebenen Mängel zu beseitigen.

Geht innerhalb dieser Frist keine Stellungnahme ein oder werden die Mängel nicht beseitigt, werde ich den Status eines AEO aussetzen.

Mit freundlichen Grüßen
Im Auftrag

(Mustermann)

Anhang

Hauptzollamt Musterstadt

POSTANSCHRIFT	Hauptzollamt Musterstadt, Postfach 9999, 99999 Musterstadt
DIENSTGEBÄUDE	Am Zoll 1, 99999 Musterstadt
BEARBEITET VON	Hr. Mustermann
TEL	09999 / 9999 – 0, Durchwahl -999
FAX	09999 / 9999 – 99
E-MAIL	poststelle@hzamu.bfinv.de
ÖFFNUNGSZEITEN	Mo – Fr 08:30 – 15:00
BANKVERBINDUNG	Kontoinhaber: Zollzahlstelle Musterstadt
	Deutsche Bundesbank
	Filiale Musterstadt
	BLZ 990 000 00
	Kto-Nr. 990 999 00

Firma Michael Mustermann
z.Hd. Herrn/Frau AEO-Auskunftsperson
Musterstr. 99

99999 Musterstadt

DATUM TT.MM.JJJJ

BETREFF **Mitteilung über die beabsichtigte teilweise Aussetzung des Status eines zugelassenen Wirtschaftsbeteiligten (AEO)**

BEZUG AEO-Zertifikat Nr.: DE AEO F 100000 vom TT.MM.JJJJ

ANLAGEN

GZ Z 0520 AEO/B – B 1 – DE AEO F 100000 (bei Antwort bitte angeben)

Sehr geehrte Damen und Herren,

im Rahmen der Überwachung der Voraussetzungen und Kriterien Ihres Status eines AEO wurden folgende sicherheitsrelevante Unregelmäßigkeiten festgestellt:

Freitext

Ich beabsichtige daher, den Ihnen mit Bescheid vom TT.MM.JJJJ bewilligten Status eines AEO „Zollrechtliche Vereinfachungen/Sicherheit" gemäß Artikel 14r Absatz 1 und Artikel 14s Absatz 4 VO (EWG) Nr. 2454/93 (Zollkodex-DVO) für den Teilbereich „Sicherheit" auszusetzen.

Ich gebe Ihnen hiermit Gelegenheit, innerhalb von 30 Tagen zu der beabsichtigten Aussetzung Stellung zu nehmen und die oben beschriebenen Mängel zu beseitigen.

Geht innerhalb dieser Frist keine Stellungnahme ein oder werden die Mängel nicht beseitigt, werde ich den Status eines AEO für den Teilbereich „Sicherheit" aussetzen.

Mit freundlichen Grüßen
Im Auftrag

(Mustermann)

III. Deutsche Vorschriften

Hauptzollamt Musterstadt

POSTANSCHRIFT	Hauptzollamt Musterstadt, Postfach 9999, 99999 Musterstadt

Firma Michael Mustermann
z.Hd. Herrn/Frau AEO-Auskunftsperson
Musterstr. 99

99999 Musterstadt

DIENSTGEBÄUDE	Am Zoll 1, 99999 Musterstadt
BEARBEITET VON	Hr. Mustermann
TEL	09999 / 9999 – 0, Durchwahl -999
FAX	09999 / 9999 – 99
E-MAIL	poststelle@hzamu.bfinv.de
ÖFFNUNGSZEITEN	Mo – Fr 08:30 – 15:00
BANKVERBINDUNG	Kontoinhaber: Zollzahlstelle Musterstadt
	Deutsche Bundesbank
	Filiale Musterstadt
	BLZ 990 000 00
	Kto.-Nr. 990 999 00
DATUM	TT.MM.JJJJ

BETREFF	**Aussetzung des Status eines zugelassenen Wirtschaftsbeteiligten (AEO)**
BEZUG	AEO-Zertifikat Nr.: DE AEO F 100000 vom TT.MM.JJJJ
ANLAGEN	Rechtsbehelfsbelehrung
GZ	**Z 0520 AEO/B – B 1 – DE AEO F 100000** (bei Antwort bitte angeben)

Sehr geehrte Damen und Herren,

den Ihnen mit Bescheid vom TT.MM.JJJJ bewilligten Status eines AEO „Zollrechtliche Vereinfachungen/Sicherheit" setze ich gemäß Artikel 14r VO (EWG) Nr. 2454/93 (Zollkodex-DVO) aus folgenden Gründen aus:

Freitext

¹)Die oben genannten Mängel sind innerhalb von 30 Kalendertagen zu beseitigen.
Auf Antrag kann diese Frist einmalig um 30 Tage verlängert werden, sofern Sie nachweisen, dass die Bewilligungsvoraussetzungen für den Status eines AEO innerhalb der verlängerten Frist wieder erfüllt werden können.

Anmerkung: 1) Im Falle der Aussetzung gem. Artikel 14r Absatz 1 a) Zollkodex-DVO

Die von Ihnen getroffenen Maßnahmen zur Beseitigung der Mängel sind mir umgehend mitzuteilen.

Wenn Sie nicht innerhalb der oben genannten Frist die Mängel beseitigen, werde ich das AEO-Zertifikat widerrufen.

²)Für die Dauer des Strafverfahrens bleibt der Status eines AEO ausgesetzt. Eine endgültige Entscheidung kann erst nach Abschluss des Verfahrens getroffen werden. Ich bitte daher, mich über den Ausgang des Strafverfahrens zu unterrichten.

Anmerkung: 2) Im Falle der Aussetzung gem. Art. 14r Absatz 1 b) Zollkodex-DVO

Mit freundlichen Grüßen
Im Auftrag

(Mustermann)

Anhang

Hauptzollamt Musterstadt

POSTANSCHRIFT	Hauptzollamt Musterstadt, Postfach 9999, 99999 Musterstadt

DIENSTGEBÄUDE	Am Zoll 1, 99999 Musterstadt
BEARBEITET VON	Hr. Mustermann
TEL	09999 / 9999 – 0, Durchwahl -999
FAX	09999 / 9999 – 99
E-MAIL	poststelle@hzamu.bfinv.de
ÖFFNUNGSZEITEN	Mo – Fr 08:30 – 15:00
BANKVERBINDUNG	Kontoinhaber: Zollzahlstelle Musterstadt
	Deutsche Bundesbank
	Filiale Musterstadt
	BLZ 990 000 00
	Kto-Nr. 990 999 00

Firma Michael Mustermann
z.Hd. Herrn/Frau AEO-Auskunftsperson
Musterstr. 99

99999 Musterstadt

DATUM   TT.MM.JJJJ

BETREFF Verlängerung der Aussetzung des Status eines zugelassenen Wirtschaftsbeteiligten (AEO)

BEZUG AEO-Zertifikat Nr.: DE AEO F 100000 vom TT.MM.JJJJ

ANLAGEN Rechtsbehelfsbelehrung

GZ Z 0520 AEO/B – B 1 – DE AEO F 100000 (bei Antwort bitte angeben)

Sehr geehrte Damen und Herren,

der Ihnen bewilligte Status eines AEO „Zollrechtliche Vereinfachungen/Sicherheit" wurde mit Schreiben vom TT.MM.JJJJ gemäß Artikel 14r VO (EWG) Nr. 2454/93 (Zollkodex-DVO) ausgesetzt.

Aufgrund Ihres Antrags verlängere ich gemäß Artikel 14r Absatz 4 Zollkodex-DVO die Frist für die Aussetzung einmalig um weitere 30 Tage.

Ich mache darauf aufmerksam, dass ich das Zertifikat widerrufen werde, sofern Sie nicht innerhalb der verlängerten Frist von 30 Tagen die bereits mit Schreiben vom TT.MM.JJJJ mitgeteilten Mängel beseitigen und damit die Voraussetzungen und Kriterien für den Status eines AEO wieder gegeben sind.

Die von Ihnen getroffenen Maßnahmen zur Beseitigung der Mängel sind mir umgehend mitzuteilen.

Mit freundlichen Grüßen
Im Auftrag

(Mustermann)

III. Deutsche Vorschriften

Hauptzollamt Musterstadt

POSTANSCHRIFT	Hauptzollamt Musterstadt, Postfach 9999, 99999 Musterstadt		

DIENSTGEBÄUDE	Am Zoll 1, 99999 Musterstadt
BEARBEITET VON	Hr. Mustermann
TEL	09999 / 9999 – 0, Durchwahl -999
FAX	09999 / 9999 – 99
E-MAIL	poststelle@hzamu.bfinv.de
ÖFFNUNGSZEITEN	Mo – Fr 08:30 – 15:00
BANKVERBINDUNG	Kontoinhaber: Zollzahlstelle Musterstadt
	Deutsche Bundesbank
	Filiale Musterstadt
	BLZ 990 000 00
	Kto-Nr. 990 999 00

Firma Michael Mustermann
z.Hd. Herrn/Frau AEO-Auskunftsperson
Musterstr. 99

99999 Musterstadt

DATUM   TT.MM.JJJJ

BETREFF	Teilweise Aussetzung des Status eines zugelassenen Wirtschaftsbeteiligten (AEO)
BEZUG	AEO-Zertifikat Nr.: DE AEO F 100000 vom TT.MM.JJJJ
ANLAGEN	Rechtsbehelfsbelehrung
GZ	Z 0520 AEO/B – B 1 – DE AEO F 100000 (bei Antwort bitte angeben)

Sehr geehrte Damen und Herren,

den Ihnen mit Bescheid vom TT.MM.JJJJ bewilligten Status eines AEO „Zollrechtliche Vereinfachungen/Sicherheit" setze ich hiermit gemäß Artikel 14r Absatz 1 in Verbindung mit Artikel 14s Absatz 4 VO (EWG) Nr. 2454/93 (Zollkodex-DVO) für den Teilbereich „Sicherheit" aus folgenden Gründen aus.

Freitext

Die oben genannten Mängel sind innerhalb von 30 Kalendertagen zu beseitigen.

Auf Antrag kann diese Frist einmalig um 30 Tage verlängert werden, sofern Sie nachweisen, dass die Bewilligungsvoraussetzungen für den Status eines AEO innerhalb der verlängerten Frist wieder erfüllt werden können.

Die von Ihnen getroffenen Maßnahmen zur Beseitigung der Mängel sind mir umgehend mitzuteilen.

Wenn Sie nicht innerhalb der oben genannten Frist die Mängel beseitigen, werde ich das AEO-Zertifikat für den Teilbereich „Sicherheit" widerrufen.

Mit freundlichen Grüßen
Im Auftrag

(Mustermann)

Anhang

Hauptzollamt Musterstadt

POSTANSCHRIFT	Hauptzollamt Musterstadt, Postfach 9999, 99999 Musterstadt

DIENSTGEBÄUDE	Am Zoll 1, 99999 Musterstadt
BEARBEITET VON	Hr. Mustermann
TEL	09999 / 9999 – 0, Durchwahl -999
FAX	09999 / 9999 – 99
E-MAIL	poststelle@hzamu.bfinv.de
ÖFFNUNGSZEITEN	Mo – Fr 08:30 – 15:00
BANKVERBINDUNG	Kontoinhaber: Zollzahlstelle Musterstadt
	Deutsche Bundesbank
	Filiale Musterstadt
	BLZ 990 000 00
	Kto.-Nr. 990 999 00

Firma Michael Mustermann
z.Hd. Herrn/Frau AEO-Auskunftsperson
Musterstr. 99

99999 Musterstadt

DATUM   TT.MM.JJJJ

BETREFF   **Verlängerung der teilweisen Aussetzung des Status eines zugelassenen Wirtschaftsbeteiligten (AEO)**

BEZUG   AEO-Zertifikat Nr.: DE AEO F 100000 vom TT.MM.JJJJ

ANLAGEN   Rechtsbehelfsbelehrung

GZ   **Z 0520 AEO/B – B 1 – DE AEO F 100000** (bei Antwort bitte angeben)

Sehr geehrte Damen und Herren,

der Ihnen bewilligte Status eines AEO „Zollrechtliche Vereinfachungen/Sicherheit" wurde mit Schreiben vom 01.01.1900 gemäß Artikel 14s Absatz 4 VO (EWG) Nr. 2454/93 (Zollkodex-DVO) für den Teilbereich „Sicherheit" ausgesetzt.

Aufgrund Ihres Antrags verlängere ich gemäß Artikel 14r Absatz 4 Zollkodex-DVO die Frist für die Aussetzung des Teilbereichs „Sicherheit" einmalig um weitere 30 Tage.

Ich mache darauf aufmerksam, dass ich das Zertifikat für den Teilbereich „Sicherheit" widerrufen werde, sofern Sie nicht innerhalb der verlängerten Frist von 30 Tagen bereits mit Schreiben vom TT.MM.JJJJ mitgeteilten Mängel beseitigen und damit auch die Voraussetzungen und Kriterien des Artikels 14k Zollkodex-DVO für Ihr Unternehmen wieder gegeben sind.

Die von Ihnen getroffenen Maßnahmen zur Beseitigung der Mängel sind mir umgehend mitzuteilen.

Mit freundlichen Grüßen
Im Auftrag

(Mustermann)

Hauptzollamt Musterstadt

POSTANSCHRIFT	Hauptzollamt Musterstadt, Postfach 9999, 99999 Musterstadt

Firma Michael Mustermann
z.Hd. Herrn/Frau AEO-Auskunftsperson
Musterstr. 99

99999 Musterstadt

DIENSTGEBÄUDE	Am Zoll 1, 99999 Musterstadt
BEARBEITET VON	Hr. Mustermann
TEL	09999 / 9999 – 0, Durchwahl -999
FAX	09999 / 9999 – 99
E-MAIL	poststelle@hzamu.bfinv.de
ÖFFNUNGSZEITEN	Mo – Fr 08:30 – 15:00
BANKVERBINDUNG	Kontoinhaber: Zollzahlstelle Musterstadt
	Deutsche Bundesbank
	Filiale Musterstadt
	BLZ 990 000 00
	Kto-Nr. 990 999 00
DATUM	TT.MM.JJJJ

BETREFF **Widerruf der Aussetzung des Status eines zugelassenen Wirtschaftsbeteiligten (AEO)**

BEZUG AEO-Zertifikat Nr.: DE AEO F 100000 vom TT.MM.JJJJ

ANLAGEN

GZ **Z 0520 AEO/B – B 1 – DE AEO F 100000** (bei Antwort bitte angeben)

Sehr geehrte Damen und Herren,

nachdem die Bewilligungsvoraussetzungen für den Status eines AEO wieder vorliegen, widerrufe ich gemäß Artikel 14t Absatz 1 VO (EWG) Nr. 2454/93 (Zollkodex-DVO) dessen Aussetzung.

Das mit Schreiben vom TT.MM.JJJJ erteilte Zertifikat ist wieder ohne Einschränkung gültig.

Mit freundlichen Grüßen
Im Auftrag

(Mustermann)

Anhang

Hauptzollamt Musterstadt

POSTANSCHRIFT	Hauptzollamt Musterstadt, Postfach 9999, 99999 Musterstadt

Firma Michael Mustermann
z.Hd. Herrn/Frau AEO-Auskunftsperson
Musterstr. 99

99999 Musterstadt

DIENSTGEBÄUDE	Am Zoll 1, 99999 Musterstadt
BEARBEITET VON	Hr. Mustermann
TEL	09999 / 9999 – 0, Durchwahl -999
FAX	09999 / 9999 – 99
E-MAIL	poststelle@hzamu.bfinv.de
ÖFFNUNGSZEITEN	Mo – Fr 08:30 – 15:00
BANKVERBINDUNG	Kontoinhaber: Zollzahlstelle Musterstadt
	Deutsche Bundesbank
	Filiale Musterstadt
	BLZ 990 000 00
	Kto-Nr. 990 999 00
DATUM	TT.MM.JJJJ

BETREFF **Widerruf der teilweisen Aussetzung des Status eines zugelassenen Wirtschaftsbeteiligten (AEO)**

BEZUG AEO-Zertifikat Nr.: DE AEO F 100000 vom TT.MM.JJJJ

ANLAGEN

GZ **Z 0520 AEO/B – B 1 – DE AEO F 100000** (bei Antwort bitte angeben)

Sehr geehrte Damen und Herren,

nachdem die Bewilligungsvoraussetzungen des Status eines AEO „Zollrechtliche Vereinfachungen/Sicherheit" wieder vorliegen, widerrufe ich gemäß Artikel 14t Absatz 1 VO (EWG) Nr. 2454/93 (Zollkodex-DVO) die Aussetzung des Teilbereichs „Sicherheit".

Das mit Schreiben vom TT.MM.JJJJ erteilte Zertifikat „Zollrechtliche Vereinfachungen/Sicherheit" ist wieder ohne Einschränkung gültig.

[3])Das Ihnen zwischenzeitlich erteilte Zertifikat AEO „Zollrechtliche Vereinfachungen" ist damit gegenstandslos.

Anmerkung: 3) Dieser Satz soll optimal durch anklicken eingefügt werden können!

Mit freundlichen Grüßen
Im Auftrag

(Mustermann)

III. Deutsche Vorschriften

Hauptzollamt Musterstadt

POSTANSCHRIFT	Hauptzollamt Musterstadt, Postfach 9999, 99999 Musterstadt

Firma Michael Mustermann
z.Hd. Herrn/Frau AEO-Auskunftsperson
Musterstr. 99

99999 Musterstadt

DIENSTGEBÄUDE	Am Zoll 1, 99999 Musterstadt
BEARBEITET VON	Hr. Mustermann
TEL	09999 / 9999 – 0, Durchwahl -999
FAX	09999 / 9999 – 99
E-MAIL	poststelle@hzamu.bfinv.de
ÖFFNUNGSZEITEN	Mo – Fr 08:30 – 15:00
BANKVERBINDUNG	Kontoinhaber: Zollzahlstelle Musterstadt
	Deutsche Bundesbank
	Filiale Musterstadt
	BLZ 990 000 00
	Kto-Nr. 990 999 00
DATUM	TT.MM.JJJJ

BETREFF **Widerruf Ihres AEO-Zertifikats**

BEZUG AEO-Zertifikat Nr.: DE AEO F 100000 vom TT.MM.JJJJ

ANLAGEN Rechtsbehelfsbelehrung

GZ **Z 0520 AEO/B – B 1 – DE AEO F 100000** (bei Antwort bitte angeben)

Sehr geehrte Damen und Herren,

das Ihnen mit Bescheid vom TT.MM.JJJJ erteilte AEO-Zertifikat „Zollrechtliche Vereinfachungen/Sicherheit" widerrufe ich gemäß Artikel 14v Absatz 1 VO (EWG) Nr. 2454/93 (Zollkodex-DVO) aus folgenden Gründen:

Freitext

[4])Bitte beachten Sie, dass gemäß Artikel 14v Absatz 4 Zollkodex-DVO erst nach drei Jahren ein neuer Antrag auf Erteilung eines AEO-Zertifikats gestellt werden kann.

Anmerkung: 4) Diesen Satz nur im Falle des Widerrufs gemäß Artikel 14v Absatz 1 a) oder b) Zollkodex-DVO anfügen.

Mit freundlichen Grüßen
Im Auftrag

(Mustermann)

Anhang

Hauptzollamt Musterstadt

POSTANSCHRIFT Hauptzollamt Musterstadt, Postfach 9999, 99999 Musterstadt	
	DIENSTGEBÄUDE Am Zoll 1, 99999 Musterstadt
	BEARBEITET VON Hr. Mustermann
Firma Michael Mustermann	TEL 09999 / 9999 – 0, Durchwahl -999
z.Hd. Herrn/Frau AEO-Auskunftsperson	FAX 09999 / 9999 – 99
Musterstr. 99	E-MAIL poststelle@hzamu.bfinv.de
	ÖFFNUNGSZEITEN Mo – Fr 08:30 – 15:00
	BANKVERBINDUNG Kontoinhaber: Zollzahlstelle Musterstadt
	Deutsche Bundesbank
99999 Musterstadt	Filiale Musterstadt
	BLZ 990 000 00
	Kto-Nr. 990 999 00
	DATUM TT.MM.JJJJ

BETREFF **Teilweiser Widerruf Ihres AEO-Zertifikats**

BEZUG AEO-Zertifikat Nr.: DE AEO F 100000 vom TT.MM.JJJJ

ANLAGEN Rechtsbehelfsbelehrung
1 AEO-Zertifikat DE AEO C 100000

GZ **Z 0520 AEO/B – B 1 – DE AEO F 100000** (bei Antwort bitte angeben)

Sehr geehrte Damen und Herren,

das Ihnen mit Bescheid vom TT.MM.JJJJ erteilte AEO-Zertifikat „Zollrechtliche Vereinfachungen/Sicherheit" widerrufe ich gemäß Artikel 14v Absätze 1 und 2 VO (EWG) Nr. 2454/93 (Zollkodex-DVO) aus folgenden Gründen:

Freitext

Da lediglich Sicherheitsanforderungen gemäß Artikel 14k Zollkodex-DVO nicht erfüllt sind, erteile ich Ihnen gleichzeitig das AEO-Zertifikat „Zollrechtliche Vereinfachungen" im Sinne von Artikel 14a Absatz 1 Buchstabe a) Zollkodex-DVO, dessen Voraussetzungen weiterhin vorliegen.

[5])Bitte beachten Sie, dass gemäß Artikel 14v Absatz 4 Zollkodex-DVO erst nach drei Jahren ein neuer Antrag auf Erteilung eines AEO-Zertifikats gestellt werden kann.

Anmerkung: 5) Diesen Satz nur im Falle des Widerrufs gemäß Artikel 14v Absatz 1 a) Zollkodex-DVO anfügen.

Mit freundlichen Grüßen
Im Auftrag

(Mustermann)

EUROPÄISCHE GEMEINSCHAFT

AEO-Zertifikat

	XXXXXXXXXXXXXXXXX
	(Nummer des Zertifikats)
1. **Inhaber des AEO- Zertifikats**	2. ERTEILENDE BEHÖRDE
AAAAAAAAAAAA	YYYYYYYYYY
AAAAAAAAAA	YYYYYY
AAAAAAAA	YYYYY

Der in Feld 1 genannte Inhaber ist

Zugelassener Wirtschaftsbeteiligter

„Zollrechtliche Vereinfachungen"

„Sicherheit"

„Zollrechtliche Vereinfachungen/Sicherheit"

3. Tag, ab dem das Zertifikat wirksam ist:
XX.XX.XXXX

Anhang

2.4 Anlage 4 der Dienstvorschrift Sicherheitszeugnisse und Zertifikate gemäß Artikel 14k ZK-DVO

Die nachfolgende Übersicht stellt die nach Artikel 14k Abs. 4 ZK-DVO in Betracht kommenden Sicherheitszeugnisse und -zertifikate dar.

Die Vorlage von Sicherheitszeugnissen oder -zertifikaten ist nicht zwingend erforderlich. Diese unterstützen die Bewilligungshauptzollämter bei der Prüfung und die antragstellenden Unternehmen beim Nachweis der Einhaltung der Bewilligungsvoraussetzungen. Die Vorlage eines der nachfolgenden Sicherheitszeugnisse oder -zertifikate bei der Beantragung eines AEO-Zertifikats durch die antragstellende Person führt aber nicht dazu, dass auf eine Überprüfung der Einhaltung der Sicherheitsbestimmungen nach Artikel 14k Abs. 1 ZK-DVO vollständig verzichtet werden kann. Vielmehr ist durch das Hauptzollamt in jedem Einzelfall abzuklären, welche und inwieweit einzelne Sicherheitskriterien durch das jeweilige Sicherheitszertifikat oder -zeugnis abgedeckt werden.

- a) **Zertifikate nach ISO 28000:2007**[1]

    Auf der Grundlage der ISO 28000:2007 können sich Unternehmen im Hinblick auf ein Sicherheitsmanagementsystem zur Erhöhung der Lieferkettensicherheit *(Supply Chain Security)* zertifizieren lassen. Die ISO 28000:2007 ist ein von der International Organization for Standardization (ISO) erarbeitetes Rahmenwerk und ist in ihren Sicherheitsanforderungen sehr allgemein gehalten. Die Umsetzung dieser Vorgaben und die von der Zertifizierungsstelle durchgeführten Prüfungen sind durch geeignete Unterlagen nachzuweisen.

    Erst im Rahmen einer Bewertung dieser Unterlagen kann festgestellt werden, ob und ggf. welche Sicherheitskriterien für den Erhalt eines AEO-Zertifikats gemäß Artikel 14k Abs. 1 ZK-DVO erfüllt sind.

    Anmerkung: 1) Zertifikate nach ISO 28000:2007 werden nur von akkreditierten Zertifizierungsgesellschaften anerkannt (vgl. auch Teil 1 Abschnitt Nr. II.3.2 der Leitlinien).

- b) **International Ship and Port Facility Security (ISPS)-Code**

    Die Internationale Seeschifffahrtsorganisation (IMO) hat im Rahmen ihres Sicherheitsprogramms **S**afety **o**f **L**ife **a**t **S**ea Convention (SOLAS) einen internationalen Code für die Gefahrenabwehr auf Schiffen und Hafenanlagen (ISPS-Code) verabschiedet. Der ISPS-Code wurde u. a. auch von der EU-Kommission in die Verordnung (EG) Nr. 725/2004 zur Erhöhung der Gefahrenabwehr auf Schiffen und in Seehafenanlagen implementiert. Die rechtliche Umsetzung in Deutschland erfolgte über die jeweiligen Hafensicherheitsgesetze der Bundesländer, wobei die Koordination und die Rechtsaufsicht über die Umsetzung der Verordnung (EG) Nr. 725/2004 in der Zuständigkeit des Bundesamts für Seeschifffahrt und Hydrographie (BSH) liegt. Die Vorschriften des ISPS-Codes und der Verordnung (EG) Nr. 725/2004 sollen verhindern, dass Seehafenanlagen als Anschlagsziel oder Seeschiffe und deren Ladung als Transportmittel von Materialien und Personen für terroristische Angriffe missbraucht werden.

    Die Sicherheitsanforderungen des ISPS-Codes und der Verordnung (EG) Nr. 725/2004 entsprechen im Wesentlichen denen des Artikels 14k Abs. 1 ZK-DVO. Bei der Zertifizierung eines Seeschiffes nach dem ISPS-Code wird jedoch nur das Schiff an sich, also als Beförderungsmittel, im Hinblick auf die Erfüllung der vorgegebenen Sicherheitsstandards überprüft.

    Bei der Zertifizierung von Hafenanlagen wird die jeweilige Anlage des Hafenbetreibers hinsichtlich der Einhaltung nach dem vom ISPS-Code vorgegebenen Sicherheitsstandards überprüft. Demnach erfüllen nur die Firmenstandorte eines Unternehmens die Kriterien von Artikel 14k Abs. 1 ZK-DVO, die innerhalb des zertifizierten Hafengebiets ansässig sind.

III. Deutsche Vorschriften

Hafenanlagen, die nach den Sicherheitsvorgaben des ISPS-Codes oder der Verordnung (EG) Nr. 725/2004 überprüft werden, sind Seehäfen, die von Seeschiffen angelaufen werden können. Seehäfen können an der Küste, an Kanälen und an Flüssen liegen.

Bundesamt für Seeschifffahrt und Hydrographie
Bernhard–Nocht-Straße 78
20359 Hamburg
Telefon: 040/31 90-0
www.bsh.de

Anhang

2.5 Anlage 5 der Dienstvorschrift Schlussfolgerungen von Sachverständigen und sonstige Zertifikate gemäß Artikel 14n Abs. 2 ZK-DVO

Die Vorlage von Schlussfolgerungen von Sachverständigen und sonstigen Zertifikaten ist nicht zwingend erforderlich. Diese unterstützen die Bewilligungshauptzollämter bei der Prüfung und die antragstellenden Unternehmen beim Nachweis der Einhaltung der Bewilligungsvoraussetzungen. Die Vorlage von Schlussfolgerungen von Sachverständigen und sonstigen Zertifikaten bei der Beantragung eines AEO-Zertifikats durch die antragstellende Person führt aber nicht dazu, dass auf eine Überprüfung der Einhaltung der jeweiligen Bewilligungsvoraussetzungen verzichtet werden kann. Vielmehr ist durch das Hauptzollamt in jedem Einzelfall zu prüfen, inwieweit die vorgelegten Gutachten und sonstigen Zertifikate für die Bewilligungserteilung herangezogen werden können.

– a) **Schlussfolgerungen von Sachverständigen**

Die Anerkennung von Schlussfolgerungen, Gutachten oder Berichten von Sachverständigen im Hinblick auf die Einhaltung der Bewilligungsvoraussetzungen durch den Antragsteller obliegt der Entscheidung des Hauptzollamts.

– b) **Zertifikate nach ISO-Norm 27001**

In der ISO-Norm 27001 wurde von der International Organization for Standardization (ISO) ein weltweiter Standard zur Sicherung der Informationstechnik und zum Schutz von elektronischen Informationssystemen festgelegt. Die Vorgaben für den Erhalt eines Zertifikats nach ISO-Norm 27001 entsprechen den durch das Bundesamt für Sicherheit in der Informationstechnik (BSI) vorgegebenen Sicherheitsstandards in der IT-Technik von Unternehmen. Im Rahmen der Bewilligung eines AEO-Zertifikats können bei einem vom Antragsteller vorgelegten Zertifikat nach ISO-Norm 27001 die Vorgaben des Artikels 14i Buchstaben f) und h) ZK-DVO als erfüllt betrachtet werden.

– c) **Zertifikate nach dem vom Bundesamt für Sicherheit in der Informationstechnik (BSI) vorgegebenen IT-Sicherheitsstandards**

Zur Erhöhung der IT-Sicherheit bietet das BSI die Zertifizierung von IT-Produkten und IT-Systemen im Hinblick auf deren Sicherheitseigenschaften an. Die IT-Sicherheitsbestimmungen des BSI entsprechen im Wesentlichen der ISO-Norm 27001, so dass durch Vorlage eines BSI-Sicherheitszertifikats bei der Bewilligung eines AEO-Zertifikats, die Anforderungen des Artikels 14i Buchstaben f) und h) ZK-DVO als erfüllt betrachtet werden können.

Die Prüfung und Bewertung von IT-Produkten und -Systemen erfolgt durch unabhängige, vom BSI akkreditierte Prüfstellen. Die vom BSI anerkannten Zertifizierungsgesellschaften sind unter *www.bsi-bund.de* ersichtlich.

Bundesamt für Sicherheit in der Informationstechnik
Postfach 200363
53133 Bonn
Telefon: 0228/99 9582-0

III. Deutsche Vorschriften

– d) **Zertifikate der SAFE – Schutz- und Aktionsgesellschaft für die Entwicklung von Sicherheitskonzepten in der Spedition mbH (SAFE GmbH)**

Die SAFE GmbH ist Träger der im Rahmen vom Bundesverband Spedition und Logistik (BSL) entwickelten Schutz- und Aktionsgemeinschaft zur Eindämmung von Schäden in der Spedition (s.a.f.e.). Die SAFE GmbH zertifiziert ausschließlich Speditionen und Logistikdienstleister im Hinblick auf die Einhaltung gewisser Sicherheitskriterien. Mit umfassenden Sicherheitsanforderungen werden hierbei die Logistikstandorte der zu zertifizierenden Speditionen und Logistiker anhand eines Fragenkatalogs und eines Audits überprüft. Antragstellende Unternehmen, die im Rahmen der Bewilligung eines AEO-Zertifikats, s.a.f.e. plus- oder s.a.f.e-Zertifikate vorlegen, erfüllen in der Regel die von Artikel 14k Abs. 1 ZK-DVO vorgegebenen Sicherheitsbestimmungen für den zertifizierten Standort.

Es ist jedoch zu beachten, dass s.a.f.e.-Zertifikate nur für einzelne Firmenstandorte erteilt werden und nicht für das gesamte Unternehmen.

– e) **Zertifikate der Technology Asset Protection Association (TAPA)**

Die Technology Asset Protection Association (TAPA) ist ein Zusammenschluss von Sicherheits- und Logistikverantwortlichen aus der High-Tech Industrie, eine internationale Vereinigung zum Schutz ihrer Produkte vor Diebstahl während der Lagerung, des Umschlags und des Transports. Mitgliedsunternehmen von TAPA fordern in der Regel von ihren Speditionen die Vorlage eines TAPA-Zertifikats.

Die TAPA-Zertifikate werden auf Grundlage der von der TAPA-Organisation entwickelten Frachtsicherheitsstandards (FSR) verliehen. Dabei erfolgt die Überprüfung der Einhaltung der FSR durch eine neutrale Zertifizierungsstelle (TAPA Zertifikate A und B) oder im Rahmen einer Selbstbewertung durch das Unternehmen (TAPA Zertifikat C). Die TAPA-FSR beinhalten Instruktionen zur Gebäude-, Ausrüstungs- und Prozesssicherheit bei der Lagerung und dem Transport von High-Tech Produkten.

Eine erfolgreiche Zertifizierung nach den Vorgaben der FSR der TAPA-Organisation erfordert die Einhaltung eines hohen Sicherheitsstandards durch den Zertifikatsinhaber. Demnach gelten die Sicherheitskriterien von Artikel 14k Abs. 1 ZK-DVO bei antragstellenden Personen, die Inhaber eines gültigen TAPA-Zertifikats sind, für den zertifizierten Standort in der Regel als erfüllt.

Es ist jedoch zu beachten, dass TAPA-Zertifikate nur für einzelne Firmenstandorte erteilt werden und nicht für das gesamte Unternehmen.

– f) **C-TPAT**

Im Rahmen des C-TPAT Programms (Customs-Trade Partnership Against Terrorism) der US-amerikanischen Zollverwaltung CBP (US Customs and Border Protection) werden teilweise auch in der EU ansässige Firmen geprüft. Die hierbei erstellten „Validation Reports" (Prüfungsberichte) der amerikanischen Zollbehörde decken große Teile der Sicherheitsanforderungen des Artikels 14k ZK-DVO sowie der Kriterien der IT-Sicherheit gemäß Artikel 14i Buchstaben f) und h) ZK-DVO ab.

Zu beachten ist, dass hierbei die entsprechenden Firmen in der EU meist nur als Handelspartner eines in den USA ansässigen Unternehmens überprüft werden und daher nicht selbst am C-TPAT Programm teilnehmen.

Die Überprüfung durch CBP erstreckt sich überdies in der Regel nur auf einen Standort und ist überwiegend auf die Exporte in die USA beschränkt.

Es ist im Einzelfall zu entscheiden, welche Kriterien des Artikels 14i Buchstaben f) und h) sowie des Artikels 14k ZK-DVO durch den vorgelegten Bericht abgedeckt sind.

– g) **Schlussfolgerungen bei bestimmten Wirtschaftsbeteiligten**

Antragstellende Unternehmen, die aufgrund ihrer wirtschaftlichen Tätigkeit den Gefahrgutbestimmungen oder den Regelungen des Sicherheitsüberprüfungsgesetzes (SÜG) oder ähnlichen Vorschriften

Anhang

unterliegen, haben aufgrund dieser Bestimmungen bereits teils umfangreiche Sicherheitsvorschriften zu beachten. Es ist jedoch bei der Überprüfung der Einhaltung der Sicherheitskriterien nach Artikel 14k ZK-DVO zu beachten, dass die Vorschriften der Gefahrgutbestimmungen oder des SÜG oft nur auf bestimmte Räumlichkeiten (Artikel 14k Abs. 1 Buchstaben a) bis c) ZK-DVO) und Bedienstete (Artikel 14k Abs. 1 Buchstaben f) und g) ZK-DVO) des antragstellenden Unternehmens Anwendung finden.

Internationale und nationale Regelungen zum Gefahrgutrecht sind u. a.:

– Gefahrgutverordnung Straße und Eisenbahn (GGVSE)

– Gefahrgutverordnung Binnenschifffahrt (GGVBinsch)

– Gefahrgutverordnung See (GGVSee)

– Europäisches Übereinkommen über die internationale Beförderung gefährlicher Güter auf der Straße (ADR)

– Ordnung für die Internationale Eisenbahnbeförderung gefährlicher Güter (RID)

– Verordnung über die Beförderung gefährlicher Güter auf dem Rhein und der Mosel (ADNR)

– International Maritime Dangerous Goods Code (IMDG Code)

– Sicherheitsüberprüfungsgesetz (SÜG)

  (Geheimschutz- und Sabotageschutzverfahren)

IV. Österreichische Vorschriften

1. Einführungsschreiben BMF

15. Dezember 2007

BMF-010313/0596-IV/6/2007

An

Bundesministerium für Finanzen
Zollämter
Steuer- und Zollkoordination, Fachbereich Zoll und Verbrauchsteuern
Steuer- und Zollkoordination, Produktmanagement
Steuer- und Zollkoordination, Risiko-, Informations- und Analysezentrum

ZK-0051, Arbeitsrichtlinie zugelassener Wirtschaftsbeteiligter (AEO)

Die Arbeitsrichtlinie ZK-0051 (Zugelassener Wirtschaftsbeteiligter, AEO) stellt einen Auslegungsbehelf zu den von den Zollämtern und Zollorganen zu vollziehenden Regelungen betreffend den zugelassenen Wirtschaftsbeteiligten (AEO) dar.

Über die gesetzlichen Bestimmungen hinausgehende Rechte und Pflichten können aus dieser Arbeitsrichtlinie nicht abgeleitet werden.

Bei Erledigungen haben Zitierungen mit Hinweisen auf diese Arbeitsrichtlinie zu unterbleiben.

Bundesministerium für Finanzen, 15. Dezember 2007

Anhang

2. Arbeitsrichtlinie Zugelassener Wirtschaftsbeteiligter (AEO)

Einleitung
- 1. **Einführung**
    - 1.1. Zitierungen
    - 1.2. Orthographie
- 2. **Allgemeines**
    - 2.1. Rechtsgrundlagen
        - 2.1.1. Verbindliche Gemeinschaftliche Rechtsvorschriften
        - 2.1.2. Internationale Übereinkommen
    - 2.2. Sonstige Arbeitshilfsmittel
        - 2.2.1. Leitlinien
        - 2.2.2. COMPACT
        - 2.2.3. Selbstbewertung
        - 2.2.4. IT-Unterstützung
    - 2.3. Begriffsbestimmungen
        - 2.3.1. Zollvorschriften
        - 2.3.2. Vertreter in Zollangelegenheiten
        - 2.3.3. Schwere Straftat des Antragstellers
        - 2.3.4. Schwere Straftat des Vertreters in Zollangelegenheiten
        - 2.3.5. Zollzuwiderhandlung
        - 2.3.6. Schwere Zuwiderhandlung gegen die Zollvorschriften
        - 2.3.7. AEO-Datenbank
        - 2.3.8. Erteilende Zollbehörde
        - 2.3.9. Sachdienliche Informationen
    - 2.4. Grundsätze des Zertifizierungsverfahrens
        - 2.4.1. Verhältnis Zertifikatstyp/Begünstigung
        - 2.4.2. Verhältnis AEO-Zertifikat/AEO-Kriterien
        - 2.4.3. Grundsatz der personenbezogenen Zertifizierung
            - 2.4.3.1. Personenvereinigungen und Konzerne
        - 2.4.4. Verfahrensablauf
        - 2.4.5. Rollen und Verantwortlichkeiten
            - 2.4.5.1. Kundenteams
                - 2.4.5.1.1. Teamleiter
                - 2.4.5.1.2. Kundenbetreuer und Auditor
                - 2.4.5.1.3. Amtsfachbereiche
            - 2.4.5.2. Betriebsprüfungen Zoll
            - 2.4.5.3. Zollfahndung
            - 2.4.5.4. Abgabensicherung Zoll
            - 2.4.5.5. Competence Center Zoll- und Verbrauchsteuerverfahren
            - 2.4.5.6. Competence Center Kundenadministration
            - 2.4.5.7. Risiko- Informations- und Analysezentrum
    - 2.5. Sonstiges
        - 2.5.1. Vertraulichkeit von Daten
- 3. **Antrag und Selbstbewertung**
    - 3.1. Vorgespräche
    - 3.2. Antrag
        - 3.2.1. Ergänzende Erläuterungen zum Antrag

- 3.2.1.1. Feld 6 (Ansprechpartner)
- 3.2.1.2. Feld 13 Mitgliedstaaten
- 3.2.1.3. Feld 14 Grenzübergänge
- 3.2.1.4. Feld 15 Bereits bewilligte Verfahren und Erleichterungen, Zertifikate
- 3.2.1.5. Feld 19.1. Angaben über die Haupteigentümer und Anteilseigner
- 3.2.1.6. Feld 19.2. Zollverantwortlicher
- 3.2.1.7. Feld 19.4. Standortangaben
- 3.2.1.8. Feld 19.7. Zahl der Mitarbeiter
- 3.2.1.9. Feld 19.8 Angabe der wichtigsten Führungskräfte
- 3.2.1.10. Feld 19.9. Angaben über Zollsachbearbeiter
- 3.3. Selbstbewertung
  - 3.3.1. Sicherheitsbewertung an den zollrelevanten Standorten
- 3.4. Nacherfassung
- **4. Prüfungen vor Annahme des Antrages**
  - 4.1. Annahmevoraussetzungen
    - 4.1.1. Wirtschaftsbeteiligter
    - 4.1.2. Formalfehler des Antrages
    - 4.1.3. Unzuständigkeit
    - 4.1.4. Schwere Straftat des Antragstellers
      - 4.1.4.1. Vertreter in Zollangelegenheiten
    - 4.1.5. Insolvenzverfahren
    - 4.1.6. Antragstellung innerhalb der Sperrfrist
  - 4.2. Annahme des Antrages und Fristenlauf
- **5. Prüfung der AEO-Kriterien**
  - 5.1. Allgemeine Prüfungsgrundsätze
    - 5.1.1. Verweise auf Standards
    - 5.1.2. Sachverständigengutachten
    - 5.1.3. Besondere Unternehmensmerkmale
    - 5.1.4. Faktoren zur Erleichterung des Bewilligungsverfahrens
    - 5.1.5. Dokumentierte Verfahren
    - 5.1.6. Ausgelagerte Tätigkeiten
  - 5.2. Informations- und Konsultationsverfahren
    - 5.2.1. Informationsverfahren
    - 5.2.2. Konsultationsverfahren
      - 5.2.2.1. Einleitung
      - 5.2.2.2. Konsultationsfrist
      - 5.2.2.3. Ablehnungsverpflichtung
      - 5.2.2.4. Fristverlängerung
      - 5.2.2.5. Nationale Konsultation
  - 5.3. Abfragen
    - 5.3.1. Obligatorische Abfragen
    - 5.3.2. Fakultative Abfragen
  - 5.4. Risikoanalyse
    - 5.4.1. Einblick in das Unternehmen gewinnen
    - 5.4.2. Ziele abklären
    - 5.4.3. Risiken identifizieren
    - 5.4.4. Risiken bewerten
      - 5.4.4.1. Interne Risikoabbildung
      - 5.4.4.2. Gemeinsame Risikoabbildung

Anhang

- 5.4.5. Auf Risiken reagieren
  - 5.4.5.1. Kontrakte
- 5.5. 5Pre Audit
  - 5.5.1. Planung und Teambildung
  - 5.5.2. Dokumentation
- 5.6. Ansässigkeitsvoraussetzung
- 5.7. Auslegung der AEO-Kriterien
  - 5.7.1. Einhaltung der Zollvorschriften
    - 5.7.1.1. Vertrauensschutz bei bestehenden Bewilligungen
  - 5.7.2. Buchführung
    - 5.7.2.1. Vereinfachte Prüfungen
    - 5.7.2.2. Manuelle Buchführung
  - 5.7.3. Zahlungsfähigkeit
  - 5.7.4. Sicherheitsstandards
    - 5.7.4.1. Sicherheitsbeauftragter
    - 5.7.4.2. Zugangskontrollen
    - 5.7.4.3. Angemietete Räumlichkeiten
    - 5.7.4.4. Reglementierte Beauftragte
    - 5.7.4.5. Sicherheitsanforderungen an Handelspartner
    - 5.7.4.6. Sicherheitserklärungen
    - 5.7.4.7. Personelle Sicherheitsanforderungen
- **6. Entscheidung über den Antrag**
  - 6.1. Erteilung des AEO-Zertifikats
  - 6.2. Ablehnung
    - 6.2.1. Parteiengehör
    - 6.2.2. Auswirkungen der Ablehnung auf bestehende Bewilligungen
  - 6.3. Mitteilungspflichten
    - 6.3.1. Mitteilungspflichten des AEO
    - 6.3.2. Mitteilungspflichten der Zollbehörden
    - 6.3.3. RIA-Verständigung
- **7. Überwachung und Neubewertung**
- **8. Aussetzung und Widerruf**

1. Einführung

Die Arbeitsrichtlinien „Zugelassener Wirtschaftsbeteiligter (AEO)" dienen der bundesweit einheitlichen Umsetzung der Vorschriften über den Zugelassenen Wirtschaftsbeteiligten, nachstehend AEO genannt [1]. Sie sind ergänzend zu den einschlägigen Rechtsvorschriften, Leitlinien und Arbeitshilfsmitteln anzuwenden.

[1] Engl. Authorised Economic Operator

1.1. Zitierungen

Soweit nicht ausdrücklich anderes angeführt wurde, beziehen sich Zitierungen auf die ZK-DVO in der Fassung der VO (EG) Nr. 1875/2006.

1.2. Orthographie

Geschlechtsspezifische Bezeichnungen beziehen sich auf beide Geschlechter.

2. Allgemeines

2.1. Rechtsgrundlagen

2.1.1. Verbindliche Gemeinschaftliche Rechtsvorschriften

- VO (EG) Nr. 648/2005 des Europäischen Parlamentes und des Rates vom 13. April 2005 zur Änderung des Zollkodex (ZK) [2];

- VO (EG) Nr. 1875/2006 der Komission vom 18. Dezember 2006 zur Änderung der Zolkodex-Durchführungsverordnung (ZK-DVO) [3].

[2] http://eur-lex.europa.eu/LexUriServ/site/de/oj/2005/l_117/l_11720050504de00130019.pdf
[3] http://eur-lex.europa.eu/LexUriServ/site/de/oj/2006/l_360/l_36020061219de00640125.pdf

2.1.2. Internationale Übereinkommen

Derzeit sind keine internationale Übereinkommen umgesetzt, die die Vorschriften über den AEO eingrenzen, ergänzen oder erweitern.

2.2. Sonstige Arbeitshilfsmittel

Ergänzend zu den verbindlichen Rechtsvorschriften wurden auf gemeinschaftlicher und nationaler Ebene Arbeitshilfsmittel entwickelt, die im Interesse der einheitlichen Rechtsanwendung und im Interesse einer effektiven und effizienten Abwicklung des AEO-Zertifizierungsverfahrens zu verwenden sind.

2.2.1. Leitlinien

Ergänzend zu den verbindlichen Rechtsvorschriften hat die Europäische Kommission Leitlinien zu den AEO-Vorschriften veröffentlicht, die die einheitliche Anwendung der einschlägigen Bestimmungen über den AEO sicherstellen sollen. Die Leitlinien sind als Bewertungs- und Entscheidungshilfe für die Prüfung der AEO-Kriterien gedacht, jedoch nicht rechtsverbindlich. Die im Teil 2 der Leitlinien angeführten Standards haben beispielhaften Charakter und sind insbesondere in Relation zu Größe und Geschäftsfeld des Antragstellers anzuwenden. Dies gilt im Besonderen für kleine und mittlere Unternehmen (Art. 14a Abs. 2). Soweit für die konkrete Stellung des Antragsstellers in der Lieferkette zutreffend, sind die Leitlinien dem Entscheidungsprozess des zuständigen Zollamtes zugrunde zu legen.

2.2.2. COMPACT

Einer Empfehlung der Europäischen Kommission folgend, ist die Prüfung der AEO-Kriterien auf der Grundlage einer Risikoanalyse durchzuführen. Das auf Gemeinschaftsebene entwickelte COMPACT-Modell [4], das für Zwecke der Umsetzung der AEO-Bestimmungen modifiziert wurde, bietet eine Methode an, diese Risikoanalyse durchzuführen. **COMPACT muss nicht lückenlos angewendet werden**, dient aber als Hilfestellung bei der Durchführung der Risikoanalyse (siehe Abschnitt 5.4.).

[4] Engl. **Com**pliance **Pa**rtnership between **C**ustoms and **T**rade; siehe:
http://ec.europa.eu/taxation_customs/customs/policy_issues/customs_security/index_de.htm#auth_eco

2.2.3. Selbstbewertung

Einer Empfehlung der Europäischen Kommission zufolge sollten Wirtschaftsbeteiligte, bevor sie den Antrag auf ein AEO-Zertifikat einreichen, eine Selbstbewertung durchführen, um zunächst unternehmensintern einschätzen zu können, ob die Voraussetzungen und Kriterien für den AEO-Status erfüllt werden (siehe Abschnitt 3.3).

2.2.4. IT-Unterstützung

Im Zertifizierungsverfahren sind eine Reihe von Fristen zu beachten. Ferner sind die Zollbehörden verpflichtet, die Ergebnisse ihrer Prüfungen sowie die Grundlagen für ihre Entscheidung zu dokumentieren. Um die Wahrung der Fristen und Dokumentationspflichten sowie eine einheitliche Entscheidungspraxis sicherzustellen, sind die erforderlichen Verfahrensschritte und die Risikoanalyse unter Verwendung der dafür zur Verfügung gestellten IT-Anwendung *e-zoll AEO-Zertifizierung* durchzuführen. Die IT-Anwendung unterstützt die papierlose risikoorientierte und jederzeit dokumentierte Abarbeitung von AEO-Anträgen.

2.3. Begriffsbestimmungen

Für Zwecke der Umsetzung der Bestimmungen über den Zugelassenen Wirtschaftsbeteiligten sind die nachstehenden Begriffsbestimmungen zu beachten.

2.3.1. Zollvorschriften

Unter dem Begriff „Zollvorschriften" sind nationale und gemeinschaftliche Zollvorschriften nach der Definition des Art. 4 Nr. 1 und 2 des Neapel II-Abkommens [5] zu verstehen:

[5] ABl EG Nr. C 24 v. 23.1.1998; siehe auch § 4 Abs. 2 Z 17 ZollR-DG

Nationale Zollvorschriften bedeutet:

- die Rechts- und Verwaltungsvorschriften eines Mitgliedstaats, für deren Anwendung die Zollverwaltung dieses Mitgliedstaats teilweise oder ganz zuständig ist und die den grenzüberschreitenden Verkehr mit Waren, die Verboten, Beschränkungen oder Kontrollen insbesondere aufgrund der Artikel 36 [6] und 223 [7] des Vertrags zur Gründung der Europäischen Gemeinschaft unterliegen, sowie die nichtharmonisierten Verbrauchsteuern betreffen; dies schließt auch die innergemeinschaftliche Verbringung von Waren (Durchfuhr) ein;

[6] entspricht Art. 20 EGV in der geltenden Fassung
[7] entspricht Art. 296 EGV in der geltenden Fassung

Gemeinschaftliche Zollvorschriften bedeutet:

- die Gesamtheit der auf Gemeinschaftsebene erlassenen Vorschriften und der Vorschriften zur Durchführung der Gemeinschaftsregelungen für die Einfuhr, die Ausfuhr, die Durchfuhr und den Verbleib von Waren im Warenverkehr zwischen den Mitgliedstaaten und Drittländern sowie im Fall von Waren, die nicht den Gemeinschaftsstatus im Sinne des Artikels 9 Absatz 2 des Vertrags zur Gründung der Europäischen Gemeinschaft haben oder bei denen der Erwerb des Gemeinschaftsstatus von zusätzlichen Kontrollen oder Ermittlungen abhängig ist im Warenverkehr zwischen den Mitgliedstaaten; die Gesamtheit der auf Gemeinschaftsebene im Rahmen der gemeinsamen Agrarpolitik erlassenen Vorschriften und der für landwirtschaftliche Verarbeitungserzeugnisse geltenden besonderen Regelungen; die Gesamtheit der auf Gemeinschaftsebene erlassenen Vorschriften über harmonisierte Verbrauchsteuern und über die Einfuhrumsatzsteuer zusammen mit den nationalen Vorschriften zu ihrer Umsetzung.

2.3.2. Vertreter in Zollangelegenheiten

Vertreter in Zollangelegenheiten ist jede bevollmächtigte, zur geschäftsmäßigen Vertretung in Zollangelegenheiten befugte Person. Der Begriff des Vertreters in Zollangelegenheiten geht über den im Art. 5 ZK geregelten Vertretungsbegriff hinaus, da er u.a. auch die Vertretung vor einem Gericht umfassen kann. Dabei muss es sich jedoch um „Zollangelegenheiten" handeln, die mit dem Begriff der „Zollvorschriften" gleichgestellt werden.

Beispiele:

Zollagent oder Spediteur (im Zollverfahren)

Rechtsanwalt (zB im gerichtlichen Finanzstrafverfahren).

2.3.3. Schwere Straftat des Antragstellers

Als schwere Straftaten iSd. Art 14f Buchst. b) sind solche Straftaten anzusehen, die mit einer Freiheitsstrafe oder die Freiheit beschränkenden Maßregel der Sicherung und Besserung im Höchstmaß von mehr als einem Jahr, oder – in Staaten, deren Rechtssystem Mindeststrafen kennt – Straftaten, die mit einer Freiheitsstrafe oder die Freiheit beschränkenden Maßregel der Sicherung und Besserung im Mindestmaß von mehr als sechs Monaten bedroht sind [8], soweit diese im Zusammenhang mit der wirtschaftlichen Tätigkeit des Antragstellers stehen. Hierzu zählen insbesondere die typischen Wirtschaftsdelikte wie §§ 146, 147 und 156-160 StGB und im Hinblick auf die sicherheitsspezifischen Aspekte die §§ 177a, 177b und 177c StGB.

[8] *Art. 1 Abs. 1 Buchst. B) der Gemeinsamen Maßnahme vom 3. Dezember 1998 betreffend Geldwäsche, die Ermittlung, das Einfrieren, die Beschlagnahme und die Einziehung von Tatwerkzeugen und Erträgen aus Straftaten;*
http://eur-lex.europa.eu/LexUriServ/site/de/oj/1998/l_333/l_33319981209de00010003.pdf

2.3.4. Schwere Straftat des Vertreters in Zollangelegenheiten

Der Begriff der schweren Straftat im Zusammmenhang mit einem Verstoß gegen die Zollvorschriften (Art. 14f Buchst. c) wird dem Begriff der schweren Zuwiderhandlung gegen die Zollvorschriften (Art. 14h Abs. 1) gleichgestellt (siehe Abschnitt 2.3.6).

2.3.5. Zollzuwiderhandlung

Als Zollzuwiderhandlungen sind Verstöße gegen nationale oder gemeinschaftliche Zollvorschriften iSd. Art 4 Nr. 1 und 2 des Neapel II-Abkommens (siehe Abschnitt 2.3.1.) anzusehen. Hierzu gehören auch die Beteiligung an der Begehung solcher Zuwiderhandlungen oder der Versuch, eine solche Zuwiderhandlung zu begehen, die

Beteiligung an einer kriminellen Organisation, die solche Zuwiderhandlungen begeht sowie das Waschen der Erträge aus den in diesem Absatz genannten Zuwiderhandlungen [9].

[9] Art. 4 Nr.3 Neapel II-Abkommen

2.3.6. Schwere Zuwiderhandlung gegen die Zollvorschriften

Als schwere Zuwiderhandlung gegen die Zollvorschriften gelten Zollzuwiderhandlungen, die mit einer Freiheitsstrafe oder einer die Freiheit beschränkenden Maßnahme der Sicherung und Besserung von mindestens zwölf Monaten oder mit einer Geldstrafe von mindestens 15.000,- EUR bedroht sind. Sofern Mindeststrafen nicht vorgesehen sind, gelten als schwere Zuwiderhandlungen gegen die Zollvorschriften solche, die mit einer Freiheitsstrafe oder einer die Freiheit beschränkenden Maßnahme der Sicherung und Besserung von mehr als zwölf Monaten oder mit einer Geldstrafe von 15.000,- EURO oder mehr bedroht sind [10].

[10] Art. 12 A Abs. 3 des Übereinkommens über den Einsatz der Informationstechnologie (ABlEG Nr. C 316 v. 27.11.1995) im Zollbereich in der Fassung des ABlEG Nr. C 139 v. 13.6.2003
http://eur-lex.europa.eu/LexUriServ/site/de/oj/2003/c_139/c_13920030613de00010008.pdf

Dazu zählen insbesondere:

- Finanzvergehen gemäß §§ 33, 35 und 37 FinStrG, wenn die Strafdrohung über 15.000,- EUR liegt
- Finanzvergehen gemäß §§ 44, 46 FinStrG bei strafbestimmendem Wertbetrag ab 15.000,- EUR
- Finanzvergehen gemäß §§ 48, 48a und 48b FinStrG bei vorsätzlicher Tatbegehung
- Finanzvergehen gemäß § 39 Abs. 1 AußHG 2005
- Finanzvergehen gemäß § 29 MOG 2007
- Finanzvergehen gemäß § 7 AEG bei vorsätzlicher Tatbegehung und Strafdrohung über 15.000,-- EUR
- Tatbestand des § 37 Abs. 1, 3 und 4 AußHG 2005
- Tatbestand des § 7 Abs. 1 und 2 Kriegsmaterialgesetz (KMG) bei vorsätzlicher Tatbegehung
- Tatbestand des § 50 Abs. 1 Z 2 des Waffengesetzes 1996 bei vorsätzlicher Tatbegehung in Bezug auf eine größere Zahl von Schusswaffen
- Tatbestand des § 27 Abs. 1 Suchtmittelgesetz in den Fällen des § 27 Abs. 2 Suchtmittelgesetz

Anhang

- Tatbestand des § 28 Abs. 2 Suchtmittelgesetz
- Tatbestand des § 31 Abs. 2 Suchtmittelgesetz
- Tatbestand des § 32 Abs. 2 Suchtmittelgesetz
- Tatbestand des § 177b StGB
- Tatbestand des § 181b Abs. 2 StGB
- Tatbestand des § 8 Abs. 1 Artenhandelsgesetz
- Tatbestand des § 11 Abs. 1 Tierarzneimittelkontrollgesetz in den Fällen des § 11 Abs. 2 oder Abs. 3 Tierarzneimittelkontrollgesetz
- Tatbestand des § 91 Abs. 1 Urheberrechtsgesetz bei gewerbsmäßiger Begehung
- Tatbestand des § 60 Abs. 1 Markenschutzgesetz bei gewerbsmäßiger Begehung
- Tatbestand des 68h Abs. 1 Markenschutzgesetz bei gewerbsmäßiger Begehung
- Tatbestand des § 35 Abs. 1 Musterschutzgesetz bei gewerbsmäßiger Begehung
- Tatbestand des § 159 Abs. 1 Patentgesetz bei gewerbsmäßiger Begehung

Die Liste ist nicht abschließend und wird laufend aktualisiert. Im Hinblick darauf, dass derzeit kein Register über Verwaltungsübertretungen besteht und somit eine entsprechende Abfrage durch die Zollverwaltung nicht möglich ist, wird von einer Auflistung jener Verwaltungsübertretungen, die die vorstehenden Kriterien für schwere Zuwiderhandlungen gegen die Zollvorschriften erfüllen, vorerst Abstand genommen. In Zweifelsfällen ist der bundesweite Fachbereich im Wege der Amtsfachbereiche zu befassen.

2.3.7. AEO-Datenbank

Als AEO-Datenbank wird das elektronische Informations- und Kommunikationssystem gemäß Art. 14x bezeichnet. Die Erfassung, Wartung und Freigabe der Daten in der AEO-Datenbank obliegt dem Competence Center Kundenadministration.

2.3.8. Erteilende Zollbehörde

Erteilende Zollbehörde ist die nach gemeinschaftlichen und nationalen Zollvorschriften für die Bewilligung des AEO-Status bzw. für die Ausstellung von AEO-Zertifikaten sachlich und örtlich zuständige Zollbehörde. Im Anwendungsgebiet ist erteilende Zollbehörde unbeschadet einer ggf. im Einzelfall verfügten Delegierung der örtlichen Zuständigkeit das gemäß § 54 ZollR-DG zuständige Zollamt.

2.3.9. Sachdienliche Informationen

Sachdienliche Informationen sind sämtliche Informationen, die im Zusammenhang mit der Einhaltung der AEO-Kriterien unter den Zollbehörden der Mitgliedstaaten auf der Grundlage des Art.14l oder Art. 14w ausgetauscht werden.

2.4. Grundsätze des Zertifizierungsverfahrens

Wirtschaftsbeteiligten im Sinne des Artikel 1 Nr. 12, die die Voraussetzungen des Art. 5a ZK und der Art. 14a ff erfüllen, wird auf Antrag der AEO-Status bewilligt. Der Status des AEO wird bescheidmäßig in Form von AEO-Zertifikaten (Art. 14a Abs. 1) nach Maßgabe des Anhangs 1D ZK-DVO zuerkannt.

2.4.1. Verhältnis Zertifikatstyp/Begünstigung

Abhängig vom konkreten Zertifikatstyp werden dem AEO Erleichterungen bei sicherheitsrelevanten Zollkontrollen und/oder Vereinfachungen nach den Zollvorschriften gewährt. Die zulässigen Zertifikatstypen ergeben sich aus Art. 14a Abs. 1.

Die nachstehende Tabelle liefert eine Gegenüberstellung zwischen Zertifikatstyp und den damit verbundenen konkreten Begünstigungen:

Begünstigung	ZK-DVO	Leitlinien	AEOC	AEOS	AEOF
Leichterer Zugang zu zollrechtlichen Vereinfachungen	14b (1)	Teil 1 Pkt. III.4	x		x
Vorzeitige Kontrollentscheidung	14b (2)	Teil 1 Pkt. III.6		x	x
Reduzierte sicherheitsspezifische Datensätze	14b (3)	Teil 1 Pkt. III.5		x	x
Weniger Beschauen und Dokumentenprüfungen	14b (4)	Teil 1 Pkt. III.1	x	x	x
Vorrangige Behandlung bei Kontrollen	14b (4)	Teil 1 Pkt. III.2	x	x	x
Kontrolle an bevorzugtem Ort	14b (4)	Teil 1 Pkt. III.3	x	x	x

Bei Inhabern eines AEO-Zertifikates wird gemäß Art.14b Abs. 3 unabhängig vom Zertifikatstyp weniger häufig eine Prüfung von Waren (Beschau) oder Unterlagen (Dokumentenprüfung im Zuge der Zollabfertigung, Kontrollen gemäß Art. 78 ZK, Betriebsprüfungen) vorgenommen. Der AEO-Status ist daher unabhängig vom Zertifikatstyp im elektronischen Risikomanagementsystem sowie bei der Erstellung der Prüf- und Kontrollpläne der Zollämter zu berücksichtigen.

Die Möglichkeit der Kontrolle an einem bevorzugten Ort ist im Anwendungsgebiet in Anbetracht der generellen Möglichkeit, im Rahmen des Informatikverfahrens an zugelassenen Warenorten abzufertigen (§ 11 Abs. 7 ZollR-DG), als Begünstigung für den AEO faktisch ohne Bedeutung.

2.4.2. Verhältnis AEO-Zertifikat/AEO-Kriterien

Die nachstehende Tabelle verdeutlicht das Verhältnis zwischen dem beantragten AEO-Zertifikat und den zu erfüllenden AEO-Kriterien:

AEO-Kriterium	ZK	ZK-DVO	Leitlinien und SB [11]	AEOC	AEOS	AEOF
Bisher angemessene Einhaltung der Zollvorschriften	5a	14h	Teil 2 Abschnitt II	x	x	x
Zufrieden stellendes Buchführungssystem	5a	14i	Teil 2 Abschnitt III	x	x	x
Nachweisliche Zahlungsfähigkeit	5a	14j	Teil 2 Abschnitt IV	x	x	x
Angemessene Sicherheitsstandards	5a	14k	Teil 2 Abschnitt V		x	x

[11] *Selbstbewertung*

2.4.3. Grundsatz der personenbezogenen Zertifizierung

Antragsteller kann eine natürliche oder eine juristische Personen gemäß Art. 4 Nr.1 erster und zweiter Gedankenstrich ZK werden, sofern diese der Definition des Wirtschaftsbeteiligen gemäß Art. 1 Nr. 12 ZK-DVO entspricht. Die Zertifizierung zum AEO schließt alle betriebseigenen oder angemieteten Standorte, Betriebsstätten, Zollbüros oder unselbständige Zweigniederlassungen ein, die für die zollrelevante Tätigkeit des Antragstellers iSd. Art. 14n Abs. 1 relevant sind. Eine nur auf bestimmte Standorte eines Unternehmens eingeschränkte Zertifizierung ist nicht möglich.

2.4.3.1. Personenvereinigungen und Konzerne

Personenvereinigungen ohne eigene Rechtspersönlichkeit gemäß Art. 1 Nr.1 dritter Gedankenstrich ZK iVm. § 36 ZollR-DG oder Konzerne können nicht AEO werden. Jedes beteiligte, rechtlich selbständige Unternehmen muss einen individuellen Antrag stellen.

2.4.4. Verfahrensablauf

Aus den Verfahrensvorschriften ergibt sich folgender Ablauf des Zertifizierungsverfahrens:

- Antrag und Selbstbewertung einbringen
- Annahmevoraussetzungen prüfen, Informationen über den Antragsteller einholen
- ggf. Mängelbehebungsauftrag erlassen
- Annahme des Antrages formlos mitteilen oder Nichtannahme bescheidmäßig verfügen
- Antragsdaten in der AEO-Datenbank erfassen
- ggf. Konsultationsverfahren einleiten (Art. 14m)
- ggf. weitere österreichische Zollämter konsultieren (nationale Konsultation)
- AEO-Kriterien prüfen (einschließlich weitere Informationen einholen und Risikoanalyse durchführen)
- Pre Audit (Prüfung vor Ort) durchführen
- Schlussbewertung durchführen
- ggf. Vorhalt mit Fristsetzung erteilen
- Zertifikat erteilen oder Antrag ablehnen

2.4.5. Rollen und Verantwortlichkeiten

2.4.5.1. Kundenteams

Die Kundenteams sind im Zertifizierungsverfahren operativ federführend. Im Bedarfsfall kann die Betriebsprüfung Zoll (BPZ) dem Verfahren unterstützend beigezogen werden.

2.4.5.1.1. Teamleiter

Die Teamleiter der Kundenteams stellen durch Schaffung der organisatorischen Rahmenbedingungen und Entlastung der fachlich und operativ verantwortlichen Funktionsträger die effektive und fristgerechte Durchführung des AEO-Zertifizierungsverfahrens sicher. Andere als die verantwortlichen Teammitglieder können im Zertifizierungsprozess jederzeit unterstützend eingesetzt werden oder sogar für Teilbereiche spezialisiert werden (zB Prüfung der Sicherheitsstandards).

Anhang

2.4.5.1.2. Kundenbetreuer und Auditor

Den Kundenbetreuern und Auditoren kommt im AEO-Zertifizierungsverfahren aufgrund ihrer besonderen Qualifikation als fachlich und operativ verantwortliche Funktionsträger eine Schlüsselrolle zu. Die Kundenbetreuer fungieren als Ansprechpartner des Kundenteams in AEO-Angelegenheiten und sind für die rechtskonforme und fristgerechte Gesamtabwicklung des Zertifizierungsverfahrens verantwortlich.

Den Auditoren obliegt mit Schwerpunkt die Risikoanalyse und Bewertung der AEO-Kriterien. Die Auditoren entscheiden grundsätzlich auch über Prüfumfang und Prüfintensität des Pre Audits sowie über Art und Umfang der nachträglichen Überwachung gemäß Art. 14q Abs. 4.

Im Falle längerfristiger Verhinderung haben die Teamleiter die Vertretung sicherzustellen.

2.4.5.1.3. Amtsfachbereiche

Den Amtsfachbereichen obliegt die fachliche Koordinierung der den AEO betreffenden Themen, das Wissensmanagement sowie die fachliche Unterstützung aller operativ betroffenen Organisationseinheiten im Wirtschaftsraum.

2.4.5.2. Betriebsprüfungen Zoll

Die Betriebsprüfung Zoll (BPZ) wirkt bei Bedarf über Anforderung der Kundenteams unterstützend an den Pre Audits mit. Anlassbezogenen Unterstützungsansuchen der Kundenteams in AEO-Belangen ist im Hinblick auf die Entscheidungsfristen im Zertifizierungsverfahren seitens der BPZ **vorrangig** nachzukommen.

2.4.5.3. Zollfahndung

Die Zollfahndung (ZOFA) unterstützt die Kundenteams bei der Prüfung der Kriterien gemäß Art. 14f und Art. 14h durch Auskünfte und Abfragen in einschlägigen Datenbanken (EKIS, AIS). Weiters hat die ZOFA die zuständigen Kundenteams über alle Umstände gemäß Art 14r Abs. 1 Buchstabe a) und b) sowie Art. 14v Abs. 2 zu informieren, die zu Sanktionen gegen AEOs führen könnten.

2.4.5.4. Abgabensicherung Zoll

Die Abgabensicherung Zoll (ASZ) unterstützt die Kundenteams bei der Überprüfung und Überwachung der Zahlungsfähigkeit des Antragstellers (Art. 14j). Insolvenzen sind dem für die Zertifizierung und Überwachung der AEO-Kriterien zuständigen Kundenteam umgehend mitzuteilen. Die vom ZA Graz periodisch übermittelten Insolvenzmitteilungen sind über drei Jahre lang aufzubewahren.

2.4.5.5. Competence Center Zoll- und Verbrauchsteuerverfahren

Dem Competence Center Zoll- und Verbrauchsteuerverfahren obliegt die Kommunikation mit den Zollverwaltungen anderer Mitgliedstaten im Rahmen des Informationsverfahrens (Art. 14l) und des Konsultationsverfahrens (Art. 14m). Eine direkte Kommunikation der Zollämter mit Zollbehörden anderer Mitgliedstaaten hat zu unterbleiben.

Das Competence Center Zoll- und Verbrauchsteuerverfahren ist wie folgt zu erreichen:

Competence Center
Zoll- und Verbrauchsteuerverfahren
Nationale Kontaktstelle AEO
A-4975 Suben 25
Tel: +43 (0)7711/2662
Fax: +43 (0)7711/2650
e-Mail: AEO-Austria@bmf.gv.at

2.4.5.6. Competence Center Kundenadministration

Dem Competence Center Kundenadministration obliegt die Wartung, Erfassung und Freigabe der Daten für die AEO-Datenbank (Art 14x).

2.4.5.7. Risiko- Informations- und Analysezentrum

Dem Risiko- Informations- und Analysezentrum (RIA) obliegt die stichprobenweise Einsichtnahme in die AEO-Datenbank hinsichtlich laufender Antragsverfahren und erteilter AEO-Zertifikate. Liegen dem RIA sachdienliche Informationen – insbesondere im Informationsverfahren gemäß Art. 14l - über den Antragsteller oder bereits zertifizierte Unternehmen vor, die die Erfüllung der Kriterien gemäß Art. 14h bis 14k in Frage stellen könnten, ist bei österreichischer Zuständigkeit das zuständige Zollamt, bei Zuständigkeit eines anderen Mitgliedstaates das Competence Center Zoll- und Verbrauchsteuerverfahren, welches die weiteren Veranlassungen zu treffen hat, umgehend zu informieren.

2.5. Sonstiges

2.5.1. Vertraulichkeit von Daten

Auf die einschlägigen Rechtsvorschriften über die abgabenrechtliche Geheimhaltungspflicht, das Amtsgeheimnis sowie die einschlägigen Bestimmungen über den Datenschutz wird ausdrücklich hingewiesen. Dies schließt auch die im Rahmen der Selbstbewertung vom Antragsteller freiwillig übermittelten Informationen ein.

3. Antrag und Selbstbewertung

3.1. Vorgespräche

Wirtschaftsbeteiligten wird empfohlen, vor Einbringung eines Antrages auf ein AEO-Zertifikat ein Vorgespräch mit dem zuständigen Zollamt zu vereinbaren. In Kenntnis eines bevorstehenden Antrages, sollte auch das Zollamt ein Vorgespräch anstreben.

3.2. Antrag

Der Antrag muss den formellen und inhaltlichen Vorgaben des Art. 14c Abs. 1 iVm. Anhang 1C entsprechen. Er ist nach Möglichkeit elektronisch über die Internetseite des BMF (https://zoll.bmf.gv.at/aeocertweb/) zu erstellen, auszudrucken und unterfertigt beim zuständigen Zollamt einzubringen. Rechtlich authentisch ist nur der schriftliche Antrag. Von der Möglichkeit der gleichzeitigen elektronischen Übermittlung der Antragsdaten sollte im Interesse der rascheren Auswertbarkeit und eines beschleunigten Zertifizierungsverfahrens aber Gebrauch gemacht werden. Beilagen zum Antrag wie zB Firmenbuchauszüge, KSV-Auskünfte, Organigramme, Wirtschaftsprüfungsberichte, Standortbeschreibungen, udgl. sollten nach Möglichkeit mit Verweis auf den Antrag elektronisch übermittelt werden. Gehen bestimmte im Antrag erforderliche Angaben aus mitgesandten Beilagen hervor, genügt der Verweis auf die entsprechende Beilage. Von der papiermäßigen Übermittlung oder Anforderung umfangreicher Verfahrensdokumentationen oder Ablaufbeschreibungen ist Abstand zu nehmen. Diese können im Zuge des Pre Audits im Unternehmen stichprobenweise eingesehen werden.

3.2.1. Ergänzende Erläuterungen zum Antrag

3.2.1.1. Feld 6 (Ansprechpartner)

Anzugeben sind der Name und die Kontaktdaten des AEO-Verantwortlichen (Projektleiter etc.) im antragstellenden Unternehmen.

3.2.1.2. Feld 13 Mitgliedstaaten

Anzugeben sind jene Länder, in denen der Antragsteller zollrechtliche Bewilligungen innehat oder gewöhnlich, d.h. regelmäßig als Anmelder oder Hauptverpflichteter auftritt.

3.2.1.3. Feld 14 Grenzübergänge

Es sind die am häufigsten frequentierten Grenzzollstellen unter Angabe des Codes der Customs Office List (COL) [12] anzugeben. Gibt es keine eindeutig präferenzierten

Grenzzollstellen, ist die Angabe „verschiedene" zulässig.

[12] *http://ec.europa.eu/taxation_customs/dds/csrdhome_en.htm*

3.2.1.4. Feld 15 Bereits bewilligte Verfahren und Erleichterungen, Zertifikate

Bei bestehenden Bewilligungen ist neben der Bewilligungsnummer das einschlägige Zollverfahren in Form der Buchstaben lt. Legende der Tabelle im Anhang 1 zu § 1 ZollAnm-V (Seiten 3-5) anzugeben [13].

[13] *https://www.bmf.gv.at/Zoll/ezoll/RechtlicheInformationen/ZollAnm-V_2005_-_Anhang_1_Aenderung_Stand_20070101.pdf*

3.2.1.5. Feld 19.1. Angaben über die Haupteigentümer und Anteilseigner

Die Angabe der Führungskräfte und Kontrollorgane des Antragstellers ist ausreichend. Weitere Informationen können durch amtswegige Einsichtnahme in das Firmenbuch oder durch einschlägige Datenbankabfragen eingeholt werden.

3.2.1.6. Feld 19.2. Zollverantwortlicher

Die Angabe des Geburtsdatums und der Wohnadresse des/der Zollverantwortlichen ist erforderlich.

3.2.1.7. Feld 19.4. Standortangaben

Dieses Feld dient der Beschreibung der (unselbstständigen) zollrelevanten Standorte des Antragstellers (zB Zweigniederlassungen, Produktionsstätten, Lager, Terminals, Zollbüros etc.) und der Beschreibung der wesentlichen zollrelevanten Tätigkeiten, die an diesen Standorten ausgeübt werden. Vom Antragsteller angemietete Standorte, an denen dieser für seine Rechnung zollrelevante Tätigkeiten ausübt oder von Vertretern ausüben lässt, sind davon eingeschlossen. Es sind nur jene Standorte anzugeben, die dem Antragsteller zuzurechnen sind. Zugelassene Warenorte (§ 4 Abs.2 Z 18 ZollR-DG) und sonstige Standorte **anderer** Unternehmen, an denen der Antragsteller entweder auf eigene Rechnung oder als Vertreter zollrelevante Tätigkeiten ausübt, sind nicht aufzunehmen. Nur in der Gemeinschaft angesiedelte Standorte sind relevant.

3.2.1.8. Feld 19.7. Zahl der Mitarbeiter

Die Angabe der Gesamtzahl der Mitarbeiter des Unternehmens ist ausreichend (keine Abteilungszahlen erforderlich).

3.2.1.9. Feld 19.8 Angabe der wichtigsten Führungskräfte

Anzugeben sind lediglich Führungskräfte der ersten Ebene (Geschäftsführer, Vorstände, etc.) und Kontrollorgane (Aufsichtsrat); bei Verbänden die Entscheidungsträger im Sinne des

VbVG. Sofern sich diese bereits aus Feld 19.1. ergeben, ist ein Verweis ausreichend. Die Angabe des Geburtsdatums und der privaten Wohnadresse ist erforderlich. Der Zollverantwortliche ergibt sich bereits aus den Angaben zu Feld 19.2.

3.2.1.10. Feld 19.9. Angaben über Zollsachbearbeiter

Nur die namentliche Angabe und Einschätzung der Zollkenntnisse ist erforderlich. Die Angabe von Geburtsdatum und Wohnadresse kann unterbleiben, da Abfragen nicht standardmäßig erfolgen. Im Falle konkreter Verdachtsmomente sind die Daten amtswegig über das ZMR zu erheben.

3.3. Selbstbewertung

Der Empfehlung der Kommission, vor Einbringung des Antrages eine Selbstbewertung durchzuführen, ist im Interesse einer raschen Antragsbearbeitung nachzukommen. Die Selbstbewertung ist nicht Teil des Antrages, dient aber der raschen Überprüfung und Abarbeitung der AEO-Kriterien. Die Selbstbewertung ist nach Möglichkeit elektronisch unter Nutzung des Internets (https://zoll.bmf.gv.at/aeocertweb/) durchzuführen.

3.3.1. Sicherheitsbewertung an den zollrelevanten Standorten

In den Fällen von AEOS oder AEOF (Art. 14a Abs. 1) ist Abschnitt V der Selbstbewertung für alle zollrelevanten Standorte des Antragstellers durchzuführen (siehe dazu auch Abschnitt 3.2.1.7.). Insbesondere sollten Hinweise aufgenommen werden, wenn an den Standorten unterschiedliche Sicherheitsstandards vorherrschen (zB ältere und modernere Standorte; größere und kleinere Standorte; unternehmenseigene und angemietete Standorte).

3.4. Nacherfassung

Werden Antrag und Selbstbewertung nur papiermäßig eingebracht, hat das Zollamt die Daten in der IT-Anwendung nachzuerfassen, umfangreiche Papierbeilagen sind einzuscannen, im IT-System zu hinterlegen und dem Antragsteller zurückzugeben.

4. Prüfungen vor Annahme des Antrages

4.1. Annahmevoraussetzungen

Für die Annahme des Antrages müssen formelle und inhaltliche Voraussetzungen vorliegen (Art. 14f). Die Nichterfüllung der Voraussetzungen, gegebenenfalls nach fruchtlos verstrichener Mängelbehebungsfrist (Art. 14c Abs. 2 Unterabsatz 1), führt gemäß Art. 14f zur bescheidmäßigen Nichtannahme des Antrages. § 85 BAO wird diesbezüglich durch Art.14h derogiert. Ein Mängelbehebungsauftrag iSd. Art. 14c Abs. 2 hat nur im Falle unvollständiger Angaben im Antrag zu ergehen. Unvollständige oder unklare Angaben **in der Selbstbewertung** stehen der Annahme des Antrages nicht entgegen, weil die Selbstbewertung nicht Bestandteil des Antrages ist.

4.1.1. Wirtschaftsbeteiligter

Entspricht der Antragsteller nicht der Definition des Wirtschaftsbeteiligten (Art. 1 Nr. 12), ist der Antrag nicht anzunehmen. Der Definition wird insbesondere dann nicht entsprochen, wenn der Antragsteller im Rahmen seiner Geschäftstätigkeit innerhalb der letzten drei Jahre nicht mit unter das Zollrecht fallenden Tätigkeiten befasst war und auch nicht absehbar ist, dass derartige Tätigkeiten in naher Zukunft aufgenommen werden.

4.1.2. Formalfehler des Antrages

Entspricht der Antrag nicht den formellen und inhaltlichen Voraussetzungen des Art. 14c Abs. 1, so hat ein automatisationsunterstützter Mängelbehebungsauftrag unter Verwendung des speziell für das AEO-Zertifizierungsverfahren aufgelegten Standardschreibens zu ergehen. Für die Behebung der Mängel ist eine angemessene Frist zu setzen.

4.1.3. Unzuständigkeit

Wird zwar die Unzuständigkeit des mit dem Antrag befassten Zollamtes gemäß § 54 ZollR-DG, aber die grundsätzliche Zuständigkeit der österreichischen Zollverwaltung gemäß Art. 14d festgestellt, ist der Bescheid an das zuständige Zollamt abzutreten. Eine Abtretungsanzeige ist zu erstellen.

Wird die Unzuständigkeit der österreichischen Zollverwaltung gemäß Art. 14d festgestellt, ist gemäß Art. 14f Buchstabe a) die Nichtannahme des Antrages bescheidmäßig auszusprechen. Bestehen Zweifel an der Zuständigkeit Österreichs gemäß Art. 14d, ist das Competence Center Zoll- und Verbrauchsteuerverfahren zu befassen.

4.1.4. Schwere Straftat des Antragstellers

Ist der Antragsteller ein Verband im Sinne des § 2 Verbandsverantwortlichkeitsgesetz (VbVG), sind die Erhebungen im EKIS/Strafregister zu Art. 14f Buchstabe b) erster Halbsatz nicht nur darauf abzustellen, ob der **Verband** während der letzten drei Jahre vor dem Zeitpunkt der Antragstellung nach dem VbVG zu einer Verbandsgeltbuße verurteilt wurde, sondern auch, ob die **Entscheidungsträger** iSd. § 2 VbVG, im Zeitpunkt der Antragstellung wegen einer schweren Straftat (siehe Abschnitt 2.3.3.) verurteilt sind.

4.1.4.1. Vertreter in Zollangelegenheiten

Erhebungen gemäß Art. 14f Buchst. c) hinsichtlich des Vertreters in Zollangelegenheiten sind grundsätzlich nur bei Vorliegen konkreter Verdachtsmomente durchzuführen.

4.1.5. Insolvenzverfahren

Im Rahmen der Insolvenzprüfung ist die Abgabensicherung Zoll (ASZ) zu befassen, die die monatlichen Insolvenzmitteilungen der letzten drei Jahre evident hält. Ist ein Insolvenzverfahren im Zeitpunkt der Antragstellung anhängig oder wird ein solches vor der Annahme des Antrages anhängig, stellt dies einen absoluten Nichtannahmegrund dar.

4.1.6. Antragstellung innerhalb der Sperrfrist

Wird ein Antrag auf ein AEO-Zertifikat innerhalb der Sperrfrist gemäß Art. 14f Buchst. d.) eingebracht, stellt dies einen absoluten Nichtannahmegrund dar.

4.2. Annahme des Antrages und Fristenlauf

Die Fristen gemäß Art. 14l Abs. 1 (Frist für die Übermittlung der Antragsdaten an die AEO-Datenbank) [14] und Art. 14o Abs. 2 (Frist für die Entscheidung über den Antrag) [15] beginnen mit der Annahme des Antrages zu laufen. Der Zeitpunkt der Annahme des Antrages ist jener Zeitpunkt, zu dem das Zollamt dem Antragsteller die Annahme des Antrages mitteilt. Die Mitteilung über die Annahme des Antrages ist keine das Verfahren abschließende Entscheidung und ergeht daher auch nicht bescheidmäßig. Sie hat formlos, im Regelfall automatisationsunterstützt per e-Mail zu ergehen. Das Competence Center Kundenadministration wird von der Annahme des Antrages verständigt und erfasst die Antragsdaten innerhalb von 5 Arbeitstagen ab Annahme in der AEO-Datenbank [16].

[14] *5 Arbeitstage; bis 31.12.2009: 10 Arbeitstage*
[15] *90 Kalendertage; bis 31.12.2009: 300 Arbeitstage*
[16] *bis 31.12.2009: 10 Arbeitstage*

Innerhalb von 30 Kalendertagen ab Eingang des Antrages (Datum des zollamtlichen Eingangsstempels) hat entweder ein Mängelbehebungsauftrag mit Fristsetzung zur Behebung des Mangels, oder die Mitteilung über die Annahme des Antrages zu ergehen. Die zollamtliche Prüfung der formellen und materiellen Annahmevoraussetzungen gemäß Artikel 14f muss spätestens 30 Kalendertage nach Einlangen des Antrages abgeschlossen sein. Liegen alle Voraussetzungen iSd. Art. 14f vor, ist der Antrag unverzüglich anzunehmen.

5. Prüfung der AEO-Kriterien

5.1. Allgemeine Prüfungsgrundsätze

Die Zollbehörden sind verpflichtet, das Vorliegen der AEO-Kriterien vor Erteilung des Zertifikates zu überprüfen (Art. 14n Abs. 1). Die Prüfung der AEO-Kriterien nach Annahme des Antrages verläuft in folgenden Schritten:

Einleitung des Konsultationsverfahrens nach Art. 14m.	sofern erforderlich
Konsultationen anderer österreichischer Zollämter (nationale Konsultation)	sofern erforderlich
Einholung von Informationen über den Antragsteller durch Vornahme bzw. Veranlassung von Datenbankabfragen	immer
Auswertung der vorhandenen bzw. beschafften Informationen (Antrag, Selbstbewertung, Abfrageergebnisse) unter Anwendung der Risikoanalyse	immer
Durchführung eines Pre Audits	immer
Berücksichtigung von Ergebnissen aus dem Informations- bzw. Konsultationsverfahren gemäß Art. 14l bzw. Art. 14m	sofern vorhanden
Schlussbewertung	immer
Entscheidung über den Antrag	

5.1.1. Verweise auf Standards

Verweist der Antragsteller auf einschlägige Standards (zB ISO, CEN, TAPA, IFS), so bringt er damit zum Ausdruck, dass konkrete Punkte oder Abschnitte dieser Standards mit den AEO-Kriterien gemäß Art. 14i, 14j oder 14k korrespondieren. In den Verweisen sind konkrete Punkte oder Abschnitte aus der zitierten Norm oder dem zitierten Standard den konkreten AEO-Kriterien gegenüberzustellen. Die bloße Zitierung einer Norm oder eines Standards ist nicht ausreichend. Die Zollbehörden können Verweise, sofern sie nicht nur allgemeiner Natur sind, auf der Grundlage von Art. 14k Abs. 4 oder Art. 14n Abs. 2 in ihrer Risikoanalyse berücksichtigen und sich im Zuge des Pre Audits durch stichprobenweise Einsichtnahme in die einschlägigen Unterlagen davon vergewissern, dass eine Übereinstimmung zu den AEO-Kriterien gegeben ist.

5.1.2. Sachverständigengutachten

Von der Möglichkeit, zu den Kriterien gemäß Art. 14i, 14j, und 14k Sachverständigengutachten gemäß Art. 14n Abs. 2 zu akzeptieren, ist im Interesse der Verfahrensökonomie möglichst umfassend Gebrauch zu machen. Beispiele für Sachverständigengutachten sind:

- Wirtschaftsprüfungsberichte
- KSV-Auskünfte
- Berichte von Dun & Bradstreet
- Bankauskünfte
- TAPA-Zertifizierungen
- SQAS-Zertifizierungen
- IFS-Zertifizierungen
- Auditberichte (zB ISO 9001:2000)
- Sicherheitsprofile oder Gefährdungs- und Sicherheitseinschätzungen professioneller Sicherheitsunternehmen.

5.1.3. Besondere Unternehmensmerkmale

Bei der Beurteilung und Bewertung der AEO-Kriterien ist den besonderen Merkmalen der Wirtschaftsbeteiligten insbesondere der kleinen und mittleren Unternehmen Rechnung zu tragen (Art. 14a Abs. 2). Besondere Merkmale sind beispielsweise

- Unternehmensgröße
- Geschäftsvolumen
- Anzahl der Mitarbeiter
- Branche
- Art der Waren (zB Verbote und Beschränkungen, handelspolitische bzw. agrarrechtliche Maßnahmen, Präferenzzölle, Antidumpingzölle).

5.1.4. Faktoren zur Erleichterung des Bewilligungsverfahrens

Die Empfehlungen gemäß Teil 1 Punkt II.2. der AEO-Leitlinien sind aufzugreifen.

5.1.5. Dokumentierte Verfahren

Grundsätzlich ist es von Vorteil, wenn der Antragsteller zu seinen zoll- und sicherheitsrelevanten Geschäftsprozessen über dokumentierte Ablaufbeschreibungen, Verfahrensanweisungen, Handbücher udgl. verfügt. Eine zwingende Verpflichtung zur schriftlichen Dokumentation der Geschäftsprozesse besteht aber nicht. Jedoch wird der Antragsteller im Zuge des Pre Audits darzulegen haben, mit welchen Maßnahmen Risiken von Fehlern und mangelnder Kenntnis der zoll- und sicherheitsrelevanten Vorschriften und Abläufe im Unternehmen entgegengewirkt werden.

5.1.6. Ausgelagerte Tätigkeiten

Sofern der Antragsteller bestimmte, in seinem Wirkungs- und Verantwortungsbereich stehende Tätigkeiten, die im Zusammenhang mit der Erfüllung der AEO-Kriterien stehen, an einen Dritten[17] überträgt oder auslagert, hat er sich die Nichterfüllung der Kriterien im Wirkungsbereich des Dritten zurechnen zu lassen. Der Wirkungs- und Verantwortungsbereich des Antragstellers wird u.a. von den Lieferbedingungen beeinflusst. Der Antragsteller muss Interesse daran haben, dass seine Dienstleister kriterienkonform arbeiten und wird sich vertraglich daher entsprechend abzusichern haben. Eine Prüfung der Kriterien beim Dritten durch die Zollbehörden ist nach Maßgabe des Abschnitt 5.5. zwar zulässig, im Regelfall wird sich die Prüfung jedoch darauf beschränken, ob der Antragsteller durch vertragliche oder sonstige Maßnahmen das Risiko der Nichteinhaltung der Kriterien durch seine Dienstleister in akzeptablen Grenzen hält. Als Dienstleister gelten in diesem Zusammenhang insbesondere:

[17] zB Vertretung im Zollverfahren, Buchhaltung, Bewachung

- Vertreter des Antragstellers
- Speditionen, die im Auftrag des Antragstellers agieren
- Frächter, die im Auftrag des Antragstellers agieren
- Lagerhalter, die im Auftrag des Antragstellers agieren
- Produzenten und Lieferanten, die im Auftrag des Antragstellers agieren
- Wach- und Sicherheitsdienste, die im Auftrag des Antragstellers in sicherheitsrelevanten Bereichen agieren
- in sicherheitsrelevanten Bereichen tätige Reinigungsfirmen
- Personaldienstleister, die Leihpersonal für zoll- und/oder sicherheitsrelevante Bereiche abstellen.

Anhang

Ist der Dienstleister selbst AEO, sind vertragliche Vereinbarungen oder sonstige Maßnahmen nicht erforderlich.

5.2. Informations- und Konsultationsverfahren

Sowohl das Informationsverfahren (Art. 14l) als auch das Konsultationsverfahren (Art. 14m) mit anderen Mitgliedstaaten ist über das Competence Center Zoll- und Verbrauchsteuerverfahren abzuwickeln. In der ersten Phase der AEO-Umsetzung [18] er Informationsaustausch im Wege der nationalen Kontaktstellen via e-Mail.

[18] *voraussichtlich 1.1.2008 bis 1.7.2009*

Zur internationalen Abwicklung des Informations- und Kommunikationsverfahrens sind die im Arbeitsdokument der Europäischen Kommission 1864 Rev.1 vom 7. November 2007 empfohlenen Codes und Verfahrensregeln zu berücksichtigen[19]. Sämtliche Verfahrensschritte und Informationen anderer Mitgliedstaaten sind zu dokumentieren.

[19] *https://www.bmf.gv.at/Zoll/Wirtschaft/Sicherheitsnovelleu_6600/InformationenundTip_7318/_start.htm*

5.2.1. Informationsverfahren

Spätestens 5 Arbeitstage[20] nach Annahme des Antrages sind die Daten des Antrages in der gemeinschaftlichen AEO-Datenbank zu erfassen. Die Erfassung erfolgt durch das Competence Center Kundenadministration, das die Daten aus der IT-Anwendung e-zoll AEO-Zertifizierung entnimmt. Sachdienliche Informationen iSd. Art.14l Abs. 1 werden über die nationalen AEO-Kontaktstellen, im Anwendungsgebiet über das Competence Center Zoll und Verbrauchsteuerverfahren kommuniziert. Sachdienliche Informationen anderer Mitgliedstaaten iSd. Art. 14l Abs. 1, die die Erteilung des Zertifikats in Frage stellen könnten, können dem zuständigen Zollamt über das Competence Center Zoll- und Verbrauchsteuerverfahren innerhalb von 35 Kalendertagen[21] ab Erfassung der Antragsdaten an der AEO-Datenbank übermittelt werden.

[20] *bis 31.12.2009: 10 Arbeitstage*

[21] *bis 31.12.2009: 70 Kalendertage*

Das zuständige Zollamt hat die Frist vor der Entscheidung über den Antrag abzuwarten und allfällige Informationen in die Gesamtbeurteilung einfließen zu lassen. Die Entscheidung über die Erteilung des Zertifikates verbleibt aber beim zuständigen Zollamt. Auch verspätet eingehende Informationen sind grundsätzlich zu berücksichtigen. Führen die Informationen anderer Mitgliedstaaten dazu, dass eine Entscheidung über den Antrag ohne Befassung anderer Mitgliedstaaten noch nicht getroffen werden kann, ist unverzüglich ein Konsultationsverfahren einzuleiten.

Ist die Zollbehörde eines anderen Mitgliedstaats für die Bearbeitung des Antrages zuständig, wird auf die Aufgaben des Risiko- Informations- und Analysezentrums (RIA), siehe Abschnitt 2.4.6.7. verwiesen.

5.2.2. Konsultationsverfahren

5.2.2.1. Einleitung

Das Konsultationsverfahren nach Art. 14m ist einzuleiten, wenn eines oder mehrere AEO-Kriterien nicht vollständig von der erteilenden Zollbehörde geprüft werden können. Auf die Fälle des Art. 14d Abs. 2 bis 4 wird verwiesen. Das Konsultationsverfahren ist unverzüglich nach Annahme des Antrages, spätestens jedoch mit Bekanntwerden des Konsultationsgrundes einzuleiten. Das zuständige Zollamt befasst das Competence Center Zoll- und Verbrauchsteuerverfahren per e-Mail unter Angabe der Codes entsprechend Abschnitt 5.2. und der allenfalls erforderlichen ergänzenden Angaben zu den Prüfkriterien. Die Übermittlung der Selbstbewertung oder von Auszügen daraus hat zu unterbleiben. Das Competence Center Zoll- und Verbrauchsteuerverfahren befasst die jeweils zuständige Zentralstelle des zu konsultierenden Mitgliedstaates per e-Mail. Wird die österreichische Zollverwaltung von der Zollverwaltung eines anderen Mitgliedstaates konsultiert, wird das zuständige Zollamt vom Competence Center Zoll- und Verbrauchsteuerverfahren über die konkreten Prüfungsanforderungen verständigt. Das zuständige Zollamt nimmt mit der in AEO-Belangen verantwortlichen Ansprechperson des Antragstellers bzw. des Standortes Kontakt auf, und legt die weiteren Einzelheiten des durchzuführenden Audits fest. Über das Ergebnis des Audits ist eine Niederschrift aufzunehmen. Die wesentlichen Prüfungsergebnisse werden dem Competence Center Zoll- und Verbrauchsteuerverfahren unter Berücksichtigung von Abschnitt 5.2. übermittelt.

5.2.2.2. Konsultationsfrist

Die Frist gemäß Art. 14m Abs. 1 von 60 Kalendertagen [22] beginnt mit der Befassung der konsultierten Zentralstelle(n) durch das Competence Center Zoll und Verbrauchsteuerverfahren zu laufen.

[22] *bis 31.12.2009: 120 Kalendertage*

5.2.2.3. Ablehnungsverpflichtung

Teilt die konsultierte Zollverwaltung mit, dass eine oder mehrere der Kriterien nicht erfüllt sind, so hat das zuständige Zollamt den Antrag bescheidmäßig abzulehnen. Zu begründen ist die Ablehnung mit dem dokumentierten Ergebnis des konsultierten Mitgliedstaates (Art. 14m Abs. 2).

Anhang

Zuvor ist jedoch - auch im Falle eines negativen Ergebnisses im Konsultationsverfahren - das Parteiengehör gemäß Art. 14o Abs. 4 zu wahren. Es ist daher nicht auszuschließen, dass im Rahmen des Parteiengehörs ein zweites Konsultationsverfahren erforderlich werden könnte. Für die Dauer des zweiten Konsultationsverfahrens wäre die Frist für die Entscheidung über den Antrag gemäß Art. 14o Abs. 4 ausgesetzt. Die beteiligten Zollbehörden sollten jedoch im Interesse der Verfahrensökonomie die verfahrensrechtlichen Möglichkeiten des ersten Konsultationsverfahrens nach Art. 14m ausschöpfen, um eine Klärung der Verhältnisse herbeizuführen.

5.2.2.4. Fristverlängerung

Muss der Antragsteller Anpassungen vornehmen, um die AEO-Kriterien zu erfüllen, ist die Konsultationsfrist vom zuständigen Zollamt zu verlängern. Da die Fristverlängerung für das Konsultationsverfahren für die Entscheidungsfrist und somit auch für den Antragsteller keine Wirkung entfaltet, hat das zuständige Zollamt die Fristverlängerung lediglich mit Aktenvermerk zu dokumentieren und der konsultierten Zollbehörde im Wege des Competence Center Zoll- und Verbrauchsteuerverfahren mitzuteilen.

Eine Fristverlängerung im Konsultationsverfahren gemäß Art. 14m Abs. 1 Unterabsatz 2 letzter Satz kann auch dann erfolgen, wenn im Konsultationsverfahren aufgrund strittiger Antworten des konsultierten Mitgliedstaates eine weitere Kontaktaufnahme zur Abklärung der weiteren Verfahrensschritte (erforderliche Anpassungen oder sofortige Ablehnung) erforderlich wird.

5.2.2.5. Nationale Konsultation

Führt der Antragsteller im Anwendungsgebiet an mehreren Standorten zollrelevante Tätigkeiten durch, kann sich auch der Bedarf an nationalen Konsultationsverfahren zwischen dem federführenden und dem für den jeweiligen Standort örtlich zuständigen Zollamt ergeben. Für nationale Konsultationsverfahren sind die Bestimmungen des Art. 14m, jedoch ohne Einbindung des Competence Center Zoll- und Verbrauchsteuerverfahren sinngemäß anzuwenden.

Abweichend vom gemeinschaftlichen Konsultationsverfahren gilt jedoch: die zu prüfenden Kriterien beschränken sich im Regelfall auf die Kriterien

- bisher angemessene Einhaltung der Zollvorschriften[23]

- angemessene Sicherheitsstandards.

[23] *wiederholte Zuwiderhandlungen gegen die Zollvorschriften, soweit diese nicht über zentrale Datenbankabfragen erhoben werden können*

Es müssen nicht alle örtlich betroffenen zwingend Zollämter konsultiert werden. Die Entscheidung, welche Zollämter konsultiert werden, obliegt dem erteilenden Zollamt. Das erteilende Zollamt sollte aber jedenfalls die für die aufkommensstärksten Standorte zuständigen Zollämter konsultieren.

Kommen die beteiligten Zollämter zu unterschiedlichen Ergebnissen, ob die Kriterien erfüllt werden, ist der bundesweite Fachbereich im Wege der Amtsfachbereiche zu befassen (kein Vetorecht eines konsultierten Zollamtes).

Dem/den konsultierten österreichischen Zollamt/Zollämtern werden die relevanten Auszüge der Selbstbewertung zugänglich gemacht. Die Konsultierung muss nicht zwangsläufig mit einem Audit (Prüfung vor Ort) verbunden sein, der Bedarf richtet sich nach beantragtem Zertifikatstyp und konkretem Inhalt der Konsultierung.

5.3. Abfragen

5.3.1. Obligatorische Abfragen

Folgende Abfragen sind im Antragsverfahren in jedem Fall Durchzuführen:

Was?	Von wem?	Grundlage
EKIS/Strafregister	ZOFA	14f, 14h
AIS (Finanzstrafkartei)	ZOFA	14h
Kundenadministration (Bewilligungen usw.)	Kundenteam	14h, 14i
IDU, aktueller Prüfplan; ggf. laufende Prüfungen	Kundenteam; BPZ	14h, 14i
Insolvenzmitteilungen, Einbringungsfälle	ASZ	14j
Firmenbuch	Kundenteam	14f, 14h
ZITAT	Kundenteam	14i
Aktenevidenz	Kundenteam	14h

Abfragen des EKIS/Strafregister bzw. der Finanzstrafkartei haben über die Zollfahndungen (ZOFA) des zuständigen Zollamtes und nicht über das DIAC zu ergehen.

5.3.2. Fakultative Abfragen

Abhängig vom Informationsstand über den Antragsteller stehen auch weitere Abfragemöglichkeiten zur Verfügung:

- Za 141
- Impromptu/e-zoll Reporting
- Finanzamtsanfrage
- ETOS (TUA-Befunde)
- Justiz-Edikts bzw. Insolvenzdatei

5.4. Risikoanalyse

Die Prüfung, inwieweit die materiellen AEO-Kriterien gemäß Art. 14h bis Art. 14k erfüllt sind, hat mit Hilfe einer Risikoanalyse zu erfolgen. Die Methode der Risikoabbildung und Bewertung in mehren Stufen kann aus dem COMPACT-Modell (siehe Abschnitt 2.2.1.) übernommen werden. Die wesentlichen Schritte der Risikobewertung sind folgende:

- Einblick in das Unternehmen gewinnen
- Ziele abklären
- Risiken identifizieren
- Risiken bewerten
- auf Risiken reagieren.

Im Mittelpunkt der Risikoanalyse steht die Selbstbewertung des Antragstellers in Verbindung mit den im Teil II der AEO-Leitlinien hinterlegten Risikoindikatoren und beispielhaft angeführten Standards. Die Risikoanalyse erfolgt mit Unterstützung der IT-Anwendung e-zoll AEO-Zertifizierung.

5.4.1. Einblick in das Unternehmen gewinnen

Der wesentliche Teil dieses Schritts besteht darin, sich einen klaren Überblick über die Geschäftsprozesse des Antragstellers und sein Geschäftsumfeld zu verschaffen, in dem er tätig ist.

5.4.2. Ziele abklären

Die Frage, ob bestimmte Risiken auf den Antragsteller zutreffen, ist nur mit Blick auf die im Zusammenhang mit der AEO-Zertifizierung stehenden Ziele der Zollorganisation, auf Art und Umfang der Erleichterungen und Vereinfachungen, die der Antragsteller anstrebt, und auf seine konkrete Stellung in der Lieferkette zu beantworten. Die Ziele der Zollorganisation ergeben sich aus ihren fiskalischen und sicherheitsspezifischen Aufgaben. Nicht alle

Anforderungen der in den AEO-Leitlinien abgebildeten Standards und Kriterien sind aber für jeden Antragsteller relevant. Die Anforderungen können daher variieren. Dem zuständigen Zollamt muss daher stets bewusst sein, dass jeder Antragsteller für sich unter den vorgegebenen Rahmenbedingungen anhand der besonderen Merkmale seiner Geschäftstätigkeit individuell beurteilt werden muss.

5.4.3. Risiken identifizieren

In dieser Phase ist es wichtig, potenzielle Risiken, d.h. theoretisch existierende Risiken zu identifizieren, die auf den Antragsteller und dessen Geschäftstätigkeit zutreffen können. Auf die im Teil 2 der AEO Leitlinien hinterlegten Risikoindikatoren wird verwiesen.

5.4.4. Risiken bewerten

Die Bewertung der identifizierten Risiken erfolgt, indem die Risiken entsprechend den zu erwartenden Auswirkungen auf die Ziele des Zolls und ihrer Eintrittswahrscheinlichkeit gewichtet werden. In dieser Phase ist auch festzustellen, in welchem Ausmaß der Antragsteller selbst Maßnahmen zur Bewältigung von identifizierten Risiken ergriffen hat und wie er die Risiken gewichtet hat.

5.4.4.1. Interne Risikoabbildung

Die identifizierten Risiken sind vom zuständigen Zollamt zunächst intern zu bewerten. Dieser Schritt dient auch dazu, Bereiche, die nach Einschätzung des Zollamtes keine oder nur geringe Risiken enthalten, zu eliminieren, da diese Punkte beim Pre Audit vernachlässigt werden können. Demgegenüber sollten jene Risiken hervorgehoben werden, deren Eintrittswahrscheinlichkeit und Auswirkungen nach Einschätzung des Zollamtes hoch sind, und auf die beim Pre Audit daher das Hauptaugenmerk gelegt werden sollte.

5.4.4.2. Gemeinsame Risikoabbildung

Das Zollamt hat den Antragsteller über die identifizierten Risken zu informieren. Im Idealfall sollte dies schon im Zuge der Vorbereitung des Pre Audits erfolgen, spätestens jedoch zu Beginn des Pre Audits. Im Rahmen des Pre Audits werden die identifizierten Risiken gemeinsam mit dem Antragsteller abgearbeitet und nach Prüfungen vor Ort neu bewertet. Auf die verbleibenden Risiken muss nun in der Folge reagiert werden.

5.4.5. Auf Risiken reagieren

Risiken sind Teil des normalen Geschäftslebens und können niemals vollständig ausgeschlossen werden. Ziel muss es daher sein, die signifikanten Risiken herauszufiltern, Grenzen für die Akzeptanz dieser Risiken zu setzen und auf die Risiken zu reagieren. Der

AEO-Status mit den daraus folgenden Begünstigungen kann theoretisch bewilligt werden, wenn alle Risiken beherrscht werden können. Ist dies nicht der Fall, muss bewertet werden, ob der Status zu verweigern ist oder ob der Wirtschaftsbeteiligte Anpassungen oder Verbesserungen vornehmen muss mit dem Ziel, das konkrete Risiko zu beseitigen oder auf ein akzeptables Niveau zu begrenzen. Erweist sich dies als nicht realisierbar, d.h. ist der Antragsteller trotz Wahrung des Parteiengehörs (Art. 14o) nicht in der Lage, eines oder mehrer der Kriterien gemäß Art. 14h bis Art. 14 k zu erfüllen, ist der Antrag abzulehnen.

5.4.5.1. Kontrakte

Kontrakte bzw. Memoranda of Understandings (MoUs) sind eine Möglichkeit des Umgangs mit Restrisiken. Teil 1 Abschnitt VI der AEO-Leitlinien zufolge kann der Wirtschaftsbeteiligte vor der Zuerkennung des AEO-Zertifikats zur Unterzeichnung verschiedener Bedingungen aufgefordert werden. Darauf wird in der Regel dann zurückgegriffen werden, wenn das zuständige Zollamt nach Abschluss der Gesamtbewertung kurzfristig tolerierbare Restrisiken identifiziert hat, die zwar nicht bis zur Entscheidung über den Antrag, jedoch innerhalb eines bestimmten Zeitraumes kontinuierlich minimiert werden können (zB sukzessive Aufnahme vertraglicher Vereinbarungen mit Handelspartnern). Derartige Kontrakte sind nicht Bestandteil des AEO-Zertifikats, ihre Nichteinhaltung durch den Wirtschaftsbeteiligten kann aber zur Aussetzung des AEO-Status führen. Derartige Vereinbarungen sind im IT-System zu hinterlegen.

5.5. Pre Audit

Als Pre Audit wird die Überprüfung von AEO-Kriterien vor Ort an einem oder mehreren Standorten des Antragstellers durch das zuständige Zollamt bezeichnet. Ergänzende Audits durch weitere Zollbehörden bzw. Zollämter können sich aus dem gemeinschaftlichen oder nationalen Konsultationsverfahren ergeben.

Pre Audits bzw. ergänzende Pre Audits werden im Rahmen der Prüfung der AEO-Kriterien im Detail zu nachstehenden Zwecken durchgeführt:

- Stichprobenweise Überprüfung der Selbstbewertung
- Überprüfung von Restrisiken aus der Risikoanalyse
- Einsichtnahme in zur Einsicht aufliegende Referenzdokumente bzw. zugängliche Referenzdaten
- Überprüfung der physischen Sicherheitsstandards gemäß Art. 14k Abs. 1 Buchst. a) bis c) bei AEOS oder AEOF-Anträgen

- Ersuchen einer konsultierenden Zollbehörde

Das Pre Audit hat die Rechtsstellung einer Nachschau iSd. des § 24 ZollR-DG. Ein Nachschauauftrag gemäß § 24 ZollR-DG ist jedoch im Hinblick auf die mit dem Antrag verbundene Prüfungsverpflichtung (Art. 14n) und die für den Antragsteller inhaltlich und zeitlich eingeschränkten Prüfkriterien (Art. 14h bis Art. 14k) nicht erforderlich. Darüber hinaus gehende Prüfungshandlungen (zB Prüfung bei Dritten im Falle von ausgelagerten Tätigkeiten oder bei zu erweiterndem Prüfungsgegenstand im Falle von im Zuge des Pre Audits festgestellten Unregelmäßigkeiten) erfordern hingegen eine gesonderte Prüfungsanordnung und einen formellen Nachschauauftrag gemäß § 24 ZollR-DG.

Das Pre Audit bzw. Hauptaudit ist im Regelfall an jenem Standort durchzuführen, an dem die meisten Informationen oder Daten hinsichtlich der Erfüllung der AEO-Kriterien zugänglich sind. Dies wird in der Regel der Ort der Hauptbuchhaltung bzw. der Ort der allgemeinen logistischen Verwaltung des Antragstellers iSd. Art. 14d sein. Die Entscheidung, welche Standorte bzw. Räumlichkeiten in Augenschein zu nehmen sind und welche Zollbehörden zu konsultieren sind, liegt innerhalb des Rechtsrahmens des Art. 14m (zwingende Konsultationsfälle) und 14n (Möglichkeit der Prüfung einer repräsentativen Anzahl von Räumlichkeiten) beim zuständigen Zollamt.

5.5.1. Planung und Teambildung

Die Entscheidung über die Zusammensetzung des Audit-Teams obliegt dem zuständigen Kundenteam und ist nach Durchführung der Risikoanalyse und Einschätzung des erforderlichen Prüfungsumfanges zu treffen. Ein Audit-Team sollte bedarfsabhängig aus mindestens zwei und maximal 3 Zollbediensteten bestehen, Kundenbetreuer und/oder Auditor sollten in jedem Fall im Team vertreten sein. Grundsätzlich ist nur ein Audit je Standort durchzuführen, die Dauer sollte zwischen 1-3 Tagen liegen. Das Audit-Team führt das Audit grundsätzlich gemeinsam durch, eine Aufteilung der Prüfungskriterien auf spezialisierte Teammitglieder ist jedoch möglich. Abweichungen von den Richtlinien können im Falle umfassender Prüfungen der Buchführung oder der Zahlungsfähigkeit mit BPZ-Unterstützung erforderlich werden. Die zeitliche Planung des Audits sollte im Einvernehmen mit dem Antragsteller erfolgen. Für das Audit-Team ist ein Dienstauftrag, jedoch kein Nachschauauftrag (siehe Abschnitt 5.5.) auszustellen.

Das Pre Audit ist dem Antragsteller anzukündigen und sollte bereits im Vorfeld mit dem Antragsteller terminlich und inhaltlich abgestimmt werden (siehe auch Abschnitt 5.4.4.2.). Jedes Pre Audit sollte mit einem Einführungsgespräch beginnen, an dem alle Vertreter des Audit-Teams sowie alle sachlich betroffenen Ansprechpartner des Antragstellers teilnehmen.

5.5.2. Dokumentation

Über das Ergebnis des Pre Audits bzw. über die Ergebnisse des/der ergänzenden Audits ist jeweils (nur) eine Niederschrift aufzunehmen. Bei inhaltlich getrennten Prüfungshandlungen (zB Auditor, BPZ-Prüfer) haben die Teilergebnisse in die Niederschrift einzufließen.

5.6. Ansässigkeitsvoraussetzung

Ist der Antragsteller unbeschadet der im Art. 14g genannten Ausnahmen nicht in der Gemeinschaft ansässig, ist der Antrag abzulehnen.

5.7. Auslegung der AEO-Kriterien

5.7.1. Einhaltung der Zollvorschriften

Der in Art. 14h Abs. 1 Buchstabe b) genannte Personenkreis umfasst im Falle von Verbänden iSd. VbVG die Entscheidungsträger iSd. § 2 VbVG. Zu den Vertretern in Zollangelegenheiten gilt Abschnitt 4.1.4.1. sinngemäß.

Erhebungen (Abfragen im EKIS/Strafregister bzw. in der Finanzstrafkartei) betreffend schwere Zuwiderhandlungen gegen die Zollvorschriften (Abschnitt 2.3.6.) sind standardmäßig zu nachstehendem Personenkreis durchzuführen:

- Antragsteller (natürliche Person oder Verband)
- Entscheidungsträger (VbVG)
- Zollverantwortlicher
- Vertreter in Zollangelegenheiten (nur bei konkreten Verdachtsmomenten).

Weitergehende Erhebungen (zB betreffend einzelner Zollsachbearbeiter) werden im Regelfall nur bei Vorliegen konkreter Verdachtsmomente erforderlich sein.

Erhebungen zu nicht schweren Zuwiderhandlungen (mit Focus wiederholte Zuwiderhandlungen) können derzeit nur dezentral (auf lokaler Ebene) durchgeführt werden (siehe Abschnitt 5.2.2.5).

Im Interesse einer einheitlichen Rechtsanwendung sind Zweifelsfragen zum Beurteilungsspielraum gemäß Art. 14h Abs. 1 letzter Unterabsatz im Wege der Amtsfachbereiche an den bundesweiten Fachbereich heranzutragen.

5.7.1.1. Vertrauensschutz bei bestehenden Bewilligungen

Zuwiderhandlungen gegen die Zollvorschriften, die den Zollbehörden vor dem Zeitpunkt der Antragstellung bekannt waren und die nicht zum Widerruf von einschlägigen Bewilligungen, die die angemessene Einhaltung der Zollvorschriften iSd. Art. 14h voraussetzen, geführt haben, sind nicht zu berücksichtigen, wenn der Antragsteller die Zuwiderhandlung bereits abgestellt hat, bzw. im Rahmen der Antragstellung Maßnahmen setzt, dass die Zuwiderhandlungen abgestellt werden. Dies gilt jedoch nicht für schwere Zuwiderhandlungen iSd. Abschnitts 2.3.6.

5.7.2. Buchführung

5.7.2.1. Vereinfachte Prüfungen

Ist der Antragsteller Inhaber zollrechtlicher Bewilligungen bzw. Verfahrensvereinfachungen, die eine Verpflichtung zur Führung von Aufzeichnungen enthalten, und haben sich aus Prüfungsberichten der letzten drei Jahre keine Beanstandungen zum Buchführungssystem oder zur Verwaltung der Beförderungsunterlagen ergeben, kann, sofern keine gegenteiligen Erkenntnisse (zB aus der Selbstbewertung) vorliegen, von der Erfüllung der Kriterien gemäß Art. 14i Buchst. a) bis f) und h) ausgegangen werden.

Liegt ein zeitnaher Wirtschaftsprüfungsbericht vor, kann von der Erfüllung der Kriterien gemäß Art. 14i Buchst. a), d), f) und h) ausgegangen werden.

5.7.2.2. Manuelle Buchführung

Eine manuelle Buchführung steht, sofern sie den allgemein anerkannten Buchführungsgrundsätzen entspricht, und sofern sie nicht außer Verhältnis zur Größe des Unternehmens bzw. zum Geschäftsaufkommen steht, der Bewilligung des AEO-Status nicht entgegen.

5.7.3. Zahlungsfähigkeit

Zum Nachweis der Zahlungsfähigkeit (Art. 14j) können die im Teil 2 Abschnitt IV der Leitlinien genannten Unterlagen beigebracht werden. Vorzugsweise sind Auskünfte des KSV1870 („Standard" oder „Professional") oder von Dun & Bradstreet (D&B) beizubringen. Weiters ist Einsicht in das Firmenbuch zu nehmen und die Abgabensicherung Zoll (ASZ) hinsichtlich Insolvenzmitteilungen und Rückstandsausweisen zu befassen. Die ASZ unterrichtet das zuständige Kundenteam über alle Umstände, die die Zahlungsfähigkeit des Antragstellers in Frage stellen könnten. Langen seitens der ASZ keine Rückmeldungen ein, die auf Zahlungsunfähigkeit schließen lassen, und weisen Auskünfte des KSV1870 oder D&B

eine zufrieden stellende Risikoeinschätzung auf, kann von einer nachweislichen Zahlungsfähigkeit ausgegangen werden. Als zufrieden stellende Risikoeinstufung gilt:

KSV1870	KSV Rating	399 und niedriger
	Neugründer Score	350 und niedriger
D&B	D&B Score	50 und höher
	oder	durchschnittl. Branchenscore und höher

Wird die o.a. Risikoeinschätzung nicht erreicht, sind die näheren Umstände ggf. unter Einbeziehung der BPZ zu erheben und die Zahlungsfähigkeit im Einzelfall zu beurteilen. Alternative Vorgangsweisen, die zu gleichen oder ähnlichen Ergebnissen führen, sind zulässig.

5.7.4. Sicherheitsstandards

Die Angemessenheit der Sicherheitsstandards ist in einem ersten Schritt anhand der Selbstbewertung des Antragstellers, ggf. geltend gemachter Sicherheitszeugnisse (Art. 14k Abs. 4) oder anhand von Sachverständigengutachten (Art. 14n Abs. 2) unter Anwendung einer Risikoanalyse zu bewerten.

Darüber hinaus sind die physischen Sicherheitsstandards gemäß Art. 14k Abs. 1 Buchst. a) bis c) sowie die im Zuge der Risikoanalyse identifizierten Risiken in den zollrelevanten Räumlichkeiten des Antragstellers im Rahmen des Pre Audits bzw. im Rahmen von ergänzenden Pre Audits zu überprüfen.

Die Auswahl der repräsentativen Anzahl an Räumlichkeiten iSd. Art. 14n Abs. 1 Unterabsatz 2 obliegt dem zuständigen Zollamt. Kriterium für die Auswahl sollte jedenfalls das Aufkommen und die ggf. unterschiedliche Qualität der Sicherheitsstandards an den Standorten sein.

Die Prüfung der Sicherheitsstandards und der Räumlichkeiten erfolgt in einer Gesamtbetrachtung der räumlichen, organisatorischen und personellen Gegebenheiten. Die Anforderungen an die Sicherheitsstandards sind auf die individuellen Erfordernisse des Antragstellers abzustellen und nur auf jene Räumlichkeiten umzulegen, die für die zollrelevanten Tätigkeiten des Antragstellers von Belang sind.

5.7.4.1. Sicherheitsbeauftragter

Die Namhaftmachung eines Sicherheitsbeauftragten für Zwecke der AEO-Zertifizierung ist nicht zwingend erforderlich. Ist ein solcher im Unternehmen jedoch institutionalisiert und wurden diesem auch sicherheitsspezifische Verantwortlichkeiten im Zusammenhang mit der AEO-Zertifizierung übertragen, ist dies der Zollbehörde im Antrag (Feld 19.9.) mitzuteilen.

5.7.4.2. Zugangskontrollen

Qualität und Umfang von Zugangskontrollen (Art. 14k Abs. 1 Buchst. b) sind von der Größe des Unternehmens und dem Geschäftsfeld, in dem das Unternehmen tätig ist, abhängig.

5.7.4.3. Angemietete Räumlichkeiten

Angemietete Räumlichkeiten, in denen der Antragsteller selbst zollrelevante Tätigkeiten ausführt, sind dem Antragsteller zuzurechnen und in die Prüfungen gemäß Art. 14k einzubeziehen. Hat der Antragsteller die Möglichkeit, bauliche Veränderungen durchzuführen, so kann er die Erfüllung der Kriterien selbst veranlassen. Hat er aber aufgrund der Mietvertragsgestaltung keine Möglichkeit bauliche Veränderungen an den angemieteten Räumlichkeiten vorzunehmen oder Zugangskontrollen einzurichten, so hat er diesen Teil der Sicherheitsauflagen durch eine entsprechende Vertragsgestaltung mit dem Vermieter sicherzustellen.

5.7.4.4. Reglementierte Beauftragte

An Standorten des Antragstellers, die nach der VO (EG) Nr. 2320/2002 als Reglementierte Beauftragte zertifiziert sind, gelten die Sicherheitsstandards gemäß Art. 14k Abs. 3 als erfüllt. Ein Verzeichnis der Unternehmen bzw. Standorte, die den Status des Reglementierten Beauftragen innehaben, ist unter http://www.bmvit.gv.at/verkehr/luftfahrt/sicherheit/rbeauftragter/index.html verfügbar.

Werden am Standort eines Reglementierten Beauftragten jedoch Tätigkeiten durchgeführt, die vom Status nicht erfasst sind (zB Rollfuhr), sind diese ergänzenden Tätigkeiten einer Prüfung zu unterziehen.

5.7.4.5. Sicherheitsanforderungen an Handelspartner

Der Antragsteller hat Maßnahmen zur Identifizierung seiner Handelspartner zu treffen, die eine eindeutige Feststellung seiner Handelspartner ermöglichen, um die internationale Lieferkette zu sichern (Art. 14k Abs. 1 Buchst. e). Ergänzend zu Teil 1 Abschnitt IV der AEO-Leitlinien gilt:

Handelspartner iSd. Art. 14k Abs. 1 Buchst. e) sind Personen, mit denen der Wirtschaftsbeteiligte in einer Geschäftsbeziehung (Auftraggeber oder Auftragnehmer) steht. Handelspartner müssen weder in der Gemeinschaft ansässig sein, noch unter die Definition des Wirtschaftsbeteiligten (Art. 1 Nr.12) fallen und können somit jedes beliebige Element in der Lieferkette mit Sitz innerhalb oder außerhalb der EU sein.

Der Antragsteller ist nur für den in seinem Wirkungs- und Verantwortungsbereich liegenden Teil der Lieferkette verantwortlich. Diese Verantwortung schließt ausgelagerte Tätigkeiten iSd. Abschnitts 5.1.6. mit ein. Hat der Antragsteller aber aufgrund der Auftragssituation oder Lieferbedingung (zB „Ab Werk"-Lieferungen im Export) keinen Einfluss auf bestimmte Teile der Lieferkette, hat er beim Abschluss neuer vertraglicher Vereinbarungen die Vertragspartei (zB drittländischer Käufer) dazu anzuhalten, die Sicherheit ihres Einflussbereiches der Lieferkette zu bewerten und zu verbessern und – soweit dies mit dem Unternehmensmodell vereinbar ist – in die vertraglichen Vereinbarungen aufzunehmen. Daraus ist abzuleiten, dass in bereits bestehende Verträge nicht unmittelbar eingegriffen werden muss, wenn der Handelpartner bekannt ist und bislang keine Verstöße gegen sicherheitsrelevante Vorschriften bekannt geworden sind. Im Zuge anstehender Vertragsverlängerungen oder – erneuerungen wären jedoch sicherheitsrelevante Aspekte in Verträge oder Geschäftsbedingungen aufzunehmen.

Derzeit gibt es noch wenig Erfahrungswerte, in welchen Fällen die selbst sukzessive Aufnahme vertraglicher Vereinbarungen zur Sicherheit der Lieferkette „...mit dem Unternehmensmodell nicht vereinbar ist ". Sollten derartige Fälle in der Praxis auftreten, bspw. weil ein Handelspartner entsprechende Vertragsabschlüsse oder die Unterfertigung einer Sicherheitserklärung verweigert, hat der Antragsteller Maßnahmen zu treffen um sicherzustellen, dass die mit solchen Geschäftspartnern verbundenen Sicherheitsrisiken auf ein akzeptables Niveau begrenzt werden. In jedem Fall sollte aber das zuständige Zollamt über die näheren Umstände der Probleme informiert werden.

Ist der Handelspartner AEO, braucht der Antragsteller keine weiteren Maßnahmen zu setzen.

5.7.4.6. Sicherheitserklärungen

Die Verwendung von Sicherheitserklärungen hat den gleichen Stellenwert wie anderweitige vertragliche Vereinbarungen oder sonstige Maßnahmen im Sinne des Art. 14k Abs. 1 Buchst. e) iVm. Teil 1 Abschnitt IV der AEO-Leitlinien. Muster einer EU-weit standardisierten Sicherheitserklärung werden in deutscher und englischer Sprache auf der Internetseite des BMF[24] als PDF-Ausfüllversion zur Verfügung gestellt. Im Anwendungsgebiet ist auch die englischsprachige Version dieser Sicherheitserklärung anzuerkennen.

[24] *https://www.bmf.gv.at/Zoll/Wirtschaft/Sicherheitsnovelleu_6600/InformationenundTip_7318/_start.htm*

5.7.4.7. Personelle Sicherheitsanforderungen

Das Kriterium des Art. 14k Abs. 1 Buchst. f) kann als ausreichend erfüllt angesehen werden, wenn der Antragsteller (Arbeitgeber) von neuen Mitarbeitern, die in sicherheitsrelevanten Bereichen eingesetzt werden, Strafregisterbescheinigungen einfordert. Dies gilt auch für solche Mitarbeiter, die innerbetrieblich in sicherheitsrelevante Bereiche wechseln und von denen bislang keine Strafregisterbescheinigung vorgelegen ist. Bei künftig in sicherheitsrelevanten Bereichen eingesetztem Leihpersonal ist diese Anforderung von der Personalagentur vertraglich einzufordern.

6. Entscheidung über den Antrag

Die Entscheidung über den Antrag hat unbeschadet der Möglichkeiten über die Verlängerung und Aussetzung der Entscheidungsfrist innerhalb von 90 Kalendertagen[25] ab Annahme des Antrages, jedenfalls aber erst nach Abschluss des Informations- und Konsultationsverfahrens zu erfolgen. Folgende Verlängerungs- bzw. Aussetzungsmöglichkeiten sind gegeben:

[25] bis 31.12.2009: 300 Kalendertage

Art	Grund	Dauer	Rechtsgrundlage
Verlängerung	Behörde kann Entscheidungsfrist nicht einhalten	1 x 30 KT	14o Abs. 2
Verlängerung	Antragsteller nimmt Anpassungen vor	keine Vorgabe	14o Abs. 3
Aussetzung	Vorhalt betreffend die voraussichtliche Ablehnung des Antrages	30 KT	14o Abs. 4

6.1. Erteilung des AEO-Zertifikats

Das zutreffende AEO-Zertifikat, welches Bescheidcharakter hat, wird nach dem Muster gemäß Anhang 1D automatisationsunterstützt erstellt. Das Competence Center Kundenadministration wird von der Entscheidung über den Antrag verständigt und erfasst die Daten innerhalb von 5 Arbeitstagen ab Ergehen der Entscheidung in der AEO-Datenbank. In das Zertifikat sind weder Anlagen noch auflösende Bedingungen oder sonstige Anordnungen aufzunehmen.

6.2. Ablehnung

6.2.1. Parteiengehör

Auf die Wahrung des Parteiengehörs gemäß Art. 14o Abs. 4 bei voraussichtlicher Ablehnung des Antrages wird verwiesen.

6.2.2. Auswirkungen der Ablehnung auf bestehende Bewilligungen

Die Ablehnung des Antrags führt gemäß Art. 14o Abs. 5 nicht zum automatischen Widerruf bestehender Bewilligungen. Ist der Ablehnungsgrund jedoch eine nicht erfüllte Voraussetzung, die gleichzeitig Voraussetzung für die bestehende(n) Bewilligung(en) ist (zB schwere Zuwiderhandlungen gegen die Zollvorschriften), ist unverzüglich eine Überprüfung vorzunehmen, ob die Aufrechterhaltung der bestehenden Bewilligung(en) noch gerechtfertigt ist.

6.3. Mitteilungspflichten

6.3.1. Mitteilungspflichten des AEO

Der AEO ist verpflichtet, der erteilenden Zollbehörde alle Umstände mitzuteilen, die nach Erteilung des Zertifikates eingetreten sind und die sich auf die Aufrechterhaltung oder den Inhalt auswirken können (Art. 14w Abs. 1). Personelle Veränderungen im Unternehmen sind dem zuständigen Zollamt nur insoweit zu melden, als es sich um nachstehende Personen handelt:

- Entscheidungsträger iSd. VbVG
- die verantwortliche Person in Zollangelegenheiten
- der AEO-Ansprechpartner, soweit er nicht mit dem Zollverantwortlichen ident ist

6.3.2. Mitteilungspflichten der Zollbehörden

Die Mitteilungspflichten der Zollbehörden gemäß Art. 14w Abs. 2 werden im Wege der einschlägigen Abkommen zur Zollzusammenarbeit wahrgenommen.

6.3.3. RIA-Verständigung

Die Verständigungspflicht des RIA gemäß Art. 14x Abs. 3 durch das zuständige Zollamt entfällt, da das RIA über einen Zugang zu AEO-Datenbank verfügt.

7. Überwachung und Neubewertung

Zur Überwachung und Neubewertung ergehen zu gegebener Zeit noch ergänzende Arbeitsrichtlinien.

8. Aussetzung und Widerruf

Zu den Bestimmungen über die Aussetzung des AEO-Status und den Widerruf des AEO-Zertifikates ergehen zu gegebener Zeit noch ergänzende Arbeitsrichtlinien.

9. Anlagen

(in Vorbereitung)

Anhang

3. AEO-Selbstbewertung Österreich

Fragenkatalog zur Selbstbewertung im AEO-Zertifizierungsverfahren

1. Einführung

Der vorliegende Fragenkatalog dient der Selbstbewertung durch den Wirtschaftsbeteiligten im Verfahren zur Erteilung von AEO-Zertifikaten. Der Katalog basiert auf den verbindlichen Rechtsvorschriften über den zugelassenen Wirtschaftsbeteiligten[1] und auf den Leitlinien für Zugelassene Wirtschaftsbeteiligte[2], nachstehend AEO-Leitlinien genannt.

Der Frageborgen erleichtert den Wirtschaftsbeteiligten und den Zollbehörden die Beurteilung, ob die Kriterien zur Erlangung des Status eines zugelassenen Wirtschaftsbeteiligten (AEO) erfüllt werden und ist Grundlage für die Durchführung einer Risikoanalyse im Antragsverfahren.

ACHTUNG!

Wirtschaftsbeteiligte, die den AEO-Status anstreben, werden im Interesse eines möglichst raschen und effizienten Zertifizierungsverfahrens ersucht, den Fragebogen bereits vor der Einbringung eines Antrages auf Ausstellung eines AEO-Zertifikates sorgfältig unter Heranziehung der AEO-Leitlinien und nach Maßgabe der nachstehenden Hinweise auszufüllen.

Das vorliegende Modell des Fragebogens sollte grundsätzlich nur zu Überblickszwecken herangezogen werden und ist nicht als Ausfüllversion gedacht. Im Interesse eines raschen und effizienten Zertifizierungsverfahrens werden Sie ersucht, von der Möglichkeit, den Antrag und die Selbstbewertung elektronisch zu erstellen, Gebrach zu machen. Dieses Service steht Ihnen ab Jänner 2008 unter https://www.bmf.gv.at/Zoll/Wirtschaft/Sicherheitsnovelleu_6600/_start.htm zur Verfügung.

---

[1] Verordnung (EG) Nr. 648/2005 des europäischen Parlaments und des Rates vom 13. April 2005 zur Änderung des Zollkodex;
Verordnung (EG) Nr. 1875/2006 der Kommission vom 18. Dezember 2006 zur Änderung der Zollkodex-Durchführungsverordung (ZK-DVO)
[2] Kommissionsdokument TAXUD/2006/1450 vom 29. Juni 2007

2. Hinweise zum Ausfüllen des Fragenkatalogs

- Beantworten Sie bitte nur jene Fragen, die auf Ihr Unternehmen zutreffen. Ist eine Frage nach Ihrer Einschätzung unzutreffend, geben Sie bitte „nicht zutreffend" an und führen Sie bitte eine kurze Begründung an.
- Der Verweis auf Dokumente, die dem AEO-Antrag entweder angeschlossen werden (z.B. Firmenbuchauszug, KSV-Auskünfte, Wirtschaftsprüfungsberichte, etc.) oder im Unternehmen zur Einsichtnahme zur Verfügung gehalten werden, ist möglich. Umfangreiche Dokumentationen (z.B. schriftlich dokumentierte Arbeitsprozesse, Handbücher, Vereinbarungen, Standards, etc.) sind dem Antrag oder der Selbstbewertung grundsätzlich nicht anzuschließen, sondern im Unternehmen zur Verfügung zu halten.
- Wurden bestimmte Tätigkeitsbereiche (z.B. Zollabfertigung, Transport, Produktion Lagerung) ausgelagert, müssen die entsprechenden Fragen bzw. Abschnitte nicht beantwortet werden. Hinweise auf Auslagerung und entsprechende vertragliche Vereinbarungen wären jedoch anzuführen.
- Sofern Ihr Unternehmen bereits im Besitz von Zertifikaten, Zeugnissen, Gutachten oder ähnlichen Schlussfolgerungen ist, die entweder gemäß Art. 14k Abs. 3 oder Abs.4 ZK-DVO als Sicherheitsstandards anerkannt, oder gemäß Art. 14n Abs. 2 ZK-DVO als Sachverständigengutachten betreffend die Erfüllung bestimmter AEO-Kriterien (z.B. nachweisliche Zahlungsfähigkeit) anerkannt werden können, nehmen Sie bitte entsprechende Verweise auf. Die im Fragebogen angeführten Standards bzw. Normen sind nur beispielhaft angeführt.

Anhang

3. Fragenkatalog

Abschnitt 1: Informationen über das Unternehmen

Unterabschnitt 1.01: Geschäftsvolumen

1.01	Frage	Standards
1.01.1.	Wie hoch waren die Jahresumsätze der letzten 3 abgeschlossenen Wirtschaftsjahre? Im Fall einer Firmenneu- oder Umgründung in diesem Zeitraum geben Sie bitte das genaue Datum an und die seit diesem Zeitpunkt erzielten Jahresumsätze.	
Antwort:		
1.01.2.	Wie hoch waren Ihre Nettogewinne oder -verluste in den letzten 3 abgeschlossenen Wirtschaftsjahren? Im Fall einer Firmenneu- oder Umgründung in diesem Zeitraum geben Sie bitte das genaue Datum an und die seit diesem Zeitpunkt erwirtschafteten Gewinne oder Verluste.	
Antwort:		

IV. Österreichische Vorschriften

Unterabschnitt 1.02: Statistische Angaben zu Zollangelegenheiten

1.02	Frage	Standards
1.02.1.	Wie und von wem erfolgt die tarifarische Einreihung von Waren?	
	Treffen Sie Qualitätssicherungsmaßnahmen, die die Richtigkeit der tarifarischen Einreihung sicherstellen (z.B. Kontrollen, Plausibilitätschecks, interne Arbeitsanweisungen, regelmäßige Schulungen)?	
	Überprüfen Sie regelmäßig die Effektivität dieser Qualitätssicherungsmaßnahmen?	
	Welche Hilfsmittel verwenden Sie zur Tarifierung (z.B. Artikelstammdatenbank)?	
Antwort:		
1.02.8.	Treffen Sie Qualitätssicherungsmaßnahmen, die die Richtigkeit der Ursprungsangabe, gegebenenfalls ausgestellter Ursprungsnachweise oder Lieferantenerklärungen sicherstellen (z.B. Kontrollen, Plausibilitätschecks, interne Arbeitsanweisungen, regelmäßige Schulungen, sonstige Hilfsmittel)?	
	Überprüfen Sie regelmäßig die Effektivität dieser Qualitätssicherungsmaßnahmen?	
	Führen Sie Aufzeichnungen über diese Qualitätssicherungsmaßnahmen?	
Antwort:		
1.02.9.	Wie und von wem wird der Zollwert ermittelt?	
	Gibt es Qualitätssicherungsmaßnahmen, die die Richtigkeit der Zollwertermittlung sicherstellen (z.B. Kontrollen, Plausibilitätschecks, interne Arbeitsanweisungen, regelmäßige Schulungen, sonstige Hilfsmittel)?	
	Überprüfen Sie regelmäßig die Effektivität dieser Qualitätssicherungsmaßnahmen?	
	Führen Sie Aufzeichnungen über diese Qualitätssicherungsmaßnahmen?.	
Antwort:		

Anhang

Abschnitt 2: Bisherige Einhaltung der Zollvorschriften

Unterabschnitt 2.01: Bisheriges Verhalten gegenüber Zollbehörden und anderen Regierungsbehörden

2.01	Frage	Standards
2.01.1.	Im Fall ausgelagerter Tätigkeiten (z.B. Vertretung in Zollangelegenheiten, Transport, Lagerung): Treffen Sie Qualitätssicherungsmaßnahmen für ausgelagerte Tätigkeiten im Hinblick auf die Einhaltung der Zollvorschriften (z.B. durch vertragliche Vereinbarungen, stichprobenweise Nachkontrollen von Zollanmeldungen, etc.)? Bitte geben Sie gegebenenfalls einen Überblick über Art und Umfang dieser Maßnahmen.	
Antwort:		
2.01.2.	Wurden unternehmensintern oder von Seiten der Zollbehörde während der letzten 3 Jahre Zuwiderhandlungen gegen die Zollvorschriften festgestellt? Welche Qualitätssicherungsmaßnahmen wurden gegebenenfalls gesetzt, um diese Zuwiderhandlungen in Hinkunft zu vermeiden? Führen Sie Aufzeichnungen über diese Qualitätssicherungsmaßnahmen?	
Antwort:		
2.01.3.	Wurden in den letzten 3 Jahren Bewilligungsanträge abgelehnt, bzw. bestehende Bewilligungen aufgrund von Verstößen gegen Zollvorschriften ausgesetzt oder widerrufen? Was waren gegebenenfalls die Gründe dafür?	
Antwort:		
2.01.4.	Gibt es in Ihrem Unternehmen Anweisungen oder Richtlinien für die Meldung von Unregelmäßigkeiten an die zuständigen Behörden (z.B. Verdacht auf Diebstahl, Einbruch, Schmuggel im Zusammenhang mit zollrechtlich relevanten Waren)?	

	Sind diese Anweisungen dokumentiert (z.B. Arbeitsanweisungen, Handbücher, sonstige Anleitungen)?	
Antwort:		

Unterabschnitt 2: Informationen aus Ermittlungsverfahren

2.02	Frage	Standards
2.02.1.	Schließt Ihre geschäftliche Tätigkeit auch Produktion, Export, Handel, Transport, Lagerung oder Import von Hochrisikowaren ein (z.B. Waffen, Dual-Use Güter, verbrauchsteuerpflichtige Waren, Marktordnungswaren) ein?	
Antwort:		

Anhang

Abschnitt 3: Das Buchführungs- und Logistiksystem des Unternehmens

Unterabschnitt 3.01: Prüfpfad

3.01	Frage	Standards
3.01.1.	Enthält Ihr Buchführungssystem einen Prüfpfad, der die vollständige Rückverfolgbarkeit von zoll- und/oder steuerrelevanten Warenbewegungen oder Buchungseinträgen gewährleistet? Wenn Ja, beschreiben Sie diesen Prüfpfad bitte in seinen wesentlichen Zügen.	ISO 9001:2001, Abschnitt 6.3
Antwort:		

Unterabschnitt 3.02: Buchführungssystem

3.02	Frage	Standards
3.02.1.	Welche Computersysteme (Hardware/Software) verwenden Sie für ihre Geschäftstätigkeit im Allgemeinen, und speziell für Zollzwecke? Liefern sie Angaben zu folgenden Punkten: - Funktionstrennung zwischen Entwicklung, Test, und Betrieb - Funktionstrennung zwischen Anwendern - Zugriffskontrollen und -berechtigungen - Ausgelagerte Anwendungen (welche/an wen)	ISO 9001:2001, Abschnitt 6.3
Antwort:		
3.02.2.	- Sind die Finanzbuchhaltung und die Materialbuchhaltung Bestandteile eines integrierten Buchführungssystems?	
Antwort:		

IV. Österreichische Vorschriften

Unterabschnitt 3.03: Internes Kontrollsystem

3.03	Frage	Standards
3.03.1.	Verfügen Sie über Kontrollverfahren betreffend die Verbuchung von Transaktionen im Buchführungssystem und die Verwendung von Stammdaten? Falls nicht, beschreiben Sie detailliert Ihre Vorgangsweise. Welche internen Bewertungen betreffend Verwaltungsorganisation und Kontrolle der Materialflüsse finden Anwendung? Beschreiben Sie Ihre Stammdatenverwaltung (Zuständigkeit, Wartung, Archivierung von Änderungen, Aufbewahrung).	ISO 9001:2001, Abschnitt 7.4
Antwort:		
3.03.2.	Verfügen Sie über Kontrollverfahren für den Produktionsbereich, die folgende Punkte beinhalten? - Trennung von Einkaufs-, Verkaufs- und Verwaltungsbereich - Erstellung und ggf. Neubewertung von Wareneinsatzmengen (Produktionsmodellen) - Erfassung und Verarbeitung von Roh-, Hilfs- und Betriebsstoffdaten in der Beschaffungs- und Finanzverwaltung - Verarbeitung der Produktionsergebnisse in der Finanzverwaltung - (Tages- bzw. Chargenaufzeichnungen) in Bezug auf den Produktionsprozess Falls nicht, beschreiben Sie detailliert Ihre Vorgangsweise.	ISO 9001:2001 Abschnitt 5.5, 6.3, 7.5, 8.2, 8.5
Antwort:		

Anhang

Unterabschnitt 3.04: Materialfluss

3.04	Frage	Standards
3.04.1.	Verfügen Sie über Verfahren für die Erfassung der innerbetrieblichen Bestandsbewegungen, die folgende Punkte enthalten? - Erfassung und Nachvollziehbarkeit der einzelnen Materialbewegungen - Registrierung von Menge und/oder Wert (wer, wie oft) - Kontrolle der Warenbewegungen (wer, wie oft) - Vorgangsweise bei Differenzen Falls nicht, beschreiben Sie detailliert Ihre Vorgangsweise.	ISO 9001:2001, Abschnitt 6.3
Antwort:		
3.04.2.	Verfügen Sie über Verfahren für den Wareneingang, die folgende Punkte enthalten? - Zeitpunkt und Zuständigkeit der Zubuchung im Bestandssystem - Buchungssystem und Zahlungsabwicklung - Vorgangsweise bei Warenrücknahme - Vorgehensweisen bei festgestellten Unstimmigkeiten - Behandlung von Fehlbuchungen Falls nicht, beschreiben Sie detailliert Ihre Vorgangsweise.	ISO 9001:2001, Abschnitt 6.3
Antwort:		
3.04.3.	Verfügen Sie über Verfahren für die Kontrolle des Warenbestands, und welche Maßnahmen umfassen sie? Falls nicht, beschreiben Sie detailliert Ihre Vorgangsweise. Geeignete Maßnahmen sind z.B.: - Zuweisung eines Lagerplatzes	ISO 9001:2001, Abschnitt 6.3

	- Bestandsaufnahmen und Inventur - Vorkehrungen zur Feststellung von Beschädigung oder Zerstörung der Waren	
Antwort:		
3.04.4.	Verfügen Sie über Verfahren für die Kontrolle des Fertigungsprozesses, die folgende Punkte enthalten? - Anforderung und Lieferung von Rohstoffen aus dem Lager - Aufzeichnung der Einsatzmengen - Registrierung der Fertigerzeugnisse - Registrierung von Produktionsverlusten - Freigabe der Fertigerzeugnisse für das Verkaufslager Falls nicht, beschreiben Sie detailliert Ihre Vorgangsweise.	ISO 9001:2001, Abschnitt 6.3
Antwort:		
3.04.5.	Verfügen Sie über Verfahren für die Kontrolle der Freigabe von Waren aus dem Lager für den Versand, welche die nachstehenden Punkte umfassen? - Informationsfluss zwischen Verkauf, Lager und Zollabteilung - Registrierung der Freigabe - Verladekontrolle Falls nicht, beschreiben Sie detailliert Ihre Vorgangsweise.	ISO 9001:2001, Abschnitt 6.3, 7.1
Antwort:		

Anhang

Unterabschnitt 3.05: Zollförmlichkeiten

3.05	Frage	Standards
3.05.1.	Verfügen Sie über Verfahren für die Behandlung (Erstellung, Ablage, etc.) von Zollanmeldungen? Falls nicht, beschreiben Sie detailliert Ihre Vorgangsweise. In welcher Form werden die von Vertretern erstellten Anmeldungen einer nachträglichen routinemäßigen Kontrolle unterzogen?	ISO 9001:2001, Abschnitt 6.2.2
Antwort:		
3.05.2.	Handeln Sie mit Waren, die handelspolitischen Maßnahmen unterliegen, oder mit landwirtschaftlichen Erzeugnissen? Falls ja, gibt es dokumentierte Verfahren für die Beantragung, Verwaltung und Kontrolle von Ein- und Ausfuhrgenehmigungen bzw. von Ein- und Ausfuhrlizenzen? Beschreiben Sie diese. Handelspolitische Maßnahmen gem. Art. 1 Nr. 7 der VO (EG) 2454/1993 sind z.B. Ein- und Ausfuhrbeschränkungen, Embargobestimmungen, mengenmäßige Beschränkungen, etc.	
Antwort:		

Unterabschnitt 3.06: Maßnahmen zur Sicherung der Daten-Backups, Wiederherstellung von Daten und Fallback-Einrichtungen sowie Archivoptionen

3.06	Frage	Standard
3.06.1.	Beschreiben Sie die Maßnahmen zur Datensicherung (wie z.B. Backups, Wiederherstellung von Daten, und Fallback-Einrichtungen etc.) und beantworten Sie (soweit zutreffend) die folgenden Fragen: - Wie lange sind Daten in ihrer ursprünglichen Form online verfügbar? - Wie lange ist der Zugriff auf die Daten online möglich, und wie lange sind sie für Archivzwecke oder die statistische Erfassung verfügbar? - Wie lange werden Daten offline aufbewahrt? - Auf welchen Medien werden die Daten gespeichert? - In welchem Softwareformat werden die Daten gespeichert? - Werden die Daten komprimiert? Wenn ja, auf welcher Stufe? - Wie wird die langfristige Verfügbarkeit sichergestellt (technische Qualität der Speichermedien, Datenträger, Verfügbarkeit von Hardware und Programmcodes, Beschreibung der Daten- und Programmcodes)?	ISO 9001:2001, Abschnitt 6.3; ISO 17799:2005; ISO 27001:2005; ISO Normen für die Standards in Bezug auf IT-Sicherheit
Antwort:		

Anhang

Unterabschnitt 3.07: Informationssicherheit - Schutz der Computersysteme

3.07	Frage	Standards
3.07.1.	Nutzen Sie Zertifizierungsstandards für den Schutz der Computersysteme? Wenn ja, welche?	ISO 17799:2005; ISO 27001:2005
Antwort:		
3.07.2.	Welche Maßnahmen zum Schutz der Computersysteme gegen unbefugtes Eindringen werden angewendet (z.B. Firewall, Antivirenprogramm, Kennwortschutz, etc.)? Wurden „Penetrationstests" durchgeführt, wie waren die Ergebnisse, und wurden ggf. Verbesserungsmaßnahmen gesetzt?	ISO/PAS 28001:2006, Abschnitt A 3.3; ISO 27001:2005
Antwort:		
3.07.3.	Auf welche Weise werden Zugriffsrechte für die Computersysteme vergeben? Wer ist verantwortlich für den Betrieb und den Schutz des Computersystems?	ISO/PAS 28001:2006, Abschnitt A 3.3; ISO 27001:2005
Antwort:		
3.07.4.	Verfügt das Unternehmen über einen Notfallplan für den Fall von Systemstörungen oder Systemausfall?	ISO/PAS 28001:2006, Abschnitt A 3.3; ISO 27001:2005
Antwort:		
3.07.5.	Verfügen Sie über dokumentierte Verfahren für die Sicherung und Rekonstruktion von Daten? Falls nicht, beschreiben sie detailliert Ihre Vorgangsweise.	ISO 27001:2005
Antwort:		

Unterabschnitt 3.08: Informationssicherheit – Schutz der Unterlagen

3.08	Frage	Standards
3.08.1.	Welche Maßnahmen zum Schutz der Unterlagen vor unbefugtem Zugriff werden angewendet? Wurden „Penetrationstests" durchgeführt, wie waren die Ergebnisse, und wurden ggf. Verbesserungsmaßnahmen gesetzt?	ISO/PAS 28801:2006, Abschnitt A 4.2; ISO 17799:2005; ISO 27001:2005
Antwort:		
3.08.2.	Gab es im letzten Jahr Zwischenfälle von unbefugtem Zugriff auf Unterlagen, und wenn ja, welche Verbesserungsmaßnahmen wurden gesetzt?	
Antwort:		
3.08.3.	Wer hat Zugriff auf Unterlagen betreffend Waren und Datenfluss, und wer kann diese Daten ändern?	ISO/PAS 28801:2006, Abschnitt A 3.3;
Antwort:		
3.08.4.	Welche Sicherheitsanforderungen werden an Handelspartner und andere Kontaktpersonen hinsichtlich weitergegebener sensibler Informationen gestellt?	
Antwort:		

Anhang

Abschnitt 4: Zahlungsfähigkeit

Unterabschnitt 4.01: Zahlungsfähigkeit

4.01	Frage	Standards
4.01.1.	Wurde über das Vermögen Ihres Unternehmens innerhalb der letzten drei Jahre ein Insolvenzverfahren eröffnet? Ist bzw. war Ihr Unternehmen innerhalb der letzten drei Jahre in einer durchgehend gesicherten finanziellen Lage im Sinne des Art. 14j ZK-DVO, die es ihm ermöglicht hat, seinen finanziellen Verpflichtungen nachzukommen? Trifft letzteres zu, bitte führen Sie entsprechende Nachweise oder Unterlagen wie z.B. Bankbestätigungen, KSV-Auskünfte, Wirtschaftsprüfungsberichte oder andere Liquiditätsbescheinigungen an. Trifft letzteres nicht zu, bitte führen Sie die näheren Umstände an.	
Antwort(en):		

Abschnitt 5: Sicherheitsanforderungen

Unterabschnitt 5.01: Sicherheitsbewertung durch den Wirtschaftsbeteiligten (Selbstbewertung)

5.01	Frage	Standards
5.01.1.	Welche Sicherheitsrisiken (unternehmensintern oder in Ihren Geschäftsbeziehungen zu Kunden, Lieferanten und externen Dienstleistern) haben Sie in Bezug auf die AEO-Sicherheitskriterien identifiziert?	ISO/PAS 28001:2006, Abschnitt A.4.2; ISPS Code
Antwort:		
5.01.2.	Wie werden Sicherheitsmaßnahmen in Ihrem Unternehmen umgesetzt und koordiniert und wer ist dafür zuständig?	ISO/PAS 28001:2006, Abschnitt A.3.3; ISO 9001: 2001, Abschnitt 5.5.1; ISPS Code
Antwort:		
5.01.3.	Verfügen Sie über Sicherheitsanweisungen, und auf welche Weise werden diese den Mitarbeitern und Besuchern, die das Firmengelände betreten, vermittelt? Sind diese dokumentiert (Handbuch, Arbeitsrichtlinien, Merkblatt, etc.)?	ISO/PAS 28001:2006, Abschnitt A.3.3. und A.4.2; ISPS Code
Antwort:		
5.01.4.	Gab es im letzten Jahr sicherheitsrelevante Zwischenfälle, und welche Maßnahmen wurden daraufhin eingeleitet? Führen Sie Aufzeichnungen über sicherheitsrelevante Zwischenfälle und über die gesetzten Maßnahmen?	ISO/PAS 28001:2006, Abschnitt A.3.3. und A.4.2; ISPS Code

Anhang

Antwort:		
5.01.5.	Wurden Sie bereits von einer anderen öffentlichen Stelle oder Behörde hinsichtlich (Transport-) Sicherheit zertifiziert? Wenn ja, führen Sie bitte diese Zertifikate an.	ISO/PAS 28801:2006, Abschnitt A.3.3. und A.4.3; ISPS Code Anerkannte Sicherheitszertifikate im Schiffs- und Luftverkehr gem. VO (EG) Nr. 2320/2002, 622/2003, und 725/2004
Antwort:		
5.01.6.	Gibt es besondere Sicherheitsanforderungen für die Waren, die Sie ein- oder ausführen?	ISPS Code
Antwort:		
5.01.7.	Bedienen Sie sich eines Sicherheitsunternehmens? Hat dieses Sicherheitsunternehmen eine Gefährdungseinschätzung Ihres Unternehmens vorgenommen?	ISPS Code
Antwort:		
5.01.8.	Welche besonderen Sicherheitsanforderungen haben Ihre Versicherungen oder Ihre Kunden an Ihr Unternehmen gestellt?	ISPS Code
Antwort:		

Unterabschnitt 5.02: Zutritt zum Firmengelände

5.02	Frage	Standards
5.02.1.	Wie wird der Zugang zum Firmengelände kontrolliert?	ISO/PAS 28001:2006, Abschnitt A.3.3.; ISPS Code
Antwort:		
5.02.2.	Welche Maßnahmen sind im Unternehmen im Falle unbefugten Eindringens auf das Firmengelände oder die Firmengebäude zu setzen? Wie werden diese Maßnahmen dem Personal vermittelt (z.B. Maßnahmenplan, Handbuch, Arbeitsrichtlinien, Schulungen)?	ISO/PAS 28001:2006, Abschnitt A.3.3.; ISPS Code
Antwort:		

Unterabschnitt 5.03: Physische Sicherheit

5.03	Frage	Standards
5.03.1.	Wie ist das Firmengelände nach außen gesichert (z.B. Zäune, Videoüberwachung, Alarmanlagen, Wachdienst, etc.)?	ISO/PAS 28001:2006, Abschnitt A.3.3.; ISPS Code
Antwort:		
5.03.2.	Geben Sie die Anzahl und Lage aller Tore und Zufahrten zum Firmengelände an. Wie werden diese gesichert bzw. überwacht?	ISO/PAS 28001:2006, Abschnitt A.3.3.; ISPS Code
Antwort:		
5.03.3.	Mit welchen Arten von Schließvorrichtungen sind Innen- und Außentüren, Fenster und Tore ausgerüstet?	ISO/PAS 28001:2006, Abschnitt A.3.3.
Antwort:		
5.03.4.	Sind sicherheitsrelevante Flächen, Zugänge, Tore, Fenster und Parkflächen beleuchtet?	
Antwort:		
5.03.5.	Verfügen Sie über ein Schlüsselverzeichnis oder sonstige Regelungen über die Ausgabe und Verwaltung von Schlüsseln? Erläutern Sie diese bitte gegebenenfalls.	ISO/PAS 28001:2006, Abschnitt A.3.3.
Antwort:		
5.03.6.	Verfügen Sie über dokumentierte Verfahren, die sicherstellen, dass nur autorisierte Personen Zutritt zu sensiblen Bereichen des Firmengeländes (diverse Gebäude, Abteilungen, etc.) haben? Falls nicht, beschreiben Sie detailliert Ihre Vorgangsweise.	ISO/PAS 28001:2006, Abschnitt A.3.3. und A.4.2; ISPS Code
Antwort:		
5.03.7.	Über welche Regelungen und Überwachungsverfahren verfügen Sie, um zu verhindern, dass nicht autorisierte Privatfahrzeuge in der Nähe von sensiblen Bereichen des Firmengeländes geparkt werden?	
Antwort:		
5.03.8.	Wie, von wem, und in welchen Abständen werden Kontrollen der Zäune und Gebäude durchgeführt; wie werden diese Kontrollen und deren Ergebnisse dokumentiert?	ISO/PAS 28001:2006, Abschnitt A.3.3.
Antwort:		

Unterabschnitt 5.04: Ladeeinheiten

5.04	Frage	Standards
5.04.1.	Ist der Zutritt zu Ladeeinheiten geregelt bzw. beschränkt?	ISO/PAS 28001:2006, Abschnitt A.3.3. ISPS Code
	Wie wird die Einhaltung der Zutrittsbeschränkungen gegebenenfalls sichergestellt?	
Antwort:		
5.04.2.	Mit welchen Maßnahmen werden unbefugter Zutritt und unautorisierte Manipulationen an Ladeeinheiten (insbesondere an Freilagerflächen) verhindert? (z.B. ständige Überwachung, Schulung und Sensibilisierung des Personals, Verschlüsse, Anleitungen zur Vorgangsweise bei unbefugtem Zutritt)? .	ISO/PAS 28001:2006, Abschnitt A.3.3. ISPS Code
Antwort:		
5.04.3.	Welche Verschlüsse verwenden Sie zur Sicherung der Ladung (z.B. Firmenverschlüsse, Zollverschlüsse, Hochsicherheitsverschlüsse?	ISO/PAS 17712
Antwort:		
5.04.4.	Welche Kontrollmaßnahmen setzen Sie bei der Überprüfung der Ladeeinheiten (z.B. 7-Punkte –Inspektionsprogramm: Vorderwand, Linke Seite, Rechte Seite, Boden, Abdeckung/Dach, Innenseite/Außenseite der Türen, Außenseite/Unterboden)?	ISO/PAS 28001:2006, Abschnitt A.3.3.
Antwort:		
5.04.6.	Falls Sie nicht Eigentümer der Ladeeinheiten sind: welche Maßnahmen werden getroffen, um die Unversehrtheit der Ladeeinheiten vor dem Beladen zu überprüfen? Gibt es diesbezügliche Richtlinien oder Arbeitsanweisungen für das Beladepersonal?.	
Antwort:		
5.04.7.	Durch wen, wo, und wie oft erfolgt die routinemäßige Wartung der Ladeeinheiten?	ISO/PAS 28001:2006, Abschnitt A.3.3.
	Wie erfolgt im Fall von externen Wartungen die Überprüfung der Unversehrtheit der Ladeeinheiten bei ihrer Rückkehr?	
Antwort:		

Anhang

Unterabschnitt 5.05: Logistikprozesse

5.05	Frage	Standards
5.05.1.	Welche Beförderungsmittel werden normalerweise von dem Unternehmen eingesetzt? Erfolgt die Beförderung ausschließlich durch Ihr Unternehmen selbst, oder werden auch externe Dienstleister (z.B. Spediteure, Frachtführer) beauftragt? Wie stellen Sie fest, ob der beauftragte Spediteur oder Frachtführer die erforderlichen Sicherheitsstandards erfüllt (z.B. durch Sicherheitszertifikate)? Treffen Sie sonstige Maßnahmen für ausgelagerte Beförderungstätigkeiten im Hinblick auf die Einhaltung von Sicherheitsstandards (siehe dazu Teil 1 Abschnitt IV Punkt IV.2. der AEO-Leitlinien)? Bitte geben Sie gegebenenfalls einen Überblick über Art und Umfang ihrer diesbezüglichen Maßnahmen.	
Antwort:		

Unterabschnitt 5.06: Nichtfiskalische Anforderungen

5.06	Frage	Standards
5.06.1.	Mit welchen Maßnahmen stellen Sie sicher, dass für Waren, die sicherheitsrelevanten Verboten und Beschränkungen oder sicherheitsrelevanten außenhandelsrechtlichen Bestimmungen unterliegen, die einschlägigen Bestimmungen eingehalten werden (z.B. Verwaltung von Lizenzen, Genehmigungen, Bewilligungen, Sonderkompetetenzen, besonders geschultes Personal, etc..)? Gibt es im Unternehmen hinsichtlich dieser Waren besondere Arbeitsanweisungen, Handbücher oder sonstige Anleitungen?	
Antwort:		

Unterabschnitt 5.07: Eingehende Waren

5.07	Frage	Standards
5.07.1.	Wie ist die Warenannahme in ihrem Unternehmen geregelt (z.B. Zuständigkeiten, Überprüfung der Waren und Dokumente, Dokumentation der Ergebnisse, Informationsweitergabe, etc.)? Gibt es diesbezüglich Arbeitsanweisungen oder sonstige Anleitungen zur Ablauforganisation?	ISO 9001:2001, Abschnitt 6.2.2; ISO/PAS 28001:2006, Abschnitt A.3.3.
Antwort:		
5.07.2.	Sind Ihre Mitarbeiter über vereinbarte Sicherheitsvorkehrungen mit Lieferanten informiert, und wie wird deren Einhaltung sichergestellt?	ISO/PAS 28001:2006, Abschnitt A.3.3.
Antwort:		
5.07.3.	Mit welchen Maßnahmen stellen Sie sicher, dass eingehende Waren nicht unbeaufsichtigt bleiben?	ISO/PAS 28001:2006, Abschnitt A.3.3.
Antwort:		
5.07.4.	In welcher Form und wie oft informieren Sie Ihre Mitarbeiter über Sicherheitsmaßnahmen und Sicherheitsvorkehrungen?	ISO/PAS 28001:2006, Abschnitt A.3.3.
Antwort:		
5.07.5.	Wie erfolgt gegebenenfalls die Kontrolle der Unversehrtheit der Verschlüsse bei eingehenden Waren? Werden eingehende Waren gegebenenfalls versiegelt? Falls ja, welche Routinemaßnahmen sind dabei vorgesehen?	ISO/PAS 28001:2006, Abschnitt A.3.3.; ISO/PAS 17712
Antwort:		
5.07.6.	Werden die eingehenden Waren einheitlich gekennzeichnet bzw. erfolgt deren Lagerung in gesonderten Bereichen? Falls ja, wie erfolgt die Kennzeichnung bzw. wo werden sie gelagert?	ISO 9001:2000, Abschnitt 7.4
Antwort:		
5.07.7.	Wie sehen die Abläufe für das Zählen und Wiegen der eingehenden Waren aus?	ISO 9001:2000, Abschnitt 7.4
Antwort:		

Anhang

5.07.8.	Wie, wann und von wem werden eingehende Waren an Hand der Begleitpapiere überprüft und in Ihrer Bestandsverwaltung erfasst?	ISO 9001:2000, Abschnitt 7.4
Antwort:		
5.07.9.	Über welche Kontrollmechanismen verfügt Ihr Unternehmen bei festgestellten Unregelmäßigkeiten im Zusammenhang mit dem Eingang von Waren? Sind die Bereiche Einkauf, Lager, Verwaltung und Zahlungsabwicklung voneinander getrennt?	
Antwort:		

Unterabschnitt 5.08: Warenlagerung

5.08	Frage	Standards
5.08.1.	Welche Bereiche sind für die Warenlagerung vorgesehen?	
Antwort:		
5.08.2.	Verfügen Sie über dokumentierte Verfahren wie Bestandsaufnahmen durchzuführen sind, und dabei festgestellte Unregelmäßigkeiten behandelt werden? Falls nicht, beschreiben Sie detailliert Ihre Vorgangsweise.	ISO 9001:2001, Abschnitt 2.2
Antwort:		
5.08.3.	Werden Waren mit unterschiedlichem Risiko getrennt gelagert? Nach welchen Kriterien erfolgt die getrennte Lagerung gegebenenfalls (z.B. Gefahrgut, hochwertige Waren, Chemikalien, Waffen). Wie wird die unverzügliche Erfassung in der Materialbuchhaltung bzw. in den Bestandsaufzeichnungen sichergestellt?	TAPA (Technology Asset Protection Association) Zertifikat
Antwort:		
5.08.4.	Wie und durch wen erfolgt die Kommissionierung? Gibt es diesbezüglich Arbeitsanweisungen oder sonstige Anleitungen zur Ablauforganisation?	
Antwort:		

Unterabschnitt 5.09: Fertigung

5.09	Frage	Standards
5.09.1.	Welche Bereiche sind für die Produktion vorgesehen?	ISO/PAS 28001:2006, Abschnitt A.3.3.
	Wie wird im Fall von externen Produktionsstätten (z.B. Lohnveredeler, Streckengeschäfte) die Unversehrtheit der Waren gewährleistet(z.B. vertragliche Vereinbarungen)?	
Antwort:		
5.09.2.	Welche Vorkehrungen oder Standards existieren, um die Sicherheit des gesamten Produktionsprozesses zu gewährleisten (z.B. Zugangsbeschränkungen, Aufteilung der Kontrollfunktionen auf verschiedene Mitarbeiter, etc.)?	ISO/PAS 28001:2006, Abschnitt A.3.3.
Antwort:		
5.09.3.	Welche zusätzlichen (über die in Unterabschnitt 5.02 und 5.03 angeführten hinausgehenden) Sicherheitsmaßnahmen zum Schutz der Waren im Fertigungsprozess sind vorgesehen?	ISO/PAS 28001:2006, Abschnitt A.3.3.
Antwort:		
5.09.4.	Welche Mitarbeiter haben Zugang zu den Produktionsbereichen und den Waren?	ISO/PAS 28001:2006, Abschnitt A.3.3.
Antwort:		
5.09.5.	Wie wird im Fall der Verpackung der Endprodukte durch externe Dritte die Unversehrtheit der Waren gewährleistet?	
Antwort:		
5.09.6.	Wie erfolgt die Qualitätskontrolle für die Fertigprodukte?	
Antwort:		

Anhang

Unterabschnitt 5.10: Verladen von Waren

5.10	Frage	Standards
5.10.1.	Wie ist die Verladung in Ihrem Unternehmen geregelt (z.B. Zuständigkeiten, Überprüfung der Waren, Dokumente, und Beförderungsmitte, Dokumentation der Ergebnisse, Informationsweitergabe, etc.)? Gibt es diesbezüglich Arbeitsanweisungen oder sonstige Anleitungen zur Ablauforganisation?	ISO/PAS 28001:2006, Abschnitt A.3.3.
Antwort:		
5.10.2.	Wie wird die Einhaltung der von Kunden geforderten Sicherheitsvorkehrungen beim Verladen gewährleistet?	ISO/PAS 28001:2006, Abschnitt A.3.3.
Antwort:		
5.10.3.	Über welche Regelungen verfügen Sie um sicherzustellen, dass zu verladende Waren und der Verladevorgang nicht unbeaufsichtigt bleiben?	ISO/PAS 28001:2006, Abschnitt A.3.3.
Antwort:		
5.10.4.	In welcher Form und wie oft informieren Sie Ihre Mitarbeiter über Sicherheitsmaßnahmen und Sicherheitsvorkehrungen?	ISO/PAS 28001:2006, Abschnitt A.3.3.; ISPS Code
Antwort:		
5.10.5.	Wird bei abgehenden Waren ein Verschluss angelegt? Wie erfolgt in diesem Fall die Kontrolle der ordnungsgemäßen Verschlussanlegung?	ISO/PAS 28001:2006, Abschnitt A.3.3.; ISO/PAS 11712:116 ISO PAS 17712
Antwort:		
5.10.6.	Wie erfolgt die einheitliche Kennzeichnung der abgehenden Waren bzw. deren Lagerung in gesonderten Bereichen?	
Antwort:		
5.10.7.	Wie sehen die Abläufe für das Zählen und Wiegen der abgehenden Waren aus?	
Antwort:		

5.10.8.	Wie, wann und von wem werden abgehende Waren mit den Bestellungen und Ladelisten abgeglichen und in Ihrer Bestandsverwaltung ausgebucht?	
Antwort:		
5.10.9.	Über welche Kontrollmechanismen verfügt Ihr Unternehmen hinsichtlich der Feststellung von Unregelmäßigkeiten im Zusammenhang mit dem Verladen von Waren?	ISO/PAS 28801:2006, Abschnitt A.3.3.
Antwort:		

Unterabschnitt 5.11: Sicherheitsanforderungen an die Handelspartner

5.11	Frage	Standards
5.11.1.	Welche Standards für den Abschluss von vertraglichen Sicherheitsvereinbarungen mit Ihren Handelspartner existieren? Praktizieren Sie eine Risikoanalyse um die Wirksamkeit der vereinbarten Sicherheitsvorkehrungen zu überprüfen? Geben Sie bitte gegebenenfalls eine kurze Beschreibung über ihre Risikonalyse ab.	ISO/PAS 28001:2006, Abschnitt A.3.3.
Antwort:		
5.11.2.	Haben Sie während des letzten Jahres Verstöße gegen Sicherheitsvereinbarungen festgestellt?, Welche Maßnahmen haben Sie in diesen Fällen gegebenenfalls gesetzt?	
Antwort:		

Anhang

Unterabschnitt 5.12: Personalbezogene Sicherheitsaspekte

5.12	Frage	Standards
5.12.1.	Trägt Ihre Beschäftigungspolitik auch Sicherheitsaspekten Rechnung?	ISO/PAS 28001:2006, Abschnitt A.3.3.
Antwort:		
5.12.2.	Inwieweit werden neue Mitarbeiter, die in sicherheitsrelevanten Arbeitsbereichen eingesetzt werden sollen, oder bereits beschäftigte Mitarbeiter, , die in einen sicherheitsrelevanten Arbeitsbereich wechseln, Sicherheitsüberprüfungen unterzogen (z.B. Beibringung von Strafregisterbescheinigungen)? Wie wird im Fall des Ausscheidens von Personal sichergestellt, dass kein physischer oder elektronischer Zugang zum Firmengelände und zu den Firmendaten mehr möglich ist?	ISO/PAS 28001:2006, Abschnitt A.3.3.
Antwort:		
5.12.3.	In welcher Form, wie oft, und durch wen werden Sicherheitsschulungen für das Personal durchgeführt?	ISO/PAS 28001:2006, Abschnitt A.3.3.
Antwort:		
5.12.4.	Welche besonderen Sicherheitsanforderungen werden bei der Beschäftigung von Mitarbeitern mit zeitlich befristeten Arbeitsverträgen (Leiharbeiter, Aushilfskräfte, etc.) gestellt?	ISO/PAS 28001:2006, Abschnitt A.3.3.
Antwort:		

Unterabschnitt 5.13: Externe Dienstleistungen

5.13	Frage	Standards
5.13.1.	In welcher Form werden Sicherheitsanforderungen in die vertraglichen Vereinbarungen mit externen Dienstleistern (Sicherheitspersonal, Reinigungskräfte, etc.) aufgenommen?	ISO/PAS 28001:2006, Abschnitt A.3.3.
Antwort:		

4. Der zugelassene Wirtschaftsbeteiligte AEO – Häufig gestellte Fragen (FAQ)

Einführung

Das vorliegende Dokument enthält eine Zusammenstellung bisher aufgetretener Fragen zu den Vorschriften über den zugelassenen Wirtschaftsbeteiligten (AEO). Die Antworten und Lösungsvorschläge dienen als Orientierungshilfe, sind <u>unverbindlich</u> und beruhen auf den bisher gewonnen Erfahrungen aus den nationalen und EU-weiten Umsetzungsvorbereitungen zum AEO-Zertifizierungsverfahren.

Zitierungen beziehen sich, soweit nicht ausdrücklich anderweitig ausgeführt, auf die ZK-DVO.

Sollten sich weitere Fragen ergeben, werden die Wirtschaftsbeteiligten eingeladen, diese an das zuständige Competence Center <u>AEO-Austria@bmf.gv.at</u> zu richten.

Anhang

1. Allgemeine Fragen

1.1. Anträge

Ab wann können Anträge auf Erteilung eines AEO-Zertifikates gestellt werden?

Anträge auf Erteilung eines AEO-Zertifikates können ab 1. Jänner 2008 beim zuständigen Zollamt eingebracht werden.

1.2. Prüfung der Kriterien

Müssen die Zollbehörden alle AEO-Kriterien vor der Ausstellung des Zertifikates prüfen?

Ja, diese Verpflichtung ergibt sich aus Art. 14n.

1.3. Kosten

Was kostet die Zertifizierung pro Antrag (oder Standort)?

Für das Verfahren zur Erteilung von AEO-Zertifikaten werden seitens der Zollbehörden keine Kosten verrechnet.

1.4. Zertifizierung von Standorten

Wer bzw. was kann zertifiziert werden: die (natürliche oder juristische) Person oder bestimmte Standorte, Niederlassungen, etc.? Können einzelne Standorte von der Zertifizierung exkludiert werden?

Den AEO-Status erhält immer die den Antrag stellende Person bzw. das den Antrag stellende Unternehmen. Standortbezogene Zertifizierungen oder der Ausschluss einzelner Standorte von der Zertifizierung ist im Gegensatz zu ISO-Zertifizierungen oder zu den Bestimmungen über den Reglementierten Beauftragten[1] nicht möglich. Wichtig ist, dass nur zollrelevante Standorte für die Zertifizierung von Belang sind, d.h. solche, an denen für die AEO-Zertifizierung relevante Tätigkeiten vorgenommen werden (z.B. Export, Import, Produktion, Vesand, Umschlag, etc.).

1.5. Definition des Wirtschaftsbeteiligten

Definition des „Wirtschaftsbeteiligten" gemäß Art. 1 Nr. 12: wer darf AEO werden und wer nicht (insbesondere Zulieferer, Frächter die Ausfuhrwaren vom Hersteller zum Spediteur befördern, ...)?

Beispiele: Der Hersteller einer Ware, die für den Export bestimmt ist, ist

Wirtschaftsbeteiligter, auch wenn dieser nicht selbst Ausführer ist. Vorlieferanten, die ausschließlich Rohstoffe oder Halbfertigerzeugnisse mit Gemeinschaftsstatus zuliefern (auch wenn sie aus ursprungsrechtlichen Gründen Lieferantenerklärungen ausstellen), sind nicht Wirtschaftsbeteiligter. Treten diese jedoch in anderen Geschäftsfällen, wenn auch nur gelegentlich, bspw. als Einführer von Rohstoffen oder Vormaterialien auf, sind diese aus diesem Titel heraus wiederum zur Antragstellung legitimiert. Siehe dazu auch die Erläuterungen und Beispiele in den Leitlinien (Teil 1 Pkt. I.5.).

1.6. Repräsentative Anzahl zu prüfender Räumlichkeiten

Wie soll Artikel 14n der Verordnung 1875/2006 interpretiert werden? Was ist mit „... einem repräsentativen Teil dieser Räumlichkeiten ..." gemeint?

Nach Art. 14n (1) werden (bei beantragten „AEOS"- oder „AEOF"-Zertifikaten) die Sicherheitskriterien für alle Räumlichkeiten geprüft, die für die zollrelevante Tätigkeit des Antragstellers von Belang sind. Es gibt keine Richtlinie, wie viele Geschäftsräume im Fall einer großen Anzahl von Räumlichkeiten überprüft werden müssen. Laut Artikel 14n (1) zweiter Unterabsatz obliegt es den Zollbehörden (d.h. dem zuständigen, im Antragsverfahren federführenden Zollamt) zu entscheiden, welche Anzahl repräsentativ ist. Die Entscheidung wird vor allem davon beeinflusst werden, ob an allen relevanten Standorten gleiche oder unterschiedliche Standards vorhanden sind.

1.7. Verweise auf ISO

Sind die in den Leitlinien angegebenen ISO-Bezeichnungen korrekt?

„ISO 9001:2001" ist ein Druckfehler in den Leitlinien. Der richtige und aktuelle Standard ist ISO 9001:2000. Der Fehler in den Leitlinien wird mit der nächstene Verion korrigiert. Ferner wurde zwischenzeitlich klargestellt, dass „ISO PAS 28001" derzeit kein zertifizierbarer Standard, sondern lediglich ein Best Practise Katalog ist. Zertifizierbarer Standard ist ISO 28000.

1.8. Zollrechtliche Vereinfachungen

In Artikel 14b ZK-DVO sind einige Vereinfachungen im Bereich der zollrechtlichen Bewilligungen angeführt. Sind diese Vorschriften auch anwendbar, wenn ein AEO-Bewilligungsinhaber andere Vereinfachungen beantragt, wie z.B. den Ermächtigten Ausführer (Art. 90 ZK-DVO). Sollen die Zollbehörden die Bedingungen, die im Rahmen der AEO-Zertifizierung bereits überprüft wurden, erneut überprüfen oder nicht?

---

[1] VO (EG) Nr. 2320/2002 des Europäischen Parlaments und des Rates

Anhang

Die Vereinfachung des "Ermächtigten Ausführers" innerhalb der Vorschriften über den Ursprung (Artikel 90 und 117) wurde vom Gesetzgeber bewusst nicht in die Liste der Vereinfachungen nach Artikel 14b Absatz 1 aufgenommen. Die Vereinfachungen bei den Ursprungs verlangt die Einhaltung sehr spezieller Voraussetzungen die nicht generell mit den AEO-Kriterien verglichen werden können.

1.9. Reglementierte Beauftragte 1

Bezugnehmend auf Artikel 14k Absatz 3 der Verordnung 1875/2006 der Kommission und im besonderen wo steht, " ... so gelten die in Absatz 1 genannten Kriterien in Bezug auf die Räumlichkeiten, für die dem Wirtschaftsbeteiligten der Status des reglementierten Beauftragten bewilligt wurde, als erfüllt." und die EU Leitlinien (Seite 12) sind die Zollbehörden nicht verpflichtet die Sicherheitskriterien eines Antragstellers der reglementierter Beauftragter ist zu prüfen?

Gemäß Artikel 14k Absatz 3 gelten die Sicherheitsstandards nach Artikel 14k Absatz 1 für jene Standorte als erfüllt, für die der Status des Reglementierten Beauftragten erteilt wurde. Daher muss der Sicherheitsabschnitt im Fragebogen von einem reglementierten Beauftragten nicht ausgefüllt werden, wenn dieser Status alle für seine Zollaktivitäten relevanten Geschäftsräume umfasst. Das bedeutet aber auch, dass für alle Geschäftsräume, die nicht vom Status des reglementierten Beauftragten umfasst sind, der Sicherheitsabschnitt in Bezug auf diese speziellen Geschäftsräume auszufüllen ist und die Zollbehörden die Kriterien überprüfen müssen.

1.10. Reglementierte Beauftragte 2

Wenn eine Firma für alle Betriebsstätten reglementierter Beauftragter gem. Verordnung 2320/2002 ist, muss sie in Übereinstimmung mit Artikel 14k Absatz 3 ZK-DVO den Sicherheitsabschnitt des Fragebogens nicht beantworten. Das Problem ist nun, wenn eine Firma Waren auf dem Luft- und Seeweg versendet, und die Sicherheitskriterien nur für die Luftfrachtsendungen erfüllt werden. Mit anderen Worten, in den Betriebsstätten werden beide Arten von Waren versendet, es werden aber nur jene geprüft und gescannt, die per Luftfracht exportiert werden. Der Rest der Waren verlässt die Firma ohne zusätzliche Sicherheitskontrollen, so wie sie in die Firma gekommen sind. Erfüllt diese Firma nun die Voraussetzungen um die Sicherheitskriterien als gegeben anzunehmen?

Die Sicherheitskriterien für den reglementierten Beauftragten werden für die

Geschäftsräume als eingehalten betrachtet, für die der Wirtschaftsbeteiligte den Status des Reglementierten Beauftragten bewilligt hat. Das bedeutet aber weiters, dass wenn der Reglementierte Beauftragte mit Waren hantiert, die nicht von seinem Status des Reglementierten Beauftragten abgedeckt sind, die Erfüllung der Sicherheitskriterien gem. Artikel 14k für diese Waren überprüft werden muss.

1.11. Vertreter

Was genau ist die Definition des in Artikel 14f Buchstabe c) angeführten „Vertreters"?

Die Interpretation des Begriffes Vertreter in Zollangelegenheiten (*engl. legal representative in customs matters*) Zollangelegenheiten ist zur Zeit umstritten und wird aufgrund der Verzahnung von gemeinschaftlichem Zollrecht und nicht harmonisiertem Berufsrecht in den Mitgliedstaaten unterschiedlich ausgelegt. Während einige Mitgliedstaaten davon ausgehen, dass der Vertreter in Zollangelegenheiten eine zur Vertretung des antragstellenden Unternehmens legitimierte unternehmenszugehörige Person ist, hat die Kommission zwischenzeitlich klargestellt, dass darunter Personen zu verstehen sind, die nach geltendem Berufsrecht zur geschäftsmäßigen Vertretung von juristischen Personen in Zollangelegenheiten sowohl im verwaltungsbehördlichen als auch im gerichtlichen Verfahren befugt sind (Spediteure, Rechtsanwälte, etc.). Demnach wäre dieser Begriff weiter gefasst, als die Stellvertretungsregelung des Art. 5 ZK. Diese Auslegung wirft aber Probleme im Zusammenhang mit dem Konnex zur Zollredlichkeit des Antragstellers auf, die derzeit noch auf Gemeinschaftsebene diskutiert werden.

1.12. Angemietete Räumlichkeiten

Sind im Fall von angemieteten Lagern, Produktionsstätten, etc. die Sicherheitskriterien zu überprüfen, auch wenn diese Gebäude/Einrichtungen einer anderen Firma gehören?

Betreffend Lagereinrichtungen, Produktionsstätten usw., die sich im Eigentum des Antragstellers befinden, sind die Sicherheitskriterien des Artikel 14k von den Zollbehörden zu überprüfen.

Angemietete Räumlichkeiten, in denen der Antragsteller selbst zollrelevante Tätigkeiten durchführt sind dem Antragsteller zuzurechnen, und können daher auch hinsichtlich der Einhaltung der Kriterien überprüft werden.

Hat der Antragsteller die Möglichkeit bauliche Veränderungen durchzuführen, so ist er für die Erfüllung der Kriterien selbst verantwortlich.

Anhang

Hat der Antragsteller aufgrund der Mietvertragsgestaltung aber keine Möglichkeit bauliche Veränderungen an den gemieteten Räumlichkeiten zu tätigen oder Zugangskontrollen udgl. einzurichten, so hat er diesen Teil der Sicherheitsstandards mit seinem Vermieter durch entsprechende vertragliche Vereinbarungen sicherzustellen.

1.13. Vorlage von Unterlagen

Manche Unternehmen geben gemäß ihrer Firmenpolitik keine Organigramme, Namen/Vertretungsregelungen ihrer Mitarbeiter extern bekannt. Ist es ein Problem (z.B. Grund für formale Ablehnung), wenn im Antrag / Selbstbeurteilungsbogen diese Daten vorab nicht bekannt gegeben werden, sondern erst der Auditor vor Ort Einsicht in unsere Unterlagen erhält?

Die Bekanntgabe der in den Artikeln 14f und 14h sowie im Anhang 1c (insbesondere Ziffer 19 der Erläuterungen) der VO 1875/2006 genannten Personen ist eine zwingende Voraussetzung für die Erteilung des Zertifikats.

Darüber hinausgehende Angaben im Rahmen des Selbstbewertungsbogens sind grundsätzlich freiwillig, tragen aber dazu bei, das Zertifizierungsverfahren effizient und rasch durchzuführen. Alle dem Zollamt bekannt gegebenen Informationen und übermittelten Unterlagen unterliegen der Geheimhaltungspflicht und dem Datenschutz.

1.14. Durchführung der Pre-Audits

Wenn ein „Headquarter" den Antrag auf ein AEO-Zertifikat stellt, erfolgt ein Audit durch den Zoll dann nur im Headquarter oder auch an den anderen Standorten in Österreich (die zwar keine eigene Buchhaltung, aber eine Zollabteilung haben)?

Ein Pre Audit wird im Regelfall jedenfalls an jenem Standort durchgeführt werden, an dem die meisten Informationen hinsichtlich der Erfüllung der AEO-Kriterien zugänglich sind. Wird der *AEOS-* oder der *AEOF*–Status beantragt, d.h. auch eine Sicherheitszertifizierung angestrebt, muss die Zollbehörde grundsätzlich alle zollrelevanten Standorte des Unternehmens hinsichtlich angemessener Sicherheitsstandards überprüfen. Unter bestimmten Voraussetzungen[2]

---

[2] siehe Frage 1.6.

müssen aber nicht alle Standorte auditiert werden, sondern nur eine repräsentative Anzahl.

1.15. Einheitlichkeit der Zertifizierungsverfahren

Wird die Vorgehensweise der nationalen Zollbehörden abgestimmt und EU-weit einheitlich sein?

Die einheitliche Vorgangsweise wird national und auf EU-Ebene durch ein Netzwerk von AEO-Ansprechpartnern sichergestellt.

1.16. Aufwand für KMUs

Ist der Aufwand einer AEO-Zertifizierung für kleinere und mittlere Unternehmen überhaupt handhabbar und finanzierbar?

Der Aufwand für die Zertifizierung hängt von vielen Faktoren ab wie z.B. vorhandene Informationen über das Unternehmen, bereits erteilte Zollbewilligungen oder bereits vorhandene Standards. Die Zollbehörden müssen bei der Bewertung der Kriterien auch auf die besonderen Merkmale des Unternehmens wie z.B. die Größe oder das konkrete Geschäftsfeld bedacht nehmen. Erfahrungen im Pilotprojekt haben gezeigt, dass kleinere überschaubare Betriebe die Kriterien bisweilen sogar mit weniger Aufwand erfüllen können und die Bewertung durch den Zoll sogar einfacher ist, als dies etwa bei Großbetrieben oder Konzernen der Fall ist.

1.17. Unterschied „schwere Straftaten – schwere Zollzuwiderhandlungen"

Was ist der Unterschied zwischen den in Art. 14f lit. c angeführten „schweren Straftaten im Zusammenhang mit einem Verstoß gegen die Zollvorschriften" und den in Art. 14h Abs. 1 genannten „schweren Zuwiderhandlungen gegen die Zollvorschriften"?

Beide Begriffe werden national gleich ausgelegt. Anhaltspunkt für eine Interpretation der in der ZK-DVO unbestimmten Rechtsbegriffe liefern einschlägige Abkommen über die Zollzusammenarbeit[3]. Eine Liste der Delikte, die in Österreich unter diese Begriffsbestimmungen fallen, ist in Ausarbeitung und wird in die nationalen Arbeitsrichtlinien einfließen.

---

[3] Artikel 4 des Neapel II-Übereinkommens (§ 4 Nr. 18 ZollR-DG);
Artikel 12A des Übereinkommens über den Einsatz der Informationstechnologie im Zollbereich (ABlEG Nr. C 316 v. 27.11.1995);
Art.1 der Gemeinsamen Maßnahme vom 3. Dezember 1998 betreffend Geldwäsche, die Ermittlung, das Einfrieren, die Beschlagnahme und die Einziehung von Tatwerkzeugen und Erträgen aus Straftaten

Anhang

1.18. Dauer des Zertifizierungsverfahrens

Wie lange dauert das Zertifizierungsverfahren?

Die Dauer des Zertifizierungsverfahrens ist von vielen Faktoren abhängig. Von maßgeblicher Bedeutung für die Dauer des Verfahrens wird vor allem die Qualität des Antrages und der Selbstbewertung sein. Das BMF bietet auf seiner Internetseite ab Jänner 2008 die Möglichkeit an, den Antrag und die Selbstbewertung elektronisch zu erstellen und die Informationen dem zuständigen Zollamt elektronisch zu übermitteln.

1.19. Haftung

Wie ist die Haftung beim AEOS oder AEOF-Zertifikat geregelt? Besteht eine Analogie zum reglementierten Beauftragten nach VO (EG) Nr. 2320/2002? Besteht für AEOs ein höheres Haftungsrisiko?

Eine Analogie zur VO (EG) Nr. 2320/2002 und zur diesbezüglichen Umsetzungsgesetzgebung besteht insoweit nicht, als dass die Bestimmungen über den AEO im Gemeinschaftlichen Zollrecht keine Haftungsregelungen enthalten. Das Zollrecht kennt als Sanktion für die Nichteinhaltung der AEO-Kriterien lediglich die Aussetzung des AEO-Status oder den Widerruf des AEO-Zertifikates. Zur zivilrechtlichen Haftungssituation für AEOs gibt es derzeit aber offenbar kontroversielle Rechtsansichten, insbesondere inwieweit die Gemeinschaftlichen Zollvorschriften oder Teile davon als Schutzgesetz iSd. ABGB qualifiziert werden können.

In seiner Rechtswirkung entfaltet der AEO-Status einen Anspruch auf Erleichterungen bei sicherheitsrelevanten Zollkontrollen und/oder Vereinfachungen gemäß den Zollvorschriften. Weder im verfügenden Teil der VO (EG) Nr. 648/2005 noch in ihren Erwägungsgründen finden sich Hinweise, dass mit dem Status des zugelassenen Wirtschaftbeteiligten auch ein Drittschutz begründet werden soll.

Zweifellos ist es Zielsetzung der Sicherheitsnovelle, ein einheitliches Schutzniveau für Zollkontrollen an den Außengrenzen herzustellen. Das BMF geht aber davon aus, dass es speziell mit der Schaffung des AEO-Status keinesfalls in der Absicht der Gesetzgeber (EG) lag, dass gerade jene Wirtschaftsbeteiligte, die sich freiwillig höheren Standards unterwerfen, einem höheren - wenn auch zivilrechtlichen - Haftungsrisiko, und somit auch einem höheren Geschäftsrisiko ausgesetzt werden sollen. Schon alleine deshalb ist fraglich, ob die spezifischen Bestimmungen über den AEO oder auch nur das „AEOS-" oder „AEOF-Zertifikat" per se als Schutzgesetz iSd.

ABGB qualifiziert werden können, weil damit die Zielsetzungen, die mit dem AEO verfolgt werden, konterkarriert werden könnten.

Auch der große Interpretationsspielraum der AEO-Kriterien der durch die begleitenden, wenn auch rechtsunverbindlichen Leitlinien eher noch erweitert als eingegrenzt wird, lässt zwar eine risikoorientierte Einschätzung des AEO zu, jedoch kein konkretes Ge- oder Verbot erkennen. Selbst bloße abstrakte Gerfährdungsnormen oder finale Zielvorschriften sind zumindest nicht klar erkennbar, was nach herrschender Judikatur aber Voraussetzung wäre, um eine Vorschrift als Schutzgesetz zu qualifizieren.

Insofern könnte auch abgeleitet werden, dass die Vorschriften über den AEO zwar der effizienteren Vollziehung von Schutzgesetzen dienen können, per se jedoch kein Schutzgesetz darstellen. Inwieweit diese Vorschriften aber tatsächlich als Schutzgesetz zu qualifizieren sind, bleibt letztlich aber den Gerichten vorbehalten.

1.20. Lieferkette

Müssen alle Teilnehmer an der Lieferkette Inhaber eines AEO-Zertifikates sein?

Nein. AEOs sind nur für ihren Anteil an der Lieferkette, d.h. für die sich in ihrem Gewahrsam befindlichen Waren und für die von ihnen betriebenen Anlagen verantwortlich. Nach herrschender Rechtsmeinung sind AEOs aber angehalten, auch von ihren Geschäftspartnern, die Teil der Lieferkette sind, angemessene Sicherheitsstandards einzufordern, da auch die Geschäftspartner Einfluss auf die Sicherheit der Waren nehmen können. Die Leitlinien enthalten dazu Beispiele, welche Maßnahmen hier getroffen werden können.

1.21. Begriff „Ladeeinheiten"

Was sind Ladeeinheiten?

Ladeeinheiten im Straßenverkehr sind Behälter oder Frachtfahrzeuge, im Eisenbahnverkehr Behälter oder Frachtwaggons oder sonstige multimodale Frachtcontainer oder transportable Behälter.

Wesentlich dabei ist, dass es sich bei einer "Ladeeinheit" um einen geschlossenen Aufbau handelt, an den gegebenenfalls (Zoll-)verschlüsse angelegt werden können.

1.22. Inanspruchnahme von Vorteilen

1) Firma ist AEO-zertifiziert, beauftragter Spediteur nicht: Kann AEO-Firma Vorteile des AEO-Verfahrens (zollrechtliche Vereinfachungen) in Anspruch nehmen?

Nach Auffassung des BMF ja, dem AEO sind allerdings Fehler und Qualitätsmängels seines Vertreters zuzurechnen, sodass er entsprechende risikominimierende Maßnahmene setzen sollte. EU-weit ist diese Frage aber derzeit noch ungeklärt und steht gegenwärtig in Diskussion.

Nicht transaktionsbezogene, im konzeptiven Bereich gewährte zollrechtliche Vereinfachungen (z.B. schnellere Bewilligungsverfahren, weniger nachträgliche Prüfungen) stehen dem AEO unabhängig vom Status seines Vertreters jedenfalls zu.

2) Spediteur ist AEO-zertifiziert, Firma für die Spediteur Export/Import durchführen soll ist nicht AEO-zertifiziert, kann Spediteur AEO-Vorteile in Anspruch nehmen.

Dies hängt einerseits vom konkreten Zertifikatstyp (Sicherheit oder Zollvereinfachungen) ab, und ist anderseits davon abhängig, welche Art von Vorteilen gemeint sind (Vorteile bei der Zollabfertigung, konzeptive Vorteile im Bewilligungsverfahren oder indirekte (geschäftliche) Vorteile (siehe auch Frage 1.22).

1.23. Auslagerung von zollrelevanten Tätigkeiten

Wie ist vorzugehen, wenn ein Antragsteller einen Teil seiner zollrelevanten Tätigkeiten an ein anderes Unternehmen ausgelagert hat (Abwicklung der Ausfuhrförmlichkeiten, Produktion, Lagerung, usw.)? Was hat der Antragsteller im Selbstbewertungskatalog anzugeben? Sind die betreffenden AEO-Kriterien bei der anderen Firma zu prüfen?

An ein anderes Unternehmen ausgelagerte Tätigkeiten (z.B. Transport, Lagerung) sind dem Antragsteller nicht zuzurechnen (Ausnahme: Vertretung im Zollverfahren). Die Einhaltung von Qualitäts- und Sicherheitsstandards sollten, wenn der Geschäftspartner nicht selbst AEO ist, durch entsprechende vertragliche Vereinbarungen sichergestellt werden. Im Regelfall wird die Prüfung der AEO-Kriterien auf ausgelagerte Tätigkeiten nicht auszudehnen sein. Eine rechtliche Legitimation für derartige Prüfungen ist jedoch gegeben (§ 24 ZollR-DG).

2. Antrag und Selbstbewertung

2.1. Zurücknahme des Antrags durch den WB

Besteht für den Antragsteller die Möglichkeit, den Antrag zurückzunehmen, ohne dass dies als Widerruf angesehen wird, um so die 3 Jahres-Regel für einen Neuantrag zu vermeiden?

Die Zurücknahme eines Antrages ist grundsätzlich möglich. Die Ablehnung eines AEO-Antrages aus welchen Gründen auch immer bewirkt aber im Unterschied zum Widerruf eines bereits erteilten AEO-Zertifikates gemäß Art. 14v keine Sperrfrist.

2.2. Angabe der TIN und UID

Im Antrag wird die in jedem MS verwendete Identifikationsnummer angegeben (Feld 8 und 9). Feld 8 betrifft die UID Nummer(n) und Feld 9 bezieht sich auf die TIN(s). Heißt das, dass ein Antragsteller in einem MS im AEO-Antrag alle möglichen UID-Nummern und/oder TIN(s) anführen muss?

Jede eigenständige Rechtsperson muss einen eigenen Antrag im zuständigen Mitgliedstaat stellen. Ist die Person in mehreren Mitgliedstaaten registriert (z.B. „TIN" und UID-Nr. in AT sowie „Zollnummer" und weitere UID in DE) sind alle diese Nummern im Antrag anzugeben.

Identifikationsnummern anderer Rechtspersonen (z.B. Tochterunternehmen) sind nicht anzugeben.

2.3. Feld 17 des Antrags

Was ist die im Feld 17 des Antragsformulars anzugebende "Stelle, die für die Bereitstellung aller Zollunterlagen verantwortlich ist"? Was bedeutet „Bereitstellung" im Zusammenhang mit Zollunterlagen, und was ist der Sinn dieser Angabe im Zusammenhang mit einem Zollaudit?

Das Audit bzw. das Hauptaudit des federführenden Zollamtes sollte grundsätzlich an jenem Unternehmensstandort stattfinden, an dem die meisten zollrelevanten Informationen über das Unternehmen zugänglich sind. Bei größeren Unternehmen oder Konzernen ist es nicht auszuschließen, dass der Ort (die Orte), an dem Zollunterlagen aufbewahrt werden und der Ort, an dem die Hauptbuchhaltung geführt wird, voneinander Abweichen. In diesen Fällen ist die Namhaftmachung eines Standortes erforderlich, die für die Bereitstellung gegebenenfalls dezentral aufbewarter Unterlagen verantwortlich ist. In vielen Fällen wird in den Feldern 16, 17 und 18 aber die gleiche Adresse aufscheinen.

2.4. Möglichkeit für „Sammelantrag"

Kann ein Konzern einen Sammelantrag für alle Konzernunternehmen stellen?

Nein. Unter bestimmten Voraussetzungen (z.B. einheitliche Standards und Geschäftsprozesse in allen Konzernunternehmen) könnte aber akzeptiert werden, dass die Muttergesellschaft eine Gesamtbewertung für alle Konzernfirmen abgeben. Hinsichtlich der praktischen Abwicklung (Konsultationsverfahren, Sprachenproblematik) wird sich aber erst zeigen, ob sich diese Vereinfachung auch tatsächlich als Erleichterung erweist.

2.5. Standorte und Betriebsstätten

Muss für jeden Standort, jede Betriebstätte, jedes Zolllager, etc. ein eigener Antrag abgegeben werden? Was ist zu tun, wenn ein Unternehmen mehrere Betriebstätten, Standorte, Zolllager etc. im Zuständigkeitsbereich mehrerer Zollämter hat.

Je Antragsteller (natürliche oder juristische Person) ist (nur) ein Antrag zu stellen. Hat ein Unternehmen mehrere rechtlich nicht selbständige zollrelevante Standorte oder Niederlassungen (z.B. Zolllager, Zollbüros, Inlandslager, etc.), nimmt das zuständige („federführende") Zollamt bei Bedarf mit dem für die jeweiligen Standorte zuständigen Zollämtern Kontakt auf, die gegebenenfalls ergänzende Audits durchführen. Im Antrag und im Selbstbewertungsbogen sind daher Angaben zu allen Standorten zu machen.

2.6. Selbstbewertung (nationaler Fragenkatalog)

Ist die Selbstbewertung verpflichtend durchzuführen?

Vom rechtlichen Standpunkt betrachtet ist die Selbstbewertung nicht verpflichtend, sie ist aber Voraussetzung für ein rasches und effizientes Zertifizierungsverfahren. Vor allem die Dauer des Pre Audits kann durch eine gewissenhafte und aussagekräftige Selbstbewertung maßgeblich reduziert werden.

2.7. Bestehende Bewilligungen

Begründen bestehende Bewilligungen einen automatischen Anspruch auf ein AEO-Zertifikat?

Bestehende Zollbewilligungen begründen keinen automatischen Anspruch auf Ausstellung eines AEO-Zertifikates. Jedoch fließen über das Unternehmen vorhandene Informationen (z.B. Erkenntnisse aus Zollanmeldungen, Bewilligungsverfahren,

Prüfungsergebnissen, zollamtlicher Überwachung) in die Gesamtbewertung des Unternehmens ein und können Prüfintensität und Prüfumfang entsprechend reduzieren.

2.8. Selbstbewertungskatalog, Pkt. 5.08.5 (Zugang zu Lagerbereichen)

Welche Mitarbeiter haben Zugang zu den verschiedenen Lagerbereichen und den Waren? Sind für die Beantwortung dieser Frage Namensangaben erforderlich oder nicht, oder genügt die Angabe "NUR BEFUGTE"?

Namen sind nicht erforderlich. Die Frage stellt auf systematische Maßnahmen, wie Zugangsbeschränkungen oder Zugangskontrollen ab, um das Risiko von unbefugtem Zugang oder Manipulation an Lagerwaren zu minimieren.

Anhang

3. Fristen

3.1. Übergangsfristen

Artikel 2 der Kommissionsverordnung (EG) Nr. 1875/2006 vom 18.12.2006 sieht eine Ausdehnung von bestimmten Fristen während einer Dauer von 24 Monaten beginnend mit 1.1.2008 vor. Sind diese Fristen für jedes AEO-Ansuchen das vor dem 31.12.2009 vorgelegt wird, gültig, oder müssen diese bis 31.12.2009 angepasst sein?

Die verlängerten Übergangsfristen gelten für alle Anträge, die vor dem 1. Jänner 2010 eingebracht werden.

3.2. Fristenlauf

Der Beginn der Fristen gemäß Art. 14c ist unklar. Wann steht denn nun fest, dass der Zollbehörde alle für die Annahme des Antrages benötigten Unterlagen vorliegen, insbesondere dann, wenn kein Mängelbehebungsauftrag ergeht?

Für den Beginn der Fristen gemäß Art. 14l Abs.1 (Frist für die Übermittlung der Antragsdaten an die AEO-Datenbank durch den Zoll) und Art. 14o Abs.2 (Frist für die Entscheidung über den Antrag) ist immer die Annahme des Antrages durch das Zollamt auslösend. Der Zeitpunkt der Annahme des Antrages ist jener Zeitpunkt, zu dem das Zollamt dem Antragsteller die Annahme des Antrages mitteilt. Die Mitteilung über die Annahme ist im Gegensatz zur Nichtannahme keine Entscheidung (Bescheid), ergeht formlos und wird in Österreich per e-Mail ergehen. Innerhalb von 30 Kalendertagen ab Eingang des Antrages (Datum des zollamtlichen Eingangsstempels) muss daher entweder ein Mängelbehebungsauftrag mit Fristsetzung zur Behebung des Mangels, oder die Mitteilung über die Annahme des Antrages ergehen. Die zollamtliche Prüfung der formellen und materiellen Annahmevoraussetzungen gemäß Artikel 14f muss spätestens 30 Tage nach Einlangen des Antrages abgeschlossen sein.

4. Informationsaustausch

4.1. Konsultationsverfahren – Fristverlängerung

Die Frist, innerhalb der die konsultierte Zollbehörde der konsultierenden Zollbehörde antworten muss, kann verlängert werden, wenn der Antragsteller Anpassungen vornimmt um die Kriterien zu erfüllen, und dies der konsultierten und konsultierenden Zollbehörde mitteilt. Wer trifft die Entscheidung zur Fristverlängerung? Die konsultierte Zollbehörde (welche die Probleme des Antragstellers bei der Erfüllung der Kriterien kennt), oder die konsultierende Zollbehörde (welche das Zertifikat erteilt)?

Eine Verlängerung der Konsultationsfrist wird mangels eindeutiger Regelung zwischen den beteiligten Zollbehörden einvernehmlich unter Einbindung der jeweiligen nationalen Zentralstellen festzulegen sein.

4.2. Informationsverfahren – Frist

Gemäß Artikel 14l Absatz 2 übermitteln die Zollbehörden eines anderen Mitgliedstaates sachdienliche Informationen, die die Erteilung des Zertifikats in Frage stellen, innerhalb einer Frist von 35 Kalendertagen (während der Übergangsfrist 70 Kalendertage) an die ausstellende Zollbehörde. Bedeutet dies, dass keine Zertifikate vor der Frist von 35/70 Kalendertagen ausgestellt werden dürfen, auch wenn die ausstellende Behörde alle Kriterien innerhalb einer kürzeren Frist prüfen könnte?

Ja. Da alle Mitgliedstaaten, in denen der Antragsteller Zollaktivitäten setzt, relevante Informationen übermitteln könnten, kann vor Ablauf dieser Fristen kein AEO-Zertifikat erteilt werden.

4.3. Unterschied Informations- und Konsultationsverfahren

Was ist der Unterschied zwischen Informationsverfahren (Art. 14l) und Konsultationsverfahren (Art. 14m)?

Informationsverfahren: Nach der Erfassung der AEO-Antragsdaten in der EU-Datenbank kann jeder Mitgliedstaat sachdienliche Informationen über den Antragsteller, die die Erteilung des Zertifikates in Frage stellen könnten, übermitteln. Die Informationen fließen in die Gesamtbewertung des federführenden Mitgliedstaates ein.

Konsultationsverfahren: Wenn nicht alle Kriterien von der für die Antragsbearbeitung zuständigen Zollverwaltung geprüft werden können, müssen die von den zollrelevanten

Tätigkeiten des Antragstellers betroffenen Mitgliedstaaten zwecks Überprüfung eines oder mehrerer Kriterien konsultiert werden. Im Falle einer negativen Rückmeldung eines Mitgliedstaates, darf das Zertifikat grundsätzlich nicht erteilt werden. Es besteht aber die Möglichkeit, Anpassungen vorzunehmen (Art. 14m Abs.1) und auch im Konsultationsfall ist das Parteiengehör gemäß Art. 14o Absatz 4 zu wahren.

4.4. Zweites Konsultationsverfahren?

Nach Art. 14m ZK-DVO müssen sich die Zollbehörden in bestimmten Fällen obligatorisch konsultieren. Die Konsultation ist demnach innerhalb von 60 Kalendertagen abzuschliessen. Führt das Ergebnis der Konsultationen nicht sofort zur Ablehnung des Antrages sondern nur voraussichtlich, wird der Antragsteller unter sinngemässer Anwendung des. Art. 14o Abs. 4 ZK-DVO aufgefordert innerhalb von 30 Tagen dazu Stellung zu nehmen. Die Antwort des Antragstellers führt möglicherweise dazu, dass neuerlich ein Konsultationsverfahren nötig ist. Ist daher die Durchführung eines weiteren Konsultationsverfahren möglich, insbesondere im Hinblick auf die vorgegebenen Fristen ? Eine neuerliche Konsultation würde ja unter Umständen dazu führen, dass die 90-Tagesfrist bzw. 120 -Tagesfrist überschritten wird.

Anpassungen sollten im Regelfall schon im Rahmen des ersten Konsultationsverfahren und im Rahmen der dortigen Fristverlängerungsmöglichkeit vorgenommen werden können (Art. 14m Abs.1 Unterabsatz 2). Umso mehr als dass die Entscheidungs- und Konsultationsfrist bis Ende 2009 auf 300 Tage bzw. 120 Tage erstreckt ist. Danach sollten sich die Konsultationsverfahren zwischen den Mitgliedstaaten entsprechend eingespielt haben.

5. Annahmevoraussetzungen (Art. 14d und 14f)

5.1. Allgemeine Annahmevoraussetzungen

Welche Voraussetzungen bestehen für die Annahme eines AEO-Antrages?

Die Überprüfung der allgemeinen Voraussetzungen eines AEO-Antrages (formelle Prüfung) erfolgt nach Antragseingang beim Zollamt und umfasst folgende Kriterien:

- Ist die Zuständigkeit Österreichs und des befassten Zollamtes gegeben?
- Wurde eine vollständiger und ordnungsgemäß ausgefüllter Antrag samt verpflichtender Anlagen gemäß Anhang 1c abgegeben?
- Fällt der Antragsteller unter den Begriff des Wirtschaftsbeteiligten?
- Ist ein Insolvenzverfahren anhängig?
- Liegt eine Verurteilung wegen einer schweren Straftat des Antragstellers im Zusammenhang mit seiner wirtschaftlichen Tätigkeit vor?
- Liegt eine Verurteilung eines Vertreters des Antragstellers in Zollangelegenheiten im Rahmen seiner (Vertretungs-) Tätigkeiten wegen einer schweren Straftat im Zusammenhang mit einem Verstoß gegen die Zollvorschriften vor?
- Wurde der Antrag innerhalb der Sperrfrist von 3 Jahren ab Widerruf eines AEO-Zertifikates eingebracht?

5.2. Zuständiger Mitgliedstaat

In welchem EU-Mitgliedstaat ist der Antrag auf Erteilung eines AEO-Zertifikates abzugeben?

Maßgebend ist der Mitgliedstaat, in dem die so genannte "Hauptbuchhaltung" geführt wird, bzw. in dem diese zugänglich gemacht wird. Im Zusammenhang mit den AEO-Bestimmungen sind unter dem Begriff Hauptbuchhaltung die Aufzeichnungen und Unterlagen zu verstehen, anhand derer die Zollbehörden die Erfüllung der AEO-Kriterien prüfen und überwachen können. Wird die Hauptbuchhaltung nicht in der EU geführt oder kann die „Führung" der Hauptbuchhaltung im Unternehmen einem bestimmten Standort nicht eindeutig zugeordnet werden (z.B. bei dezentraler IT-gestützter Aufzeichnungsführung), ist jener Mitgliedstaat zuständig, von dem aus die allgemeine logistische Verwaltung des Antragstellers erfolgt und die relevanten Aufzeichnungen zumindest im IT-System des Beteiligten eingesehen werden können.

5.3. Zuständiges Zollamt

Bei welchem österreichischen Zollamt ist der Antrag auf Erteilung eines AEO-Zertifikates einzubringen?

Bei Zuständigkeit der österreichischen Zollverwaltung ist der Antrag bei jenem Zollamt einzubringen, in dessen Bereich sich der Wohnsitz bzw. Sitz des Antragstellers befindet. Ist die österreichische Zollverwaltung zwar für die Antragsbearbeitung zuständig, hat der Antragsteller jedoch keinen Sitz in Österreich, ist für die Antragsbearbeitung das Zollamt Innsbruck zuständig (§ 54 ZollR-DG).

5.4. Antragsteller

Kann ein AEO-Antrag für einzelne Geschäftsräume einer juristischen Person z.B. bestimmte Lieferketten oder bestimmte Abteilungen eines Unternehmens gestellt werden?

Es ist nicht möglich, den AEO-Status nur auf bestimmte Standorte oder spezifische Lieferketten (z.B. Verkehrsarten) zu begrenzen.

5.5. Begriff der „Hauptbuchhaltung"

Was ist die Hauptbuchhaltung? Was ist unter Hauptbuchhaltung "...*in Bezug auf die betreffenden Zollregelungen...*" im Sinne des Art. 14d zu verstehen?

Nach Art. 14 d) umfasst die Hauptbuchhaltung die Aufzeichnungen und Unterlagen, anhand derer die Voraussetzungen und Kriterien für die Erlangung des AEO-Status geprüft und überwacht werden können. Diese Definition gilt nur für Zwecke der Bestimmung des Mitgliedstaates, in dem der Antrag auf Erteilung eines AEO-Zertifikates eingebracht werden soll (Zuständigkeitsbestimmung). Die einschränkende Formulierung "... in Bezug auf die Zollregelungen ..." verdeutlicht, dass begrifflich nicht die vollständige Unternehmensbuchführung (Buchführungssystem) gemeint ist, sondern nur jene Aufzeichnungen, die die Zollbehörden zur Überprüfung der AEO-Voraussetzungen (14g) und AEO-Kriterien (Art. 14h bis 14k) benötigen, z.B.

- Unterlagen, die die Zahlungsfähigkeit untermauern (z.B. KSV-Selbstabfragen)
- Lizenz- bzw. Bewilligungsverwaltung
- Zuständigkeitsregelungen
- interne Arbeitsanweisungen und Ablaufbeschreibungen
- Handbücher, Workflows, etc.
- Auditergebnisse und Selbstbewertungsergebnisse
  (z.B. ISO, CEN, TAPA, SQAS, etc.)
- interne Kontrollstandards

- Verträge, Geschäftsbedingungen, Einkaufsbedingungen, Ausschreibungen, Sicherheitserklärung
- Kundendatenbank, bzw. Lieferantenregister

5.6. **Führung und Auslagerung der Buchhaltung**

Was ist unter den Begriffen „Führung der Buchhaltung" bzw. „Auslagerung der Buchhaltung" zu verstehen.

Führung der Buchhaltung bedeutet, wo diese physisch verwaltet wird.

Auslagerung bedeutet, dass mit der physischen Führung der Buchhaltung ein anderes Unternehmen, ggf. auch innerhalb des Konzerns beauftragt wird.

5.7. **Definition „schwere Straftaten"**

Was sind schwere Straftaten im Sinne des Art. 14f?

Eine Definition wird in den nationalen Arbeitsrichtlinien festgelegt und orientiert sich an einschlägigen Abkommen zur Zollzusammenarbeit (siehe Frage 1.17).

6. AEO-Kriterien – Prüfung und Bewertung

6.1. Einhaltung der Zollvorschriften (Art. 14h)

6.1.1. Abgrenzung des Begriffs „Zollvorschriften"

Artikel 14h ZK-DVO sieht vor, dass die Einhaltung der Zollvorschriften als angemessen angesehen werden kann, wenn innerhalb der vergangenen 3 Jahre keine schweren und keine wiederholten Zollzuwiderhandlungen begangen wurden. Jedoch kann die Einhaltung der Zollvorschriften als angemessen betrachtet werden, wenn etwaige Zuwiderhandlungen im Verhältnis zu Zahl oder Umfang der zollrelevanten Vorgänge geringfügig sind und keinen Zweifel am guten Glauben des Antragstellers aufkommen lassen. Sind nur Verstöße gegen Zollvorschriften oder auch solche gegen Steuervorschriften maßgeblich?

Als „Zollvorschriften" gelten die in Art. 4 Nr. 1 und 2 des Neapel II-Abkommens genannten Vorschriften (ABlEG Nr. C 24 v. 23.1.1998). Nähere Erläuterungen werden die nationalen Arbeitsrichtlinien enthalten.

6.1.2. Einhaltung der Zollvorschriften (dienstlich oder privat)

Müssen die in Artikel 14h Absatz 1 Buchstaben a bis d ZK-DVO angeführten Personen die Zollvorschriften nur hinsichtlich ihrer geschäftlichen Tätigkeit oder auch im privaten Bereich einhalten? Wenn zum Beispiel ein Manager einer Firma die den AEO-Status beantragt versucht hat 10 Packungen Zigaretten, die er vom Urlaub mitgebracht hatte, durch den Grünkanal zu schmuggeln, und dabei im Rahmen einer Zollkontrolle erwischt wurde erfüllt dann die Firma die Kriterien nach Artikel 14h Absatz 1 ZK-DVO?

Die in Artikel 14h Absatz 1 ZK-DVO angeführten Personen dürfen keine Verstöße gegen die Zollvorschriften begangen haben, egal ob geschäftlich oder privat. Wenn der Gesetzgeber beabsichtigt hätte, dass private Aktivitäten ausgenommen sind, dann würde der Wortlaut dieses Artikels: "... schwere oder wiederholte Zuwiderhandlungen gegen die Zollvorschriften im Zusammenhang mit ihrer wirtschaftlichen Tätigkeit" lauten, und zwar in der gleichen Art wie dies in Artikel 14f Buchstabe b ZK-DVO präzisiert ist. Da es diese Einschränkung in Artikel 14h ZK-DVO nicht gibt, umfasst der Bereich der Verstöße sowohl geschäftliche als auch private Aktivitäten.

IV. Österreichische Vorschriften

6.1.3. Verstöße gegen die Zollvorschriften – Personenkreis

Welcher Personenkreis muss nach Art. 14h lit. 1 ZK-DVO hinsichtlich Verstößen gegen die Zollvorschriften überprüft werden? Insbesondere bei der Auslagerung von Tätigkeiten (Erstellen der Zollanmeldung, komplette Lagerung, etc.)

Werden Tätigkeiten wie z.B. Produktion, Lagerung, Zollabfertigung, Transport, Logisitik etc. an andere Unternehmen ausgelagert, wird die Einhaltung der Zollvorschriften bei diesen Unternehmen im Regelfall nicht überprüft. Der Antragsteller hat aber durch entsprechende vertragliche Vereinbarungen Qualitäts- und Sicherheitsstandards bei den Geschäftspartnern einzufordern, sofern diese nicht selbst AEO sind. Verstöße des Vertreters gegen die Zollvorschriften, die im Zusammenhang mit der Geschäftätigkeit des Vertretenen stehen, muss sich der Vertretene allerdings anrechnen lassen.

6.1.4. Definition „schwere bzw. wiederholte Zollzuwiderhandlungen"

Was sind schwere bzw. wiederholte Zollzuwiderhandlungen im Sinn des Art. 14h ZK-DVO?

Definitionen werden in den nationalen Arbeitsrichtlinien festgelegt und orientieren sich an einschlägigen EU-Abkommen betreffend die Zollzusammenarbeit.

6.2. Buchführung (Art. 14i ZK-DVO)

6.2.1. Unterscheidung Gemeinschafts-/Nichtgemeinschaftswaren

Artikel 14i, letzter Absatz ZK-DVO sieht vor, dass ein Antragsteller der das AEO-Zertifikat nach Art. 14a Absatz 1 Buchstabe b ZK-DVO beantragt, die in Unterabsatz 1 Buchstabe c genannten Anforderungen nicht erfüllen muss. Warum muss ein Antragsteller der ein Zertifikat für AEO/Sicherheit beantragt nicht über ein logistisches System verfügen, das zwischen Gemeinschafts- und Nichtgemeinschaftswaren unterscheidet?

Der Grund ist, dass die Sicherheitsvorschriften nicht zwischen Gemeinschafts- und Nichtgemeinschaftswaren unterscheiden. Die Sicherheitsvorschriften finden auf alle Waren Anwendung die in das Zollgebiet verbracht werden oder dieses verlassen, unabhängig von deren Status. Dies ist in der Präambel sowie in den Artikeln 36a und 182a der Verordnung (EG) Nr. 648/2005 festgelegt.

6.2.2. Buchführung außerhalb der EU

Ist es ein Problem, wenn der Ort der körperlichen Aufbewahrung von Datenfiles und Datensystemen auf einem Server außerhalb der EU ist, und die Firma keine ISO-Zertifizierung oder andere anerkannte Zertifikate hat, die mit den AEO-Kriterien übereinstimmen?

Ist der Zugang zu den benötigten Daten gem. Artikel 14d ZK-DVO gewährleistet, sind die erforderlichen Prüfungsmöglichkeiten gegeben. Die körperliche Speicherung der Daten außerhalb der EU ist nicht hinderlich. ISO oder andere Standards sind nicht verpflichtend.

6.2.3. Verfahren für die Handhabung von VuB

Ein AEOC-Zertifikat kann erteilt werden, wenn der Antragsteller die Voraussetzungen der Artikel 14h, 14i und 14j ZK-DVO erfüllt. Werden Verfahren für die Handhabung von Einfuhr- oder Ausfuhrlizenzen in Verbindung mit Verboten und Beschränkungen (Artikel 14k Absatz 1 Buchstabe d vorausgesetzt, wenn der Wirtschaftsbeteiligte nur ein AEOC Zertifikat beantragt?

Artikel 14i Buchstabe e) ZK-DVO legt fest, dass ein Antragsteller "ausreichende Verfahren für die Bearbeitung von Lizenzen und Genehmigungen im Zusammenhang mit handelspolitischen Maßnahmen oder mit dem Handel mit landwirtschaftlichen Erzeugnissen" haben muss. Artikel 14i Buchstabe e) ZK-DVO ist eine verpflichtende Voraussetzung für AEOC, AEOS und AEOF.

Die Definition von "handelspolitischen Maßnahmen" lautet gem. Artikel 1 ZK-DVO wie folgt:

"7. Handelspolitische Maßnahmen: nichttarifäre Maßnahmen, die im Rahmen der gemeinsamen Handelspolitik durch Gemeinschaftsvorschriften über die Regelungen für die Ein- und Ausfuhr von Waren getroffen worden sind, wie Überwachungs- und Schutzmaßnahmen, mengenmäßige Beschränkungen oder Höchstmengen sowie Ein- und Ausfuhrverbote"

Es ist also möglich auch bei einem AEOC-Antragsteller zu prüfen, ob er ausreichende Maßnahmen in Bezug auf Verbote oder Beschränkungen hat. Dieser Punkt wird bei einer Überarbeitung der AEO-Leitlinien berücksichtigt werden.

6.3. Zahlungsfähigkeit (Art. 14j ZK-DVO)

6.3.1. Nachweise

Wie kann die Zahlungsfähigkeit geprüft bzw. nachgewiesen werden?

Siehe dazu Abschnitt 4 der AEO-Leitlinien, der eine beispielhafte Liste von Nachweisen auflistet. Bevorzugt werden Auskünfte des Kreditschutzverbandes von 1870.

6.4. Sicherheitsstandards (Art. 14k ZK-DVO)

6.4.1. Standards für Vertragliche Vereinbarungen/Sicherheitserklärungen

Vertragliche Vereinbarungen bzw. Sicherheitserklärungen.
Sind Standards dafür vorgesehen? Falls ja, welche? Wann ist das eine, wann das andere erforderlich?

Empfehlung: Vertragliche Vereinbarungen (z.B. Einkaufsbedingungen) sollten mit Langzeit-Partnern angestrebt werden, Sicherheitserklärungen für "Laufkundschaften" bzw. häufiger wechselnde Geschäftspartner. Denkbar wäre auch, standardisierte Geschäftsbedingungen wie z.B. die Allgemeinen Österreichischen Spediteursbedingungen (AÖSp) im Hinblick auf die Aufnahme von zusätzlichen Sicherheitsanforderungen anzupassen. Ein Muster einer von der Kommission empfohlenen Sicherheitserklärung steht bereits zur Verfügung und ist auf der Internetseite des BMF downloadbar.

6.4.2. Leihpersonal

Wie ist die Sicherheit in Bezug auf temporäres (Leih-)Personal bzw. Drittanbieter zu gewährleisten? Für welchen Personenkreis sind z.B. Sicherheitsvereinbarungen zu treffen (Reinigungspersonal im Lager)?

In die Verträge mit den Geschäftspartnern (z.B. Personalvermittlungsagenturen) sind entsprechende Vereinbarungen aufzunehmen die sicher stellen, dass nur zuverlässiges (Leih-) Personal, das Zutritt zu sicherheitsrelevanten Firmenbereichen hat, eingesetzt wird.

6.4.3. Verschlüsse

Physische Sicherheit von Exportsendungen. Sind immer Verschlüsse anzulegen? Wie ist im Fall von Stückgutsendungen vorzugehen?

Um die Sicherheit der Waren zu gewährleisten ist dafür Sorge zu tragen, dass die abgehenden Sendungen gegen Manipulationen geschützt sind. Das Anlegen von Verschlüssen ist eine von mehreren möglichen Maßnahmen. Abhängig von der konkreten Geschäftsbeziehung und der konkreten Konstellation der Lieferkette sind aber auch Alternativen zur Verschlussanlegung denkbar.

6.4.4. Anerkennung von Sicherheitsstandards

Welche Sicherheitsstandards bzw. Sicherheitsregime sollen beim AEO gelten? ISO 28000, TAPA und/oder andere? In welcher Form kann die Anerkennung bestehender Standards für AEO-Security Zwecke erfolgen?

Für die Anerkennung von Sicherheitsstandards gelten 3 Faustregeln:

Für Standorte, die bereits im Rahmen der Luftverkehrssicherheitsbestimmungen (VO 2320/2002) als "reglementierte Beauftragte" zertifiziert sind, gelten ex lege die Sicherheitskriterien (14k ZK-DVO) als erfüllt (d.h. es sind keine weiteren Prüfmaßnahmen erforderlich).

Informationen bezüglich Standorte reglementierter Beauftragter sowie ein Auszug aus dem nationalen Sicherheitsprogramm (NaSP) können unter dem Link (http://www.bmvit.gv.at/verkehr/luftfahrt/sicherheit/index.html) eingesehen werden.

Vorhandene ISO- oder CEN-Zerifizierung sowie internationale anerkannte Sicherheitszeugnisse können, soweit diese mit den AEO-Kriterien (Art. 14k ZK-DVO) korrespondieren, anerkannt werden.

Sonstige gängige Normen (z.B. DIN, TAPA, IFS, SQAS, ...) können als "Sachverständigengutachten" iSd. Art. 14n ZK-DVO anerkannt werden, soweit sie mit den AEO-Kriterien korrespondieren.

6.4.5. Verweise auf Sicherheitsstandards

Sind Querverweise auf Standards in der Selbstbewertung zulässig?

Da den Zollverwaltungen die Inhalte privater Standards (z.B. ISO, usw.) im Hinblick auf urheberrechtliche und finanzielle Aspekte im Regelfall nicht bekannt sind, wäre im Falle von Querverweisen wie folgt vorzugehen:

Mit einem Verweis auf einen entsprechenden Standard bringt der AEO-Antragsteller zum Ausdruck, dass ein vorhandener Standard mit einem konkreten AEO-Kriterium korrespondiert.

Ein Verweis auf den entsprechenden Unterpunkt bzw. auf einen entsprechenden Abschnitt ist erforderlich, lediglich die Anführung einer konkreten Norm (z.B. ISO 9001) ist wenig aussagekräftig und wird das AEO-Prüfungsverfahren nur in beschränkter Form rationalisieren können.

6.4.6. Sicherheitserklärung

Gibt es eine AEO-Sicherheitserklärung (vergleichbar mit den Erklärungen der "Bekannten Versender" gemäß VO (EG) Nr. 2320/2002)?

Ein Muster einer EU-weiten Sicherheitserklärung wurde entwickelt, und dessen Verwendung von der Europäischen Kommission empfohlen. PDF-Speicherversionen werden in deutscher und englischer Sprache auf der Internetseite des BMF zur Verfügung gestellt.

6.4.7. Anerkennung von C-TPAT Überprüfungen

Können die Ergebnisse von C-TPAT Überprüfungen anerkannt werden. Wenn ja, in welchem Umfang bzw. unter welchen Voraussetzungen?

Wurden C-TPAT Überprüfungen am Standort/an den Standorten des Antragstellers vorgenommen und liegen dem Antragsteller die Ergebnisse vor, können diese als Sachverständigengutachten gemäß Art. 14n Abs.2 anerkannt werden.

6.4.8. Räumlichkeiten

Für welche Räumlichkeiten eines Unternehmens sind die Sicherheitsstandards zu überprüfen?

Für die Sicherheitskriterien relevante Räumlichkeiten sind all jene eines Unternehmens, in denen zollrelevante Aktivitäten (z.B. Produktion, Umschlag, Lagerung, Export, Import) stattfinden.

6.4.9. Unterlagen betreffend Sicherheitsstandards

Sind die Dokumentationen betreffend vorhandener Sicherheitsstandards dem zertifizierenden Zollamt verpflichtend vorzulegen?

Im Rahmen des Pre-Audits kann/soll sich das Audit-Team zumindest stichprobenweise durch Einschau in betriebsinterne Aufzeichnungen von der Übereinstimmung mit den AEO-Kriterien vergewissern.

Die Einforderung von papiermäßigen Unterlagen zu den einschlägigen Standards hat (mit Ausnahme der in den nationalen Arbeitsrichtlinien ausdrücklich geforderten Unterlagen) zu unterbleiben!

Anhang

5. Ausfüllhilfe und Checkliste für AEO-Anträge

Pflichtangaben lt. EU-Datenbank gelb hinterlegt.
Musterdaten *blau* angeführt.

Bitte unbedingt auf die rechtsverbindliche Zeichnung laut Firmenbuch achten.

Nur in der EU-Datenbank ersichtlich	
Land	AT
Antragsnummer	AT08xxxxxxAEOx
Zollstelle	ATxxxxxx
Annahmedatum des Antrages: Muss für das CC-Kundenadministration ersichtlich sein	2008-01-01

1.
Antragsteller	*Max Mustermann GMBH*

2.
Rechtsform des Antragstellers	*Gesellschaft mit beschränkter Haftung*

3.
Datum der Gründung	*2008-01-01*

4. Anschrift des Unternehmens

Name	*Max Mustermann GMBH*
Straße	*Musterstraße 1*
PLZ	*1234*
Ort	*Musterstadt*
Land	*AT*

5. Ort der Hauptniederlassung

Name	*Max Mustermann GMBH*
Straße	*Musterstraße 1*
PLZ	*1234*
Ort	*Musterstadt*
Land	*AT*

6. Ansprechpartner

Name	*Vorname Nachname (Titel)*
Telefon	*+4312345678*
Fax	*+431234567890*
E-mail	*mail@mail.at*

7. Postanschrift
(nur wenn nicht gleich Feld 4)

Name	
Straße	
PLZ	
Ort	
Land	

8. Umsatzsteuer-Identifikationsnummer

Land	UID-Nummer
AT	*Uxxxxxxxx*

9. TIN Trader Identification Number(s)

Land	TIN
AT	*AT093xxxxxxxxxx*

10. Firmenbuchnummer

FN xxxxx x

11. Art des beantragten Zertifikates

Type	AEOx

IV. Österreichische Vorschriften

12. Wirtschaftszweig

Erzeugung von xxxxx

13. Mitgliedsstaaten, in denen eine zollrelevante Tätigkeit ausgeübt wird (bei Anträgen in Österreich zumindest AT)

Land
AT
DE

14. Grenzübergänge (Kennzahlen lt. Customs Office List COL)

Grenzübergänge
z.B.: AT920000
z.B.: SI001131

15. Bereits bewilligte Vereinfachungen und Erleichterungen, Zertifikate nach Artikel 14k Absatz 4

(falls vorhanden)

Vereinfachungen	Code	Ordnungsbegriff	
z.B.: zugelassener Empfänger	F	z.B. ATxxAUAExxxxxx	Auflistung auf Seite 3

Erleichterungen
xxx

Zertifikate	Nummer
z.B.: reglementierter Beauftragter	z.B.: GZ. BMVIT-63.119/0021-II/L3/2007

16. Ort, an dem die Zollunterlagen aufbewahrt werden

Name	Max Mustermann GMBH
Straße	Musterstraße 1
PLZ	1234
Ort	Musterstadt
Land	AT

17. Stelle, die für die Bereitstellung aller Zollunterlagen verantwortlich ist (nur wenn nicht gleich Feld 16)

Name	
Straße	
PLZ	
Ort	
Land	

18. Ort, an dem die Hauptbuchhaltung geführt wird (nur wenn nicht gleich Feld 16)

Name	Max Mustermann GMBH
Straße	Buchweg 1
PLZ	4321
Ort	Musterdorf
Land	AT

19. Firmenmäßige Zeichnung (rechtsverbindliche Zeichnung lt. Firmenbuch)

Stellung im Unternehmen:	Prokurist
Name:	Vorname Nachname (Titel)
Datum:	2008-01-15
Anzahl der Anhänge	
Zustimmung zur Veröffentlichung	☒ Ja ☐ Nein

Anhang

Art der Vereinfachung		Zollverfahren	Bewilligungsnummer bzw. Ordnungsbegriff lt. Kundenadministration (AT)
	Text	Code	
AE	zugelassener Empfänger	F	zB. ATxxAUAExxxxxx
AR	zugelassener Versender	F	
CD	zugelassener Versender Kontrollexemplar T5	F	
DP	Zahlungsaufschub (Zollkasse)	H	
EA	ermächtigter Ausführer	A	
EL	Vereinfachtes Verfahren Art. 76 1c ZK (Anschreibeverfahren) Ausfuhr	A	
ER	Vereinfachtes Verfahren Ausfuhrerstattung - AE Typ 3	A	
EU	besondere Verwendung (lt. Tarif)	H	
FW	Freilager	I	
FZ	Freizone	I	
GU	Sicherheit im Versandverfahren: z. B. Gesamtbürgschaft	F	
IL	Vereinfachtes Verfahren Art. 76 1c ZK (Anschreibeverfahren) Einfuhr	H	
IP	aktive Veredelung	I	
IV	Sammelanmeldung für EUST	H	
OP	passive Veredelung	I	
PC	Umwandlung	I	
SD	Vereinfachtes Verfahren Art. 76 1b ZK (Vereinfachtes Anmeldeverfahren) Einfuhr	H	
SE	Vereinfachtes Verfahren Art. 76 1b ZK (Vereinfachtes Anmeldeverfahren) Ausfuhr	A	
SR	Vereinfachtes Verfahren - VDZ	F	
TE	Carnet TIR – Zugelassener Empfänger	F	
TI	Vorübergehende Verwendung	I	
TL	Bew. nach Art. 324a ZK-DVO (Ausstellung T2L und T2LF)	G	
TS	Vorübergehende Verwahrung (Verwahrungslager)	I	
WA	Zolllager Typ "A"	I	
WB	Zolllager Typ "B"	I	
WC	Zolllager Typ "C"	I	
WD	Zolllager Typ "D"	I	
WE	Zolllager Typ "E"	I	
WF	Zolllager Typ "F"	I	
RR	Zugelassener Versender im Eisenbahnverkehr	F	
RE	Zugelassener Empfänger im Eisenbahnverkehr	F	
TR	Vereinfachtes Versandverfahren Eisenbahnverkehr	F	

6. e-zoll AEO-Zertifizierung

Elektronische Antragstellung – Benutzeranleitung
Stand. 01. Jänner 2008

Ab 02. Jänner 2008 besteht die Möglichkeit, AEO-Zertifizierungsanträge über ein elektronisches System zu erstellen.

Informationen und Tipps zum AEO-Antragsverfahren sind auf der Homesite des Bundesministerium für Finanzen unter www.bmf.gv.at [Zoll | Wirtschaft | Sicherheitsnovelle und Zugelassener Wirtschaftsbeteiligter (AEO)] oder direkt unter https://www.bmf.gv.at/Zoll/Wirtschaft/Sicherheitsnovelleu_6600/_start.htm zu finden. Von dort aus besteht auch die Möglichkeit, über den Punkt **Zum IT-unterstützten Antrags- und Selbstbewertungsverfahren** direkt zum elektronischen Antragsverfahren zu gelangen.

Aus rechtlichen Gründen ist der über das e-zoll Antragsverfahren elektronisch erstellte Antrag auf eine AEO-Zertifikat bis auf weiteres auszudrucken und unterfertigt beim zuständigen Zollamt einzubringen.
Die Antragsdaten werden parallel dazu elektronisch an das zuständige Zollamt übermittelt.

Die Selbstbewertung, die nicht Teil des Antrages ist, kann gänzlich papierlos durchgeführt, und samt elektronischen Anlagen an das zuständige Zollamt übermittelt werden.
Für die Erstellung der Selbstbewertung ist zumindest die erste Seite des Antrages auszufüllen und zu speichern.

Hinweis:
Die in diesem Dokument mit dem Maussymbol 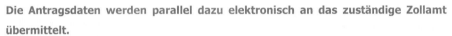 gekennzeichneten Abbildungen weisen auf eine Eingabe per Mausklick hin.

Die mit gekennzeichneten Stellen verdienen besondere Beachtung.

Felder in Eingabemasken, die in der Anwendung mit einem Sternchen* gekennzeichnet sind, sind Pflichtfelder und müssen eine Eintragung enthalten.

Anhang

1. Allgemeine Hinweise

1.1. Bildschirmmasken

In der **Hauptmenüleiste** (grau unterlegt) sind die Hauptmenüs des Antragsverfahrens dargestellt

In der **Untermenüleiste** (hellblau unterlegt) sind die jeweiligen Untermenüs des ausgewählten Hauptmenüs dargestellt.

Das aktuell ausgewählte Menü wird jeweils in hellblauer Schrift dargestellt.

Für die Beendigung eines Arbeitsschrittes ist

1. der Menüpunkt Home auszuwählen,
   um zur Begrüßungsseite zurück zu gelangen oder
2. der Menüpunkt Ende auszuwählen, um die Anwendung zu beenden (Logout).

Über die Info-Buttons ℹ️ können vorhandene Infotexte zum jeweiligen Eingabefeld aufgerufen werden.

1.2. Login

1.2.1. Registrierung

Für die Gewährleistung der Datensicherheit ist es erforderlich, eine Registrierung zum e-zoll AEO-Zertifizierungsverfahren vorzunehmen.

Der Aufruf der Registrierungsseite erfolgt durch Anklicken des Wortes ‚**registrieren**'.

IV. Österreichische Vorschriften

LOGIN

Benutzername *
Passwort *

[Login]

Wenn Sie am e-zoll AEO-Zertifizierungsverfahren online teilnehmen wollen, müssen Sie sich zuerst registrieren.

Falls Sie Ihr Passwort vergessen haben, dann fordern Sie bitte ein neues Passwort an.

Bitte lesen Sie unbedingt die allgemeinen Hinweise für die Benutzung des Systems.

Wir möchten darauf hinweisen, dass wir zu Ihrem Schutz Verfahren zur Rückverfolgung von Angriffen gegen das System "e-zoll AEO-Zertifizierung" installiert haben. Allfällige Angreifer haben daher mit strafrechtlichen Konsequenzen zu rechnen.

Für die Registrierung sind die erforderlichen Felder auszufüllen.

 Die eingetragene e-Mail-Adresse die maßgebliche e-Mail-Adresse für jene Mitteilungen, die direkt in elektronischer Form mit dem Antragsteller kommuniziert werden, wie z.B. die Bestätigung der Registrierung und die Übermittlung des vom System vergebenen Passwortes.

Das Wiederholen der e-Mail-Adresse ist erforderlich, um durch Vergleich der beiden Eintragungen Schreibfehler möglichst auszuschließen. Aus diesem Grund ist es empfehlenswert, die Eintragung eines Feldes **nicht** durch Kopieren in das andere Feld zu übertragen.

REGISTRIEREN

Benutzername *
Titel:
Vorname: *
Nachname: *
Geburtsdatum: *   Kalender TT.MM.JJJJ
Email: *
Email wiederholen: *

[Registrieren]

Zurück zum Login.

Anhang

Der Benutzername dient der eindeutigen Identifikation eines Wirtschaftsbeteiligten und ist bei der Registrierung frei wählbar zu bestimmen.

Eine Änderung des Benutzernamens ist später nicht mehr möglich.

1.2.2. Erfolgreiche Registrierung

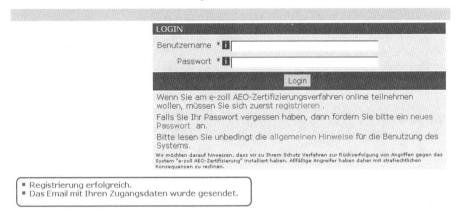

Die erfolgreiche Registrierung wird durch einen entsprechenden Hinweis bestätigt.

Gleichzeitig erfolgt der Versand eines e-Mails mit den Zugangsdaten an die angegebene e-Mail-Adresse, als Versender scheint AEO-Austria@bmf.gv.at auf.

Für den erstmaligen Login ist der gewählte Benutzername sowie das per Mail übermittelte Passwort zu verwenden.

 Nach erfolgreicher Registrierung ist es unbedingt erforderlich, das Passwort neu zu definieren.

e-zoll AEO-Zertifizierung

Antrag   Selbstbewertung   Administration   Home   Ende

- Anmeldung erfolgreich.
- Ihr Passwort ist abgelaufen. Bitte geben Sie ein neues ein.

Administration

Passwort ändern

Altes Passwort: *
Neues Passwort: *
Neues Passwort wiederholen: *

Die Passwörter müssen eine Länge von 6-20 Zeichen haben.

Speichern

1.2.3. Administration

Eine spätere Änderung des Passwortes ist jederzeit über den Menüpunkt **Administration** möglich.

Anhang

2. Antrag auf AEO-Zertifikat

e-zoll AEO-Zertifizierung

2.1. Neuer Antrag

Über den Untermenüpunkt **Antrag auf AEO-Zertifikat** im Hauptmenü **Antrag** kann ein neuer Antrag (Button Neuer Antrag) erstellt werden.

2.2. Anträge verwalten

Bereits erfasste AEO-Anträge können über den Menüpunkt **Antrag auf AEO-Zertifikat** in der Untermenüleiste des Menüs **Antrag** in der Hauptmenüleiste aufgerufen und verwaltet werden.

IV. Österreichische Vorschriften

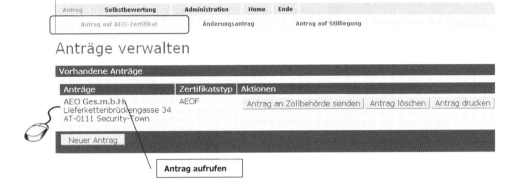

Folgende Verwaltungsfunktionen für AEO-Anträge stehen zur Verfügung:

- **Antrag an Zollbehörde senden** (siehe Punkt 2.3)
- **Antrag löschen** – löscht den nebenstehenden Antrag
- **Antrag drucken** – ermöglicht die Druckansicht und in weiterer Folge den Ausdruck des Antrages
- **Neuer Antrag** – ermöglicht die Erfassung eines neuen Antrages
- **Antrag zur Bearbeitung aufrufen** – diese Funktion kann durch direktes Anklicken des Namens des Antragstellers aufgerufen werden (siehe Punkt 2.4).

2.3. Antrag an Zollbehörde senden

Vollständig ausgefüllte AEO-Anträge können direkt an die zuständige nationale Zollbehörde übermittelt werden. Die Funktion kann über die Antragsverwaltung (siehe Punkt 2.2) aufgerufen werden

Anhang

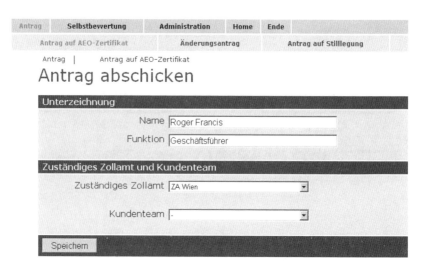

Für die Übermittlung der Antragsdaten ist das zuständige Zollamt auszuwählen, die Auswahl eines Kundenteams ist optional möglich.

Nach dem Speichern der Eintragungen wird durch Betätigung des Buttons **Senden** der Antrag in elektronischer Form an die Zollbehörde übermittelt.

Nach Übermittlung des Antrages in elektronischer Form wird der erfolgreiche Sendevorgang bestätigt. Der Antrag kann über den Button **Antrag drucken** für den physischen Versand an das zuständige Zollamt ausgedruckt werden.

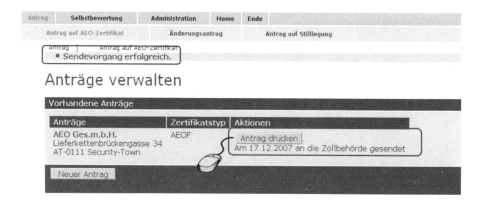

IV. Österreichische Vorschriften

Aus rechtlichen Gründen ist der über das e-zoll Antragsverfahren elektronisch erstellte Antrag auf eine AEO-Zertifikat auszudrucken und unterfertigt beim zuständigen Zollamt einzubringen.
Es ist ausschließlich jene Antragsversion unterfertigt an das Zollamt zu übermitteln, die nach elektronischem Versand zum Ausdruck zur Verfügung steht.

2.4. Antrag bearbeiten

Über die Funktionalität im Menü ‚Anträge verwalten' (siehe Punkt 2.2) kann ein Antrag zur Bearbeitung aufgerufen werden.

Für alle weiteren Bearbeitungsschritte sowie für den Aufruf von Funktionalitäten (z.B. Erstellung der Selbstbewertung) ist es erforderlich, die Seite 1 des Antrages (Grunddaten des Unternehmens und des Antrages) vollständig auszufüllen und zu speichern.

Anhang

2.4.1. Navigationsleiste – Antrag bearbeiten

Für die direkte Navigation innerhalb des Antrages steht ab der 2. Seite des Antrages am linken Bildschirmrand ein Navigationsmenü zur Verfügung.

Durch Anklicken eines Menüeintrages gelangt man direkt zur ausgewählten Bildschirmmaske.

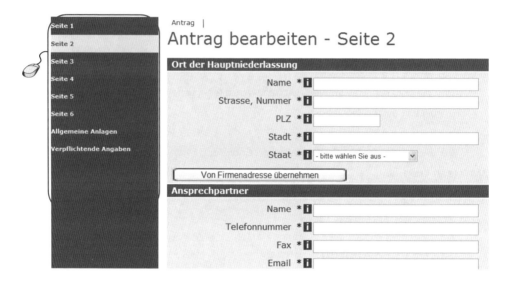

2.4.2. Anlagen zum Antrag

Anlagen zum Antrag können von der nationalen Zollbehörde eingesehen werden und sind im Zuge der notwendigen papiermäßigen Übermittlung des Antrages nicht zu übermitteln.

2.4.2.1. Allgemeine Anlagen

Für die Übermittlung der im Rahmen des Antragsverfahrens erforderlichen Informationen besteht die Möglichkeit, dem Antrag eine oder mehrere allgemeine Anlagen hinzuzufügen.

Durch Auswahl des Navigationsmenüs **Allgemeine Anlagen** können dem Antrag allgemeine Anlagen (Dateien) hinzugefügt werden.

Die Anlagen sind von einem lokalen Laufwerk oder einem Netzlaufwerk

1. über den Button Durchsuchen... auszuwählen und nach Auswahl und Übernahme des Dateipfades in das Eingabefeld (im Browser z.B. durch Doppelklick oder Button ‚Öffnen')
2. durch Betätigung des Buttons Anlage hinzufügen dem Antrag anzufügen.

Der Inhalt der Anlage bzw. die Art des angefügten Nachweises ist im Feld ‚Kommentar' zu erläutern.

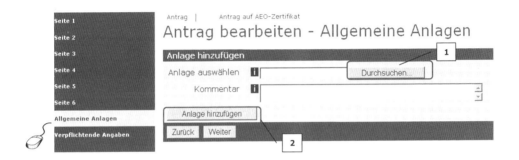

Die bereits hinzugefügten Anlagen werden in einer Auflistung dargestellt.

Eine bereits hinzugefügte Anlage kann durch Betätigung des Buttons Löschen wieder aus dem Antrag entfernt werden.

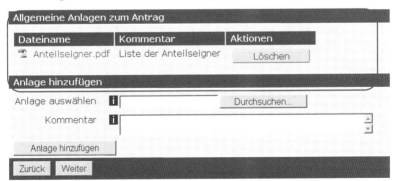

391

Anhang

2.4.2.2. Anlagen zu den Verpflichtenden Angaben

Für die Beantwortung der Fragen im Rahmen der Auskunftserteilung **Verpflichtende Angaben** besteht die Möglichkeit, jedem Punkt eine oder mehrere Anlagen hinzuzufügen.

Eine bereits hinzugefügte Anlage kann durch Betätigung des Buttons Löschen wieder aus dem Antrag entfernt werden.

Die Anlagen sind von einem lokalen Laufwerk oder einem Netzlaufwerk

1. über den Button Durchsuchen... auszuwählen und nach Auswahl und Übernahme des Dateipfades in das Eingabefeld (im Browser z.B. durch Doppelklick oder Button Öffnen)
2. durch Betätigung des Buttons Anlage hinzufügen dem Antrag anzufügen.

Die Anlage ist einem Punkt der ‚Verpflichtenden Angaben' zuzuordnen.
Der Inhalt der Anlage bzw. die Art des angefügten Nachweises ist im Feld ‚Kommentar' zu erläutern.

Die hinzugefügten Anlagen werden beim jeweils ausgewählten Punkt dargestellt.

Eine bereits hinzugefügte Anlage kann durch Betätigung des Buttons Löschen wieder aus dem Antrag entfernt werden.

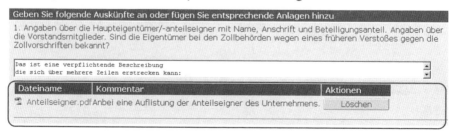

3. Selbstbewertung

 Für die Erstellung der Selbstbewertung ist es erforderlich, die Seite 1 des Antrages (Grunddaten des Unternehmens und des Antrages) vollständig auszufüllen und zu speichern.

3.1. Neue Selbstbewertung erstellen

Über den Hauptmenüpunkt **Selbstbewertung** kann für einen bereits vorhandenen AEO-Antrag eine Selbstbewertung (Button **Neue Selbstbewertung erstellen**) erstellt werden.

3.2. Selbstbewertung verwalten

Bereits erfasste Selbstbewertungen können über den den Hauptmenüpunkt **Selbstbewertung** aufgerufen und verwaltet werden.

Anhang

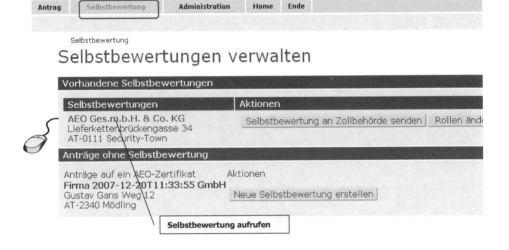

Folgende Verwaltungsfunktionen für Selbstbewertungen stehen zur Verfügung:

- Selbstbewertung an Zollbehörde senden (siehe Punkt 3.3)
- Rollen ändern (siehe Punkt 3.4)
- Neue Selbstbewertung erstellen – ermöglicht die Erfassung einer neuen Selbstbewertung zu einem Antrag, für den noch keine Selbstbewertung erfasst wurde.
- **Selbstbewertung zur Bearbeitung aufrufen** – diese Funktion kann durch direktes Anklicken des Namens des Antragstellers aufgerufen werden (siehe Punkt 2.4).

3.3. Selbstbewertung an Zollbehörde senden

Selbstbewertungen können direkt an die zuständige nationale Zollbehörde übermittelt werden. Die Funktion kann über die Verwaltung Selbstbewertungen (siehe Punkt 3.2) aufgerufen werden

Eine Selbstbewertung kann nur an das Zollamt übermittelt werden, wenn bereits zuvor der zugehörige AEO-Antrag in elektronischer Form an das Zollamt übermittelt wurde

IV. Österreichische Vorschriften

3.4. Rollen auswählen

Voraussetzung für die Erstellung einer Selbstbewertung ist die Auswahl der Rolle(n) des Unternehmens in der Lieferkette.

Entsprechend der ausgewählten Rollen erfolgt die Zusammenstellung des Fragenkataloges für die Selbstbewertung.

Rollen auswählen

Bereits ausgewählte Rollen können über die Funktionalität ‚Selbstbewertungen verwalten' geändert werden (siehe Punkt 3.2)

Der Fragenkatalog wird entsprechend der Auswahl der Rollen aktualisiert. Hiebei ist jedoch zu beachten, dass bereits eingetragene Antworten auf Fragen, die in den geänderten Rollen nicht mehr aufscheinen, verloren gehen.

3.5. Selbstbewertung bearbeiten

3.5.1. Fragenkatalog

Zur Erhaltung der Übersichtlichkeit und einfachen Navigationsmöglichkeit erfolgt die Gliederung des Fragenkataloges in

- Abschnittsüberschriften,
- Kapitelüberschriften,
- Fragenüberschriften.

(siehe Abbildung unten).

Durch direktes Anklicken der Überschriften gelangt man jeweils zu einer weiteren oder übergeordneten Ebene des Fragenkataloges.

Anhang

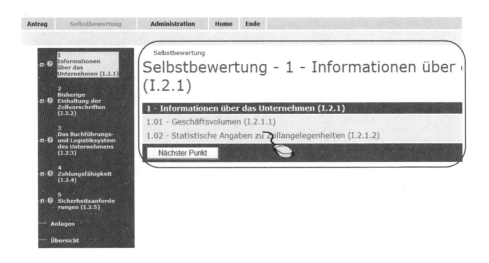

3.5.2. Navigationsleiste – Selbstbewertung

Für die direkte Navigation innerhalb der Selbstbewertung steht am linken Bildschirmrand ein Navigationsmenü zur Verfügung.

Im Navigationsmenü sind die Abschnitts-, Kapitel- und Fragenüberschriften abgebildet.

Durch Anklicken eines Menüeintrages gelangt man direkt zur ausgewählten Bildschirmmaske.

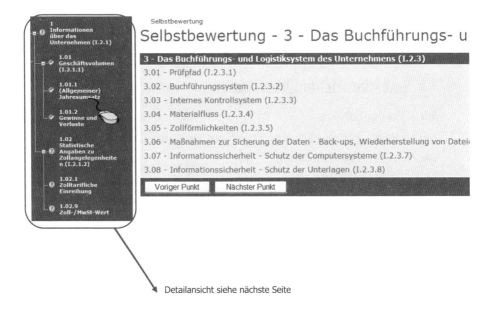

Detailansicht siehe nächste Seite

IV. Österreichische Vorschriften

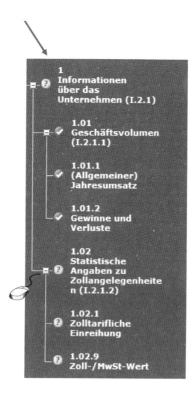

Durch Anklicken der entsprechenden Symbole kann der Navigationsbaum
- eingeklappt ▣ oder
- ausgeklappt ⊞ werden.

Die Symbole bei den jeweiligen Fragen lassen erkennen, ob zur Frage
- eine Antwort eingetragen wurde ✅
- keine Antwort eingetragen wurde ❓

Anhang

3.5.3. Fragen zur Selbstbewertung

Jede Frage zur Selbstbewertung wird in einem eigenen Fenster dargestellt.

3.5.4. Anlagen zur Fragestellung

Jeder Frage zur Selbstbewertung kann eine Anlage hinzugefügt werden.

Die Vorgangsweise zum Hinzufügen von Anlagen zur Selbstbewertung gelten sinngemäß wie in Kapitel **2.4.2 Anlagen zum Antrag** beschrieben.

3.5.5. Allgemeine Anlagen

Neben Anlagen, die einer bestimmten Fragestellung zugeordnet werden (siehe Punkt 3.5.4 Anlagen zur Fragestellung), können der Selbstbewertung allgemeine Anlagen beigefügt werden.

Die Funktionalitäten für das Hinzufügen oder Entfernen von allgemeinen Anlagen können über den Menüeintrag Anlagen aufgerufen werden, der sich im unteren Teil des Navigationsmenüs der Selbstbewertung findet.

IV. Österreichische Vorschriften

Die Vorgangsweise zum Hinzufügen von Anlagen zur Selbstbewertung gelten sinngemäß wie in Kapitel **2.4.2 Anlagen zum Antrag** beschrieben.

Der Inhalt der Anlage bzw. die Art des angefügten Nachweises ist im Feld ‚Kommentar' zu erläutern.

3.5.6. Selbstbewertung - Übersicht

Am unteren Ende des Navigationsmenüs der Selbstbewertung findet sich der Menüeintrag
<u>Übersicht</u>

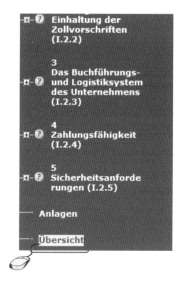

Anhang

Dadurch kann eine Auflistung aller Fragenpunkte mit dem jeweiligen Beantwortungsstatus aufgerufen werden:

- Antwort eingetragen
- noch keine Antwort eingetragen

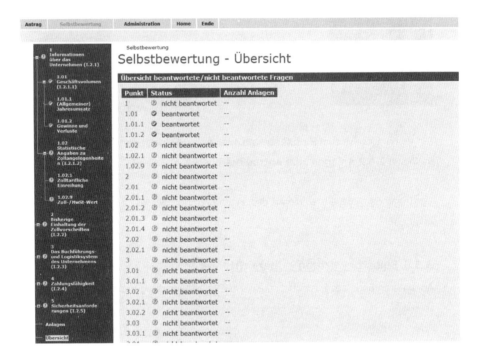

V. ABC des Zugelassenen Wirtschaftsbeteiligten

AEO: (Engl.: Authorised Economic Operator) Zugelassener Wirtschaftsbeteiligter. Auch in der deutschen Dienstvorschrift verwendeter Begriff für den Zugelassenen Wirtschaftsbeteiligten.

AEO COMPACT-Modell: Authorised Economic Operator, Compliance and Partnership Customs and Trade – einheitliches Schema für die Bewertung der mit den Wirtschaftsbeteiligten verbundenen Risiken.

AEO-Course: Im Rahmen von E-learning von der Europäischen Kommission im Internet angebotener Kurs zum AEO.

AEO-Zertifikat: Von den Zollbehörden erteilter Nachweis über den Status als Zugelassener Wirtschaftsbeteiligter (Bewilligung).

AKP-Staaten: Die derzeit 77 Staaten aus Afrika, der Karibik und dem Pazifikraum haben sich mit der EG auf ein AKP-EG-Partnerschaftsabkommen geeinigt. Das am 23.06.2000 in Cotonou unterzeichnete Abkommen ist am 01.04.2003 in Kraft getreten. Der neue Vertrag löste das alte so genannte Lomé-Abkommen ab, das 1975 in Lomé unterzeichnet worden war.

Aktive Veredelung: Die aktive Veredelung ist ein Zollverfahren mit wirtschaftlicher Bedeutung, das es ermöglicht, Nichtgemeinschaftswaren ohne Abgabenbelastung zum Zwecke der Veredelung in das Zollgebiet der Gemeinschaft einzuführen. Voraussetzung ist u.a., dass die aus den eingeführten Waren hergestellten Erzeugnisse grundsätzlich in ein Drittland exportiert werden müssen.

Allgemeines Präferenzsystem (APS) oder General System of Preferences (GSP): Zollvergünstigung gegenüber zzt. 178 Entwicklungsländern, die die EG einseitig gewährt. Nachweispapiere sind das Ursprungszeugnis nach Formblatt A und die Ursprungserklärung auf der Rechnung in bestimmten Fällen.

Anlaufstelle: Von den nationalen Zollverwaltungen eingerichtete Kontaktstelle für den Status als AEO. In Deutschland bei der Bundesfinanzdirektion Südost.

Anmelder: Person, die im eigenen Namen eine Zollanmeldung abgibt, oder die Person, in deren Namen eine Zollanmeldung abgegeben wird.

Ausführer: Person, für deren Rechnung die Ausfuhranmeldung abgegeben wird und die zum Zeitpunkt der Annahme der Ausfuhranmeldung Eigentümer der Ware ist oder eine ähnliche Verfügungsberechtigung besitzt.

Ausfuhr: Körperliches Verbringen einer Ware in ein Land außerhalb der EG.

Aussetzung des Status: Der Status als Zugelassener Wirtschaftsbeteiligter kann ausgesetzt werden (Art. 5a Abs. 2 Zollkodex), d.h. befristete Aussetzung der Erleichterungen aufgrund des Status.

Authorised Economic Operator: Englische Bezeichnung für den Zugelassenen Wirtschaftsbeteiligten. Wird in der Zollverwaltung synonym verwendet.

Bewilligung: Begünstigende Entscheidung auf dem Gebiet des Zollrechts gemäß Art. 6 ff. Zollkodex.

Anhang

Bewiligungskriterien: Für die Bewilligung des Status des Zugelassenen Wirtschaftsbeteiligten sind vom Antragsteller bestimmte Kriterien zu erfüllen (z.B. die bisher angemessene Einhaltung der Zollvorschriften etc.).

Codenummer: 11-stellige Zahl im Elektronischen Zolltarif (siehe auch „Position", „Harmonisiertes System", „Kapitel").

Container-Sicherheits-Initiative: (Abk.: CSI) Initiative der USA zur Verbesserung der Sicherheit der internationalen Versorgungskette.

Customs-Trade Partnership Against Terrorism: (Abk.: C-TPAT) Initiative der USA die auf Partnerschaft zwischen Zoll und Wirtschaftsbeteiligten ausgelegt ist.

Datenbank: Um die Bestimmung bezüglich des Zugelassenen Wirtschaftsbeteiligten, insbesondere die Anerkennung der Zugelassenen Wirtschaftsbeteiligten durch die Zollbehörden aller Mitgliedstaaten, vollständig umzusetzen, ist es erforderlich, eine Datenbank einzurichten, in der die Namen der Zugelassenen Wirtschaftsbeteiligten und weitere Angaben aufgenommen werden müssen. Allen Zollbehörden muss der Zugang zu dieser Datenbank ermöglicht werden. Diese Datenbank wird nicht vor 2008 zur Verfügung stehen. Daher ist geplant, die Daten zu den Zugelassenen Wirtschaftsbeteiligten in der Zwischenzeit in CIRCA zu speichern. CIRCA ermöglicht die Speicherung und den Austausch von Daten; das Hauptmanko CIRCAs besteht jedoch darin, dass nur zugelassene Beamte Zugang zu CIRCA haben.

Drittland: Gebiete außerhalb des Zollgebiets der EG gemäß Art. 3 Zollkodex.

EFTA-Staaten (European Free Trade Association): Staaten der Europäischen Freihandelszone (Schweiz, Liechtenstein, Norwegen, Island). Die EFTA-Regelungen werden größtenteils durch EWR-Regelungen überlagert.

Einfuhrabgaben: I.S. des Zollverwaltungsgesetzes sind dies Zölle, Einfuhrumsatzsteuer und die Verbrauchsteuern (§ 1 Abs. 1 Zollverwaltungsgesetz). Für Österreich: Bescheid oder Akt unmittelbarer behördlicher Befehls- und Zugangsgewalt. I.S. des Zollkodex sind dies nur die Zölle und Abgaben gleicher Wirkung (Art. 4 Nr. 10 Zollkodex).

Einfuhr: Körperliches Verbringen von Waren aus einem Drittland in die EG.

Einheitspapier: EG-einheitlicher amtlicher Vordruck, der grundsätzlich in allen Fällen des Warenverkehrs zwischen der EG und Drittländern als schriftliche Zollanmeldung zu verwenden ist (z.B. als Einfuhrzollanmeldung, Versandanmeldung, Ausfuhranmeldung etc.).

Einzige Anlaufstelle: Konzept eines "einzigen Schalters" ("single window") und einer "einzigen Anlaufstelle" ("one-stop shop"). Bei diesem Konzept erteilen die Marktteilnehmer die Auskünfte über die Waren nur noch einer Kontaktstelle, auch wenn die Daten für unterschiedliche Verwaltungen oder Behörden bestimmt sind., Prüfungen für verschiedene Zwecke (Zoll-, Hygienevorschriften usw.) können zur selben Zeit und am selben Ort vorgenommen werden.

Einzige Bewilligung: Bewilligung, die verschiedene Zollverwaltungen der Mitgliedstaaten der EG berührt (Art. 496 c) Zollkodex-DVO).

Entscheidung: Legaldefinition des Verwaltungsakts im Zollrecht (Art. 4 Nr. 5 Zollkodex). Für Österreich: Bescheid oder Akt unmittelbarer behördlicher Befehls- und Zugangsgewalt.

V. ABC des Zugelassenen Wirtschaftsbeteiligten

Entziehung des Status: Der Status des Zugelassenen Wirtschaftsbeteiligten kann auf Dauer entzogen werden (Art. 5a Abs. 2 Zollkodex), d.h. widerrufen bzw. zurückgenommen werden.

Ermächtigter Ausführer: Bewilligungsbedürftiges Verfahren, welches die Erstellung von Ursprungserklärungen auf der Rechnung ohne Wertbegrenzung im Warenverkehr mit bestimmten Ländern erlaubt. Diese Ursprungserklärungen werden dann anstelle der Warenverkehrsbescheinigung EUR.1 oder ggf. EUR-MED von den Zollbehörden im Rahmen der Einfuhrabfertigung anerkannt. Anträge sind beim örtlich zuständigen Hauptzollamt zu stellen. Diese zollrechtliche Vereinfachung wird nicht vom AEO umfasst.

Euro: Gemeinsame europäische Währung.

Europäische Gemeinschaft für Kohle und Stahl (EGKS): Vertrag von 1951 zwischen Mitgliedstaaten der EG zur Schaffung eines gemeinsamen Marktes für Kohle und Stahl. Die Geltungsdauer diese Vertrages endete am 23. 07.2002. Das Warenspektrum ist aber weiterhin interessant für den Warenverkehr EG–Türkei.

Europäische Gemeinschaft (EG), ehemals EWG: Zusammenschluss von 27 europäischen Staaten (Belgien, Bulgarien, Dänemark, Deutschland, Spanien, Frankreich, Griechenland, Irland, Italien, Luxemburg, Niederlande, Österreich, Portugal, Finnland, Schweden, Großbritannien, Polen, Tschechien, Ungarn, Slowakei, Slowenien, Estland, Lettland, Litauen, Rumänien, Malta, Zypern). Die für das Zollwesen wichtigste Vorschrift des EG-Vertrages lautet: „Grundlage der Gemeinschaft ist eine Zollunion, die sich auf den gesamten Warenaustausch erstreckt; sie umfasst das Verbot, zwischen den Mitgliedstaaten Ein- und Ausfuhrzölle und Abgaben gleicher Wirkung zu erheben, sowie die Einführung eines gemeinsamen Zolltarifs gegenüber dritten Ländern."

Europäische Union (EU): Am 01.05.1999 trat der Vertrag von Amsterdam zur Änderung des Vertrags über die Europäische Union (Vertrag von Maastricht) in Kraft. Danach gründet die EU auf drei Säulen, die mit unterschiedlichen Regeln und Verfahren ausgestattet sind: Die „Europäischen Gemeinschaften" (Europäische Gemeinschaft, Europäische Gemeinschaft für Kohle und Stahl, Europäische Atomgemeinschaft), die „Gemeinsame Außen- und Sicherheitspolitik" und die „Zusammenarbeit der Justiz- und Innenminister". Im Gegensatz zur EG ist die EU keine „juristische Person", internationale Verträge werden daher weiter im Namen der EG unterzeichnet.

EWR: Europäischer Wirtschaftsraum (EG-Mitgliedstaaten und Island, Norwegen und Liechtenstein) mit besonderen Präferenzregelungen und der Möglichkeit der sogenannten vollen Kumulierung. Die Schweiz gehört nicht zum EWR.

Export: Körperliches Verbringen einer Ware in ein Land außerhalb der EG.

EZoll (engl. ECustoms): Auf der ECOFIN-Tagung am 8.5.2007 in Brüssel einigten sich die Wirtschafts- und Finanzminister der Europäischen Union auf die so genannte EZoll-Entscheidung. Damit wird die rechtliche Grundlage geschaffen, die elektronischen Zollsysteme in den Mitgliedstaaten so zu entwickeln, dass sie miteinander interoperabel – also fähig zur automatisierten Zusammenarbeit – sind. Die politische Einigung über die Schaffung einer europaweit einheitlichen papierlosen Arbeitsumgebung für Zoll und Handel legt die Grundlage zur Vereinheitlichung und besseren Kompatibilität der elektronischen Zollsysteme innerhalb der EG. Mit der e-Zoll-Initiative werden die IT-Systeme der 27 nationalen Zollbehörden vereinheitlicht. Hierdurch sparen die Wirtschaftsbeteiligten bei der Zollabwicklung Zeit und Geld.

Anhang

Framework of Standards to Secure and Facilitate Global Trade (SAFE): Weltweite Rahmenbedingungen der WCO für ein modernes und effektives Risikomanagement in den Zollverwaltungen. Damit hat die WCO auch die Rechtsfigur des AEO eingeführt.

Gemeinschaftswaren: Waren, die sich im zollrechtlich freien Verkehr der EG befinden. Sie können sowohl Ursprungswaren als auch Nichtursprungswaren der EG sein.

Guidelines (Leitlinien): Leitlinien („soft law") der Europäischen Kommission beschreiben die Durchführungspraxis. Sie bieten genauere Anleitungen als die Rechtsvorschriften und gewährleisten eine einheitlichere Auslegung und Anwendung, wobei sie die nationalen Anweisungen in dem jeweiligen Bereich ersetzen.

Harmonisiertes System (HS): Weltweit angewandtes System zur Bezeichnung und Codierung von Waren (= die ersten sechs Stellen der Codenummer).

Import: Körperliches Verbringen von Waren aus einem Drittland in die EG.

Informationsaustausch: Der Informationsaustausch und die Kommunikation zwischen den Zollbehörden sowie zur Unterrichtung der Europäischen Kommission und der Zollbeteiligten gibt es eine elektronisches Informations- und Kommunikationssystem (Datenbank xxxxx).

ISO International Standard Organisation: Internationale Organisation für Normung.

Kapitel: Kapitel der Nomenklatur des Harmonisierten Systems (HS) zur Bezeichnung und Codierung der Waren (die ersten zwei Ziffern der Position bzw. der Codenummer).

KMU: Kleine und mittlere Unternehmen.

Konsultationsverfahren: Im Bewilligungsverfahren der Kontakt mit den Zollverwaltungen der anderen Mitgliedstaaten zur Prüfung der Kriterien für die Bewilligung.

Kumulierung: Im Präferenzrecht das Anrechnen von Be- und Verarbeitungen an Vormaterialien in Abkommensländern bei der Ursprungsermittlung.

Leitlinien zum Zugelassenen Wirtschaftsbeteiligten: Besondere technische Details der Europäischen Kommission. Sie sind rechtlich verbindlich, haben aber nicht den Rechtsstatus wie der Zollkodex oder die Zollkodex-Durchführungsverordnung.

Lieferung: Verbringen einer Ware von einem Ort innerhalb der EG an einen anderen Ort innerhalb der EG (auch innerhalb Deutschlands).

Mittel- und Osteuropäische Länder (MOEL): Die EG hatte jeweils bilaterale Europa-Abkommen mit den Staaten Mittel- und Osteuropas unterzeichnet. Im Protokoll Nr. 4 zu diesen Abkommen waren die Präferenzursprungsregeln enthalten, aufgrund derer Lieferantenerklärungen, Warenverkehrsbescheinigungen EUR.1 und Ursprungserklärungen auf der Rechnung abgegeben werden konnten. Die MOEL gehörten zur Paneuropäischen Freihandelszone. Durch den Beitritt der MOEL zur EG haben die Vorschriften lediglich für in der Vergangenheit liegende Sachverhalte Bedeutung.

Modernisierter Zollkodex: In ihrer Mitteilung an den Rat und das Europäische Parlament über eine vereinfachte und papierlose Umgebung für Zoll und Handel (KOM (2003) 452 vom 24.07.2003) hat die Europäische Kommission angekündigt, dass sie die Zollregeln und -verfahren mit einem „Modernisierten Zollkodex" modernisieren und vereinfachen will.

Nichtgemeinschaftswaren: Waren, die in das Zollgebiet der EG eingeführt worden sind und für die die Zollformalitäten noch nicht erfüllt worden sind. Die Waren sind noch nicht „verzollt".

One-Stop shop: In der einzigen Anlaufstelle („One-Stop Shop") könnte die Ware vom Zoll und von anderen Behörden (z.B. Veterinärbehörden, Gesundheitsämtern und Umweltschutzbehörden oder sogar Polizei und Grenzschutz) zur gleichen Zeit und am gleichen Ort kontrolliert werden.

Paneuropäische Freihandelszone: Paneuropäische Kumulierungszone: Zone in der folgende Länder den Handel mit Präferenzursprungswaren aufgrund multilateraler bzw. bilateraler Abkommen und den entsprechenden Ursprungsprotokollen geregelt haben (z.B. Europa-Abkommen zwischen der EG und Schweiz und Protokoll Nr. 3 über die Bestimmung des Begriffs „Erzeugnisse mit Ursprung in" oder „Ursprungserzeugnisse"): EG, Schweiz, Norwegen, Island, Liechtenstein.

Passive Veredelung: Im passiven Veredelungsverkehr können Gemeinschaftswaren, die zur Durchführung von Veredelungsvorgängen vorübergehend aus dem Zollgebiet der EG ausgeführt worden sind und die aus diesen Veredelungsvorgängen entstandenen Erzeugnisse unter vollständiger oder teilweiser Befreiung von Einfuhrabgaben in den zollrechtlich freien Verkehr übergeführt werden. Bei der Inanspruchnahme der Ausnahme vom Territorialitätsprinzip in Höhe von 10 % ist dieses Verfahren anzuwenden.

Position: Position der Nomenklatur des Harmonisierten Systems (HS) zur Bezeichnung und Codierung der Waren (vierstellige Codierung, die ersten beiden Ziffern bezeichnen das o.a. Kapitel). Diese Positionen können dem „Warenverzeichnis für die Außenhandelsstatistik" des Statistischen Bundesamtes oder dem Elektronischen Zolltarif entnommen werden. Industrie- und Handelskammern und Zollämter erteilen unverbindliche Auskünfte über HS-Positionen.

Präferenzzollsatz: Begünstigter Zollsatz im Vergleich zum Drittlandszollsatz, teilweise auch auf 0 % reduziert. Der Präferenzzollsatz wird nur gewährt, wenn alle Voraussetzungen der jeweiligen Präferenzregelungen erfüllt sind.

Risikoinformationsblatt (RIF): Mit dem Risikoinformationsblatt sollen Risikodaten ausgetauscht werden, die Routinekontrollen betreffen. Die betroffenen Zollstellen sollen mit diesem Blatt für mögliche Unregelmäßigkeiten sensibilisiert werden. Ein RIF kann angelegt werden, nachdem eine Unregelmäßigkeit festgestellt worden ist, beispielsweise eine falsche Anmeldung, Marken- oder Produktpiraterie oder nicht deklarierte CITES-Waren. Das Informationsblatt kann Hinweise zum Auffinden der Unregelmäßigkeiten enthalten, zum Beispiel die Ergebnisse einer Warenbeschau oder die Entscheidung über die Einreihung der Waren. Das RIF ist ein übersichtliches und benutzerfreundliches Formular, das die Zollstellen schnell und direkt austauschen können. Es unterstützt die gezielte Auswahl und die Risikoanalyse an der Außengrenze auf einfache, aber sehr wirksame Weise.

Risikomanagement: Verfahren zur Bestimmung der Höhe des Risikos, das mit Waren verbunden ist, die der Zollkontrolle oder zollamtlichen Überwachung unterliegen, und um zu entscheiden, ob und gegebenenfalls wo die Waren besonderen Zollkontrollen unterzogen werden.

Selbstbewertung: (Engl.: Self-Assessment) In den Leitlinien zum AEO hat die Europäische Kommission einen umfangreichen Prüfstandard festgelegt, den die nationalen Zollbehörden in einen Fragenkatalog umwandeln. Die freiwillige Selbstbewertung des

Anhang

Unternehmens im Hinblick auf potenzielle Risiken im Vorfeld der Antragstellung ist ein wichtiger Baustein auf dem Weg zum AEO. Die Kommissionsdienststellen empfehlen die Verwendung des Modells, um den Prozess der Antragstellung für den AEO-Status zu vereinfachen.

Sendung: Erzeugnisse, die entweder gleichzeitig von einem Ausführer an einen Empfänger oder mit einem einzigen Frachtpapier oder – bei Fehlen eines solchen Papiers – mit einer einzigen Rechnung vom Ausführer an den Empfänger versandt werden.

Single Window: In einem "Single Window"-Konzept müssen die im internationalen Warenverkehr erforderlichen Informationen unter Berücksichtigung aller relevanten Regelungen (fiskalisch, landwirtschaftlich, hygienisch, tierärztlich, umweltabhängig, usw.) nur einmal von den Wirtschaftsbeteiligten übermittelt werden und stehen so allen betroffenen Verwaltungen und Stellen rasch zur Verfügung. Diese Erneuerung spart nicht nur Ressourcen, sondern auch Zeit, sowohl für die Wirtschaft als auch für die Verwaltungen und dient damit der internationalen Wettbewerbsfähigkeit des heimischen Wirtschaftsstandortes.

Stellvertretung: Jedermann kann sich gemäß Art. 5 Zollkodex gegenüber den Zollbehörden bei der Vornahme der das Zollrecht betreffenden Verfahrenshandlungen vertreten lassen. Die Vertretung kann direkt oder indirekt sein.

TARIC: Integrierter Zolltarif der EG, auf dem der nationale Elektronische Zolltarif beruht. Im Internet zu finden unter *www.zoll.de > Links > TARIC*.

Tochtergesellschaften: Multinationale Konzerne setzen sich in der Regel aus einer Muttergesellschaft und verschiedenen Tochtergesellschaften zusammen, die alle eigene Rechtspersönlichkeit besitzen, d.h. einzelne juristische Personen sind, die nach Maßgabe des Gesellschaftsrechts des Mitgliedstaats, in dem die betreffende Tochtergesellschaft niedergelassen ist, in das örtliche Handelsregister eingetragen sind.

U.S. Department of Homeland Security: Amerikanische Behörde für Sicherheit.

Verbindliche Ursprungsauskunft (vUA): Bescheinigung der Zollverwaltung bzw. der Industrie- und Handelskammern über den präferenziellen oder den nichtpräferenziellen Ursprung einer bestimmten Ware. Sie ist ab dem Zeitpunkt der Erteilung grundsätzlich drei Jahre gültig. Die vUA bindet alle Zollbehörden der EG gegenüber dem Berechtigten hinsichtlich der Feststellung des Ursprungs der Ware. Sie ersetzt nicht die Präferenznachweise für die Ausfuhr oder die Lieferantenerklärungen. Anträge sind bei den für vZTAe zuständigen Zolltechnischen Prüfungs- und Lehranstalten einzureichen. Für den nichtpräferenziellen Ursprung können die Anträge auch bei den Industrie- und Handelskammern vorgelegt werden. VUAe werden in der Regel gebührenfrei erteilt.

Verbindliche Zolltarifauskunft (vZTA): Bescheinigung der Zollverwaltung für eine bestimmte Ware über deren achtstellige Unterposition der Kombinierten Nomenklatur oder deren elfstellige Codenummer des Elektronischen Zolltarifs. VZTA werden gebührenfrei erteilt. Den Zollbehörden entstandene Auslagen für besondere Maßnahmen wie Analysen und Sachverständigengutachten können dem Antragsteller in Rechnung gestellt werden. Die Auskünfte sind maximal 6 Jahre gültig. Die vZTA bindet alle Zollbehörden der EG gegenüber dem Berechtigten hinsichtlich der zolltariflichen Einreihung der Ware. Der Antrag auf Erteilung einer vZTA (Vordruck 0307 mit ausführlicher Ausfüllanleitung auch über die Zuständigkeiten im Internet zu finden unter: *www.zoll.de > Vorschriften und*

Vordrucke > Formularcenter > Zölle) ist bei der zuständigen Zolltechnischen Prüfungs- und Lehranstalt zu stellen. (Österreich: www.bmf.gv.at)

Vereinfachtes Verfahren: Zollanmeldungen können alternativ zum Normalverfahren im Rahmen vereinfachter Verfahren abgegeben werden. Diese ermöglichen reduzierte Anmeldepflichten zum Zeitpunkt der Anmeldung und erfordern eine spätere ergänzende Anmeldung.

Vereinfachungen nach den Zollvorschriften: Das Zollrecht sieht z.B. für die Zollanmeldung (z.B. Bewilligung des Anschreibeverfahrens) oder im Versandverfahren (Bewilligung als Zugelassener Versender oder als Zugelassener Empfänger) Vereinfachungen vor.

Vertreter: Gemäß Art. 5 Zollkodex ist bei der Vornahme der das Zollrecht betreffenden Verfahrenshandlungen die Stellvertretung durch einen Vertreter zulässig.

Vorabanzeige: Ab dem 1.7.2009 müssen nach dem Zollrecht für in das Zollgebiet oder aus dem Zollgebiet verbrachte Waren, frühzeitige Meldungen abgegeben werden. Diese "Vorabanzeigen" müssen in Form von summarischen Eingangs- oder Ausgangsanmeldungen oder in den Zollanmeldungen vor jedem Import und jedem Export übermittelt werden.

Warenverzeichnis für die Außenhandelsstatistik: Das Verzeichnis dient der Klassifizierung der Waren für die Statistik des Warenverkehrs mit den Mitgliedstaaten der Europäischen Gemeinschaft (Intrahandel) und den Drittländern (Extrahandel). Es entspricht in den Kapiteln 1 bis 97 vollständig der Kombinierten Nomenklatur, die wiederum auf dem Harmonisierten System basierend von der Kommission der Europäischen Gemeinschaften erstellt wurde. Das Warenverzeichnis wird jährlich vom Statistischen Bundesamt herausgegeben und ist u.a. im Buchhandel sowie als CD-ROM-Version erhältlich. Insbesondere auch durch das alphabetische Stichwortverzeichnis ist es in der Praxis ein wertvolles Hilfsmittel, um die HS-Position einer Ware festzustellen.

WCO: (engl.: World Customs Organisation) Weltzollorganisation, der zurzeit 171 Staaten der Welt angehören. Ziele: Definition globaler Standards, Vereinfachung und Harmonisierung im Zollbereich.

WCO SAFE: World Customs Organisations Safe and Secure Framework of Standards – Rahmenabkommen der Weltzollorganisation zur Sicherung des Welthandels. Auf der Grundlage dieser Definition kann ein in der EU niedergelassener Lieferant, der keine zollrelevanten Tätigkeiten ausübt, sondern bereits im freien Verkehr befindliche Waren an einen Hersteller/Ausführer liefert, keinen Antrag auf Bewilligung des AEO-Status stellen. Entsprechend kann auch das Beförderungsunternehmen, das die im freien Verkehr befindlichenWaren vom Lieferanten zum Ausführer/Hersteller transportiert, keinen AEO-Status beantragen.

Wirtschaftsbeteiligter: Eine Person, die im Rahmen ihrer Geschäftstätigkeit mit unter das Zollrecht fallenden Tätigkeiten befasst ist (Art. 1 Abs. 12 ZK-DVO).

WTO: (World Trade Organisation, ehemals GATT) Welthandelsorganisation, der zurzeit 151 Staaten der Welt angehören. Ziele: Abbau von Handelshemmnissen wie Zölle, Dumpingmaßnahmen, Exportsubventionen und nichttarifären Handelshemmnissen.

Zentrale Zollabwicklung: Konzept einer zweistufigen Anmeldung für die Einfuhr und die Ausfuhr, welches auf einem elektronischen Datenaustausch basiert. Zugelassene Wirtschaftsbeteiligte können ihre Waren elektronisch anmelden und Zölle am Ort ihrer Niederlassung entrichten, unabhängig von dem Mitgliedstaat, durch den die Waren vom

Anhang

Zollgebiet der EU ausgeführt, in das Gebiet eingeführt oder in dem sie verbraucht werden. Zugelassene Wirtschaftsbeteiligte können ihre Waren elektronisch anmelden und Zölle am Ort ihrer Niederlassung entrichten, unabhängig von dem Mitgliedstaat, durch den die Waren vom Zollgebiet der EU ausgeführt, in das Gebiet eingeführt oder in dem sie verbraucht werden.

Zollamtliche Prüfung: Konkrete Kontrollen nach dem Zollrecht, die über Maßnahmen der zollamtlichen Überwachung hinausgehen.

Zollamtliche Überwachung: Maßnahmen der Zollbehörden zur Einhaltung des Zollrechts.

Zollanmeldung: Eine Handlung, mit der eine Person in der vorgeschriebenen Form und nach den vorgeschriebenen Bestimmungen die Absicht bekundet, eine Ware in ein bestimmtes Zollverfahren überführen zu lassen.

Zölle: Abgaben, die aufgrund des Gemeinsamen Zolltarifs auf in die EG eingeführte Waren erhoben werden. Die heutigen Zölle werden zum Schutz der Wirtschaft gegen Auslandswettbewerb erhoben (Schutzzölle). Die Zölle fließen nach Abzug einer Verwaltungskostenpauschale der EG zu. Die Verwaltung der Zölle in der Bundesrepublik Deutschland obliegt der Zollverwaltung. Mittelbehörden sind die 5 Bundesfinanzdirektionen, örtliche Behörden sind die 43 Hauptzollämter mit ihren Zollämtern und Abfertigungsstellen. In Österreich gibt es 9 Zollämter und eine Vielzahl an Zollstellen.

Zollgebiet: Gebiet gemäß Art. 3 Zollkodex, welches grundsätzlich dem Staatsgebieten der Mitgliedstaaten der EG entspricht.

Zollkodex: EG-Verordnung (VO [EWG] Nr. 2913/92), die einheitlich und verbindlich für alle Mitgliedstaaten das „Zollrecht" festlegt. Der Zollkodex und die Zollkodex-Durchführungsverordnung (ZK-DVO, VO [EWG] Nr. 2454/93) sind die Basis des gemeinschaftlichen Zollrechts und enthalten auch die Vorschriften für den AEO.

Zollkodex 2005: Zollkodex mit Änderungen im Jahr 2005 in Bezug auf die Sicherheitsinitiative der EU im Zollbereich.

Zollkodex-Durchführungsverordnung: Verordnung zur Durchführung des Zollkodex, die erforderliche Durchführungsvorschriften zu den Vorschriften des Zollkodex enthält.

Zollkontrolle: Besondere von den Zollbehörden durchgeführte Handlungen zur Gewährleistung der ordnungsgemäßen Anwendung der zollrechtlichen und sonstigen Vorschriften über den Eingang, den Ausgang, den Versand, die Beförderung und die besondere Verwendung von Waren, die zwischen dem Zollgebiet der EG und Drittländern befördert werden (z.B. Beschau, Überprüfung der Anmeldedaten etc.).

Zollrecht: Der Zollkodex, die gemeinschaftlichen und nationalen Zollvorschriften bilden das Zollrecht für das Zollgebiet der EG (Art. 1 Zollkodex).

Zollrechtliche Bestimmung einer Ware: Überführung in ein Zollverfahren; Verbringung in eine Freizone oder ein Freilager; Wiederausfuhr aus dem Zollgebiet der Gemeinschaft; Vernichtung oder Zerstörung.

Zollrechtlicher Status: Status einer Ware als Gemeinschaftsware oder Nichtgemeinschaftsware. Aus diesem Status kann nicht automatisch auf die Ursprungseigenschaft einer Ware geschlossen werden.

Zollschuld: Verpflichtung einer Person, die für eine bestimmte Ware im geltenden Gemeinschaftsrecht vorgesehene Einfuhrzollschuld zu entrichten.

Zollsicherheitsprogramm: (Engl.: Customs Security Programme - CSP) Das Zollsicherheitsprogramm der EU umfasst verschiedene Tätigkeiten zur Durchführung und Entwicklung der Sicherheitsinitiative der EU.

Zollstelle: Dienststelle, bei der die Zollförmlichkeiten erfüllt werden können. In Deutschland sind dies als örtliche Bundesfinanzbehörden die Hauptzollämter mit ihren Zollämtern.

Zolltarif: Der Gemeinsame Zolltarif der EG umfasst u.a. die Kombinierte Nomenklatur, die Regelzollsätze, die Zollpräferenzmaßnahmen aufgrund von Abkommen und die Zollpräferenzmaßnahmen, die von der EG einseitig zugunsten bestimmter Länder, Ländergruppen oder Gebiete erlassen worden sind.

Zoll und Sicherheit: Ende Juli 2003 legte die Europäische Kommission dem Parlament und dem Rat eine Reihe von Maßnahmen vor, mit denen Sicherheitsfragen gezielter angegangen werden sollten. Die sogenannten Sicherheitsänderungen zum Zollkodex wurden am 4.5.2005 im Amtsblatt der EU veröffentlicht (VO (EG) Nr. 648/2005 vom 13.4.2005).

Zollverfahren: Zollrechtlich freier Verkehr, Versandverfahren, Zolllagerverfahren, aktive Veredelung, Umwandlungsverfahren, vorübergehende Verwendung, passive Veredelung, Ausfuhrverfahren.

Zollverfahren mit wirtschaftlicher Bedeutung: Gemäß Art. 84 Abs. 1 b) Zollkodex das Zolllagerverfahren, Umwandlungsverfahren, das Verfahren der aktiven Veredlung, passiven Veredelung und der vorübergehenden Verwendung.

Zugelassener Ausführer: Bewilligung eines vereinfachten Verfahrens als Anschreibeverfahren für die Überführung von Waren in das Ausfuhrverfahren.

Zugelassener Wirtschaftsbeteiligter: Auf Antrag erteilter Status gemäß Art. 5 a) Zollkodex. Dabei handelt es sich nicht um eine Bewilligung für den automatischen Zugang zu Vereinfachungen nach dem Zollrecht sondern neben den Vereinfachungen nach dem zollrecht. Drei Typen von Zertifikaten für den Status werden unterschieden: Zugelassener Wirtschaftsbeteiligter –Zollrechtliche Vereinfachungen (AEO C), Zugelassener Wirtschaftsbeteiligter –Sicherheit (AEO S) und Zugelassener Wirtschaftsbeteiligter –Zollrechtliche Vereinfachungen/Sicherheit (AEO F). Der Status wird die Zollvorschriften befolgenden Wirtschaftsbeteiligten anerkannt. Mit dem AEO-Zertifikat können sie Erleichterungen bei den Zollabfertigungen in Anspruch nehmen. Durch das AEO-Konzept kann die Lieferkette von Anfang bis Ende sicherer gestaltet werden.

24-hours-rule: Pflicht zur Vorabübermittlung von Frachtmanifestinformationen in den USA.

Stichwortverzeichnis

A

ABC 401
Abkommen 401, 404, 405, 409
  gegenseitige 55
AEO 44
  AEO C 42, 44
  AEO F 44
  AEO S 42, 44
  Ansässigkeit 54, 55
  Arbeitsfehler 61
  Arten 41
  Authorised Economic Operator 37
  Bedeutung des Status 44
  Bewertung 63
  Bewilligungen, andere 64
  Dienstleister 52, 53, 54
  Fehlen eines Insolvenzverfahrens 59
  Geschäftsbücher 65
  Grundsätzliches zu den Vorteilen 44
  Gütesiegel 48
  Hauptbuchhaltung, Ort der 54
  KMU 52
  Kontaktstelle 41
  Konzerne 52
  Kriterien 49, 50, 51
  Leitlinien 43
  Lieferkette 63, 70
  Rechtsfigur 39
  Rechtsgrundlagen 42, 49
  Selbstbeurteilung 39
  Selbstbewertung 40
  Sicherheit der Lieferkette 70
  Sicherheitsanforderungen 69
  Sicherheitsprüfung 71
  Sicherheitsstandards 68
  strafrechtliche Unbescholtenheit 56, 58
  Tätigkeit, zollrechtliche 51
  vereinfachte Verfahren 42
  verpflichtete Personen 60
  Vorlieferant 51
  Vorteile 40
  Werbung 48
  Wirtschaftsbeteiligter 50
  Zahlungsfähigkeit 67, 68
  Zollrechtliche Vereinfachungen/
    Sicherheit 42
  Zollvorschriften, Einhaltung der 59
AEO-Art 73
AEO C 42, 44, 82, 85
AEO F 44, 82, 85
AEO S 42, 44
AKP 401
Aktive Veredelung 401
Angaben
  notwendige 74
Anlagen
  bei der Antragstellung 74
Ansässigkeit 54
  Ausnahmen 55
Ansprechpartner
  Kontaktperson 73
Antrag 40
  Ablehnung 81, 82
  Annahme des 80
  Form des Antrags 73
  Form des Antrags-Österreich 73
  Inhalt 73
  Konzern 52
  Nichtannahme 56, 77
Antragsmuster 73
APS 401
Ausfuhr 401
Ausführer 51, 403, 406
  ermächtigter 45
  in der Lieferkette 39
Aussetzung
  des Status 84
  Entscheidung 85
  Widerruf 86

B

Beauftragter
  reglementierte 72
Beförderungsunterlagen 65
  Kriterien 65
Betriebsgebäude
  sicheres 69
Bewertung 63
  negative 63, 64

Bewilligungen 64
  sonstige 45
Bewilligungserteilung 83
Buchführung
  ordnungsgemäße 45
Buchführungsgrundsätze 65
Buchhaltung 65
  Begriff 76
  logistische Verwaltung 76

C
Codenummer 88, 402
COMPACT-Modell 43, 64
  Schritte des 80
Competence Center 41, 77
C-TPAT-Programm 72

D
Datenmeldung 45
Datensicherheit 66
DEBBI 63
dezentrale Beteiligtenbewertung 63
Dienstleister 53
  Begriff 53
  Deutschland 53
  Haftung, zivilrechtliche 54
  Österreich 54
Dienstvorschriften 43
DIN 72
Drittlandszollsatz 405

E
EFTA 402
Ermächtigter Ausführer 403
EU 403
Europa-Abkommen 404, 405
EWR 403
Exportkontrollrecht 38

F
Frachtführer 53
Freihandelszone 402

G
GATT 407
Gefahrgutrecht 72
Geheimhaltungspflicht 83

Geschäftsbücher 65
  Grundsätzliches 65
  Kriterien 65
Gütesiegel 52

H
Haftung
  Dienstleister 54
Handelspartner
  Feststellung 69
  sicherer 48
Harmonisiertes System 404
Hauptbuchhaltung 54
Hauptniederlassung 73
Hauptzollamt 76
Hintergrundüberprüfungen 70
HS-Position 405, 407

I
IDU 64
IFS 72
Index für Unternehmenstätigkeit 64
Informationsverfahren 78
Insolvenzverfahren
  Begriff 59
Interne Kontrollen 66
Internet
  Veröffentlichung im 75

K
Konsultationsverfahren 74, 79
Kontaktstelle AEO 41, 77
Kontrolle
  der Voraussetzungen 83
Kontrollen
  am gewünschten Ort 46
  Ort der 46
  schnellere 46
  sicherheitsbezogene 47
  vorherige Mitteilung der 47
  weniger 45
  zollspezifische 47
Konzerne 52
  AEO 52
Kriterien 49
  Ansässigkeit 54
  Fehlen eines Insolvenzverfahrens 59
  Geschäftsbücher 65

Prüfung 71
Sicherheit 68
Sicherheit der Lieferkette 70
strafrechtliche Unbescholtenheit 56, 58
Zahlungsfähigkeit 67
Zollvorschriften, angemessene Einhaltung der 59
Kumulierung 403, 404
Kyoto
  Abkommen von 39

L
Lagerhalter 53
Leitlinien 43, 62
Lieferantenerklärung 404
Lieferkette 37, 46, 51, 70
  AEO 38
  Handelspartner 69
  Pflichten 63
  Sicherheit 37, 39, 42, 68, 70
Liquidität 67
Lizenzen und Genehmigungen 66
Luft- oder Schifffahrtsgesellschaften 55

M
MOEL 404

N
Neapel II-Abkommen 60
Neubewertung 83, 84

O
Organigramm 61

P
Paneuropäische Freihandelszone 404, 405
Paneuropäische Kumulierungszone 405
Passive Veredelung 405, 409
Personalvermittlungsagenturen 53
Pflichtenkatalog
  Geschäftsbücher 65
Position 405
Präferenznachweis 406
Protokoll Nr. 3 405
Protokoll Nr. 4 404
Prüfung
  Sicherheit 71

Prüfungsorgane
  Deutschland 81
  Österreich 81

R
Rechtsgrundlagen 42
  Überblick 49
Rechtsschutz 87
Rechtswirkungen
  Zertifikat 83
Risiko
  Analysestelle 82
  Bewertung 80
  Kriterien 49
Risikomanagement 62
Risikopotenzial 49

S
Sachverständiger
  Gutachten 71
  Schlussfolgerung 81
SAFE GmbH 72
SAFE-Framework 38
Selbstbeurteilung 39
  AEO 39
Selbstbewertung 68, 78
  Abgabe der 73
  AEO 40
Sicherheit 37, 38, 68, 70
  Anforderungen 69
  des Handelspartners 47
  Lieferkette 37, 39
  Luft-, See-, Landverkehr 39
  Manipulation von Waren 69
  Programme 70
  Sicherheitsstandards 68
  Sicherheitszertifikat 66
  Terroranschläge 37, 38
  Terrorismusfinanzierung 54
Sicherheitsstandards
  relevante Räumlichkeiten 81
Sicherheitsüberprüfung 70
Sicherheitsunternehmen 53
Sicherheitszertifikat 66
Sperrfrist 87
Status
  Bedeutung 44
  Widerruf des 86

Stichwortverzeichnis

Straftat
 des Antragstellers 77
 des Stellvertreters 58
 des Vertreters 77
 verantwortliche Personen 60
 von Unternehmen 58
Straftaten
 schwere 56

T
TAPA 72
Territorialitätsprinzip 405
Terrorismus
 Finanzierung 54
Terroristen
 Liste 69
Türkei 403

U
Ursprungserklärung 401, 403, 404
Ursprungserzeugnis 405
Ursprungszeugnis 401

V
Verbandsverantwortlichkeitsgesetz 58
Verbindliche Ursprungsauskunft 406
Verbindliche Zolltarifauskunft 406
Vereinfachungen
 zollrechtliche 42
Verfahren
 vereinfachte 42
Vorlieferanten 51
Vorteile
 bestehende Bewilligungen 45
 Bindungswirkung 40
 Grundsätzliches 44
 Gütesiegel 48
 Mitteilung über Kontrollen 47
 nichtrechtliche 47
 rechtliche 44
 schnellere Kontrollen 46
 Überblick 44
 Versicherungsverträge 48
 weniger Daten 45
 weniger Kontrollen 45

W
Ware 403, 404, 406
Warenorte
 zugelassene 47
Warenverkehrsbescheinigung EUR 403
Weltzollorganisation 38
Werbung
 AEO 48
Widerruf
 Aussetzung 86
 des Status 86
WTO 407

Z
Zahlungsfähigkeit 45, 67, 68
 Kriterien 67
Zertifikat
 Ablehnung 81
 Bestandteile 83
 Rechtswirkungen 83
Zertifikatsarten 41
Zertifizierungsverfahren 40, 77
 Einleitung 77
ZK-DVO
 Grundsätzliches 42
Zollamt
 Österreich 77
Zollbehörde 403, 406
Zölle 402, 407, 408
Zollkodex 402, 408
Zollpräferenzmaßnahme 409
Zollrecht 60
Zollschuld 408
Zolltarif 402, 405, 406, 409
Zollunion 403
Zollvertreter 53, 58
Zollvorschriften
 angemessene Einhaltung der 61
 Bewertung 63, 64
 Einhaltung der 45, 59
Zollzweckgemeinschaft 50
Zuständigkeit
 nationale Zollbehörde 76
Zuverlässigkeit 45

Außenwirtschaft

> Wettbewerbsvorteile durch effektive innerbetriebliche Organisation!

ISBN 13
978-3-89817-582-1
2007, rd. 900 Seiten,
Format 14,8 × 21 cm,
Loseblattwerk mit CD-ROM,
98,– €

Preis inkl. MwSt. und Versandkosten

Witte (Hrsg.)

Praxishandbuch Export- und Zollmanagement

Zugelassener Wirtschaftsbeteiligter · Integration und Organisation im Unternehmen

Die Zollkodex-Reform bringt für Unternehmen im Im- und Export weitreichende Konsequenzen mit sich. Das Management der „sicheren Handelskette" fordert von den Unternehmen nicht nur rechtlich, sondern auch in personeller und organisatorischer Hinsicht umfassende Kompetenzen.

Dabei stehen die wirtschaftlichen Vorteile des „zugelassenen Wirtschaftsbeteiligten" (ZWB/AEO) den betrieblichen Aufwendungen für den Nachweis der notwendigen Zuverlässigkeit gegenüber. Nur die **effektive innerbetriebliche Organisation** kann den Wettbewerbsvorteil sichern.

AUTORENINFO

Herausgegeben von
Prof. Dr. Peter Witte, Professor an der Fachhochschule des Bundes, Fachbereich Finanzen, Münster.

Weitere Autoren: u.a. Dr. Klaus Pottmeyer, Andreas Beckmann, Stefan Zimmermann, Matthias Merz, Dr. Nathalie Harksen.

IHRE VORTEILE

- Sie vermeiden Sicherheitsrisiken in der Handelskette
- Effektive Organisation der Export- und Zollvorgänge
- Praxisnahe Anleitung zur Erlangung des Status ZWB (AEO)
- Visuelle Darstellung der Organisation einer Export- und Zollabteilung anhand von Workflow- und Organisationscharts
- Case-Studies erläutern Ihnen problematische Einzelfälle
- Arbeitshilfen wie Checklisten, Muster und Formulare

AUS DEM INHALT

- Zollkodex-Reform, die wesentlichen Neuerungen in der betrieblichen Praxis
- Verfahren und Rechtfolgen
- Innerbetriebliche Umsetzung
  - Bedeutung der Export- und Zollabteilung im Unternehmen
  - Organisation einer reibungslosen Handelskette
  - Arbeitsrechtlicher Rahmen
  - Geeignetes Personalmanagement
- Effektives Risikomanagement zur Sicherung des Status ZWB (AEO)
- Zollkontrollen und Risikoanalyse

Bundesanzeiger Verlag

Recht vielseitig!

ellen per > www.bundesanzeiger-verlag.de > Postfach 10 05 34 · 50445 Köln > Tel. (02 21) 9 76 68-200 > Fax: -115 > in jeder Buchhandlung

Außenwirtschaft

Ihre Ausfüllanleitung zum ZWB/AEO

Weiß

ZWB-Antrag

Neu!

Das Ausfüll-Programm zum Zertifikat „Zugelassener Wirtschaftsbeteiligter"

Für im- und exportierende Unternehmen gewährt der neue Status des „Zugelassenen Wirtschaftsbeteiligten" erhebliche Verfahrenserleichterungen. Nutzen Sie schon jetzt Wettbewerbsvorteile und sichern Sie sich den Status zum „ZWB". Der Antrag ist umfangreich; er enthält über 100 Einzelfragen. Unsere Software „ZWB-Antrag" bietet Ihnen ganz konkrete und praxisnahe Hilfe bei der Antragsstellung. Sie können den Antrag direkt an Ihrem Bildschirm ausfüllen. Lassen Sie sich sicher und kompetent durch alle Fragen führen und nutzen Sie dabei die praxisgerechten Tipps.

ISBN
978-3-89817-698-9
2008, CD-ROM, Einzelplatzlizenz,
Mehrplatzlizenz auf Anfrage,
248,– €

alle Preise inkl. MwSt. und Versandkosten
(deutschlandweit)

Erscheinungstermin: I. Quartal 2008

AUTORENINFO

Rechtsanwalt **Dr. Thomas Weiß** ist Referent im Geschäftsbereich „International und Dienstleistungen" bei der IHK-Nordwestfalen in Münster.

IHRE VORTEILE

- Bietet eine schnelle und praxisnahe Hilfe, den Antrag zum „Zugelassenen Wirtschaftsbeteiligten" auszufüllen
- Zu jeder Frage erhalten Sie nützliche aktuelle Hintergrundinformationen und Tipps für die Formulierung Ihrer Antworten.
- Sie werden durch den kompletten Fragenkatalog sicher, strukturiert und kompetent geführt!
- Die CD-ROM orientiert sich anwendungsfreundlich genau an den Vorgaben des Zolls. Sie erleichtert damit die Arbeit der Zollbeamten und kann zu einer reibungslosen und schnellen Bewilligung des Antrags führen.

AUS DEM INHALT

- Umfassender Fragenkatalog
- Alle wesentlichen Informationen zum Ausfüllen des Antrags
- Einführende Informationen und praktische Hinweise zu verschiedenen Fragenkomplexen

Das besondere Plus:
Mit Hilfe der Software können einzelne Fragen innerhalb des Unternehmens direkt per E-Mail an die zuständigen Abteilungen geschickt werden. Die per E-Mail geschickten Antworten können direkt dem Antrag hinzugefügt werden.

Recht vielseitig!

Bestellen per > www.bundesanzeiger-verlag.de > Postfach 10 05 34 · 50445 Köln > Tel. (02 21) 9 76 68-200 > Fax: -115 > in jeder Buchhandl